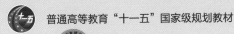

公法系列教材

# 宪 法 学
## 〈第六版〉

焦洪昌 | 主编

撰稿人（以撰写章节为序）

焦洪昌 罗晓军 秦奥蕾 周青风 姚国建 张 劲
张吕好 王人博 薛小建 刘 杨 田 瑶 谢立斌

## 图书在版编目（CIP）数据

宪法学/焦洪昌主编. —6版. —北京：北京大学出版社，2020.4
公法系列教材
ISBN 978-7-301-31216-2

Ⅰ. ①宪… Ⅱ. ①焦… Ⅲ. ①宪法学—中国—高等学校—教材 Ⅳ. ①D921.01

中国版本图书馆 CIP 数据核字（2020）第 022862 号

| | |
|---|---|
| 书　　　名 | 宪法学（第六版） |
| | XIANFAXUE(DI-LIU BAN) |
| 著作责任者 | 焦洪昌　主编 |
| 责 任 编 辑 | 邓丽华 |
| 标 准 书 号 | ISBN 978-7-301-31216-2 |
| 出 版 发 行 | 北京大学出版社 |
| 地　　　址 | 北京市海淀区成府路 205 号　100871 |
| 网　　　址 | http://www.pup.cn |
| 电 子 信 箱 | law@pup.pku.edu.cn |
| 新 浪 微 博 | @北京大学出版社　@北大出版社法律图书 |
| 电　　　话 | 邮购部 010-62752015　发行部 010-62750672 |
| | 编辑部 010-62752027 |
| 印 刷 者 | 三河市北燕印装有限公司 |
| 经 销 者 | 新华书店 |
| | 880 毫米×1230 毫米　A5　15.625 印张　446 千字 |
| | 2004 年 8 月第 1 版　2006 年 8 月第 2 版 |
| | 2009 年 8 月第 3 版　2010 年 6 月第 4 版 |
| | 2013 年 9 月第 5 版 |
| | 2020 年 4 月第 6 版　2022 年 12 月第 6 次印刷 |
| 定　　　价 | 41.00 元 |

未经许可，不得以任何方式复制或抄袭本书之部分或全部内容。
**版权所有，侵权必究**
举报电话：010-62752024　电子信箱：fd@pup.pku.edu.cn
图书如有印装质量问题，请与出版部联系，电话：010-62756370

## 主编简介

焦洪昌,男,1961年生于北京市。中国政法大学教授、博士生导师,法学院院长,兼任中国法学会宪法学研究会副会长、北京市人民代表大会代表、北京市人大法制委员会委员等社会职务。出版的重要著作有:《选举权的法律保障》(独著)、《公民私人财产权法律保护研究》(独著)、《宪法学案例教程》(合著)、《宪法制度与法治政府》(主编)、《港澳台法制概论》(主编)等。在《中国法学》《政法论坛》等期刊发表论文三十多篇。

## 内容简介

本书是一本全面介绍宪法学的教科书,内容以中国宪法为主。本书在结构上主要分为四个部分,即理论篇,主要阐释宪法的概念、分类、渊源、制定、修改、解释、监督实施和历史发展规律等;制度篇,主要研究我国的人民民主专政制度、经济制度、文化制度、人民代表大会制度、政党制度、选举制度、民族区域自治制度和特别行政区制度等;权利篇,主要探讨权利的概念、种类、保障、限制以及我国具体的权利义务规范等;机构篇,主要介绍我国不同性质、不同层次的国家机关的性质、地位、组成、任期、职权、活动以及它们之间的相互关系等。作为教科书,本书力求知识准确、概念明确、理论正确,吸纳最新的研究成果,反映本真的宪制实践,为深入学习研究宪法打好坚实的基础。

# 第六版序言

2012年12月3日,为纪念现行宪法公布施行30周年,全国人大机关举行宪法墙揭幕仪式,吴邦国委员长出席并剪彩。宪法墙长23米,高2.2米,采用白色大理石墙面,镌刻着《中华人民共和国宪法》全文,镶嵌在全国人大机关办公楼内。

2018年3月11日,十三届全国人大一次会议以2958票赞成、2票反对、3票弃权,通过了《中华人民共和国宪法修正案》。修正案共21条,由主席团公告公布施行。这次修改是现行宪法的第5次修改。

修改宪法是国家政治生活中的大事,应遵守科学修宪、民主修宪、依法修宪的原则。科学修宪要求在宪法稳定和与时俱进中把握好一个度,非改不可、条件成熟的就改,可改可不改的不改,力求小改。民主修宪要求人民能广泛参与讨论,发挥人民在修宪中的主体地位,使修宪内容得到人民普遍拥护。依法修宪要求修宪行为严格遵守法定程序,掌握宪法保留与宪法委托的边界,通过程序正义达致实体正义。

是次修宪影响大、使命强,执政党欲把吾国吾民从站起来、富起来带向强起来的新时代。与此相应,宪法在指导思想、国家目标、国家战略、国家价值、国际关系、国家体制机制、国家权力结构等方面都作出了较大幅度的调整与完善,可谓新时代中国特色社会主义的顶层设计。

以本国宪法为主要研究对象的宪法学,既要关注宪法理论的发展,又要回应现实需求;既要吸纳人类宪法文明的最新成果,又要凸显本土化的鲜明特征。尤其是大学本科生使用的宪法教材,国家希望学者能写出具有中国风格、中国气派、中国特色的原创性作品,让学生愿意学、老师愿意教、同行愿意看,全面展现中国宪法的自信与自强。

本书的作者们自知修订宪法教材与修改国家宪法一样,使命光荣、任务艰巨。大伙冒着酷暑,紧着期限,排除干扰,潜心创作,力争让读者诸君早日用上新书,让法治中国的百花园多开出一朵宪法小花。

沈从文先生在其文集《新与旧》的序中说,时事推移,新旧交替,古典式的单纯与雄强,不免引出堂吉诃德式的慨叹。然而,清醒而趋时的单纯与雄强,又极易受到旧势力的摧毁。人生可悯。由此我也想起了全国人大机关的宪法墙,旧版的宪法镌刻已成过往,新版的宪法雕刻何时能欣赏到呢。

是为序。

焦洪昌
**2018 年 6 月 15 日**

# 第五版序言

我从教 30 年了,编教材是经常性工作。

编来编去,中国宪法学不过四部分内容:基本理论,解决宪法学研究的工具和前见;基本制度,说明国家和社会建构的原规则;基本权利,宣示立宪主义的核心价值;基本架构,观览公共权力运行的体制和机制。简言之,这门学科重点研究国家和公民的关系及国家公权力之间的关系,前者是目的,后者是手段。再抽象,以人的尊严为旨归的人权保障安放着宪法的灵魂。

君子和而不同,编教材也一样。本书著者有的主攻思想史或政治哲学,有的秉持宪法教义学或宪法社会学的立场,有的涂抹着留学德国或美国的底色,可谓异彩纷呈。那怎样使不同风格的部分达致内在统一呢,除了遵守编写规范外,各位同仁对中国立宪主义价值的认同是最重要的:宪治不专属资本主义,也不专属社会主义,它是人类希冀过安定有序政治生活的保障。

文章千古事,得失寸心知。一本教材,五次再版,十次印刷,十几万受众,编者们没事偷着乐是可以原谅的。不过,教材最新科研成果转化的滞后、个别宪法知识的不确定、全书文字的冗长甚至错漏,这些来自读者的声音时时警醒和鞭策着我们,促使大家在集体讨论、相互辩驳、个人负责的基础上,对本书进行了较全面的修订。

作品如同舞台,永远是遗憾的艺术。追求完美是我们最大的愿望。虽不能至,心向往之。

焦洪昌<br>2013 年 7 月 12 日

# 第四版序言

曾几何时,人的尊严就像空谷幽兰静静地开在山野。一夜之间,她却昂着头赫然绽放在今年温家宝总理的工作报告中。

"我们所做的一切都是要让人民生活得更加幸福、更有尊严。"这句话喊出了政府的责任,更昭示了它清晰的法律内涵:就是每个公民在宪法和法律规定的范围内,都享有自由和权利,国家要保护每个人的自由和人权;国家发展的最终目的是为了满足人民群众日益增长的物质文化需求;整个社会的全面发展必须以每个人的发展为前提,因此,国家要给人的自由和全面发展创造有利的条件,让他们的聪明才智竞相迸发。

有人说,在中文语境下,尊严大致与体面相近,是一种人与人之间产生的社会评价或心理感受。这种理解符合中国传统文化。不过我以为,宪法的核心价值更在于尊重和保障人权,而人权的核心在于人的尊严。因此,德国人吸取两次世界大战的教训,在基本法中宣布人的尊严是高端价值,直接约束立法权、行政权、司法权。我国1982年宪法也总结历史经验,把人格尊严作为公民的绝对权规定在第38条,禁止任何组织和个人进行侵犯。

人的尊严首先是消极权利还是积极权利涉及价值判断问题。古希腊的哲人讲过一个故事。据说,古希腊最著名的犬儒主义者狄奥根尼住在一个木桶里,终年以乞讨和骂街为生。当征服了世界的亚历山大大帝屈尊趴在木桶边上,好奇而关切地询问他需要什么的时候,狄奥根尼回答:"我需要你闪到一边去,不要遮住我的阳光。"其用意是:虽然我在木桶里,你在殿堂上,但在阳光(自然法)之下,你我平等;作为统治者,不来打扰和侵犯我的自由,是你当然和唯一的责任。匈牙利伟大诗人裴多菲也认为:生命诚可贵,爱情价更高,若为自由故,二者皆可抛。由此可见,人的尊严首先是每个人的自主、自决、自治,即人的意志自由问题。它有防御国家权力侵犯的功能。前辈们的这些思想就是人的尊严含义的真实流露。

据中国社会科学院最近调查显示,民众最关心的排在前三位的社会问题是:官员腐败、贫富差距、基层干群冲突。这些问题表现在侵吞国有资产、野蛮征地拆迁、信访上访等方面,这些问题的解决既有赖于政治体制改革,也有赖于公民社会建设。而保障公民基本政治自由和权利的实现则是必由之路。因此,2010年3月全国人民代表大会对选举法的修改可以理解成国家对公民选举权利诉求的回应,它涉及十个方面的内容。最核心的问题是解决城乡居民选举权的平等保护问题。

大梦谁先觉,平生我自知。选举权利涉及公民基本的政治尊严。进而根据新选举法的精神对本书进行修订则是作者对人的尊严的知与觉。是为序。

焦洪昌

2010年5月11日

# 第三版序言

最近读到一篇杂文,是旅美学者林达在《南方周末》上的,题目叫"宪法的自信来自哪里?"文章开头说:读到一条消息,西北政法大学有一个宪法和地球仪造型的雕塑,于1个月前被拆除。据说这是受国外法学院校园雕塑启发而设计的,从照片上看也不错。有报道说,雕塑被拆除的原因是雕塑照片上网后被戏称为"宪法顶个球"。不知拆除的意思是来自政法学院的法律教授们,还是宣传部门的领导们。如果真是因民众对宪法失去信心而生出嘲笑,就拆了雕塑,十足是鸵鸟策略。

林达的评论引出一个问题:宪法有什么用?

记得220年前,法国人就在他们的《人和公民的权利宣言》里自豪地说:凡权利无保障和分权未确立的社会就没有宪法。这样的认识不能说不深刻。

63年前,张君劢先生在上海青年会的宪法演讲中提出国家为什么要宪法。他的答案是:国家必须保障人民的安全,必须保障人民的自由,必须造成人民的法律秩序。而要实现这三个目的,就少不了宪法。他强调:宪法本身之所以能存在,并不是一张纸片的文字就够的,而是要靠国民的不断注意,然后宪法的习惯方能养成,然后宪法的基础方能确立。假使人民对自己的权利及政府的不法横行,一切淡然处之,不以为意,宪法是不会有保障的。人权是宪治的基本。这样的思想不能说不先进。

去年12月18日,最高人民法院废止了(2001)25号批复关于齐玉苓案的司法解释,我校蔡定剑教授在《南方周末》上撰文呼吁:"宪法就是拿来用的"。他认为宪法有三个作用:一是为立法和行政提供依据,从而监督立法和行政。宪法是解决"权力"冲突的最高法,司法审查是在这个层面适用宪法。二是宪法凝聚了一个社会的最高价值,当公民在具体法律中的权利发生冲突时,需用宪法价值来解决,宪法又是解决"权利"冲突的根本准则。三是弥补法律和法制之不足。一个法制社会即使有再完备的法律,也不可能做到密而不漏,何况现代社会新情况不断产生,像堕胎、同性恋、安乐死等就会成为宪法面对的问题,宪法能对公民基本权利的保护起拾遗补缺作用。这样的见解不能说不精当。

陆放翁有言:"古人学问无遗力,少壮工夫老始成。纸上得来终觉浅,绝知此事要躬行。"

这虽是一首教子诗,子聿当时也未必理解乃父的思想。不过,本书的作者同仁,却深切地体会到,伟大诗人陆游的认知,真正道出了我们对中国宪法的感悟。秉持实践理性的信念,作者在本版中加重了对宪法事例、宪法实践的关照,加大了对民主、人权的关心,加强了对宪治、法治的关怀。

有人担心,五年前的作者,五年前的教材,而今是否老了?在此我们可以自信地说:没等到你,我们怎敢老去。

是为序。

焦洪昌<br>2009 年 5 月 12 日

# 第二版序言

"宪法是一个无穷无尽的、一个国家的世代人都参与对话的流动的语言。"美国哈佛大学法学院劳伦斯·却伯(Laurence H. Tribe)教授的名言显示：宪法是一种语言，由看得见和看不见的文字所记录。它是前代人留给后代人的遗产，包括宪法典、宪法性法律、宪法惯例、宪法判例等形式。

"它是对充满苦难的生活经验的批判和总结，其历史充满了人类在各个历史阶段中为摆脱生活上的痛苦而显示出来的聪明才智。我们学习宪法就是为了学到这些聪明才智，为了避免失败而未雨绸缪。"(杉原泰雄语)宪法语言是经验性的、高度凝练的、被注定的，是整个民族精神的流淌。考文教授在《美国宪法的高级法背景》中说，"宪法是由一群半人半神的人物制定的"。

宪法是一种流动的语言，随着读者的切换、时代的发展、社会的变迁而含义不同。帕斯卡尔说，我们总想抓住某一点把自己固定下来，可是它却荡漾着离开了我们。梅因在《古代法》一书中也谈到，"社会的需要和社会的意见常常是或多或少在'法律'的前面的。我们可能非常接近地达到它们之间的接口处，但永远存在的趋向是把缺口重新打开。因为法律是稳定的，而我们所谈的社会是进步的"。因此，人类所能找到最好的应对宪法话语变迁的方法是不断进行解释宪法和修改宪法。其功用在于，清除模糊、弥合缝隙、化解纷争、完善规范，最终达致打开规范的天窗、迎接宪法的阳光之目的。

宪法是一种国人共同参与对话的语言。法国启蒙思想家让·雅克·卢梭指出，"真正的宪法不是被雕刻在大理石或铜板上，而是在公民的心中"。不过，每个民族心中的宪法是什么，这却是见仁见智的问题。美国人说，"我们美国人民，为了建立一个更完善的联邦，维护正义,确保国内安宁,提供共同防御,增进公共福利,并保证我们自身和子孙后代永享自由的幸福,特制定美利坚合众国宪法"。中国人强调,"本宪法以法律的形式确认了中国各族人民奋斗的成果,规定了国家的根本制度和根本任务,是国家的根本法,具有最高的法律效力"。每个国家的历史文化不同,价值观念互异,其创制的宪法作品就各有特点。然而,通过协商、沟通、对话凝聚共识,通过研读、研习、研究创设理论,通过司法适用、宪法解释、司法审查形成共同的话语实践,这才是通向宪治的必由之路。

宪法是一种永无止境的语言,它以探讨真理为己任。古希腊文"真理"一词的本来含义就是"去蔽",去掉遮蔽,露出真理。人类可以发现真理但不能穷尽。宪法的真理性在于,"我们已有的宪法性法律,不是个人权利的来源而是其结果"(戴雪语)。个人权利、自然权利对国家、政府、法律来说具有先在的约束力。宪法正是对这种先在约束力的宣示和肯定,并赋予其高级法的价值。另外,在现实社会中,如何将这种高级法的价值转化为公民的生活规范与生活方式,也是一个恒常的问题。美国思想家托马斯·潘恩描述过这样一个事实:在美国,"宪法是人民的政治圣经,几乎每个家庭都有一本宪法,而政府人员则人手一册;每当对一项法案的原则或对任何一种权力的应用范围有争论时,政府人员便从口袋里取出这本印就的宪法,把涉及有关争议的章节念一遍,这是司空见惯的"。作为共和国的公民,作为研修法律的学人,我们是宪法和法律的奴仆,对它要常怀尊重和敬畏之心。宪法文本摆在那儿,我们不能假装没看见。

科学家提出,宇宙是由物质、精神和意义三个世界构成的。宪法应属精神世界,是政治文明的产物,以语言文字为存在方式。然而对宪法文本的理解应属意义世界的范畴,有理解就有前理解,它们循环往复。理解是有方法的,它通过法律推理、法律论证、法律逻辑来实现。方法在拉丁文的原意中是指通向正确的道路。艾柯在《诠释与过度诠释》一书中写道,作者带去语词,读者带去意义。的确,"条文本身并没有固定的意思,它的意思要看运用它的人怎样理解"(梅利曼语)。《宪法学》一书就是中国政法大学法学院宪法研究所全体同仁对宪法特别是对中国宪法的一种理解。当然,有理解就会有不同的理解 。本书在两年多的使用过程中,读者提出了一些建设性意见,作者有了一些新的感悟,北京大学出版社的编辑们也美意促成,三者结合就有了本书的第二版,同时也就有了第二版的序言。

焦洪昌
**2006 年 8 月 8 日**

# 第一版序言

宪法的学习与研究,可以从规范、现实、理念三个层面上展开。

一国的宪法规范,主要体现在宪法典或宪法性法律之中。研读宪法规范,可以直观地阅览该国的政权架构、权利体系,洞悉该国的历史状况、民族精神。通过不同地域、不同时空的宪法文本的比较,我们还可以发现人类在宪法语言、宪法观念、宪法表述上的异同,最终为宪法文本的完善和宪治理想的实现提供科学依据。荷兰宪法学家范·马尔赛文曾对世界上150多个国家的宪法文本,运用计算机等高科技手段,进行了量化的分析,出版了《成文宪法的比较研究》一书,其研究成果被广泛引用,堪称规范研究的典范。

有人说,宪法文本是宪法学习的最好教科书,此言不谬。首先,宪法文本乃是公民的基本权利、国家的基本构成及基本国策的载体,透过载体,才能沟通心灵。其次,论文写作、论辩演说、法律实践无不以宪法文本为依据,只有条文烂熟于胸,才能运用自如于手,可谓熟能生巧。再次,宪法文本乃是民族语言和智慧的结晶,其文字之简洁、逻辑之严谨、结构之妥帖、韵律之优美、底蕴之深厚,非普通法律可比,反复阅读赏析,可满足审美趣味。

规范的学习在于运用。将纸上的宪法变成现实的宪法,是宪治建设的重要环节。当我们认为宪法是法的时候,强调宪法具有法的强制性和约束性时,宪法的司法适用问题就提到了议事日程。既然立法机关通过立法实施宪法,行政机关通过执法实施宪法,那么,司法机关适用宪法保障人权就更属题中应有之义。法学专业的学生应当对宪法由谁适用、如何适用,宪法由谁解释、如何解释,特别是司法审查权由谁行使、如何行使等宪法实施中的重大问题有所研究。

应用宪法学属于宪法社会学的研究范畴,它为宪法的学习拓宽了视野和领域。对宪法判例和宪法惯例的关注,对宪法实践和宪法解释的评析,对宪法实施状况的调查研究,既是学习方法问题,更是学习目的问题。君不见,1803年美国联邦最高法院马歇尔大法官裁判的"马伯里诉麦迪逊案",开创了由司法机关进行合宪性审查的先河;我国2001年最高法院关于"齐玉苓诉陈晓琪案"的司法解释,解放了法院适用宪法保障人权的枷锁;2003年三个博士生请求全国人民代表大会常务委员会对国务院行政法规的合宪性进行审查,导致了"收容遣送条例"被废止。所以,宪法应用永远是宪法学研究的源头活水,更是宪法学人推动宪治发展的力量源泉。

我们可将宪法理念归类于宪治哲学,它的养成源于人类宪治文化的陶冶、宪治精神的牵引和宪治价值的型塑。宪法制度史和思想史的研究成果,昭示了人类政治文明的演进历程。我们清楚地看到,从苏格拉底、柏拉图、亚里士多德到孟德斯鸠、洛克、卢梭再到托克维尔、汉密尔顿、戴雪等大量的宪治思想家,把宪治真理的颗粒汇成了真理的粮仓。正是在人类政治文明的宝库中,我们找到了诸如主权、人权、分权、法治等宪法原则,找到了自由、平等、正义、共和等宪治价值,找到了成文宪法、权力制约、司法审查、交错选举等宪治技术。正是这些原则、价值和技术,支撑着我们的宪法理念,刻画着我们的宪法文本,指导着我们的宪治实践。

本书是集体创作的成果,它凝聚着中国政法大学宪法研究所全体同仁的智识和心血。尽管每位老师的研究领域各有侧重,文风略有不同,但本书从结构到观点是共同讨论决定的。

本书作者的写作分工如下:

焦洪昌:第一章;

罗晓军:第二章一、三节;

秦奥蕾:第二章二、四节;

周青风:第三、六章;

姚国建:第四章;

张　劲:第五章;

张吕好:第七章;
王人博:第八章;
薛小建:第九章;
刘　杨:第十章;
田　瑶:第十一章;
谢立斌:第十二章。

**焦洪昌**
**2004 年 8 月**

# 目 录

## 第一章　宪法的基本理论(上) ……………………………………… (1)
　　第一节　宪法的概念 ……………………………………………… (1)
　　第二节　宪法的分类 ……………………………………………… (13)
　　第三节　宪法的基本原则 ………………………………………… (21)
　　第四节　宪法关系与宪法规范 …………………………………… (40)
　　第五节　宪法效力与宪法作用 …………………………………… (47)

## 第二章　宪法的基本理论(下) ……………………………………… (54)
　　第一节　宪法的创制与修改 ……………………………………… (54)
　　第二节　宪法解释 ………………………………………………… (66)
　　第三节　宪法惯例 ………………………………………………… (75)
　　第四节　合宪性审查制度 ………………………………………… (79)

## 第三章　宪法的历史 ………………………………………………… (99)
　　第一节　宪法的产生 ……………………………………………… (99)
　　第二节　宪法的演变和发展 ……………………………………… (111)
　　第三节　1949年以前中国宪法的产生和发展 ………………… (119)
　　第四节　中华人民共和国宪法的制定和修改 …………………… (137)

## 第四章　国家性质 …………………………………………………… (156)
　　第一节　阶级性质 ………………………………………………… (156)
　　第二节　党的领导 ………………………………………………… (167)
　　第三节　经济制度 ………………………………………………… (181)
　　第四节　"五个文明"协调发展 …………………………………… (190)

## 第五章　国家形式 …………………………………………………… (205)
　　第一节　政权组织形式 …………………………………………… (205)
　　第二节　国家结构形式 …………………………………………… (216)
　　第三节　国家标志 ………………………………………………… (244)

## 第六章 选举制度······(250)
### 第一节 选举制度概述······(250)
### 第二节 我国现行选举制度······(258)

## 第七章 公民基本权利的一般原理······(292)
### 第一节 公民基本权利的相关概念······(292)
### 第二节 公民基本权利的主体和类型划分······(305)
### 第三节 公民基本权利的保障与限制······(313)
### 第四节 人权的发展及我国宪法基本权利的变迁······(326)

## 第八章 我国公民的基本权利和义务······(333)
### 第一节 平等权······(333)
### 第二节 政治权利······(337)
### 第三节 宗教信仰自由······(345)
### 第四节 人身权利······(349)
### 第五节 监督权······(353)
### 第六节 社会经济权利······(356)
### 第七节 文化教育权利······(361)
### 第八节 特定主体权利的保护······(364)
### 第九节 我国公民的基本义务······(366)

## 第九章 国家机构(上)······(371)
### 第一节 国家机构概述······(371)
### 第二节 最高国家权力机关及其常设机关······(385)
### 第三节 国家元首······(403)
### 第四节 最高国家行政机关······(407)
### 第五节 最高国家军事机关······(412)

## 第十章 国家机构(下)······(416)
### 第一节 地方各级人民代表大会和地方各级人民政府···(416)
### 第二节 民族自治地方的自治机关······(428)
### 第三节 特别行政区的政权机关······(433)
### 第四节 监察委员会······(446)
### 第五节 国家审判机关和国家检察机关······(452)

第十一章 基层群众性自治制度……………………………（464）
　第一节 基层群众性自治制度概述………………………（464）
　第二节 村民自治………………………………………（466）
　第三节 城市居民自治…………………………………（474）

# 第一章　宪法的基本理论(上)

## 第一节　宪法的概念

### 一、宪法的语称

在汉语中,"宪""宪法""宪令""宪章"等语词在我国古代典籍中多有记载,不过它们的含义却异于今日之"宪法"。具体而言,这些语汇主要有两种含义:其一是指国家的法律、法令或制度。《尚书·说命下》中的"监于先王成宪,其永无愆",《国语·晋语》中的"赏善罚奸,国之宪法",《管子·七法》中的"有一体之治,故能出号令,明宪法矣",《韩非子·定法》中的"法者,宪令著于官府,刑罚必于民心"等,表达的均是类似含义。其二是指效法、法令的公布、法律的实施等。如《周礼·秋官·小司寇》中有"宪,刑禁",《周礼·秋官小宰》中有"宪表悬之,若今新布法令也",《中庸》中有"祖述尧舜,宪章文武",《唐韵·集韵·韵会》中有"悬法示人曰宪",等等。

在近代中国,根本法意义上的"宪法"一词的出现是受日本的影响。日本在明治维新以前,即有一部分人到西方诸国寻求新思想,学习新技术。作为新制度、新法律的"constitution",日本人从未接触,故而也没有相应的名词来表示,其在传入之初,译名也就很不统一。将 constitution 译为"宪法"并单独使用,是在明治六年(1873年)箕作麟祥翻译法国六法全书时开始的。而后在明治十四年(1881年),政府为制定日本国宪法而派伊藤博文赴欧洲考察,明治天皇提到伊藤博文的《训条三十一项》中第一项即必须去研究"欧洲各立宪君治国"的"宪法"的沿革现状时,宪法一词才成为日本官定的正式用语。[①] 此时的宪法融入了西方的内容,在清末维新思潮中又传回中

---

[①] 何勤华:《当代日本法学:人与作品》,上海社会科学院出版社1991年版,第172—173页。

国。一般认为,改良主义思想家郑观应是近代首次使用宪法一词的中国人。郑氏在其所著《盛世危言》中要求清廷"立宪法""开议院",实行君主立宪。① 当然,也有学者经考证认为,在近代中国最早使用"宪法"一词的是马建忠,他在《适可斋记言》中有关于"宪法"的记载。而中国最早在法律文件中使用近现代意义的"宪法"一语,则是1908年清政府制定的《钦定宪法大纲》。需要指出的是,日文中的"宪法"二字既有古汉语中的"正当性""根本性"的含义,又有近代日本人添加的新意,它暗含了"立宪制度"这一要素,而不是仅就正当性、根本性或"一般性"这一层意思而言的。② 明确宪法的精神和实质,特别是其背后的立宪意涵,而不是拘泥于形式,这对于中国的宪法实施是尤为有益的。

在西方,"宪法"一语在英文中为 constitution,语源为拉丁语 constitutio。在拉丁语中,constitutio 指的是人民在其政治联系中的"形态""组成"或"建制"。英国自中世纪以后独备代议制度,确立国王不得议会的同意,不能行立法和其他重要的统治行为之原则。英人以之为本国特有的 constitution,国王偶然有反此规时,则以 unconstitutional 而非难之。因此,英文 constitution 一语,在国家政治生活中,指涉的是有关国家的政体或政制的根本规则。北美独立战争后,十三个殖民地纷纷制定根本法,皆以 constitution 称谓之。然而,具有本质内容的"宪法"概念的使用,却并非始于英国,而是可追溯至古希腊。古希腊使用的宪法用语 Πολιτεα(转写为拉丁字母形式即 Politeia)有"公民身份""公民权""公民的生活""政府""行政""政策""宪法""民主""国家"等意思,它代表了一种"主体际关系"的宪法观。往后的宪法用语一直循着希腊思想的线索演变。亚里士多德是在如下含意上使用该词:宪法或政体、城邦、政府。不过亚里士多德的宪法观念与现代人的宪法观念不同。首先,其宪法比现代人理解的宪法小,它不包括非城邦制国家的宪法。其次,其宪法的主体(至少是积极主体)的范围比现代宪法的主体小,只包括全称公民,也

---

① 吴家麟主编:《宪法学》,群众出版社1992年版,第16页。
② 王人博:《宪法概念的起源及其流变》,载《江苏社会科学》2006年第5期。

就是可参加司法事务和治权机构的人们,而不包括本国的全体公民。最后,其宪法的外延比现代人理解的要大,因为对包括他在内的希腊人来说,宪法就是国民生活的全部。而对于现代人而言,宪法只是国民生活的一部分,或曰法律的部分中之至高者。还应当指出的是,在现代,也并非所有国家都将国内的最高法律称为宪法。如联邦德国1949年在制定宪法时,考虑到当时德国分裂的现实和日后的统一问题,就未称其制定的根本法律文件为"德意志联邦共和国宪法",而是称为"德意志联邦共和国基本法"。1982年加拿大宪法制定前的国内最高法律规范名为"英领北美洲法"(在当时就是加拿大的宪法)。在中国,宪法也曾有"约法""共同纲领"等其他一些称谓。

宪法最初作为一个组织法上的概念,经过历史的演变,成为今天具有"最高法""根本法"意义的概念,既有词源学上的关联,同时还离不开各国的实践,特别是近代早期英国、美国的实践。近代日本明治维新,通过借用"宪法"一词,赋予之新内涵,进行了创造性转换,可是在它传入中国以后的百年时间里,则历经沧桑。确立宪法意识,树立宪法权威,仍是今日之重任。

### 二、宪法的界定

关于宪法的界定有实质意义与形式意义两种。实质意义的宪法是从法律规范的内容来界定宪法的。如英国《牛津法律大辞典》认为:"宪法是法律规则的总称,它确定某种特别政治团体或政体法律结构的基本和根本成分、他们之间的关系、权力分配及其职能。宪法可被认为是用来论及国家最高权力运行的结构和主要原则。"[1]实质意义的宪法亦可被称为广义的宪法,它能解决诸如"英国没有宪法"这样的问题,因而为许多人所采信。早在民国时期,王世杰、钱端升就指出:"所谓实质,就是宪法里面所规定的事项,就是宪法的内容。就宪法的实质说,宪法的特性,在于规定国家根本的组织。"[2]实质意义的宪法,其范围往往较为广泛,考察世界各国宪法现状,从比较法

---

[1] 《牛津法律大辞典》,光明日报出版社1988年版,第202页。
[2] 王世杰、钱端升:《比较宪法》,中国政法大学出版社1997年版,第3页。

的角度看,应当包括成文宪法(含单一和复式)、威斯敏斯特模式的宪法性文件、独立于宪法文件本身之外的具有根本法性质的宪法性法律、普通法系或大陆法系宪法判例以及因历史或传统而形成的宪法惯例。

形式意义的宪法则是根据宪法作为法律的形式特征来界定宪法的,即宪法是指其制定和修改程序异于普通法律,并在效力上高于普通法律的成文法典。西方国家的宪法绝大多数都是成文宪法,法国的托克维尔说"英国没有宪法",就是从形式意义而言的。形式意义的宪法其范围较窄,具有最高法律效力的往往只能是成文宪法,或在不成文宪法制度中被确认为宪法性法律的制定法。当然,持这种严格的宪法观念的人往往认为,宪法本身是有层次的,在一部宪法之中最重要的是根本条款。根本条款是规定宪法的基本内容与基本原则的那些条款,宪法中的其他条款只是这些根本条款的派生和具体化而已。

### 三、宪法的形式特征

(一) 宪法的制定和修改程序异于普通法律

宪法是国家的根本法,其内容具有重要性和权威性。因此,与普通法律相比,宪法具有庄严性和更强的稳定性,这就决定了宪法的制定和修改程序更为严格。

一方面,宪法的制定和修改机关不同于其他法律。宪法的制定机关也称制宪机关,制宪机关一般为一个专门机构,如制宪会议、制宪议会、宪法起草委员会等,其职责就是起草或者制定宪法,如美国为起草1787年《宪法》召集了"制宪会议",法国为制定1791年《宪法》组成了"制宪议会",我国在制定1954年《宪法》时也曾专门成立了"宪法起草委员会"。一般情况下,普通法律的起草和制定由常设的立法机关进行,无须成立专门的机构,有时虽然普通法律的起草由特定的专门机构进行,但其通过只能由立法机关进行。修宪机关也较特殊,我国的1975年、1978年、1982年《宪法》都是通过成立"宪法修改委员会"来修改,然后由全国人民代表大会通过颁布的。

另一方面,宪法的通过和修改程序不同于其他法律。宪法草案及修正案的通过程序比普通法律严格,一般来说,主要有三种情况:(1)由立法机关以绝对多数通过。例如,美国宪法修正案要由三分之二的国会两院议员或各州2/3的州立法机关请求,并经四分之三的州立法机关或四分之三的州制宪会议批准,才能生效。(2)全民公决。例如,法国1946年《宪法》制定的重要程序之一,就是由公民投票表决才能最后通过。(3)在制定或修宪机关通过后,再由公民表决才能最后通过。例如,法国1958年《宪法》规定,宪法修正案要由共和国总统基于内阁总理的建议,或由议会议员提出,经国会两院以相同的比例表决通过,再由公民复决通过。普通法律的通过一般只要求立法机关的议员或者代表过半数同意即可。而且一般在宪法修改时,只有宪法规定的特定主体才可提出修改宪法的有效议案。如我国《宪法》第64条第1款规定:"宪法的修改,由全国人民代表大会常务委员会或者1/5以上的全国人民代表大会代表提议,并由全国人民代表大会以全体代表的2/3以上的多数通过。"

(二)宪法具有最高法律效力

宪法是一个国家的最高法律,在政治生活和社会生活中都具有最高法律效力。这主要表现在以下两个方面:

第一,宪法的效力高于普通法律,普通法律的规定不得同宪法相抵触,否则无效。宪法在国家法律体系中居于最高地位,对于法律调整的事项,凡是宪法已明确规定或内在涵摄者,任何普通法律都不得同宪法的规定、原则及精神相抵触,否则,或者相抵触的法律条文无效,或者整部法律无效。例如,我国现行《宪法》第5条第3款规定:"一切法律、行政法规和地方性法规都不得同宪法相抵触。"日本1946年《宪法》明确规定:"本宪法为国家最高法规,凡与本宪法条款相违反的法律、法令、诏敕以及有关国务的其他行为的全部或一部,一律无效。"这里须指出的是,并非一切法律的制定都必须有宪法的依据,宪法与普通法律的调整对象并不尽相同,因此二者并非完全是所谓"母法"与"子法"的关系。事实上,在任何国家中,都存在大量的无"宪法依据"的普通法律。

第二,宪法是一切国家机关、社会团体和公民的根本行为准则。

宪法在效力层级上高于普通法律，解决的是法律冲突问题，以维护国家法律体系的统一。但宪法的最高法律效力不仅仅体现在其法律效力的高位性上，它还体现在其法律效力的直接性上。普通法律较宪法更为具体、明确，因此在适用次序上，普通法律先于宪法本身，宪法对于普通法律所适用的事项，是作为终极的评判标准而存在的，即当相对人认为普通法律违反宪法时，可能会导致有权机关的合宪性审查，使违宪的法律最终归于无效。而对于没有普通法律调整的政府活动、政党行为、团体行为和个人行动，宪法始终在其事项效力范围内起着直接的规范作用，若有违反，都可能被有关国家机关依据宪法追究其违宪责任。

**四、宪法的实质特征**

现代宪法虽然内容纷呈，但在理念上与西方近代意义的宪法应当是一脉相承的，而近代意义的宪法，其根本目的即在于限制政府的权力，保障公民的权利和自由。近代宪法的基本特性为：宪法系由人民依其自由意志所制定；宪法内须有基本人权的规定；为保障人权，须有权力分立制，而不可将统治权归于一人或一个机关行使；在原则上应以成文宪法的形式规定其内容。[①] 概言之，近代宪法的实质内容，主要分为两部分，一是国家统治机构及其权限划分，二是公民基本权利保障。而就这两部分的相互关系而言，对于公民权利的有效保障有利于国家权力的正当行使，而且限制国家权力的初衷或基本出发点即在于保障公民权利，因而保障公民权利在宪法中居于核心的支配地位。

（一）对基本人权的保障

法国《人权宣言》曾宣布，凡权利无保障的社会就没有宪法，说明宪法具有权利保障书的特性。从历史渊源来说，英国在17世纪资产阶级革命时期曾于1679年迫使议会通过了《人身保护法》以保障人身自由，1688年光荣革命胜利后通过的《权利法案》确认和保障公民的权利和自由；法国1789年革命胜利后即通过以《人权宣言》为序言

---

① 谢瑞智：《宪法大辞典》，台湾千华图书出版事业有限公司1993年版，第443页。

的1791年《宪法》,进一步确认和保障公民的权利。不仅资本主义宪法如此,社会主义宪法也十分强调宪法对公民权利的保障。列宁深刻地说:"宪法就是一张写着人民权利的纸。"世界上第一部社会主义宪法——1918年的《苏俄宪法》,就将《被剥削劳动人民权利宣言》列为第一篇,可见社会主义宪法同样具有权利保障书的性质。

关于公民权利保障的更深层次的认识是,应当处理好多数主义和弱势主义之间的关系。传统的公民权利理论从保护多数人的利益出发,认为民主就是多数决定,公民权利就是保证多数人(处于社会底层和中层的第三等级)能够享有和少数人(国王与贵族)相当的权利,因此其关注的中心在于剥夺少数人的特权,实现法律面前人人平等。这当然是宪法中公民权利保障的重要方面和必然阶段,然而在民主观念已经深入人心的现代社会,保护少数派尤其是易受歧视的弱势群体,应当成为现代宪法与人权保障的主流,这种发展可以说是个体主义意识形态与集体主义意识形态之间的对立所造成的,或许可以将之称为弱势主义的人权保障观。

(二) 对国家权力的限制

国家统治机构的组织与权限划分是宪法内容的重要组成部分。一方面,由于宪法规定了主要国家机关的组织、职权、活动原则和方式以及它们的相互关系,因此宪法实际上成为授予行使国家权力的根据;另一方面,由于宪法规定了国家机关行使权力的范围、程序与方式,因此宪法同时也是对国家权力行使的限制。为了防止国家权力的滥用,近代启蒙思想家极力鼓吹国家权力的分立,即将国家权力按照权能分配给不同职能部门并相互制约。最重要的分权理论是由洛克和孟德斯鸠提倡,经麦迪逊发展而来的"分权与制衡"学说,它在《联邦党人文集》中得到了最充分的表述。在立宪主义中,分权原则包括两个层次上的权力分立,即职能性分权和地域性分权。

英国最早确立了立法权和司法权的分立制度。17世纪40年代英国爆发资产阶级革命,1688年光荣革命确认了议会主权,1701年的《王位继承法》(Act of Settlement)确认法官除两院弹劾外不得被免职,法官的独立标志着司法权与行政权的分立。实际上,西方的三权分立并非真正分离,经常存在权力部门对于同一权力的交叉行使。当然,主张分权并不一定是反对权力行使的交叉,有限政府思想的核心是对政府权力的有效控制,并以此来保障公民的自由和权利,权力行使的一定程度的交叉无碍于此。

在分权原则与法治原则之下,立法机关权力有限的理念就相应产生了①,因为民意代表所代表的民意是不完整的。从目前各国的实践来看,立法机关的权力通常受以下几方面的限制:其一,不得制定某些法律,如不得通过公民权利剥夺法案或追溯既往的法律(参见《美国宪法》第1条第9款第3项规定)。其二,在中央和地方关系方面维护地方自治。其三,限制征税权。除此之外,立宪主义者还力图通过宪法的分权原则防止立法机关吞并其他部门②;主张召开会议向人民呼吁、加强公众的舆论监督等。在实行两院制议会制的国家中,则通过两院的分工达到制衡立法机关的目的。

### 五、宪法的渊源

宪法的渊源即宪法的表现形式,宪法的渊源体现了宪法范围的大小。由历史文化传统、法律传统、政治力量对比关系以及政治需要等原因所决定,各国皆采取适合于本国的宪法表现形式。总而言之,宪法主要有以下渊源:

1. 成文宪法典

宪法的主要表现形式是宪法典,绝大多数国家为成文宪法国家,以法典的形式规定国家的基本制度和基本原则等重要内容。以法典形式规定国家的基本制度和基本原则的优点是:宪法的内容明确具体,便于实施,同时一般规定了严格的修改程序,有利于保障宪法的稳定性;其缺点是:因宪法修改程序较为严格和复杂,宪法规范适应社会实际变化的能力不是很强。为使宪法规定的内容能够及时适应

---

① 〔美〕汉密尔顿等:《联邦党人文集》,程逢如等译,商务印书馆1995年版,第392页。
② 同上书,第252页。

社会实际的变化,而又不致使宪法经常变动,相应产生了以修正案的方式修改宪法的形式,宪法修正案是宪法典的组成部分之一。

宪法典是我国宪法的主要渊源。第五届全国人大第五次会议于1982年12月4日通过了《中华人民共和国宪法》(简称《宪法》、现行宪法、1982年《宪法》),其后又分别于1988年、1993年、1999年、2004年和2018年通过了共52条修正案。因此,我国现行宪法包括1982年宪法文本及52条修正案。

2. 宪法性法律

宪法性法律是指由普通立法机关依照普通立法程序制定或认可的、以宪法规范为内容的规范性文件。宪法性法律包括两种情况:一种是带有宪法内容的普通法律,如选举法、国家机关组织法等;另一种则是带有宪法内容而经国家立法机关依法赋予其法律效力或重新进行法律解释的某些政治性文件或国际协议、地区性盟约等。宪法性法律,在成文宪法国家是宪法典的补充,有时候还是某些成文宪法规范的具体化;在不成文宪法国家,宪法性法律则是宪法规范的最重要的表现形式,是这些国家宪政体制存在和运行的最基本依据,或是其宪政制度逐步形成的标志。

作为宪法的表现形式,宪法性法律应当是指不成文宪法国家规定宪法内容、作为宪法组成部分的一系列法律。宪法性法律仅具有一般法律效力而不具有高于法律的效力。此外,宪法性法律不是我国官方的正式话语。2011年3月10日,第十一届全国人大第四次会议的《全国人民代表大会常务委员会工作报告》指出,一个立足中国国情和实际、适应改革开放和社会主义现代化建设需要、集中体现党和人民意志的,以宪法为统率,以宪法相关法、民法、商法等多个法律部门的法律为主干,由法律、行政法规、地方性法规等多个层次的法律规范构成的中国特色社会主义法律体系已经形成。官方在表述中国特色社会主义法律体系时,有两处细节值得注意,一是将宪法与"宪法相关法"分开讲,强调了宪法的独特地位,二是使用"宪法相关法"的概念,虽说其也不是太准确,但避免了"宪法性法律"的歧义。学界在研究宪法渊源时,对于宪法性法律是否作为我国的宪法渊源,存在争议。① 从实质宪法出发,以及考虑官方的立场,宪法性法律不是我国宪法的渊源。

3. 宪法惯例

宪法惯例是在长期的政治实践中逐步形成的、涉及有关社会制度和国家制度基本问题的、并由公众普遍承认具有一定约束力的习惯和传统的总和。宪法惯例在不成文宪法国家,是宪法的重要组成部分,而在成文宪法国家,对宪法起着重要的补充作用。宪法惯例没有特定的法律文书表现形式,也不具有司法上的适用性,违反宪法惯例一般认为不构成违宪。因此,宪法惯例的运行并不由国家的强制力来加以保障,但宪法惯例可能因时代的发展而被废弃。

世界各国的宪治实践表明,宪法惯例形成的路径主要有如下三个方面:第一,政党斗争;第二,领袖人物的言行;第三,中央国家机关的活动。② 英国是不成文宪法的典型国家,其宪法惯例也就最多,其中重要的有:虚君元首制;首相由下院多数党领袖而不是由上院议员出任,下院大选后,英王必须提名下院多数党领袖为首相,组阁执政等。有时候,修宪机关可以通过修宪程序,将宪法惯例确认为宪法的正式内容,比如美国1951年通过第22条宪法修正案,规定总统连续任期不得超过两届。

我国在长期的国家政治生活中也形成了一些惯例。例如,我国修改宪法多由中国共产党中央委员会向全国人大常委会提出宪法修改的建议,再由全国人大常委会向全国人大提出正式的宪法修正案;又如,在全国人大会议期间,全国政协委员集体列席全国人大全体会议。

4. 宪法判例

宪法判例是行使合宪性审查权的普通法院或专门机构在适用宪法审判案件时形成的具有约束力的先例。在普通法系国家,法院享有宪法解释权,法院在具体案件中基于对宪法的解释而作出的判决,根据"先例约束原则",对下级法院有约束力。换言之,最高法院及上

---

① 姚岳绒:《关于中国宪法渊源的再认识》,载《法学》2010年第9期。
② 章志远:《宪法惯例的理论及其实践》,载《江苏社会科学》2000年第5期。

级法院的适用宪法的判决应是下级法院审理同类案件的依据因而成为宪法判例。典型的如美国联邦最高法院在1803年作出的"马伯里诉麦迪逊案"判决,确立了由普通法院审查国会制定的法律是否合宪的宪法判例。在法典法系国家,宪法法院或其他专门的宪法监督机构在宪法诉讼中作出的裁决,对普通法院也具有法律上的约束力,其他国家机关往往也予以尊重。

而在我国虽然还没有建立判例制度,但是最高人民法院建立了案例指导制度。2010年11月26日,最高人民法院发布了《关于案例指导工作的规定》(法发[2010]51号),规定最高人民法院发布的指导性案例,各级人民法院审判类似案件时应当参照。从2011年至2019年2月,最高人民法院先后发布了21批112个指导案例。但指导案例的效力、性质、功能仍有待通过司法改革进一步明确,目前尚不足以发挥判例制度的效果。至于宪法判例,则又很成问题。"齐玉苓诉陈晓琪案"曾经被称作"宪法司法化第一案",引发了长达数年的论争。最高人民法院为此还于2001年8月13日公布了专门的司法解释[1],遗憾的是该司法解释以"已停止适用"的理由于2008年12月8日被废止。[2] 可见,宪法判例还不是我国宪法的渊源。

5. 宪法解释

宪法解释通常包括宪法解释机关所作的独立的宪法解释决议和在合宪性审查过程中为了判断法律是否合宪而对宪法所作的解释。当在后者,宪法解释即表现在宪法判例中,因为法院在裁判宪法案件时,必然会伴随着宪法解释活动。而在前者,宪法解释与宪法具有同等效力,也是宪法的组成部分。

依据我国《宪法》第67条第1项,全国人民代表大会常务委员会行使解释宪法的职权。因此,宪法解释是我国宪法的渊源。虽然历史上全国人大常委会作出多个与宪法内容直接相关的决定或者决议,但是并没有一个以"解释"之名称出现的宪法解释。对于中国是

---

[1] 最高人民法院《关于以侵犯姓名权的手段侵犯宪法保护的公民受教育的基本权利是否应承担民事责任的批复》(法释[2001]25号)。

[2] 最高人民法院《关于废止2007年底以前发布的有关司法解释(第七批)的决定》(法释[2008]15号)。

否有宪法解释,学界存在争议。多数学者认为,1983年9月2日全国人民代表大会常务委员会通过的《关于国家安全机关行使公安机关的侦查、拘留、预审和执行逮捕的职权的决定》属于宪法解释。

6. 国际条约

国际条约是国际法主体之间就某一事项中各自的权利义务所缔结的书面协议。国家是国际法的主体,按照"条约必须遵守"的国际法原则,国家之间签署的条约是具有法律拘束力的文件,国家遵守条约即产生条约在国内的适用问题,也就产生条约与国内法尤其是宪法之间的关系的问题。

关于宪法与国际法的关系,有一元论和二元论两种学说。一元论认为宪法和国际法属于同一法律体系,没有效力上的位阶关系,但是在寻求法体系的根据上,又有国内法上位说和国际法上位说两种学说。二元论认为,国内法与国际法属于不同的法律体系,遵循不同的理念,其效力上存在位阶关系。二元论为学界普遍接受的观点。不过在处理国内法与国际法的位阶关系时,各国又有不同的解决方法:一是国内法优于国际法;二是国际法与一般国内法地位相同,但低于宪法;三是国际法低于宪法,但高于一般国内法;四是国际法优于国内法,包括宪法。

例如美国《宪法》第6条规定,合众国已经缔结和即将缔结的一切条约,皆为合众国的最高法律,每个州的法官都应受其约束。可是我国1982年宪法并没有明确规定国际条约在我国的具体适用条款,也没有规定宪法和国际条约的效力关系,故而只能根据普通法律和惯例进行判断。我国《民法通则》《行政诉讼法》等法律规定:中华人民共和国缔结或者参加的国际条约同本法有不同规定的,适用该国际条约的规定。中华人民共和国声明保留的条款除外。可见国际条约的效力优先于普通法律。通常情况下我国都会通过立法将国际法转化成国内法,也就是说条约的适用在我国还是法律适用的范畴,并没有上升到宪法的高度。问题是一旦我国缔结的国际条约中的权利内容与宪法中的基本权利条款发生冲突时,则可能会引发诉讼。这可以通过修改普通法律,或者是运用法律保留,合理运用两个人权公约中"克减条款"的规定以及宪法解释来化解。因此,国际条约并不是我国宪法的渊源。

## 第二节　宪法的分类

### 一、宪法分类概述

分类,亦称"归类",是根据事物的同异将事物集合成类的过程。"历史上的宪法多达几百种以上,现行各国单行宪法文件也有一百多件"[①],全面地比较和归纳其共同点和不同点,可以根据不同的标准,把宪法归纳为不同的种类,这就是中华人民共和国成立前学者所称的"宪法类别""宪法种类",今日多称为"宪法分类"。所谓的宪法分类,是指按照一定标准把宪法划分和归纳为不同类别的活动,是宪法与宪法学不断发展的必然要求。宪法是一种特殊的社会现象,宪法学是以宪法现象的产生、存在、发展和变化的法律作为研究对象的一门法律科学。宪法分类是将复杂的宪法现象系统化和规律化的基本途径,沿着高度分化而又高度综合、相互统一的方向发展,对宪法和宪法学进行科学的分类研究,是宪法学发展过程中必须遵循的基本准则。

宪法分类的意义就在于探讨宪法现象的各种基本特征,从而为创制、实施、监督和研究宪法提供必要的理论帮助和实践服务：

一方面,从理论上讲,宪法分类有助于人们认识、理解宪法的特征与本质,并成为对宪法进行比较研究的前提和基础。对宪法和宪法现象进行分类,有助于人们弄清宪法和宪法现象的基本特征,形成相对稳定的类别,从而进一步分析、总结宪法的各种特征。

另一方面,从实践来看,宪法分类对于立宪和行宪有着重要意义。对宪法进行分析,并对各类不同的宪法进行研究,就能了解和掌握其优点和缺点,从而为制定宪法和修改宪法服务。同时,宪法分类对于宪法实施尤其是对宪法的解释也有重要意义。

---

① 龚祥瑞:《比较宪法与行政法》(第2版),法律出版社2003年版,第37页。

## 二、宪法的传统分类

宪法的传统分类亦可称为旧的分类,包括成文宪法与不成文宪法,刚性宪法与柔性宪法,钦定宪法、民定宪法与协定宪法,实质意义的宪法与形式意义的宪法,等等。[①] 这些分类是学者们根据宪法的不同外部特征所作的形式上的分类。

（一）成文宪法与不成文宪法

成文宪法与不成文宪法,这种分类的依据和标准是宪法是否具有统一的法典形式。这种分类方式是由英国学者提出。所谓成文宪法,是指由一个或者几个规定国家根本制度和根本任务的宪法性法律文件所构成的宪法典,现代世界上绝大多数国家的宪法是成文宪法。所谓不成文宪法,是指既有具有法律强制效力的宪法性法律文件、宪法判例,又有仅具有政治影响力的宪法惯例,而没有统一的宪法典,英国是实行不成文宪法的典型国家。

成文宪法是宪法规范赖以存在的主要形式,它的特点是宪法规范明确、集中,效力清晰,方便了解,等等。所以,如今大多数国家都采用成文宪法来确定和表述宪法规范。美国是世界上最早颁布成文宪法的国家,在宪法学上一般将1787年制定的美国《宪法》看作是世界上第一部成文宪法。在美国1787年成文《宪法》之后,成文宪法的创制传统相继传到了其他国家,产生了一系列成文宪法。1791年法国颁布《宪法》。世界上第一部社会主义性质的成文宪法是1918年的苏俄《宪法》,即《俄罗斯社会主义联邦苏维埃共和国宪法（根本法）》。第二次世界大战以后,大多数国家都制定了成文宪法。中华人民共和国成立以后,先后四次颁布了成文宪法,即1954年《宪法》、1975年《宪法》、1978年《宪法》与现行宪法——1982年《宪法》。成文宪法以及成文宪法中所规定的宪法规范的肯定性与明确性逐渐为各国创制宪法活动所采纳。

---

[①] 当然,也有人持不同观点,如龚祥瑞先生认为"传统分类法"就不包括刚性宪法与柔性宪法(它们被单独列举)。参见龚祥瑞:《比较宪法与行政法》(第2版),法律出版社2003年版,第37页。

对于一个不存在名称为宪法的成文法典,而是通过一系列被视为具有宪法效力的法律文件来表示宪法规范的国家来说,通常称之为实行不成文宪法的国家,如英国。英国宪法是典型的不成文宪法,主要由三部分构成:(1) 在资产阶级革命过程中的不同历史时期制定的一系列宪法性法律文件,如 1628 年的《权利请愿书》、1679 年的《人身保护法》、1689 年的《权利法案》、1701 年的《王位继承法》、1911 年的《国会法》、1918 年的《国民参政法》、1928 年的《男女选举平等法》、1969 年的《人民代表法》等;(2) 法院判例,如关于人身自由、言论自由、正当程序、法官独立等方面的判例;(3) 宪法惯例,如内阁对议会下院负责、国会每年至少集会一次、两党制等。采用不成文宪法的国家目前主要是沿袭英国普通法法律传统的少数国家。

在宪法学上将宪法划分为成文宪法与不成文宪法,主要是从不同的创制宪法的文化传统来考虑的。事实上,在实行成文宪法的国家中,宪法渊源也表现在宪法惯例或者其他的宪法性法律中。因此,切不可将一个成文宪法的国家的宪法规范仅仅理解成限于名称为宪法的成文法典的规定。所以,将宪法分为成文宪法或者不成文宪法的意义是很有限的。有些法学家认为成文宪法与不成文宪法的区别不科学,把这种分类精确为"法典化宪法"和"非法典化宪法"也许更为妥当①,前者是指法典化的宪法,后者是指非法典化、主要由单行法律和习惯构成的宪法。更有学者尖锐地指出,把宪法分为成文宪法和不成文宪法是一种错误的区分,因为不存在完全成文化的宪法,也不存在完全非成文化的宪法。② 一些国家宪法规定的部分内容很难分清其成文性和不成文性。尤其是随着宪法的发展,成文宪法与不成文宪法的区别越来越小,成文宪法中有不成文宪法的成分、不成文宪法中也有成文宪法的成分。可以说,既没有完全不成文的宪法,也没有绝对无惯例的成文宪法。将宪法分为成文宪法与不成文宪法,这种分类形式"只是程度的而非性质上的差异,不足以标明大不

---

① Leslie Wolf Philips:《比较宪法论》(日文版),清水望等译,日本早稻田大学出版社 1976 年版,第 46 页。
② 徐秀义、韩大元主编:《现代宪法学原理》,中国人民公安大学出版社 2001 年版,第 27 页。

相同的各种宪法的异点"。① 一方面,成文宪法日益和不成文宪法、宪法惯例相结合;另一方面,不成文宪法也日益和成文宪法相结合、渗透,这已成为当今世界宪法发展的趋势。

(二) 刚性宪法与柔性宪法

把宪法分为刚性宪法与柔性宪法是英国学者詹姆斯·布赖斯于1884年最早提出的。刚性宪法与柔性宪法这种分类的依据和标准是宪法的法律效力和宪法的制定、修改程序的不同。所谓刚性宪法,是指制定和修改宪法的程序比普通法律严格、具有最高法律效力的宪法,当今世界上绝大多数国家的宪法属于这种类别的宪法。所谓柔性宪法,是指制定和修改宪法的程序、法律效力与普通法律完全相同的宪法。英国议会在不同历史时期以一般立法程序制定和修改的宪法性法律文件,其效力与其他法律文件完全相同,英国是典型的柔性宪法国家。

刚性宪法,不论是对其制定、修改,还是解释,都必须按照一套严格的法律程序进行,以体现宪法创制的神圣。美国宪法属于典型的刚性宪法。在美国,基于宪法的规定,宪法的修改程序有别于普通的法律,必须由联邦两院2/3以上的议员提出修正案,或者由2/3的州议会请求,召集制宪会议才能提出;修正案提出后还需要经过3/4的州议会的批准,或者由全国3/4的州组成的制宪会议批准。我国宪法也属于刚性宪法。根据现行《宪法》第64条的规定,"宪法的修改,由全国人民代表大会常务委员会或者1/5以上的全国人民代表大会代表提议,并由全国人民代表大会以全体代表的2/3以上的多数通过",而"法律和其他议案由全国人民代表大会以全体代表的过半数通过"。这就说明,在我国,创制宪法的程序不同于一般的法律、法规,因此,宪法也具有不同于一般法律、法规的法律效力。

柔性宪法的创制形式和程序与一般的普通法律一样,因此,由此产生的宪法在法律效力上与普通法律的法律效力是一样的,从而表现出其最大优点:比刚性宪法弹性大,适应性比较强,容易适应不断

---

① 〔美〕迦纳:《政治科学与政府》(第三册,即《政府论》)(第5版),林昌恒译,商务印书馆1947年版,第816页。

变化发展的社会环境;其缺点也至为明显:不及刚性宪法稳定,权威性有限。不成文宪法一般都属于柔性宪法,但成文宪法却未必属于刚性宪法,1848年意大利《宪法》为成文宪法,却属于柔性宪法。

(三) 钦定宪法、协定宪法与民定宪法

钦定宪法、协定宪法和民定宪法这种分类,是以制定宪法的主体为标准而作的划分。所谓钦定宪法,是指由君主自上而下地制定并颁布实施的宪法。钦定宪法是基于君主主权的思想,即君主通过制定宪法主动地将主权分给臣民分享。世界上最古老的钦定宪法是至今仍然生效的于1814年制定的《挪威王国宪法》,其他较著名的有1848年《意大利宪法》、1889年《日本明治宪法》及1908年中国清末的《钦定宪法大纲》等。

所谓协定宪法,是指由君主与人民或民选议会进行协商共同制定的宪法。协定宪法是由君主和人民一起分享国家的主权。世界上最古老的协定宪法是1809年的《瑞士宪法》,它是资产阶级与封建势力相妥协的产物,在资产阶级第三等级会议上通过,以国王的名义公布。法国于1830年制定的宪法也属于这一类。

所谓民定宪法,是指由民选议会、制宪会议或公民投票表决制定的宪法,当今绝大多数国家的宪法属于这种类别。民定宪法是基于人民主权的思想产生的,即国家的一切权力属于人民,宪法制定权只能属于人民。世界上绝大多数宪法都是基于人民主权思想而产生的。从正当性来看,钦定宪法和协定宪法只是存在于一定的历史阶段,即便在保留传统的钦定宪法和协定宪法的国家,君主也已经只有象征性的意义。

关于钦定宪法、协定宪法和民定宪法这种分类,有学者提出反对意见,如罗文斯坦认为,钦定、协定、民定宪法等的区别并不是对宪法本身所作的分类,而是对宪法中规定的统治形态的分类,它实际上是无价值的分类。[①] 龚祥瑞则认为这纯属名义分类法,现在这种老式

---

① 参见徐秀义、韩大元主编:《现代宪法学原理》,中国人民公安大学出版社2001年版,第27页。

的"提法"已经被人们忘记了。①

### 三、宪法的新分类

对宪法进行传统分类之外,不同国家、不同时期的学者还根据其他的各种标准,对宪法作出了各种各样的具体分类,反映了学界对宪法分类研究的深入发展,相对于宪法的传统分类,我们称之为宪法的新分类。

(一)原生宪法和派生宪法

以宪法内容是否具有原创性为标准可将宪法分为原生宪法和派生宪法。这种分类对于宪治建设,实际上提出了两个值得深入思考的问题,即宪法和本土资源的关系问题以及怎样学习和借鉴他国宪法的问题。所谓原生宪法,是指直接产生于本国的立宪运动或者说根植于本国的具体历史条件,其内容大多具有本源性和首创性的宪法。英国的议会至上的宪法体制、美国典型的三权分立宪法体制、1793年的法国国民公会制、1918年的苏俄宪法、孙中山的五权宪法等即属于原生宪法。所谓派生宪法,是指从外国移植或模仿,其内容大多具有继承和借鉴性的宪法。在卡尔·罗文斯坦看来,除前述几种外,世界各国的其他宪法都属于派生宪法。从世界各国的宪治实践看,立足本国国情并吸取先进国家的宪治经验是成功推进宪治建设的必由之路,我国亦当如此。

(二)纲领性宪法、确认性宪法和中立性宪法

以宪法的作用和功能为标准可将宪法分为纲领性宪法、确认性宪法和中立性宪法。这种分类方法提出了在制定宪法的过程中,应该怎样对待和安排宪法应有内容的重要问题,这不仅关系到宪法本身是否科学,而且更为重要的是,关系到宪法能否发挥其应有功能。所谓纲领性宪法,是指宪法的内容中包括不少目前尚未实现或正在争取实现的部分。由于这类宪法有可能存在脱离实际的情况,因而曾遭到一些人的批评。但如果在制定宪法过程中,切实进行深入调查研究,有关纲领性规定具备较为充分的依据,那么这种宪法同样具

---

① 龚祥瑞:《比较宪法与行政法》(第 2 版),法律出版社 2003 年版,第 38 页。

有积极引导、宣传鼓动的作用。所谓确认性宪法,是指宪法的内容大多属于对已有成果予以确认,而少有涉及未来内容的宪法。尽管这类宪法可以避免脱离实际,但却具有限制发展和阻碍进步的消极作用。所谓中立性宪法,是指只规定政府组织,而不规定意识形态和公民基本权利的宪法。虽然此类宪法可具有稳定性、连续性的优点,但不规定公民基本权利,无疑是宪法的重大缺陷。

(三) 规范性宪法、名义性宪法和语义性宪法

以宪法的实施效果为标准可将宪法分为规范性宪法、名义性宪法和语义性宪法。这种分类由美国学者卡尔·罗文斯坦最早提出。所谓规范性宪法,是指既在规范条文上,也在实际政治生活中具有法律效力的宪法。这类宪法与国家政治生活融为一体,支配着政治权力的运行,这类宪法的内容能够贯彻于社会生活之中。所谓名义性宪法,是指内容远离实际政治生活、在生活中并不适用,实际上只是一种将来可能会成为现实的宪法。由于这类宪法与政治现实存在距离,因而宪法不能有效地运用于社会生活中。所谓语义性宪法,又称标签性宪法,是指既不反映现实状况,也不起实际作用的宪法,只是为维护实际掌握国家统治权者的特殊利益,而将现有政治权力状况,按其原状予以形式化的宪法。在这种情况下,宪法规范与实际政治生活,特别是与政治权力的实际运用毫无关系,因此宪法存在对于国家权力的活动毫无意义。虽然这种分类有其局限性,因而遭到一些学者的批评,但这种分类法有利于人们认识一个国家宪法的实质,后来马克思主义的宪法学者对此有所借鉴。

(四) 实质意义上的宪法和形式意义上的宪法

以宪法规范的内容为标准,可将宪法分为实质意义上的宪法和形式意义上的宪法。这种分类被人们广泛运用,对于认识一个国家的宪法很有帮助。前者是指不管有无成文宪法典,只要具有成文或不成文的、约束国家权力运行的规范,这些规范也就具有宪法的意义,如英国宪法。后者仅指有宪法典的宪法,不管宪法典是否能够约束国家权力。①

---

① 〔日〕小林直树:《宪法讲义》(上册),东京大学出版社 1980 年版,第 17—18 页。

从今后宪法学发展的基本趋势看,以地域为标准而对宪法进行的分类方法将有新的发展,有可能成为基本的分类方法之一。因为,全球化、区域集团化的趋势,要求对宪法现象的认识上,除了强调其本质内容外,应注意以一定的经济结构和文化背景为特点而形成的宪法群,如欧洲宪法、亚洲宪法、非洲宪法、拉丁美洲宪法。

**四、马克思主义的宪法分类**

马克思主义学者一般认为,资产阶级学者对宪法所作的传统分类的价值在于有利于从不同的角度对宪法现象作比较分析和研究。然而,其缺陷也是明显的:局限于表象上的形式特征,回避乃至掩盖了宪法的阶级本质,从而不能揭示宪法的本质属性。马克思主义的宪法分类方法是从揭示宪法的本质属性入手的,区别于上述各种传统的或新的分类,这种分类也叫做"本质分类法"。

(一)资本主义类型的宪法与社会主义类型的宪法

这是根据宪法所赖以产生和存在的经济基础的性质以及国家政权的性质所进行的分类。所谓资本主义类型的宪法,又称资产阶级类型的宪法,是指建立在资本主义私有制基础之上和确认资产阶级专政的宪法。所谓社会主义类型的宪法,又称无产阶级类型的宪法,是指建立在社会主义公有制基础之上和确认由人民当家做主的宪法。我国宪法属于社会主义宪法,英国、美国、法国、德国、日本等国的宪法则为资本主义宪法,原则上通常把第三世界国家的宪法也归入资本主义宪法一类。

(二)法定的宪法与现实的宪法

这是列宁根据马克思主义关于经济基础与上层建筑之间的关系的基本原理进行的分类。所谓法定的宪法,又称成文的宪法,是指统治阶级通过法定程序制定的书面形式的宪法。所谓现实的宪法,又称事实的宪法或真正的宪法,是指一个国家现实的社会经济和政治关系,以及现实的政治力量对比关系。列宁认为,现实的宪法决定法定的宪法的性质和内容,只有当法定的宪法真实地反映现实的经济、政治关系,与现实的宪法一致起来,才能符合社会发展要求和广大人民的愿望,法定的宪法才是真实的。与此类似的分类法是虚假宪法和非虚假宪法,这是有的马克思主义宪法学者根据列宁曾经说过的"当法律同现实脱节的时候,宪法是虚假的;当它们是一致的时候,宪法便是不虚假的"而作的宪法分类,不过,宪法条款同现实脱节与否,实际情况非常复杂,需要具体分析,所以这种分类方法尚不被宪法学界普遍采用。

## 第三节　宪法的基本原则

### 一、宪法基本原则概述

（一）法律原则与宪法原则

在东西方的语言中,"原则"一词具有相同的含义,即根本规则。相应地,法律原则是指能够作为规则的来源或基础的综合性、稳定性的原理或准则,法律原则根源于社会的政治、经济、文化的现实之中,反映了立法目的,体现了法的本质,彰显着一定社会的根本价值和社会发展趋势。一般而言,法律原则可以分为公理性原则和政策性原则。公理性原则是得到社会广泛认同并为世界各国通用而奉为法律之准则,政策性原则在不同国家或同一个国家的不同时期均有不同。法律原则又可分为基本原则和具体原则,基本原则调整的社会领域极为宽广,而具体原则只调整某一具体社会关系领域。法律原则还可分为实体性原则和程序性原则,等等。

宪法原则是宪法的灵魂或者宪法的精神实质,相对于法律原则来说,宪法原则就是抽象原则了。虽然它不预先设定具体而确定的事实状态,亦不规定具体的权利和义务,更不规定确定的法律后果,但其指导并协调着一国的根本性社会关系的宪法调整机制。因而,所谓宪法原则是指形成宪法规则和规制宪法行为之基础或本源的综合性、稳定性原理和准则。关于宪法原则的分类,在我国宪法学界,过去一般都从社会制度性质的角度,将宪法原则分为资本主义宪法原则和社会主义宪法原则两大类。这种分类对于认识资本主义宪法与社会主义宪法之间的本质区别,了解并把握它们各自的本质特征具有极为重要的意义,但这种分类的弊端在于忽视了宪法在不同发展阶段间的历史联系,并不有利于研究和探寻宪法现象的客观发展规律。

事实上,借鉴法律原则的分类方法,将宪法原则作以下分类更有价值:以宪法原则的内容为标准,将宪法原则分为公理性原则和政策性原则。公理性原则是指从各国宪法规范所调整的社会关系本质中抽象出来、已经得到广泛认同并被奉为理解、处理宪法问题之准绳的公理。政策性原则是指一国或一国不同历史时期,为实现某一政治决策而由宪法予以确认的原则,一般说来,涉及国家经济、政治、文化等各方面的发展目标、战略措施或社会动员等问题,因而具有较强的针对性。公理性原则与政策性原则相比,具有更强的普遍适用性。以宪法原则的抽象概括程度和影响程度为标准,将宪法原则分为基本原则和具体原则。关于宪法的基本原则下文将有详细论述。

(二) 宪法基本原则的概念和特点

关于宪法的基本原则,我国宪法学界有"宪法的基本原则""宪法的一般原则""宪法原则"等提法,但大多数学者使用"宪法的基本原则"的概念。我们赞同使用"宪法的基本原则"这一提法,并强调其与宪法原则的区别,宪法原则概念的外延较大,实际上包括了宪法的基本原则和宪法的具体原则(如前所述)。所谓宪法的基本原则,是指宪法在调整基本社会关系、确认国家制度和社会制度时所依据的并反映其根本价值和作用的最基本的准则,是贯穿于立宪和行宪之中的基本精神。任何一部宪法都不可能凭空产生,都必须反映一国当时的政治指导思想、社会经济条件和历史文化传统,宪法基本原则是对这些方面的集中反映。

作为宪法的基本原则,一般必须具有以下基本特征:第一,普遍性。任何立宪国家,只要是真正以民主宪治为目的,就必须遵循这些原则。第二,特殊性。宪法有独特的调整领域,因而其调整对象有自身的特点,宪法的基本原则必须符合宪法所调整的基本社会关系,必须与宪法的特点相一致,而不能演化为一般的法律原则。第三,最高性。宪法的基本原则是宪法所调整的基本社会关系中的最高准则,不能把宪法的基本原则和其他部门法的特殊原则相混淆。同时,宪法本身贯彻的原则中也有着基本原则与具体原则之分,只有基本原则才具有最高性的特点,宪法的具体原则是宪法基本原则的具体化,是宪法基本原则与各国国情和具体历史条件相结合的产物。第四,抽象性。宪法基本原则是人们在各种宪法现象和宪治实践基础上归纳、总结出来的,是人们抽象思维的结果。因此,对宪法基本原则的文字表述必须高度抽象概括。除个别基本原则通过宪法规范予以明确确认以外,其他基本原则一般都寓于宪法规范之中。第五,国别性与国际性。一国宪法的基本原则总是依据国情而成,由于各国在政治、经济、文化、思想上存在着不同,因而各国宪法的基本原则总是存在差异。但是,宪法在现代可以称为世界通用文化,从其产生来看,各国之间也有着继承和借鉴的关系,特别是随着国际交往的加深,一些相互关联或一致的宪法观念在形成,因此,在认识宪法基本原则时,应该承认其国别性和国际性共存,而且国际性的趋势在进一步发展。

(三) 宪法基本原则的种类

宪法的基本原则是宪法学的一个基本理论问题,它对于正确地认识和把握宪法的基本精神具有重要的意义。综观世界各国宪法,虽然在其文本中并无"宪法原则或宪法基本原则"这一直接用语,然而在制定宪法时,统治阶级总是遵循着一些基本精神和要求,使这些基本原则和要求贯穿于整个宪法之中,并具体指导着条文的拟订。马克思主义宪法学认为,西方国家的宪法原则就有两个:一个是资本主义原则,一个是资产阶级民主原则。前者是指经济上保证资本家对生产资料的私人占有和他们的剥削地位,后者是指政治上保证资产阶级的统治地位。社会主义国家也同理,如毛泽东在谈到我国1954年《宪法》时说的,我们的宪法原则基本上是两个,一个是社会主义原则,一个是民主原则。①

关于宪法基本原则的种类,学界有多种观点,如人民主权原则、基本人权原则、法治原则、三权分立原则(资本主义国家宪法特有)和民主集中制原则(社会主义国家宪法特有)这五种;如人民主权原则、基本人权原则、法治原则、分权原则等四项;如将社会主义国家宪法

---

① 《毛泽东著作选读》(下册),人民出版社1986年版,第708页。

的基本原则概括为社会主义、无产阶级专政、以马克思主义为指导的工人阶级政党的领导、民主集中制的人民代表大会制、法制原则、民族平等和民族团结等六项;如将我国宪法的基本原则概括为一切权力属于人民的原则、社会主义公有制原则、社会主义精神文明原则和宪法至上原则等四项;如将近代宪法的基本原则概括为个人主义、人民主权、法律上的平等、基本人权、受限制的国家权力这五项原则;将现代宪法概括为民主原则、人权原则、社会利益原则等三项。

宪法的基本原则应该从更普遍的意义上加以概括和论述,这样才有利于认清宪法的普遍性价值,增强人们的宪法理念,促进宪法实施。当然,在阐述具体原则时,应当注意宪法基本原则在不同国家宪法中的不同表述及在各国宪治实践中实现方式及程度的差异。根据宪法基本原则的上述主要特征,特别是结合世界各国宪法与宪治的理论与实践,综合以上各种观点,我们认为宪法的基本原则主要有人民主权原则、基本人权原则、权力制约原则和法治原则。不过宪法基本原则之间并不是孤立的和静态的,它们既有一致性,也有各种独立的价值。一致性主要表现为,这些原则共同服务于一个目的,即约束国家权力和保障公民权利。而独立的价值在于,其代表了人们不同的价值追求,导致基本原则之间存在着内在的紧张和冲突。如人民主权原则的制度体现了民主主义和民主制度,表现为确立代议机关在国家机构中的中心地位。作为一个集体价值,这一原则和制度与体现个人价值的基本人权原则有着内在的冲突和紧张,即国会不能制定侵犯、限制和剥夺个人权利的立法。

**二、人民主权原则**

人民主权原则,又可称为"主权在民"原则、国民主权原则,其在理论上所要解决的是国家权力即主权的归属问题。人民主权观念萌芽于14世纪的意大利,当时著名的思想家马塞流(又译马西奥,Marsillio)认为,在国家中必须有一种至高无上的权力存在,其所发出的命令具有法律性质,他把这种权力称为"全权",并指出该"全权"

应以人民全体的名义来行使。① 不过它的勃兴却是始于近代资产阶级启蒙思想家率先倡导的"主权在民"学说,它认为国家是由人民根据自由意志缔结契约的产物,是故国家的最高权力应属于人民,而不属于君主。与人民主权对应的是"君主主权"或"主权在君"。"君主主权"是封建政治的支配性原则,它在总体上确立了国家权力属于个人而不是社会全体的封建政治体制。人民主权原则相对于君主专制时代的"主权在君""君权神授"无疑是一大进步。资产阶级在革命胜利后,将人民主权原则上升为国家的宪法原则。

(一)主权学说的提出与历史发展

主权,是指一国对内外事务的最高以及终局的决定权与处理权。古希腊"Βασιλεύς"一词便代表了"主权"的概念,指的是那些拥有权威(Auctoritas)的人,与直接的最高统治权不同,这个权力由执政官(或"行政官员")所保留。法国的让·博丹被认为是现代主权概念的创始者,他在1576年所著的《共和六书》里形容主权是一种超越了法律和国民的统治权,这种权力由神授或自然法而来。他认为,主权是一个共和国所拥有的绝对和永恒的权利,是绝对的、至高无上的,因此是无法被分割的,但也并非不受任何限制:它在公共的领域行使权力,而不是在私人的领域。② 现代主权理论认为,主权有对内主权和对外主权两方面,对内主权,即向构成国民集体的所有公民和所有居住于其国土之上的人发布命令的权利;对外主权,即代表全体国民并处理本国国民与其他国家国民关系的权利。一般认为,主权有三要素,即意志的权力、发布命令的权力和独立发布命令的权力。③ 从法律特征来看,主权都有强制性、合法性和最高性。强制性表明任何人都要服从主权者的命令,相对于无政府主义而言,主权表示秩序;相对于暴力活动而言,主权表示有组织的暴力规范,否则,就比专制

---

① 李龙:《宪法基础理论》,武汉大学出版社1999年版,第177—179页。
② 〔法〕让·博丹著、〔美〕朱利安·H.富兰克林编:《主权论》,李卫海等译,北京大学出版社2008年版,第1—3页。
③ 〔法〕狄骥:《宪法学教程》,王文利等译,辽海出版社、春风文艺出版社1999年版,第67页。

还要坏。① 合法性是说,只有主权者才能行使强制的权力,即不是一切强权都可称为主权,只有合法的强制权力才是主权。当然,在主权的合法性上,各国也不一致,特别是在联邦制国家,有州权和联邦权的分野。最高性是指主权者意志的至高无上,即人民的立法权最高。

主权首先是在论证王权即绝对统治的合法性的基础之上提出来的,君权神授理论是主权概念最初的系统阐述和通俗表述。主权概念提出后经历了一系列的发展过程,在反对封建君主专制的斗争过程中,资产阶级在主权理论的基础上又进一步提出了人民主权的思想,将主权的归属由君主转向了社会全体即国民。开始从理论上来阐释人民主权的是英国著名的思想家洛克,而明确提出人民主权并将其系统为一种理论的则是法国著名的思想家卢梭。但是,卢梭的人民主权学说忽略了权力自身的特性和公共意志的形成过程,而这两者都可以威胁个人自由。人民主权理论在法国著名的宪法学家艾斯曼那里进一步得到阐释,并将"人民主权"演化为"国民主权",即国民主权原理。人民主权理论经历了由学说到原则的发展过程,1776年北美《独立宣言》和1789年法国《人权宣言》均吸收了人民主权理论。美国总统林肯更是将人民主权表述为"民有、民治、民享",从权力归属、国家和社会管理及利益分配和享有几方面将这一理念具体化了。

马克思主义经典作家也未否认人民主权这一思想,而是在主权理论的基础上作进一步的阐发,并将其作为反对封建专制主义的理论武器。马克思在批评黑格尔的君主主权思想时指出:"人民主权不是凭借君王产生的,君王倒是凭借人民主权产生的。"②恩格斯在谈到卢梭的辩证法时也指出:"人民拥立国君是为了保护自己的自由,而不是为了毁灭自由,这是无可争辩的事实,而且是全部国家法的基本原则。"③列宁也指出,民主共和制的本质是"全体人民享有全部权力"④。马克思主义批判吸收了人民主权的理论,并以唯物史观为基

---

① 〔英〕霍布斯:《利维坦》,黎思复译,商务印书馆1985年版,第161页。
② 《马克思恩格斯全集》(第一卷),人民出版社2002年版,第37页。
③ 《马克思恩格斯全集》(第二十六卷),人民出版社2014年版,第148页。
④ 《列宁全集》(第十卷),人民出版社2017年版,第312页。

础充分论述人民是历史的创造者这一原理,阐明了民主即人民当家做主的科学含义。

(二)人民主权原则的制度体现

人民主权理论经历了由学说到原则的发展过程。1776年北美《独立宣言》宣称:"政府的正当权力来自被统治者的同意。"1789年法国《人权宣言》第3条规定:"全部主权的源泉根本上存在于国民之中,任何团体或者个人都不得行使不是明确的来自国民的权力。"人民主权学说、思想和原则的制度化体现为代议制,因此,议会至上和议会主权是人民主权原则的制度体现。各国制度经历了一个逐步发展和完善的过程,体现人民主权原则的代议制度逐步由间接民主向直接民主过渡,发展了全民公决这一民主形式,以期更为彻底地实现人民主权。

从西方来看,1791年《法国宪法》将《人权宣言》作为序言记载下来以后,人民主权原则就成了资产阶级宪法的最一般的原则。如1947年的《意大利宪法》规定意大利为民主共和国,宪法在"基本原则"第1条规定:"主权属于人民,由人民在宪法所规定的方式及在其范围内行使。"并具体规定实行两院制,两院采取不同的选举方式产生议员。1949年《德国基本法》也确立了人民主权原则、实行国会中心主义,其第20条第2项规定:"主权属于人民。它由人民通过选举和全民投票方式,以及通过立法权、行政权和司法权的专门机构行使之。"1958年《法国宪法》第3条规定:"国家主权属于人民,人民通过自己的代表或者通过公民复决来行使国家主权。""任何一部分人或任何个人都不得擅自行使国家主权。"

社会主义国家的宪法都无一例外地承认国家的权力属于人民,并以此作为重要的宪法原则,我国宪法也同样接受人民主权的思想,并且体现在制度和组织的建设上。但这个原则在理论基础上和实践方面都与西方不同。社会主义的宪法理论通常不承认"社会契约",不认为主权是全民"共同意志"的体现,其权力观与西方所认为的全体国民公意的"超阶级"的观点有所区别。按照马克思主义的国家学说,国家乃是阶级矛盾不可调和的产物,是阶级压迫的工具,所以人民主权具有阶级性。关于人民主权,社会主义国家往往公开地申明自己的阶级立场,鲜明地解释"人民"这一概念的政治内容,指出在资本主义社会,人民主权只能是形式上的东西,而不可能在实际生活中真正实现。

从世界各国的宪法内容看,各国宪法一般都从三大方面体现人民主权原则:第一,明确规定人民主权原则。第二,通过规定人民行使国家权力的形式来保障人民主权。各国宪法都规定人民通过两种形式实现当家做主:一是间接的代议制;二是直接的形式,如有些国家宪法规定公民有创制权、复议权等。第三,通过规定公民广泛的权利和自由来体现人民主权。我国宪法既规定了这一原则,又落实了相关制度。《宪法》第2条第1款规定了"中华人民共和国的一切权力属于人民",说明国家权力属于人民而非属于某一个人或团体。该条第2、3款进一步规定:"人民行使国家权力的机关是全国人民代表大会和地方各级人民代表大会。人民依照法律规定,通过各种途径和形式,管理国家事务,管理经济和文化事业,管理社会事务。"第3条第1、2、3款规定:"中华人民共和国的国家机构实行民主集中制的原则。全国人民代表大会和地方各级人民代表大会都由民主选举产生,对人民负责,受人民监督。国家行政机关、监察机关、审判机关、检察机关都由人民代表大会产生,对它负责,受它监督。"

### 三、基本人权原则

人权,又可称为公民权利、基本权利,是指每个人作为人应当享有的基本权利。人权是一个十分广泛的概念,基本人权包括生存权、发展权、人身自由权、政治权、经济社会文化权,这些权利不仅是现代社会人之所必需,而且为大多数国家的宪法所确认,也为国际社会所普遍认可。人权原则最初是作为君权和神权的对立物而提出的,与之对应的是君权和神权的至高无上性。当君权和神权位于世俗社会的权力的顶峰时,作为社会成员的人的存在和应有权利得不到相应的关注和重视,个人权利保障无法成为社会政治的目的与评价政府正当运行的标准。资产阶级启蒙思想家的天赋人权理论,将世俗政府的管理和服务目标限定为个人而不是君主和神,人权因此成为评价政府存在和运行的标准之一。资产阶级在取得革命胜利后,将其上升为宪法原则,具体列举或规定了个人所应享有的权利,并辅以具体的制度以实现这些权利。

(一) 人权理论的历史发展

人权里的人是指抽象的人,即不考虑人所生活的具体的社会背景、历史条件及每个人的具体情况,仅以人性为基础,主张人所应该享有的权利。从历史角度看,系统阐述人权理论的是自然权利说或者天赋人权说。所谓的自然权利或者天赋权利是这样一种权利,它是人在自然状态下就享有的,是人生而有之的,是人之作为人的结果和表现,不是国家所赐,也非政治社会的让与,因此是与生俱来、不可转让、不可剥夺的。这些权利就是生命、自由、财产、安全和反抗压迫,国家的目的就在于负责保护这些权利,如果背离了这一目的,则人民有权起来反抗之。人权思想逐渐成为评价社会政治的基本原则之一。天赋人权学说的产生推动了资产阶级革命的发展,并且从政治宣言发展到表现为宪法原则。1776年北美《独立宣言》中载明:"我们认为这些真理是不言自明的:人人生而平等,他们都从他们的'造物主'那里被赋予了某些不可转让的权利,其中包括生命权、自由权和追求幸福的权利。"1789年法国《人权宣言》集中体现了人权思想,其中第2条规定:"一切政治结合的目的都在于保存自然的、不可消灭的人权;这些权利是自由、财产权、安全权和反抗压迫。"第16条规定:"凡权利无保障和分权未确立的社会,就没有宪法。"

人权的内容在不断发展、变化和增加,早期的权利内容仅为自然权利,是一些不要求政府积极行为就可以实现的权利。随着社会的发展,体现平等价值的社会经济权利逐渐成为宪法的内容,各国宪法在权利的内容方面有所增加。最初的资产阶级宪法多着重于公民在政治方面、人身方面和对私有财产的保护方面的权利,而现在许多资本主义国家的宪法又增加了公民的社会经济权利和教育科学文化方面的权利,明确规定公民的所有权、企业参与权、继承权、劳动权、休息权、环境权、劳动保险和社会救济权利,以及著作权、发明权、艺术权等,一些国家的宪法还规定了公民的罢免权、创制权和复议权等,使宪法中的人权内容大大扩展了。①

国际社会也逐渐加入到人权保护机制中,签订了一些国际性的文件、条约、区域性的权利保护宪章等。1948年的《联合国宪章》宣布:"决心要保全后世以免再遭我们这一代人类两度亲身经历的惨不堪言的战祸,重申对于基本人权、人格尊严和价值以及男女平等权利和大小各国平等权利的信念。"1948年12月10日,第3届联合国大会通过了《世界人权宣言》;1966年12月16日,第21届联合国大会同时通过了《经济、社会和文化权利国际公约》以及《公民权利和政治权利国际公约》;1986年12月4日,第41届联合国大会通过了《发展权利宣言》;1959年1月4日在罗马签订了《欧洲人权公约》,1961年欧洲理事会通过了《欧洲社会宪章》,欧盟于2000年10月通过了《基本权利宪章》;等等。除这些国际人权文件和区域人权文件之外,联合国和一些区域组织还成立了保护人权的机构,如联合国人权委员会、欧洲人权委员会、美洲国家人权委员会等。我国积极参与联合国人权领域的活动,至2018年底已批准加入了26项国际人权公约②,在基本人权保护问题上逐渐与国际接轨。

(二)基本人权原则的宪法体现与制度保障

现代各国不仅将自然权利作为一项基本原则,而且作为实在的法即权利载明于宪法,并辅以相应的制度保障机制,自然权利转变为公民的基本权利,并进而具备了约束和限制国家权力的可能性。

天赋人权说以宪法规范的形式表现出来而构成宪法的基本人权原则,现代资本主义国家宪法体现基本人权的方式有以下几种:其一是美国《权利法案》的形式。美国将人权的内容规定在宪法前十条修正案中,随着时代和社会的发展,其后的修正案中又逐渐增加了其他方面的权利内容,如选举权、男女平等的权利等,联邦最高法院通过解释第14条修正案,还逐步扩大了权利保护的范围。其二是法国式。法国原则上确认基本人权,并对公民基本权利作出少量规定,

---

① 张庆福主编:《宪法学基本原理》(上册),社会科学文献出版社1999年版,第185页。

② 2018年12月12日,国务院新闻办公室发布的《改革开放40年中国人权事业的发展进步》白皮书中明确指出:"截至目前,中国共参加26项国际人权文书。"

《法国宪法》在序言中声称:"忠于 1789 年人权宣言所肯定的、为 1946 年宪法的序言所确认并加以补充的各项人权和关于国家主权的原则。"其三是德国式。德国在宪法典中具体规定公民的基本权利。其四是意大利式。意大利宪法在基本原则中承认人权,又以专章"公民的权利和义务"规定公民权利的具体内容。其五是英国式。英国是不成文宪法国家,基本权利不是写在纸上的、明示的宪法条款,决定公民基本权利内容依靠"法律至上"原则,即只要是法律未加禁止的,就是公民自由的范围。也就是说,英国公民权利存在于刑法、民法和行政法所不加禁止的范围之上。当然,基本人权规定后还必须有具体的制度保障才能实现,如果缺乏这一机制,则人权就是一纸空文,公民权利也就所得无几。许多国家授权法院或者中立机构通过审查议会制定法、行政法规及法院判决的合宪性否定那些含有侵犯公民权利内容的立法、行政法规和判决,还通过其他类似制度使公民基本权利得到切实的保障。

马克思在谈到人权问题时曾说:"这种人权一部分是政治权利……这些权利属于政治自由的范畴,属于公民权利的范畴。"[①]可见用宪法规定公民的基本权利和自由就是确定基本人权原则。社会主义国家出现以后,它们的宪法普遍规定了广泛的公民权利和自由,特别是扩大了社会经济权利方面的内容,在自己的宪法中体现了基本人权原则。不过社会主义国家的宪法一般不使用保障人权之类的字样,他们认为不存在抽象的人权,而只有公民权,宪法中也没有出现人权之类的字样,只规定公民的基本权利,而且社会主义国家人权原则的权利理论以及本质与资本主义国家的宪法有所不同。一般认为,资本主义国家宪法以保护资本主义的私有财产所有权为核心,以人权的普遍性掩盖了人权的阶级性;社会主义国家宪法以维护社会主义公有制为核心,其基本人权原则表现了鲜明的阶级性。

我国《宪法》第二章"公民的基本权利和义务"专章规定和列举了公民的基本权利,体现了对公民权利的宪法保护。随着改革开放的进程,我们逐渐认识到了人权概念的积极意义,1991 年《中国的人权

---

① 《马克思恩格斯全集》(第三卷),人民出版社 2002 年版,第 181 页。

状况》白皮书的发表标志着我国人权观念上的根本转变。1993年中国人权研究会成立,表明我国人权研究已超出了单一的宪法学范围。2004年,我国通过了宪法修正案,把"国家尊重和保障人权"写入宪法,这具有重大意义。首先,它意味着国家的目的从以经济建设为中心,开始向国家尊重和保障人权的方向转化。其次,它昭示着人权条款对国家立法权、行政权、司法权形成约束。再次,它为我国当代宪法的实施、宪法解释以及合宪性审查提供了价值尺度。最后,它为我国宪法观念从工具主义向依宪治国、依宪执政转变提供了契机。2009年以来,我国制定并实施了《国家人权行动计划(2009—2010年)》《国家人权行动计划(2012—2015年)》《国家人权行动计划(2016—2020年)》,确定了尊重和保障人权的阶段性目标和任务。目前已圆满完成第一、二期国家人权行动计划预定的各项指标,正在扎实推进第三期国家人权行动计划的落实,体现了国家重视人权、促进人权全面发展的决心。

**四、法治原则**

法治原则的中心和实质含义是对国家权力的约束与对个人权利的尊重。它是在资产阶级反对封建专制统治的过程中提出来的,与之对应的是"人治"。在人治社会中,君主言出法随、朝令夕改,国家权力和个人自由处于一种随意和不稳定状态,个人自由因此无法得到保障。资产阶级提出了法治原则,以此抨击封建统治的任意性,要求实现法律的统治,推崇法律至上、树立法律权威,从而抵制权力的随意性状态,保障个人自由。

(一)法治的含义

法治,也称法的统治或者法律至上,法治确认了法的统治而不是人的统治。要正确理解"法治"的概念,首先必须澄清"法"的含义。西方意义上的法一直有两种含义:一是自然法,一是人为法或者实定法。在确立法治原则的过程中,自然法在其中占据重要的支配性地位和作用。社会存在着一套普遍理性,自然法就是永恒正义的体现。实定法是国家意志的产物,强调法的主观性,从而在对相关社会行为作价值判断时其正当性不如自然法。两种法治观念都包含了同样的认识,即政府机构的设立、权力范围、运行权力的程序必须遵守和符合法律的预先设定。西方意义的法不仅仅是体现自然正义的永恒理性和客观普遍秩序,它还是正义、理性和权利的代名词,要求政府公平对待每一个人,尊重和保护每一个人所拥有的那一份权利。"法律面前人人平等"的表述,即暗含了政府对个人权利的尊重。如果说法治一方面的含义是约束政府,法律面前人人平等则确立了政府尊重个人权利的理论认识,它们是一个事物的两个方面,对政府权力的约束同时也是对个人权利的尊重。

在历史上,人治与法治的论争由来已久。我国古代著名思想家孔丘是人治的倡导者,"为政在人","其人存,则其政举;其人亡,则其政息"即为其观点体现;而法家的代表人物韩非则主张"严刑峻法",实行"法治"。古希腊著名思想家柏拉图明确主张贤人政治,公开提出应由哲学家担当"理想国"的国王,而亚里士多德则坚持法治优于一人之治。但古代所谓的法治与近代的法治存在着根本区别,"法治"一词并不只意味着单纯的法律存在,不能简单化地以是否有人的作用和是否运用法律为标准来区分法治和人治。划分法治和人治最根本的标志在于:当法律权威与个人权威发生矛盾冲突的时候,是法律权威高于个人权威,还是个人权威凌驾于法律权威之上?凡是法律权威高于个人权威的都是法治,而法律权威屈服于个人权威的则是人治;而且当二者出现矛盾冲突的时候,不是个人权威屈从于法律权威,就是法律权威屈从于个人权威,二者必居其一。[①] 潘恩曾经说过:"在专制政府中国王便是法律,同样地,在自由国家中法律便应成为国王。"[②] 由此可见,法的权威高于人的权威,由法律支配权力是法治的根本。

从各国宪法对法治原则的规定和法治实践来看,法治是指宪法或法律在管理国家事务的过程中居于最高地位,国家的一切权力必须来源于法律,由法律设定权力的分配、权力的范围及行使权力的程序。法治的核心内容是:宪法是国家的最高法律;一切国家机关及官

---

① 何华辉:《比较宪法学》,武汉大学出版社1988年版,第73页。
② 〔美〕潘恩:《潘恩选集》,马清槐等译,商务印书馆1982年版,第35—36页。

员都必须依法治理国家;宪法和法律必须符合正义,是良法;法律面前人人平等,反对任何组织和个人享有法律之外的特权,保障公民的权利和自由;审判机关、检察机关依法独立公正行使审判权、检察权,只服从于宪法和法律。法治包含了两个重要的原则:一是依据法律约束政府,一是平等对待每一社会成员。前者要求国家和政府必须服从法律,后者表现为公民在法律面前一律平等。

(二)法治理论的历史发展

近代的法治理论从西方古代的法治思想发展而来。古希腊的亚里士多德最早提出法治思想,他认为:"凡是不凭感情因素治事的统治者总比感情用事的人们较为优良。法律恰正是没有感情的","要使事物合于正义(公平),须有毫无偏私的权衡;法律恰恰正是这样一个中道的权衡"。① 他还在《政治学》中指明了法治一词的基本要素:"法治应包含两重意义:已成立的法律获得普遍的服从,而大家所服从的法律又应该本身是制定得良好的法律。"② 亚里士多德的法治思想虽然还不完善,但对近代法治理论的产生有很大的影响。在近代法治理论的创建过程中,卢梭贡献最大,他的法治理论可归纳为:人民拥有立法权,法治与共和政体相结合,法治意味着平等。他较为系统地论述了法治理论,可以说,卢梭是近代法治理论的奠基人。

早在19世纪80年代,法国一些学者认为,应从三方面对法治进行分析:一是法律秩序观念在社会中实现的状况;二是国家受法律约束的状况;三是现行法律内容的科学论证和技术完善水平。进入20世纪以后,法治理论有了新的发展。比如,1959年在印度召开的国际法学家会议上通过的《德里宣言》将法治概括为三个方面:一是立法机关的职能在于创设和维护使每个人保持"人类尊严"的各种条件;二是不仅要为制止行政权的滥用提供法律保障,而且要使政府能有效地维护法律秩序,借以保证人们具有充分的社会和经济生活条件;三是司法独立和律师自由是实施法治原则必不可少的条件。③

---

① 〔古希腊〕亚里士多德:《政治学》,吴寿彭译,商务印书馆1965年版,第166、173页。
② 同上书,第202页。
③ 王人博、程燎原:《法治论》,山东人民出版社1989年版,第131页。

到了20世纪60年代,美国自然法学家富勒提出了法治的八项原则:一般性或普遍性,公开性,不溯及既往,明确性,不矛盾或避免矛盾,有遵守可能,稳定性,官方行为与已公布的规则的一致性等。①20世纪90年代,西方一些学者关于宪法和法律不仅要限制国家权力,而且要保障国家权力有效运转的进一步强调,使法治理论又得到了新的发展。

(三)法治原则在各国宪法和制度中的体现

法治是17、18世纪资产阶级启蒙思想家倡导的重要的民主原则。资产阶级革命取得胜利,建立起资产阶级政权时,各国宪法便先后确认了法治原则。法国《人权宣言》首创了先例,其第5条规定:"法律只有权禁止有害于社会的行动。凡未经法律禁止的一切行动,都不受阻碍,并且任何人都不得被迫从事未经法律命令的行动。"第6条规定:"法律是公共意志的表现。全国公民都有权亲自或经由其代表去参与法律的制定。法律对于所有的人,无论是施行保护或处罚都是一样的,在法律面前,所有的公民都是平等的。"当《人权宣言》成为法国第一部宪法的序言时,便以国家根本法的形式确认了法治原则。尔后,世界各资本主义国家,在制定各自的宪法时,都普遍接受法治原则,在宪法中规定了公民在法律面前一律平等,公民的基本权利和自由应得到法律保障,以及反对特权等基本内容,使法治原则成为一项重要的宪法原则。

《日本宪法》第14条规定:"任何国民在法律上一律平等。其在政治上、经济上或社会关系上之关系,不得因人种、信仰、性别、社会的身份及门第而有所差别。"第97条规定:"本宪法为国家的最高法规,与本宪法条款相违反的法律、命令、诏敕,以及有关国务的一切行为的全部或一部,一律无效。"《意大利宪法》第1条第2款规定:"主权属于人民,由人民在宪法所规定的方式及在其范围内行使。"第3条规定:"全体公民,不问其性别、种族、语言、宗教、政治信仰、个人地位及社会地位如何,均有同等的社会身份,并在法律上一律平等。"《德国基本法》第20条第3项规定:"立法权受宪法的限制,行政权和

---

① 参见〔美〕富勒:《法律的道德性》,郑戈译,商务印书馆2005年版,第55—107页。

司法权受法律和法治的限制。"第 3 条规定:"(1) 在法律面前人人平等。(2) 男女享有同等的权利。(3) 任何人均不得因性别、世系、种族、语言、籍贯、出身、信仰、宗教或政治观点而受到歧视或享有特权。"

从实践来看,法治原则在各国宪法中大致有如下几种表现形式:第一种形式是在宪法条文中明文宣布为法治国家;第二种形式是在宪法序言中宣告为法治国家;第三种形式是虽不直接使用法治字样,但从其他文字中比较清楚地表明该宪法是以法治为基本原则;第四种形式既不直接宣布实行法治,也不用其他条文间接反映法治精神,而是用"基本原则"为章名或在其他各章中体现法治的政治体制。①法治原则在我国《宪法》中得到了一定程度的体现。比如,《宪法》序言中规定宪法具有最高的法律效力,一切政党、团体、组织和个人必须在宪法和法律的范围内活动;总纲中规定国家维护社会主义法制的统一和尊严,任何组织和个人不得有超越宪法和法律的特权;在公民权利和义务中规定公民在法律面前一律平等,公民的人身自由不受侵犯,公民具有遵守宪法和法律的义务;在国家机构中规定人民法院、人民检察院依法独立行使审判权、检察权,不受行政机关、社会团体和个人的干涉。这些都在一定程度上体现了法治精神。

1997 年 9 月,中共十五大通过的新《党章》再次重申了这项原则。十五大的政治报告提出了"依法治国,建设社会主义法治国家"的任务,特别强调"依法治国,是党领导人民治理国家的基本方略,是发展社会主义市场经济的客观需要,是社会文明进步的重要标志,是国家长治久安的重要保障",把法治提高到了国家的"基本方略"的高度。1999 年第九届全国人大第二次会议修改宪法,在《宪法》第 5 条中增加一款,作为第 1 款:"中华人民共和国实行依法治国,建设社会主义法治国家。"这就在宪法文本中正式确立了法治原则。

**五、权力分立与制衡原则**

权力分立与制衡原则,又称分权原则,是指国家权力的各部分之

---

① 李龙:《宪法基础理论》,武汉大学出版社 1999 年版,第 200—201 页。

间相互监督、彼此牵制，以保障公民权利的原则。该原则在国家权力对国家权力的制约的表象下，深层次体现了公民权利对国家权力的制约。就宪法的基本内容来说，保障公民权利或人权始终处于核心、主导地位。因而，权力分立与制衡原则是人权保障的具体制度和辅助机制，通过权力之间的分立与制衡来防止国家权力的不当行使，从而确保人权的具体实现。

（一）权力分立与制衡学说的历史发展

权力分立与制衡原则，包含了权力的分立与制衡两个方面，与之相对应的是专制与集权。封建统治者将所有国家权力集中于某一个人或者某一机构，权力集中导致了权力的任意行使与不加约束，任何掌握权力的人都极易导致专制与暴政，这极大增加了权力对个人的危险性。因此，为了确保人权的彻底实现，资产阶级采纳了权力分立与制衡的思想，作为政权机构组织和运行的指导原则。权力分立与制衡是指国家权力按性质分成三种，即立法权、行政权和司法权，三权由三种机构分别行使，彼此之间相互制约，并达到平衡。

古希腊、古罗马的思想家最早阐述了分权的必要性，近代思想家在古希腊、古罗马分权制衡思想的基础上进一步发展了分权理论。英国的洛克提出了分权理论，他认为，国家有三种权力，即立法权、行政权和对外权。三种权力必须由三种机关掌握，并且，立法权虽然是国家的最高权力，但也必须受到限制，因为其权力来自人民的委托，因而必须受委托条件的限制。在此基础上系统阐述该理论的是法国的孟德斯鸠，结合对英国政治实践的考察，他进一步发展了这一理论。他认为，国家权力应分为三种，即立法权、行政权和司法权，三权分别由三个机关行使。他从权力自身的特性出发论证了权力制约的必要性，认为权力的特点是扩张性的，即"一切有权力的人都容易滥用权力，这是亘古不变的一条经验。有权力的人们使用权力一直到遇有界限的地方才休止"。因此，要防止滥用权力，就必须制约权力。孟德斯鸠的分权制衡思想以保障个人自由为出发点。他指出："司法与立法、行政不分离，就无自由可言。"

马克思主义思想家和理论家也在一定程度上肯定了分权思想，并指出其实质是权力和职能的一种分工。马克思在总结历史上第一个社会主义性质的政权即巴黎公社的经验教训时,指出应该强调监督,说明他们并未完全否定这一思想,而是肯定分权思想的合理性及正确行使人民委托的权力的重要性。事实上,将国家权力划分为三种权力,只是按照某一标准进行的分类,权力的划分并不是绝对的。第二次世界大战以后,为加强宪法的实施,保障人权,很多国家设置了宪法法院,由宪法法院监督国家各种机构的运行。实际上,宪法法院所行使的权力就不属于传统三权之中的任何一种,而是独立于三权之外的一种权力,也有人称之为第四种国家权力。辛亥革命之后,孙中山在考察西方国家三权分立政体的基础上,结合中国封建政治的考试权和监察权,提出了"五权宪法"思想,认为国家的权力应分为立法权、行政权、司法权、考试权和监察权,五权分别由五个机关行使。因此,国家权力究竟应该作几种划分并没有绝对标准,但是无论如何,权力的分立与制衡总是必需的。

(二)权力分立与制衡原则在各国宪法中的体现

权力分立与制衡原则是17、18世纪欧美资产阶级革命时期,资产阶级根据近代分权思想确立的,他们在革命成功后建立国家、制定宪法的过程中,将其表现为宪法的基本原则。1787年《美国宪法》就按照典型的分权、制衡原则,确立了国家的政权体制。法国《人权宣言》称:"凡权利无保障和分权未确立的社会,就没有宪法"。受美、法等国的影响,各资本主义国家的宪法均以不同形式确认了分权原则。《日本宪法》虽没有明确规定分权原则,但相关条文却体现了这一思想。如第41条规定:"国会为国家之最高权力机关,并为国家之唯一立法机关。"第65条规定:"行政权属于内阁。"第76条规定:"一切司法权属于最高法院及由法律规定设置的下级法院。"《德国基本法》第20条第2项规定:"主权属于人民。它由人民通过选举和全民投票方式,以及通过有立法权、行政权和司法权的专门机构行使之。"

各国权力分立与制衡原则的制度体现并不完全一致,而是有较大出入,表现为各种国家权力在政权机构中和宪法上的地位不完全相同。有些国家实行三权分立,各种权力之间是平权的,美国是三权分立的典型。有些国家则实行"议会至上",英国和欧洲大陆多数国家奉行议会至上,议会在国家各机关之间居于最高的法律地位。作为典型的三权分立国家,美国宪法规定,立法权属于国会,行政权属于总统,司法权属于法院。国会有权要求总统条陈政策,有权批准条约,有权建议和批准总统对行政官员和法官的任命,有权弹劾总统和联邦最高法院的法官。总统有权否决国会的法律,有权提名联邦法院的法官。法院有权解释国会制定的法律,可以判定国会立法与宪法相抵触而无效。法国的体制较为特殊,法国于1958年《宪法》中确立了以总统为代表的行政权优位的体制,该《宪法》第5条规定:"共和国总统监督对宪法的遵守。总统进行仲裁以保证国家权力的正常行使和国家的持续性。共和国总统负责保证民族独立、领土完整,以及条约和共同体协定的遵守。"

应当指出,三权之间并不是严格意义上的分离,从各国的实际情形来看,某一职能可能由许多机关共同行使。以美国为例,立法权由国会行使,但法院有解释宪法和法律的权力,法官造法,法院也在一定程度上担负着立法的职责。司法权由法院行使,但一些带有裁判性质的权力正越来越多地由行政机关行使。这些都说明,严格意义上的权力分立是不存在的。同时,随着社会事务的增多,社会关系越来越复杂化,体现各种社会关系的权力在三权之间的分配也呈现出不平衡的状态,议会功能一度出现了衰退的趋势,而行政权呈膨胀之势,司法也开始加强了对国会立法和行政权的审查。

当然,分权原则在不同意识形态下有更多争论。社会主义国家原则上不承认这一理论,认为国家权力是一个有机的整体,因而权力之间无法分立,此外,权力分立导致各机关之间相互扯皮,工作效率低下,影响人民权力的实现。有人认为,社会主义国家实行监督原则,它是由第一个无产阶级专政政权巴黎公社所首创的。马克思指出:公社是由巴黎各区普选选出的城市代表组成的,这些代表对选民负责,随时可以撤换。巴黎公社首创的这一原则,被后来的社会主义国家奉为一条重要的民主原则。我国是社会主义国家,我国宪法明确规定了民主集中制原则,并规定全国人民代表大会是最高国家权力机关。

其实,无论是监督原则,还是民主集中制原则,本质上并无多大差别,社会主义国家并不否认权力之间可以进行分工,各权力相互之间也需要监督。我国现行《宪法》第3条第1款和第4款分别规定："中华人民共和国的国家机构实行民主集中制的原则。""中央和地方的国家机构职权的划分,遵循在中央的统一领导下,充分发挥地方的主动性、积极性的原则。"第57条规定:"中华人民共和国全国人民代表大会是最高国家权力机关。它的常设机关是全国人民代表大会常务委员会。"第58条规定:"全国人民代表大会和全国人民代表大会常务委员会行使国家立法权。"并且,我国宪法还设置了各机构之间的相互监督,特别是最高国家权力机关对其他机关的监督。《宪法》第3条第2款规定:"全国人民代表大会和地方各级人民代表大会都由民主选举产生,对人民负责,受人民监督。"第3款规定:"国家行政机关、监察机关、审判机关、检察机关都由人民代表大会产生,对它负责,受它监督。"

## 第四节 宪法关系与宪法规范

法律规范是由国家制定或认可,并由国家强制力保证实施的,调整特定社会关系的行为规则。宪法规范即是调整宪法关系的法律规范的总和。要理解宪法规范,首先应当认识宪法关系。

### 一、宪法关系

宪法关系是在宪法关系主体之间产生的,以宪法上的权利、权力及义务为基本内容的法律关系。它涉及一个国家最重要、最基本的政治、经济、文化领域的社会关系,反映了国家政治制度与社会经济制度的基本性质。

（一）宪法关系的主体

传统宪法理论之中,宪法关系的基本主体是公民和国家。近现代以来,宪法调整的社会关系不断扩展,宪法关系主体的范围也扩张到民族、政党、外国人、无国籍人,以及由个人组成的处于私人地位的、社会的、经济的组织,如企业法人、社团法人等。而国家的权力和义务又是通过国家机关以国家的名义来行使,因此国家机关能够以国家代表的身份参与到宪法关系中;行使国家权力的中央和地方各级国家机关的相互关系也受宪法调整,因此国家机关也是宪法关系主体。

(二) 宪法关系的内容

宪法关系的内容表现为宪法关系各主体之间由宪法规定的权利、权力和义务关系。依主体不同,可以把宪法关系的内容分为以下类型:

1. 国家与公民的关系。这是最基本的宪法关系。从本质来看,宪法是限制国家权力,保障公民权利的强制性规范。保障人权和限制国家权力实为一体两面。一方面,公民权利与国家权力之间存在抵触。宪法最初即为防止专制国家的出现,而其基本方式就是通过法规范来限制国家权力的行使,以保障个人权利。另一方面,公民权利与国家权力之间又相互促进。国家的权力来自人民的授予,公民的权利和自由是国家权力的基础和目的。

2. 国家与国内各民族的关系。大多数近现代国家都是多民族国家。宪法以根本法的形式规定了国家与民族之间,以及各民族相互之间的权利义务关系。如我国《宪法》第 4 条第 1 款规定:"中华人民共和国各民族一律平等。国家保障各少数民族的合法的权利和利益,维护和发展各民族的平等团结互助和谐关系。禁止对任何民族的歧视和压迫,禁止破坏民族团结和制造民族分裂的行为。"

3. 国家与社会团体、企业、事业组织及其他组织的关系。由于社会政治、经济、文化发展需要,公民行使结社自由组成了各种社会团体和企业、事业法人、组织等。这些社会团体和法人、组织可以视为由公民派生出的宪法关系主体,也可以行使公民的部分基本权利,如财产权、言论自由权等。美国联邦最高法院在 Citizens United v. FEC[①]一案中即判决公司和自然人一样享有美国宪法第一修正案保障的言论自由。社会团体和法人、组织行使基本权利的同时,国家也有权要求它们履行相应的基本义务。

4. 国家机关之间的关系,即国家机关之间纵向、横向的职权关系。宪法依照一定的标准对国家权力进行划分并在不同的国家机关

---

① Citizens United v. Federal Election Commission, 558 U. S. 310 (2010).

之间进行权力的配置,包括横向的国家机构和纵向的国家机构的建制。横向方面,宪法一般将国家权力划分为立法权、行政权和司法权。如美国宪法所规定的三权分立体制。我国宪法规定了民主集中制原则,在这一原则下,人民代表大会是国家权力机关,在整个政权体系中居于核心地位,其他国家机关都由它产生,对它负责,受它监督。纵向的国家机构建制包括单一制或联邦制。实行联邦制的国家,如美国、德国等国家。美国宪法划分了联邦和州的权力,联邦的权力采取列举方式,各州的权力则采取概括和保留方式,宪法没有列举的权力则被看作是各州保留的权力。我国是单一制国家,中央国家机关与地方国家机关的职权划分是在中央的统一领导下,充分发挥地方的主动性、积极性原则,中央与地方适度分权。

5. 国家与政党的关系。现代国家的政党是由公民自愿组成的,具有共同政治理念的,以掌握或参与国家政权为目标的政治团体。一方面,政党是公民行使参政权的重要工具。宪法应当保障政党参与国家政治的权利,如我国《宪法》第1条第2款规定了中国共产党对国家的领导权,序言中确认了各民主党派的参政权。另一方面,现代政党或多或少都行使着部分国家权力,因此宪法也必须明确政党的义务,限制政党的权力。如我国《宪法》第5条规定各政党必须遵守宪法和法律,任何组织或者个人都不得有超越宪法和法律的特权。又如《德国基本法》第21条则规定政党的内部组织必须遵循民主原则,政党不得以损害或推翻根本的民主秩序为目标,德国联邦宪法法院有权解散违宪的政党。

6. 国家与外国人、无国籍人的关系。很多国家的宪法都规定了在本国境内的外国人、无国籍人的权利义务。如我国《宪法》第32条第1款规定国家保护在我国境内的外国人的合法权利和利益,在我国境内的外国人必须遵守我国法律;第2款规定了国家对外国人的政治庇护权。

### 二、宪法规范

宪法规范是调整宪法关系并具有最高法律效力的法律规范的总和。这些法律规范是依据特定的价值次序编排的,由宪法典规定,诠释宪法价值与宪法原则的行为规则。并非所有宪法的内容都可以作为行为规则。如我国宪法序言中对中国历史的叙述性文字并不包含对行为的指引，不具有规范性。但宪法的绝大部分内容都具有规范效力。

（一）宪法规范的特点

宪法在法律体系中具有最高的法律效力。宪法规范性则是宪法最为本质的功能。宪法规范作为法律规范的一种，与普通的法律规范相比较而言，除了在法的约束力方面具有共通之处外，在法律规范的特性、规范的构成以及规范的运行程序等方面也具有一定程度的相似性。然而，宪法规范与普通的法律规范最大的区别就在于各自所调整的法律关系的构成不同。具体而言，宪法规范与普通法律规范有以下几个方面的不同：

（1）宪法规范的制定和修改程序相较于普通法律规范更为严格和复杂。

（2）宪法规范调整的社会关系具有全局性、根本性和普遍性等特征，主要涉及中国社会众多阶层的法律地位及其相互关系、公民基本权利的行使与国家权力的规范运作之间的关系、国家机构之间的关系等方面。

（3）与普通法律规范相比，宪法规范整体规定简洁凝练，其调整社会关系的方式更具概括性和原则性。

（4）宪法规范的规范对象包括国家性质，基本政治、经济、文化、社会等方面的制度规定，是对一个国家最为基础的制度性建设的阐释和描述。而普通法律规范则是面向具体的法律制度，其调整对象具有单向性和具体性。

（二）宪法规范的性质

1. 宪法规范具有政治性

宪法的主要目的在于对国家权力运作和基本人权保障进行调整和规制，在宪法制定和宪法运行过程中，政治力量的对比关系毫无疑问会对该过程产生较大影响。政治现实影响宪法规范的制定和运行，同时宪法规范又能起到良好的规制政治权力运作的功效。具体而言，宪法规范通过规定权力主体的地位和职权，公民的基本权利保障以及国家与公民之间的相互关系等内容来实现对政治权力运作的稳定约束。宪法自诞生之日起就与政治存在着密不可分的联系,宪法规范的政治性主要体现于制宪过程、规范内容、宪法监督等三个方面。制宪过程充满了各种政治力量的博弈与妥协,宪法典最后的颁布并实行背后折射的是特定的政治利益与政治共识。宪法规范的具体内容集中描述了所属国的基本国策和施政理念,因此也使得宪法规范的政治性更为凸显。以司法审查为主的宪法监督适用抽象的宪法规范产生具体的审查结果,从而在社会中贯彻宪法的政治意图。

2. 宪法规范具有最高性

宪法规范的最高性是宪法特征的集中反映,是宪法价值体系的研究基础。宪法规范的最高性意指在现存法律体系中,宪法规范的地位和效力高于其他法律规范,从而能够约束一切国家机关、社会团体和公民个人的活动。最高性是一种客观价值与事实的综合体现,具有客观的规则。宪法规范的最高性主要体现于宪法的宗旨及其所规定的内容之中,宪法的宗旨在于实现保障人权。同时宪法规定的是国家最根本、最重要的内容,是从社会制度和国家制度的根本原则角度出发确保整个国家活动处于规范运行之中。

宪法规范的最高性具体表现在以下几个方面:首先,在我国现存法律体系中,宪法处于统率地位,任何其他法律都无法对它实现超越。其次,宪法是特定国家机关享有立法权力的来源和依据,也是上述机关进行常规立法的基准,是制定其他法律的凭据。再次,一般法律不能同宪法相抵触,否则无效。无效的条款存在两种处理方式,一为修改,二为撤销。最后,宪法规范是一切国家机关、政党、社会团体、企事业组织和公民个人的根本准则。任何组织或个体的任何行为都不得违背宪法的相关规定。

3. 宪法规范具有原则性

宪法规范的原则性与宪法规范调整内容的广泛性,二者之间存在着紧密联系。宪法作为治国安邦的总章程,其本身担负着为社会政治调整和国家权力行使提供规范依据的重要职能。因此,这也就意味着宪法规范无法详细涉及国家生活和社会生活的方方面面,取而代之的是在此基础上作出更为原则性的规定。此外,为了增强宪法规范的适应性,对宪法规范进行原则性规定也是十分可取的。对此,有学者曾指出,"宪法只能为国家的根本制度和根本任务提供指导原则,宪法规范必须具有原则性。至于各种细节只能由一般法律规定,由一般法律加以具体化。这样就使宪法规范的原则性与一般法律规范的具体化形态形成鲜明的对照"。①

4. 宪法规范具有组织性和限制性

宪法规范是一种组织国家权力的规范,宪法规范的妥善应用可以使得国家权力的运行和分配趋于合理。宪法规范的确认功能赋予了国家机关活动的正当性依据。通过法定程序授予国家机关权力是宪法规范的组织性的主要表现。宪法典中具体的宪法条款和实质意义上的宪法规定共同促成了宪法规范组织性功能的发挥。当然,为了确保国家权力在宪法设定的框架内运行,对权力本身加以合理的限制也是十分必要的。宪法典或宪法性法律中存在诸多对国家权力运行进行限制的宪法规范,其中人权保障规范也有助于强化宪法规范限制性功能的发挥。宪法规范的组织性与限制性是一体两面的关系,二者共同促成国家权力在宪法规定的范围内运行。

(三) 宪法规范的种类

由宪法的性质和立法特征所决定,宪法规范的存在形式是多样化的,我们可以按照不同的分类标准对宪法规范进行种类上的区分。

1. 根据宪法规范所采用的调整方式的不同,宪法规范可被分为授权性规范和义务性规范。授权性规范通过确定性的法律规定赋予特定组织或个人可为某种行为的权利,该种规范形式主要作用于国家机构,以便于明确其职权范围,确保其在法定范围内履行职责。义务性规范是指对人们必须作出某种行为和不得作出某种行为进行管理和控制的规范,义务性规范又包括命令性规范和禁止性规范两个部分。

2. 根据宪法规范所呈现的表达方式的不同,宪法规范可被分为宣告性规范和确认性规范。宣告性规范的主要目的在于向外界明确表示出该国家对所属相关事项的认知倾向。确认性规范则是指以法

---

① 许崇德主编:《中国宪法》,中国人民大学出版社 1995 年版,第 31 页。

律条文的形式对业已存在的事实加以明确认可的规范。

3. 根据宪法规范自身所具有的约束力大小来划分,宪法规范可被分为倡导性规范、任意性规范和强制性规范。倡导性规范注重的是国家对公民或者其他组织的一种期待与鼓励,而这种期待与鼓励可以通过教育、劳动等方式得以实现。任意性规范强调的是法律主体根据自由意志作出选择。强制性规范是指对法律主体规定必须作出或者不得作出某类行为的规范。

4. 根据宪法规范后果的性质来划分,宪法规范可被分为保护性规范、奖励性规范和制裁性规范。① 保护性规范着眼于对公民的某种行为或者某种权利加以确认并进行保护。奖励性规范是一种宪法上的肯定性评价,评价的对象是为国家和社会作出积极贡献的行为。与奖励性规范相比,制裁性规范则是一种宪法上的否定性评价,评价的对象则是公民或者其他组织的违法行为。

(四) 宪法规范的逻辑结构

传统的法律规范理论包含假定、处理和制裁三个逻辑要素。但宪法规范由于表述具有高度的原则性、内容具有最广泛性、所成就的法律后果富有多样性,往往不能清晰完整地体现出三要素。而且制裁一词明确体现的是消极性法律后果。此外,只有规定人的行为并告知其法律后果的宪法规范才具有逻辑结构。因此我们主张,应当将宪法规范的构成分为两个方面,一方面在于行为模式的确定,另一方面在于法律后果的证成。

要理解宪法规范的逻辑结构,首先要理解宪法规范与宪法条文的关系。宪法规范借助宪法条文的形式得以展现,宪法条文实质体现宪法规范,宪法规范又以宪法条文的实际表述为限。宪法规范和宪法条文的关系主要包括以下几种形式:

第一,宪法规范的两个要素完全体现于同一宪法条文中。如我国《宪法》第84条第1款规定:"中华人民共和国主席缺位的时候,由副主席继任主席的职位。"

---

① 杨海坤、上官丕亮、陆永胜:《宪法基本理论》,中国民主法制出版社2007年版,第77页。

第二,行为模式和法律后果两个要素各自独立表现于宪法条文中。如我国《宪法》第5条第3款规定:"一切法律、行政法规和地方性法规都不得同宪法相抵触。"这是行为模式。法律后果体现在《宪法》第62条、67条、89条、99条、104条、108条规定的一系列上级国家机关对下级国家机关制定的违宪违法文件的修改与撤销权之中。

第三,宪法规则中的法律后果部分在具体的法律条文中没有得到彰显。如我国《宪法》第141条第2款规定了我国国歌,第54条规定公民不得有危害祖国的安全、荣誉和利益的行为。这两者共同构成行为模式。法律后果则体现在《中华人民共和国国歌法》第15条之中,即在公共场合故意侮辱国歌的,处以行政拘留或依法追究刑事责任。

## 第五节　宪法效力与宪法作用

### 一、宪法的效力

宪法的效力是指宪法的法律约束力。宪法效力可以分为纵向和横向两个方面。纵向效力是指宪法在多层级的法律体系中所具有的最高法律效力。横向效力也可以称作宪法的适用范围,指的是宪法在什么地方、对什么人、对什么事项以及在什么时间具有法律约束力。宪法的最高法律效力是宪法的基本特征之一,本章前节已对此予以说明,本节只讲解宪法的横向效力,也就是宪法的适用范围。

（一）宪法的适用范围

宪法的适用范围,从不同的角度可以分为空间效力、时间效力、对人效力和对事效力。

1. 空间效力

宪法的空间效力,是指宪法在什么地域范围内发生效力。宪法的空间效力及国家行使主权的全部空间,也就是一个国家的领土。有些国家的宪法专门规定了领土条款,例如,《越南宪法》第1条规定:"越南社会主义共和国是一个主权独立的统一国家,其范围涵盖越南本土、离岛、领海及领空。"我国宪法并没有对领土作出明文规定,但宪法的效力当然及于中华人民共和国领土的全部范围。

我国《宪法》序言规定:"台湾是中华人民共和国的神圣领土的一部分。完成统一祖国的大业是包括台湾同胞在内的全中国人民的神圣职责。"这表明,中国只有一个主权,大陆和台湾地区同属这一主权的涵盖范围,《中华人民共和国宪法》的效力及于台湾地区。《中华人民共和国香港特别行政区基本法》和《中华人民共和国澳门特别行政区基本法》以宪法为制定依据,香港特别行政区和澳门特别行政区的设立直接以宪法为依据,宪法的效力及于香港和澳门特别行政区。

2. 时间效力

宪法的时间效力,是指宪法在什么时间段上发生效力,具体而言就是宪法的生效与失效问题。宪法的生效时间主要有以下四种:(1)在宪法文本中明确规定生效时间。如《葡萄牙共和国宪法》于1976年4月2日通过,但其第300条规定,宪法于1976年4月25日生效。(2)自公布之日或公布期满时起生效。如《德国基本法》第145条规定,基本法自公布期满时生效。(3)自通过之日起生效。如我国采用全国人民代表大会通过之日起生效的方式。(4)自批准之日起生效。如《美国宪法》第7条规定,经九个州制宪会议的批准后即在批准宪法的各州生效。

宪法的失效方式主要有以下两种:(1)明示失效。明示失效是指在新宪法中或以专门的法律废止之前的宪法。如《芬兰共和国宪法》第95条规定,之前的宪法由该宪法予以废止。(2)默示失效。默示失效是指之前的宪法随着新宪法的生效而自动失效,无须作任何宣告。

3. 对人效力

宪法的对人效力,是指宪法对哪些主体发生效力。具体分为两个方面:(1)宪法所约束的公权力主体。宪法集中规定国家权力的组织与运行,一切公权力主体都受宪法的约束。(2)基本权利所保护的对象,也就是基本权利主体,即可以依据宪法主张基本权利的主体,这涉及宪法对人的效力问题。基本权利首先保护的是作为自然人的公民,也就是拥有本国国籍的人。但有些国家的宪法规定某些基本权利是"所有人"或者"每个人"的权利,外国人和无国籍人据此也有可能成为宪法所保护的对象。此外,某些基本权利依据其性质也可以由法人享有,例如财产权、诉讼权等。我国《宪法修正案》第24条规定国家尊重和保障人权,而且《宪法》第18条、第32条也规定了国家保护外国企业、其他经济组织和外国人等的权利,这表明我国宪法的效力在特定情况下也及于外国企业、其他经济组织和外国人。

4. 对事效力

宪法的对事效力,是指宪法对社会生活的哪些领域、哪些事项发生效力。传统上,宪法主要调整的是公民与国家之间的关系以及国家机关之间的关系,也就是说,宪法只对公共领域涉及国家权力运行的事项发生效力。与此相对应,平等主体之间的人身关系和财产关系是由民法来调整的。但是,随着基本权利理论与实践的发展,现代宪法逐步发展出"基本权利在私人关系中的效力"理论,宪法被认为在特定条件下,以特定的方式也可以对私人领域产生效力。

(二)宪法效力中的特殊问题

在学习宪法基本原理时,除以上内容,还有两点关于宪法效力的理论知识应当掌握。

1. 成文宪法序言的效力问题

法学界对于成文宪法之序言的效力有很多争论。主要分为三种观点:全部无效说、全部有效说和部分效力说。全部无效说认为宪法序言所宣布的原则过于抽象,不能作为具体的行为准则,不具有法律效力。全部有效说认为宪法序言是宪法的组成部分,应当具有最高的法律效力。部分效力说认为应该根据序言的具体内容具体分析,序言所记载的历史事实部分完全没有法律效力;属于规范性的部分具有法律效力;确认原则的部分须与宪法正文的规范相结合才具有法律效力。

从世界宪法制度来看,各国对于宪法序言是否具有法律效力的规定和实践不尽相同。法国宪法委员会在1971年关于自由结社案的判决中直接适用第五共和国的宪法序言,明确宣告其宪法序言具有法律效力;而在美国、日本等国家,宪法序言是否具有法律效力是围绕宪法序言是否具有"可诉性"展开的。

我国宪法序言是否具有法律效力在理论上有不同见解。一般认为,我国宪法序言的文本不具备法律规范的逻辑结构,不宜视为宪法规范。但宪法序言和宪法正文构成了一个有机整体,序言对宪法正文具有统领性和指导性,为宪法正文提供了基本价值和原则。宪法正文则是序言规定的价值的具体化、规范化。因此宪法序言作为宪法的重要组成部分,与正文一起作为宪法整体具有最高法律效力。

2. 宪法的私法效力问题

宪法的私法效力,即宪法权利规范对私法关系的影响与介入的形式和程度问题,德国、美国等国在司法实践和理论上形成了三种不同的学说,分别为:间接效力说、直接效力说和国家行为理论说。

以德国宪法学家尼伯代为代表的"直接效力说"认为,基本权利是最高层的规范,如基本权利之条文不能直接在私人之间被适用的话,则宪法的基本权利之条文,将沦为仅具有绝对的宣示性质罢了。①即使不是所有基本权,但是最少有一系列的重要基本权不仅仅是针对国家的自由权,而且是整个社会生活的秩序原则,它们不需要法律做解释性中介,对公民间的私法关系即具有直接效力,基本权必须成为私法权利的标尺和界限。②

以德国宪法学家杜立希为代表的"间接效力说"经德国联邦宪法法院通过判例确认后成为通说,认为宪法基本权利在公法领域直接并完全适用,基本权利的规定对司法有直接的约束力;而在私法领域,宪法只是间接地通过相关部门法对当事人产生间接影响。③

"国家行为理论说"指的是只有国家的行为才受到宪法规范,私人行为不在宪法规范的范畴之内,否认宪法对广泛的私人行为的效力。美国联邦最高法院是这一理论的坚定支持者,但随着美国社会的发展,基本权利内涵不断扩大,20世纪中叶后美国联邦最高法院通过判例扩张了国家行为的界限,逐步将一些与国家权力相联系的私人行为纳入到基本权利效力的影响范围中。

---

① 陈新民:《德国公法学基础理论》(上),山东人民出版社2001年版,第292页。
② 张巍:《德国基本权第三人效力问题》,载《浙江社会科学》2007年第1期。
③ 陈新民:《德国公法学基础理论》(上),山东人民出版社2001年版,第302—307页。

## 二、宪法的作用

宪法作用是宪法调整国家的政治、经济、文化和社会各个领域所产生的具体影响。作为国家的根本法,宪法应该在实际生活中发挥作用。

(一)宪法的主要作用

我国宪法自颁布以来,在改革开放和社会主义现代化建设的历史进程中,发挥了重要作用。宪法的作用表现在以下方面:

1. 确认和规范国家权力

确认国家权力是指宪法规定国家权力的归属,以表明社会各阶级在国家中的地位。统治阶级通过革命斗争而取得的国家权力,通过宪法的确认而获得正当性。宪法对国家权力的确认集中体现为宪法对国家性质的宣告。我国现行《宪法》第1条明确规定:"中华人民共和国是工人阶级领导的、以工农联盟为基础的人民民主专政的社会主义国家。"这一规定明确说明了我国的国家性质是人民民主专政的社会主义国家,人民掌握和行使一切国家权力。

规范国家权力是指宪法规定国家权力的职责分工、权力行使的方式和程序,使国家权力的运行受到严格的监督和约束。宪法对国家权力进行配置,规定职权划分,并规定其相互配合或者相互制约的关系。宪法规定各种国家权力的组织机构,行使权力的具体方式与程序。宪法规定了对国家权力的监督方式,以及纠正国家机关违法行为的程序和途径。例如我国《宪法》第67条规定全国人大常委会行使解释宪法,监督宪法的实施的职权。

2. 保障公民基本权利

宪法的产生与公民基本权利的保障有着密切的联系,许多国家的宪法都是人民争取自身权利的斗争的产物。各国宪法基本都以专章规定公民的基本权利,确认公民在政治、经济、文化、社会生活的各个领域的自由和利益。同时,宪法还规定限制基本权利的条件和方式,避免公民基本权利被随意地剥夺。为了充分保障公民的基本权利,许多国家宪法还以概括条款对宪法未列举的权利给予保护。

宪法上的基本权利条款的落实,还需要各种制度上的保障。宪法所规定的各种制度,比如新闻出版制度、社会保障制度等,都为基本权利的实现提供了制度基础。在许多国家,基本权利的实现还依赖于司法审查制度,通过司法审查,可以纠正公权力对公民基本权利的不当限制。

我国宪法对公民的基本权利作出了具体的规定,为广大人民群众充分享有民主权利、广泛参与国家政治生活提供了法律保障。我国《宪法》第33条第3款确立了"国家尊重和保障人权"的原则,并根据宪法制定了一系列保护公民基本权利的法律,签署了一批保护公民权利的国际公约,建立健全社会保障体系,推进了我国人权事业的发展。

3. 维护国家法制统一

一个国家的法律制度,必须是一个完整统一的整体。宪法是最高法,也是根本法,为一切法律的制定提供立法依据。各部门法的制定须以宪法为依据,所有的法律都不得与宪法相抵触,与宪法相抵触的法律是无效的。此外,对普通法律的解释也应当贯彻宪法的精神,以保证法律体系在宪法统领下的一致性。

宪法为立法工作奠定了基础,推动了社会主义法制建设。1982年我国通过了现行宪法,此后又根据客观形势的发展需要,先后分五次通过了52条宪法修正案。一个立足中国国情和实际、适应改革开放和社会主义现代化建设需要、集中体现党和人民意志的,以宪法为统帅,以宪法相关法、民商法、行政法、经济法、社会法、刑法、诉讼与非诉讼程序法等多个法律部门为主干,由法律、行政法规、地方性法规三个层次的法律规范构成的中国特色社会主义法律体系如期形成。

在中国特色社会主义法律体系中,宪法居于核心地位,是这一法律体系统一性的基础与保障。重大改革必须于法有据,于宪有源。任何改革必须在宪法与法律的框架下运行。

4. 维护国家统一和世界和平

宪法体现了一个国家中全体人民的政治共识。基于人民主权原则而制定的宪法写入了全体人民共同认可的价值观念,有助于增强全民族的凝聚力和向心力。某些缺乏统一传统的国家通过在宪法中确认联邦制，并以具体的制度安排保障各州（邦）的利益，使得国家团结为一个整体。在我国，基于特殊的历史和时代背景，宪法规定民族平等原则，确立民族区域自治制度；并创造性地将"一国两制"的政治构想予以法律化，确立特别行政区制度，有力地维护了国家统一。宪法序言中对台湾是我国的神圣领土的一部分的强调，为完成祖国的统一大业奠定了宪法基础。

宪法有利于促进世界和平。有的国家的宪法序言中将和平作为宪法的基本价值追求，有的国家将和平主义规定为宪法的基本原则，有的国家将破坏国际和平的行为规定为违宪，这些规定对于世界和平这一全人类的共同目标的实现有着积极作用。我国宪法规定了独立自主的外交政策、和平共处五项原则，将"推动构建人类命运共同体"写入序言，表明中国是世界和平的积极推动者，国际社会新秩序的积极倡导者。"推进人类命运共同体"的构想是中国为新时代全球治理所贡献的中国智慧。

（二）宪法发挥作用的前提

宪法在社会生活中发挥作用需要一定的前提条件，具体是指：

（1）宪法自身要具有正当性。这要求宪法必须以民主事实为基础，符合社会发展的客观要求。

（2）社会成员要具备宪法意识。社会成员要形成信任宪法、尊重宪法、维护宪法的意识，国家公权力也要形成严格依据宪法行使职权的意识。

（3）法律体系的完备。宪法的原则性规定需要由普通法律予以具体化。此外，宪法作用的发挥还需要稳定的政治、经济、文化条件。如果社会不稳定，宪法的权威往往受到挑战，从而无法充分发挥作用。

（4）宪法实施。宪法的生命在于实施，宪法的权威也在于实施。深入推进科学立法、严格执法、公正司法、全民守法，坚持有法可依、有法必依、执法必严、违法必究，把依法治国、依宪治国工作提高到一个新水平。稳步推进合宪性审查机制，保证宪法在中国特色社会主义法律体系中处于核心地位。

# 第二章 宪法的基本理论(下)

## 第一节 宪法的创制与修改

### 一、宪法的创制

宪法的形式特征之一通常就是宪法的创制和修改不同于其他的普通法律。在不成文宪法的国家中,由于没有一个名为《宪法》的法律文件,故不成文宪法不具有前述法律特征。在不成文宪法的国家,如英国,议会有权制定、修改一切法律,不管该法律的内容是否涉及国家的根本制度。历史上的1848年意大利宪法虽是成文宪法,但其修改程序与其他的普通法律相同。① 尽管有上述例外,从大多数国家宪法的创制和修改的实践状况来看,宪法的创制和修改通常不同于其他的普通法律。

宪法的创制,又称宪法的制定。"创制"突出了"首创""创造""创新"等含义,故用此术语。它是指拥有制宪权的特设机构、国家机关、特定团体按照一定的程序起草、审议、通过、批准宪法的一系列行为的总和。宪法的创制是行使制宪权的结果,与制宪权密切相连。

制宪权是一种什么性质的权力?与国家权力的关系是什么?有些学者认为,在国家和宪法存在以前,作为制宪权主体的国民就在特定的"自然状态"中存在,制宪权不同于国家权力,也不以国家权力为前提,与之相反,制宪权是国家权力存在的前提,制宪权产生国家权力。这种理论强调制宪权是一种高于国家权力的特殊权力,是一种原创性质的权力。我国有学者认为,制宪权是国家的权力的一种,是有权决定国家统治形态的阶级享有的最高决定权。制宪权是主权者根本意志得以表达的工具。制宪权是一种根源意义上的国家权力,

---

① 肖蔚云:《论宪法》,北京大学出版社2004年版,第830页。

其他国家权力是具体组织化的国家权力,二者不应相互冲突。[①] 我们认为:

首先,制宪权与国家权力的关系意义重大。制宪权通常不能脱离国家而存在,是国家权力中的最高权力。但这不是绝对的,也有例外。例如,联邦制国家美国,承认州拥有制宪权,联邦国会批准新州加入联邦的前提之一是,新州已经制定了宪法。此时,制宪权不再是国家权力中的最高权力,而是州自主决定其政府组织形式的权力。

其次,制宪权与政府(即所有的国家机关的总称,不仅仅指行政机关,此时的政府的含义等同于我国宪法上所指的"国家机构")权力的关系意义更重大,尤其在实践中的意义。国家与政府(国家机构)是不相同的,国家至少是由政府(国家机构)与全体国民(公民)组成的,虽然在法律上和在政治上政府经常代表国家,但代表与被代表者是不同的,与民法上的代理人与本人(被代理人)是不同的一样,这是没有疑问的。国家权力与政府权力因此是不能等同的。这样一来,一个拥有有限的国家权力的政府在一个国家之内存在,在理论上是没有障碍的。

制宪权如果由全体国民(公民)享有,全体国民(公民)完全可能通过行使制宪权,制定一部只赋予政府以限定的国家权力的宪法。就此意义而言,制宪权是政府权力的前提,政府权力是制宪权的结果。制宪权如果不由全体国民(公民)享有,而由政府享有,那么政府权力就优先于制宪权,制宪权只是政府权力的一种而已,政府的权力将超越宪法,宪法具有最高法律效力只能是名义上的。

只有当制宪权是政府权力的前提时,宪法才可能对政府权力予以制约,宪法具有最高法律效力才可能是实质的,在宪法之下建立有限政府才可能。只有为了实现建立有限政府的目的,确立立法、行政、司法三权的组织活动原则才有实际意义。

制宪权的理论首创于18世纪的法国政论家西耶斯(旧译西哀士),他在《论特权:第三等级是什么?》(商务印书馆1991年中文版)

---

[①] 参见徐秀义、韩大元主编:《现代宪法学基本原理》,中国人民公安大学出版社2001年版,第35页。

中把国家权力划分为制定和修改宪法的制宪权以及由宪法创立的包括立法权、行政权、司法权在内的权力。这就将制宪权和立法权区分开了,但并未将制宪权与宪法修改权区分开来。他认为:制宪权属于最高的权力,是国家制定法律、法规的根源,它不受任何规范的约束和限制。①

制宪权的享有者,即制宪主体应当是谁呢?行使制宪权的主体在世界制宪史上,在不同的国家是不同的。但归结起来,行使制宪权的主体可分为三类:一类是行政机关、立法机关等国家机关,国家机关不仅仅指民选产生的或协商产生的国家机关,也包括君主和军人政府;一类是国家机关之外的特设机构,如美国1787年费城制宪会议、批准1787年美国宪法的州制宪会议;一类是全体国民(公民)或全体人民。

此三类主体有时共同享有并共同行使制宪权,有时则单独享有并单独行使制宪权。例如,1908年,我国清朝的宣统皇帝颁布了《钦定宪法大纲》,这是由君主单独制定的宪法;1958年法国宪法则是由立法机关、行政机关和全体国民共同制定的。

不过,实际的情况并不能直接回答制宪主体应当是谁。我们认为制宪权的享有者应当是国家机关、专门机构和全体国民(公民)的总和,但归根到底是全体国民(公民)。

创制宪法是一件非常重大而又复杂的事情,没有国家机关的参与,是根本无法完成的。国家机关的参与不能没有限制,否则宪法的创制就会变成国家机关意志的单独表达了。由于宪法的创制具有较强的技术性、复杂性,应当由一个能胜任此项工作的特设机构来具体起草宪法。特设机构的成员的产生必须独立于国家机关,以保证其具有独立性,而不会成为国家机关的传声筒。宪法的正式生效必须得到全体国民(公民)的批准。全体国民(公民)意志的表达方式和是否批准的确定标准可以多样化,全民公决的过半数仅仅是其中的一种,而且未必是最佳的。例如,全民投票后,以三分之二的多数同意才视为批准;全民投票后,以国家的各个组成部分为单位分别计票,

---

① 参见肖蔚云:《论宪法》,北京大学出版社2004年版,第857页。

以过半数或三分之二等特定比例的多数的组成部分同意才视为批准；等等。

由于全体国民（公民）人数众多，不可能具体起草宪法，并对宪法的每一个条款进行辩论，只能对宪法的整体表达看法。在特设机构顺利起草宪法后，国家机关有条件对宪法的每一个条款进行辩论式的审议。当国家机关、特设机构必须由全体国民（公民）分别且同时选举产生，在二者都对宪法通过的基础上，宪法再经全体国民（公民）批准后生效。以上的制宪过程似乎可以更好地解释制宪主体归根到底是全体国民（公民）。

西耶斯在《论特权：第三等级是什么？》一书中指出："在所有自由国家中——所有的国家均应当自由，结束有关宪法的种种分歧的方法只有一种，那就是要求助于国民自己，而不是求助于那些显贵。如果我们没有宪法，那就必须制定一部：惟有国民拥有制宪权。"[1]西耶斯的观点方向正确，但他显然对制宪的复杂性估计不足，因此我们对他的主张进行了修正，而不是全盘接受。

制宪权是否应受限制？西耶斯认为制宪权作为创造宪法，决定国家权力的"始原的"力量，可不受任何原理或制度的约束。[2] 如果我们承认制宪权的主体是国民，按照国民主权的原理，制宪权如果受限制，就必然推导出主权应受限制的结论。如果主权不受任何限制，那么制宪权也不应受到限制。这里的限制应指法律的限制，不是指自然条件的限制和自我限制。我国有学者认为制宪权应受宪法目的的制约、法理学的制约、自然法的制约、国际法的制约，因此制宪权是一种受制约的权力。[3]

我们认为，前述制约并不是法律的制约，仍属于制宪主体的自我限制，强制力较弱。如果制宪主体只有一个，不管它是国家机关，或是全体国民（公民），或是特设机构，对制宪权的限制都很难落到实处。只有当制宪主体有多个时，通过不同的制宪主体在不同的制宪

---

[1] 转引自徐秀义、韩大元主编：《现代宪法学基本原理》，中国人民公安大学出版社2001年版，第33页。
[2] 同上书，第36页。
[3] 同上书，第36—37页。

程序中享有决定权的方式,对制宪权的限制可以在相当程度上得到实现,但此种限制是否是法律限制值得探讨,但肯定不是实证法意义上的法律限制。

制宪权的行使是否应遵循特定的程序?我们认为:制宪权应由国家机关、特设机构、全体国民(公民)三者共同享有,此时确定制宪程序很有必要,有助于对制宪权予以限制,以实现制宪主体归根到底是全体国民(公民)的目的。

什么制宪程序比较合理呢?应该存在不同看法,因为各国有自己的不同国情,有不同的制宪程序。我们认为理论上比较合理的制宪程序是:首先,由全体国民(公民)分别且同时选举产生立法机关和特设机构。立法机关然后选举产生行政机关、司法机关。三者共同组成一个过渡性政府(国家机构)。其次,特设机构在立法机关、行政机关的帮助下,独立起草宪法,提出宪法草案。再次,宪法草案由特设机构送交至立法机关,立法机关经仔细辩论、审议、投票通过后,再提交全体国民(公民)投票表决。最后,全民公决批准宪法后,宪法正式生效。

在实际生活中,制宪权的性质、主体、程序在不同的国家是不同的。

英国是一个不成文宪法的国家,其所有包含宪法内容的法律均是英国议会宪法意义上的三个组成部分——国王、贵族院、平民院(在法律上,英国议会只由贵族院、平民院组成)按照立法程序共同制定的。

美国1787年宪法的制定程序:首先是在当时各州议会倡议下,经邦联国会同意后召开了制宪会议,制宪会议经过激烈辩论,最终通过了宪法草案;其次将宪法草案的文本送交邦联国会后,邦联国会再分送至各州议会,由九个州议会批准后正式生效。

法国1958年宪法的制定程序:首先是由法国议会授权戴高乐政府(行政机关)起草宪法;其次政府委托了一个专家委员会具体起草宪法,政府通过了委员会提出的宪法草案;最后宪法草案经全民公决批准后正式生效。

2005年伊拉克在选举产生过渡国民议会后,过渡国民议会选举产生过渡政府(行政机关),并任命了一个由55人组成的宪法起草机构。后者在过渡政府的帮助下起草了伊拉克宪法,并提交给过渡国民议会。过渡国民议会反复协商后通过了伊拉克宪法草案,并将它提交全体国民投票表决。伊拉克的全民公决批准了该宪法,2005年伊拉克宪法正式生效。

我国的《钦定宪法大纲》是1908年由清朝皇帝颁布的。《中华民国约法》第九章规定了宪法制定程序——宪法由参政院推举的宪法委员会起草,经参政院审定,由大总统提交国民会议通过后,由大总统公布并正式生效。1946年《中华民国宪法》在其序言中宣称中华民国国民大会受全体国民之付托制定了该宪法。

中华人民共和国成立后,1953年1月13日中央人民政府委员会成立了以毛泽东同志为首的中华人民共和国宪法起草委员会。宪法起草委员会在1954年3月接受了中国共产党中央委员会提出的宪法草案。宪法起草委员会组织8000多人对此草案进行讨论,经过修改后,1954年6月14日由中央人民政府委员会将宪法草案公布,交全国人民讨论。宪法起草委员会在此基础之上作了修改。1954年9月9日,中央人民政府委员会第三十四次会议讨论通过了宪法起草委员会提交的宪法草案,并将其提交第一届全国人民代表大会全体会议。1954年9月20日,中华人民共和国第一届全国人民代表大会第一次全体会议审议通过并公布了《中华人民共和国宪法》。我国制定宪法不采取全民投票,而采取全民讨论的办法,是我国制宪程序的一个特点。[1]

总结现实的情况,有学者认为,宪法制定程序是指制宪机关制定宪法时所经过的阶段和具体步骤。考察现实的制宪程序,我们基本同意前述观点。

为了保证制宪工作的权威性与严肃性,制定宪法一般包括如下程序:

(1) 制宪机构的设立。从各国经验看,保证制宪机构的民主性与权威性是制宪程序的重要内容。

---

[1] 肖蔚云:《论宪法》,北京大学出版社2004年版,第441页。

(2) 宪法草案的提出。草案的起草要遵循一定的指导思想或原则,以保证草案内容的合理性。宪法草案的起草和具体讨论过程中,不可避免地会遇到各种利益的协调问题,需要通过不同层次的利益协调,寻求共同的社会基础。

(3) 宪法草案通过。现代各国的宪法草案多由议会、代表机关议决通过。为了保证宪法的权威性和稳定性,大多数国家对宪法的通过程序作了严格的规定。有的国家通过宪法时还需要全民公决、国民投票等形式。

(4) 公布。宪法草案经一定程序通过后,由国家元首或代表机关公布。[①]

关于制宪程序,我们还要特别强调的是,正是现实中不少国家的制宪程序的民主性和科学性的不足,才导致宪法在不少国家的曲折命运。宪法绝不能仅仅或主要表达国家机关的意志,必须是全体国民(公民)或全体人民的意志在不受压制的情形下的自由表达。制宪主体绝不能仅仅是制宪机关,必须是多个主体共同制定宪法。制宪程序不仅仅是只具有时间概念的步骤和阶段,还必须具有确保宪法的制定主体归根到底是全体国民(公民)或全体人民的保障功能。

回首我国1954年宪法的制定过程,结合现阶段宪法的最新修改,我国宪法规定的国家制度的最突出特点就是中国共产党的领导、人民当家做主和依法治国的有机统一。中国共产党、国家、政府、人民、法律是不可以分离的,是有机统一的,不能割裂开来。西方国家宪法原理与此截然不同。它们认为,执政党、政府、国家、人民、法律是可以分离的。对此我们必须有清醒的认识并予以警惕。

我国目前正在建设中国特色社会主义法治国家,它的基础就是我国现行宪法。我国宪法的制定是中国共产党、国家、政府、人民的根本意志的共同表达过程,我国宪法是中国共产党、国家、政府、人民根本意志的共同体现。

---

① 徐秀义、韩大元主编:《现代宪法学基本原理》,中国人民公安大学出版社2001年版,第40—42页。

## 二、宪法的修改

宪法的修改一般是指宪法正式生效以后,在实施的过程中,由特定的机关依据特定的程序,废止、改变、补充宪法的部分内容的活动的总和。

在我国的实践中,曾经将宪法的修改分为部分修改和全面修改。例如,1979年全国人民代表大会曾以修改决议的方式废止了1978年宪法中公民享有"大鸣、大放、大字报、大辩论"的权利的条款;1982年又对1978年宪法予以全面修改。现在我国宪法学界将宪法的全面修改等同于宪法的制定,将宪法的部分修改称为宪法的修改。我国现行的1982年宪法自1988年以来以宪法修正案的方式已经作了五次修改。

区分宪法的制定和宪法的修改对宪法是非常重要的。只有承认此种区分,才能确认宪法的最高法律效力——宪法的修改者也被宪法所约束,其地位实际上无法超越宪法。否则,宪法的最高法律效力是值得怀疑的,宪法的修改者的地位将高于宪法。如何确保宪法的修改者无法超越宪法?这是探讨宪法的修改这一宪法问题的重要内容之一。

有的学者认为,通过宪法解释、宪法惯例等方式,在不改变宪法文字的情况下,使宪法的含义发生实际上的变化,这是宪法的"无形修改",是广义的宪法修改,但这种观点不被学界公认。[1]

宪法的修改是否合理?存在两种不同观点。

以社会契约论为依据的学者如华特尔(Wattle)认为,宪法是一种契约,而这种契约的成立是基于全体人民的同意;契约如要变更,必须取得全体人民的同意,对不同意的少数人应允许脱离国家。[2]此种观点似乎认为宪法不可修改,因为允许不同意的少数人脱离国家是不现实的,而全体人民一致同意修改宪法也是不现实的。

---

[1] 徐秀义、韩大元:《现代宪法学基本原理》,中国人民公安大学出版社2001年版,第279页。

[2] 肖蔚云:《论宪法》,北京大学出版社2004年版,第816页。

另一种观点放弃了社会契约论的依据,只承认宪法是根本法,但认为制宪行为不是"立约"行为,是一种制定规则的行为;制定规则的人是可以修改规则的,宪法可以由制宪者决定其修改程序。[①]

宪法修改的原因有客观方面的原因,也有主观方面的原因。

客观方面的原因主要是指社会的变迁,这种变迁包括经济制度和政治制度的改变、文化意识形态的变革等。当社会现实发生了巨变之后,调整社会关系的法律,尤其是宪法,就会与社会现实发生巨大冲突。如果不加以修改,要么使宪法规范失去实际的效力,要么宪法规范压制社会的变迁,引发社会动荡或使社会变得僵化。这绝不是宪法的本意,也不是制宪者的本意,因此需要对宪法予以修改。

主观方面的原因也就是统治者和制宪者的原因。统治者不尊重宪法,过分强调现实政治的需要,奉行宪法工具主义,这会导致宪法的修改。制宪者在制宪过程中,由于认识的局限性,产生了一些失误,使宪法无法持久地满足现实需要,这也会导致宪法的修改。[②]

成文法的局限性,我们不认为是宪法修改的主观原因,成文法的局限性可以通过宪法解释来逐渐克服。宪法解释也可能会有不当之处,为了纠正不当的宪法解释,有时需要修改宪法,这使宪法的修改成为制约宪法解释的有力手段。这是宪法修改的主观原因,还是宪法修改的客观原因?我们认为,这是为了确保宪法的正确实施,才对宪法予以修改,应归于宪法本身的原因。

宪法的修改使宪法的内容和文本发生变化,似乎与宪法的稳定性的价值是相悖的。但实际上,宪法的修改与宪法的稳定性的价值是相一致的,均是为了确保宪法的权威性。宪法修改的适当运用才能实现其应有的价值,滥用宪法的修改权则将背离其应有的价值,使宪法的权威受损。

为了确保宪法修改权的适当行使,不少国家均对宪法修改权作

---

[①] 徐秀义、韩大元:《现代宪法学基本原理》,中国人民公安大学出版社 2001 年版,第 281 页。

[②] 参见同上书,第 280—284 页。

出了限制。限制宪法修改权的方式主要有以下几种[①]:

第一,修改内容上的限制。修改内容上的限制又分为以下几种情况:一是将宪法的基本原则作为不可修改的内容。理由是宪法的基本原则是一种根本性规范,是不容动摇的,如果动摇其基本原则,就将动摇立国之本。如《德国基本法》第79条第3款规定,基本法的基本原则不得修改,联邦制的国家原则不得修改。二是规定共和政体不得进行修改。如意大利现行《宪法》第139条规定:共和政体不得成为宪法修改之对象。三是规定公民的基本权利条款不得修改。如《德国基本法》规定,第1至第19条列举的公民的基本权利不得被修改。四是规定宪法的修改不得有损国家主权和领土完整。如《法国宪法》第89条第4款规定:宪法修改若有损于领土完整,任何修改程序均不能开始进行或继续进行。

第二,修改时间上的限制。时间方面的限制又可分为两种情况:一是规定非经一定时间,不得修改宪法。如希腊1975年《宪法》第110条第6项规定,宪法经修改未满5年者,不得再予修改。二是规定必须定期修改宪法。如葡萄牙《宪法》第82条规定,宪法每隔10年修改一次。

第三,特殊情况下修改宪法的限制。如巴西1946年《宪法》第217条第1项规定:宪法于戒严期间不得修改。

第四,修改程序上的限制。各国宪法一般均规定修改宪法必须有特殊的程序,其严格程度一般均高于普通的立法程序。

对宪法修改权的限制中最有效的限制应该是修改程序上的限制。宪法修改的程序一般如下:

第一,宪法修改提案的提出。这是宪法修改程序的开始。宪法修改提案的提出权只能由特定的机关或个人享有。其严格程度通常高于普通法案的提出。如法国宪法规定,宪法修改的提案由总统根据总理的建议向议会提出,并由议会表决通过才能正式提出;或由议会议员向议会提出,并由议会表决通过后才能正式提出。美国宪法

---

① 参见徐秀义、韩大元:《现代宪法学基本原理》,中国人民公安大学出版社2001年版,第291—293页。

规定,国会参、众两院各三分之二的议员(美国联邦最高法院解释此处的议员不是指参、众两院的全体议员,而是指出席参、众两院会议的全体议员)一致同意;或经三分之二的州议会请求,由国会召集会议并以多数同意,提出宪法修正案。我国现行宪法规定,宪法的修改,由全国人民代表大会常务委员会或者五分之一以上的全国人民代表大会代表提出议案。

第二,宪法修改提案的审议和表决。这是宪法修改程序中的关键部分,其程序的严格程度也主要由此决定。宪法的修改提案在大多数国家主要由立法机关以比普通立法程序更为严格的程序予以审议和表决。这是由宪法具有最高法律效力所决定的。立法机关通常也被认为是代议机关和民意机关。我国的宪法修改提案的审议和表决采取此类方式。

我国1954年宪法规定:宪法的修改,由全国人民代表大会以全体代表的三分之二以上多数通过。1975年宪法和1978年宪法对宪法的修改没有作出规定。现行《宪法》第64条规定:宪法的修改,由全国人民代表大会以全体代表的三分之二以上多数通过。此处的全体代表是指所有的代表,而不是指出席会议的全体代表。

在少数国家,其宪法修改提案的审议表决程序与大多数国家相比更为严格。例如,《瑞士宪法》规定,宪法修正案须经瑞士公民投票表决的多数同意和瑞士各州中的多数州的同意,才可发生效力,成为宪法的一部分;《美国宪法》第5条规定,宪法修正案必须得到四分之三州议会或四分之三州制宪会议批准才可成为宪法的一部分而发生效力。

第三,宪法修改法案的公布和生效。这是宪法修改程序的最后部分,其技术性意义较强,对宪法修改权的限制意义较小。目前大多数国家是由国家元首公布,但美国宪法修正案由行政部门——国务院公布,总统无权公布。目前我国的宪法修正案是由全国人民代表大会主席团以公告方式公布,并刊登在《中华人民共和国全国人大常委会公报》上。

宪法修改法案正式公布后,一般是立即生效,但也有例外,在公布后的某一时间正式生效。

如何确保宪法的修改者受到宪法的约束,而不是让宪法的修改者超越宪法,甚至违反宪法呢？将宪法修改权就主体、程序进行精心分解是最可行的办法。我们认为：宪法的修改提案的提出主体和宪法修改提案的批准主体如果分别都只有一个,那么宪法的修改者很难受到宪法的约束。只有宪法的修改提案的提出主体和批准主体都有两个以上时,他们如果具有相互独立的地位,那么他们之间必定是相互制约的。在此情况下,宪法修改者中所有的单一主体都将无法超越宪法,更不可能违反宪法。作为一个整体的宪法修改者理论上虽仍有可能超越宪法,但实际上很难超越宪法。

宪法的修改还涉及一个修改方式的技术性问题。宪法修正案的修改方式是由美国1787年宪法所首创,并在1791年首次实践的。此种方式后来随着美国在世界上的影响的扩大而逐渐传到别的国家,并成为一种趋势。此种修改方式是：将正式生效的宪法修正案按批准生效的时间顺序逐条附列在宪法正文的后面,成为宪法的另一组成部分；其修正的宪法正文的内容不加以删改,保留其原文,只是加注予以说明其已被修正。

我国自1954年宪法颁布以后,在1975年、1978年、1982年先后对宪法进行过三次全面修改。全面修改相当于重新制定一部宪法,但由于我国1954年宪法没有规定全国人民代表大会享有制定宪法的权力,只规定全国人民代表大会享有修改宪法的权力,所以只能进行全面修改。

1979年全国人民代表大会对1978年宪法进行修改时曾经首次采用了局部修改的方式。全国人民代表大会以决议方式将宪法的某些条文的内容予以修改,并将已修改的内容删除掉,补写进宪法修改法案的内容。随着中国共产党的改革开放的基本路线的确立,1978年宪法整体上已经无法适应国家的发展,不得不对它予以全面修改,1982年宪法诞生。

1982年《宪法》第64条规定：宪法的修改由全国人民代表大会常务委员会或者五分之一以上的全国人民代表大会代表提议,并由全国人民代表大会全体代表的三分之二以上的多数通过。

1988年第一次对现行宪法进行修改时,采取了宪法修正案的方式。1993年、1999年、2004年和2018年全国人民代表大会继续沿用宪法修正案的方式对现行宪法予以修改。不过我国宪法修正案的修改方式不同于美国，我国是将宪法修正案的内容直接写进宪法正文，不保留原来内容，也不将宪法修正案作为宪法的单独组成部分。法国1958年宪法也在实践中采用了宪法修正案的修改方式，我国目前的修改方式与法国类似。

由于采取宪法修正案的方式修改宪法，不再全面修改，1982年宪法沿用至今。总体而言，实践证明：采用宪法修正案的方式修改宪法，有利于现行宪法的稳定性和连续性。

## 第二节 宪法解释

### 一、宪法解释概说

（一）宪法解释的含义

宪法解释是指宪法的实施过程中，由特定主体对宪法精神、宪法规范等所作的理解和说明。宪法解释的概念一般分为广义与狭义两种。广义的宪法解释是指除有权解释的特定主体之外，还包括政府、社会团体、学者等对宪法的理解和解释。狭义的宪法解释专指有权解释机关所作的解释，而我们在通常意义上所使用的宪法解释的概念一般是指狭义的宪法解释。

（二）宪法解释的功能

宪法解释伴随宪法的文本而来，自从有了宪法就有了宪法解释的历史。在今天，宪法解释已成为宪法从文本到实施之间所不可或缺的一个重要环节，是解决宪法规范与社会现实之间冲突的最基本、最经常的手段。具体来说，宪法解释具有以下的功能：

首先，明确宪法的含义。前文已述，原则性与概括性是宪法的基本特点，这一特点使得宪法能够适应长时期的稳定的发展需要。但是宪法的原则性与概括性在解决实际问题时会遭遇到具体的困难，例如，宪法的原则与抽象同问题的具体性之间存在着很大的差距，如何适用原则和抽象的宪法来解决具体问题？再比如，正因为宪法是原则与抽象的,在实施过程中就会产生对宪法的歧义的理解,如何来确定宪法的唯一含义?宪法解释的运用可以明确宪法的含义,将这些原则性和概括性的内容具体化、确定化,然后将这种确定的解释和说明应用到宪法的适用及宪法实施的其他环节中,消除争议,统一认识,从而保障宪法的实施。

其次,补充宪法的缺漏。由于制宪者认识上的局限,以及宪法规范本身的有限性,宪法总会存在着缺陷与疏漏,而宪法的缺陷与疏漏也往往在宪法实施的过程中才会显现出来。如何补充宪法的缺漏,无外乎两种方法,一是宪法的修改,二是对宪法进行解释。如前文所述,宪法修改是一种直接的方法,但是使用这种方法成本高,频繁地使用则会损及宪法的权威。相比之下,宪法解释则是一种更有效的方法。宪法解释除了可以明晰宪法模糊条款的含义之外,更可以通过一种"创造"的方法,阐释出新的内容和意义,而这些未必完全包含在制宪者的意图和考量中。事实上我们看到,在许多国家的宪法解释和合宪性审查的实践中,宪法解释确实发挥出这样的功能,正是这种带有创造性的功能,弥补了宪法的固有的缺憾,成就了宪法的不断发展。

再次,使宪法适应社会现实的变迁。宪法规范具有相对的稳定性,而社会现实具有恒动性,这使得宪法在颁布实施之后,不可避免地要同社会现实发生冲突。漠视宪法规范与社会现实之间的冲突,无视社会现实新的合理性要求,只会使宪法逐步僵化而渐成具文,因此必须随着社会的变迁对宪法作出相应的调整,以保证宪法对社会生活的调控功能的实现。通过宪法解释,可以使宪法适应社会变迁,能够使宪法的现实性价值得到落实。同时,同宪法修改的手段相比,宪法解释在使宪法适应社会变迁的同时,并不直接变动宪法的文字,这就保证了宪法的稳定性,有助于维护宪法的权威,不损害宪法的规范性特征。因此,宪法解释很好地协调了宪法的规范性与现实性价值,保证了二者的平衡与统一。

最后,维护法制的统一性。宪法作为根本法和母法,是一国法律体系保证法制统一性的基础。而这种统一性是通过宪法的实施保障制度主要是合宪性审查制度来确保法律、法规等规范性法律文件的合宪性实现的。在合宪性审查的过程中,宪法解释是必不可少的手段,因为我们需要通过宪法解释来说明某项法律是否合乎宪法。当某项法律被认为可能违反宪法时,由宪法解释者在确定宪法含义的基础上作出判断,认为合宪的予以保留,而认为违宪的则令其失效,这就使得整个法律体系可以在宪法之下得以整合,保证了法律规范与宪法规范的一致性,这样就达到了整个法律体系协调统一的目的。

**二、宪法解释机构**

宪法解释活动在宪法实践中居于十分重要的地位,宪法解释的结论往往决定了合宪性审查的结论。因此,对于如此重要的权力,各国宪法通常要交给专门机构或者特定机构来行使。从世界各国的情况来看,进行宪法解释的特定机关一般包括如下三类:

(一)由普通司法机关进行宪法解释

由司法机关进行宪法解释肇端于1803年的"马伯里诉麦迪逊"一案。在这一案件中,时任首席大法官的马歇尔在判决中认定最高法院有解释宪法的权力。虽然美国宪法中并没有明确规定最高法院有宪法解释权,但美国人民却接受了马歇尔的结论,其原因在于司法机关负责进行宪法解释是当时制宪者的普遍理解:美国的政治革命家在说明和解释1787年宪法的过程中,曾就司法权对立法、行政二权制约的必要性和具体方式等问题进行了理论论证。他们认为,在不违反现有立法、行政、司法三权分立的基本分权结构的前提下,应将对宪法和个人权利的监护权交给现在的司法机关,因为三权之中,司法权力是最弱小的一个,要保持三权平衡,需要加强司法权力的实力。加强司法权力实力的方法主要有二:第一,保证法院和法官的独立;第二,赋予司法机关宪法解释权。同政治家们的理论性设计相比,美国今天的合宪性审查制度保留了用司法权力对抗立法权与行政权、使二权受制约于司法权力的初衷。合宪性审查制度赋予了司法机关最终意义上的宪法解释权,无论是立法机关所制定的法律,还是行政机关的行政行为,不得不面对来自司法机关的终审性裁决。正如托克维尔在《论美国的民主》一书中所言,"在美国,几乎所有政治问题迟早都要变成司法问题",因此,立法权与行政权的行使不可能肆意为之、没有边界。

除美国是典型的由普通司法机关来进行宪法解释的国家之外，其他由司法机关进行宪法实施保障的国家也采用这一宪法解释的模式，因为宪法解释权的运用同宪法实施保障过程是紧密相连的。所以，日本、印度以及一些中南美洲的国家也实行由普通司法机关进行宪法解释的体制。

(二)由立法机关进行宪法解释

采用立法机关进行宪法解释的国家可以分为两类情况：一类是在资本主义制度建立初期的一些资本主义国家；另一类是一些居于社会主义阵营的国家。在资本主义制度建立之初，人民主权观念的影响下，往往赋予议会这一代议机构非常崇高的地位，存在着"议会中心"或者"议会至上"的观念，议会权力往往不受制约，因而由议会来解释宪法被认为是理所当然的事情。同时，在当时传统的观念下，认为法官的职责仅在于适用法律，而不是创造法律，而解释同时具有创造的功能在其中，因而不允许法官解释法律。在这种情况下，制定宪法时往往就需要将宪法解释权赋予立法机关。同时，在社会主义国家中，其人民代表大会的地位比实行议会至上原则的资本主义国家的议会的地位更高，这一方面是因为人民代表大会是国家的最高权力机关，而不仅仅是立法机关，人民代表大会产生了行政、司法等其他的国家机关，而另一方面是因为社会主义国家的人民代表大会享有对其他国家机关的绝对监督权，而本身不受其他机关的监督，因而社会主义国家的人民代表大会更有资格去进行宪法的解释，其享有宪法解释权也是合乎社会主义政治理念和逻辑观的。

我国现行宪法所确立的就是立法机关解释制度。《宪法》第67条规定，全国人大常委会行使解释宪法、监督宪法的实施的职权，因此我国宪法规定的是由全国人大常委会来负责行使宪法解释权。除却刚才所分析的立法机关宪法解释制度的深层原因之外，我国采行现在的宪法解释制度自然也有其具体理由：首先，全国人大常委会是宪法实施保障机关，大量的宪法解释问题是在宪法实践的过程中出现的，监督权与解释权的统一有利于保证宪法解释的权威性。其次，宪法解释是一项经常性的工作，作为常设机关的全国人大常委会是经常开展活动的专门性机关,其组成人员富有政治经验、社会经验以及专业知识,他们可以承担根据社会发展需要,合宪合理地进行宪法解释的职能。

(三)由专门机关进行宪法解释

所谓宪法解释的专门机关是指不同于立法、行政、司法机关之外的专门机构,主要是指宪法法院,但少数国家各有其名,例如法国称为"宪法委员会"。由专门机构进行宪法解释主要是基于以下的考虑:首先,从宪法的崇高地位来考察,认为宪法解释权是一国最重要的权力,所以,行使宪法解释权的机关应当超越于普通国家机关之上,从而获得超然的地位,这样有利于公正解决一些重大问题,譬如国家机关之间的权限争议等,有利于维护宪法的权威。其次,欧洲大陆一些国家在嫁接美国式的司法机关解释制度失败之后,经过一番调整、梳理的过程选择了适合本国国情的宪法解释制度,他们无意破坏立法、行政、司法之间已有的平衡状态,故而设立了另外的单独的专门机构来进行宪法解释。在普通法院之外再设专门机构来进行宪法解释的模式已经为越来越多的国家所采用,专门机构进行宪法解释的制度已成为许多国家宪法解释制度发展的趋势,除德国在 20 世纪 50 年代选择专门机关进行宪法解释之外,新近的立宪国如俄罗斯也选择了这一模式。另外在亚洲,韩国在 20 世纪 50 年代也选择了这一模式,是亚洲实行专门机构解释制度的典型代表。

### 三、宪法解释的原则

宪法的解释应该遵循什么样的原则?这是宪法解释过程中应该解决的重要问题。宪法解释关系到维护宪法尊严、保证法制统一的重大问题,因此行使宪法解释权应该遵循一定的基本原则。对此,有学者坚持主观主义的宪法解释原则,注重宪法解释的历史性;有学者主张宪法解释的客观主义原则,注重宪法解释的当代客观环境。现代宪法学中,关于宪法解释的一般观点是主张客观主义与主观主义相结合的宪法解释原则。如何来协调客观主义与主观主义的关系,体现宪法解释的合理性,实践之中有如下一些具体的宪法解释的原则:

（一）合目的性原则

任何一部宪法都是特定阶段国家生活与社会生活状态的综合反映，每一部宪法都有自身的制宪目的和价值，制宪目的是该部宪法的重要特征。因此，在宪法解释的过程中应该尊重制宪目的，回归宪法的历史性，按照制定宪法时的基本精神和价值来进行宪法的解释。除非客观的宪法解释出现不合理的解释后果，否则应该尊重制宪的基本精神与制宪目的，作合乎目的性的宪法解释。这是宪法解释的基本原则。

（二）依法解释原则

这是宪法解释的一个技术性原则。一些国家的宪法中规定了宪法解释的主体、严格程序、界限、程序、效力、结论等，因此宪法的解释过程必须严格遵循有关规定，按照规定进行宪法解释活动，使得宪法解释的结果是一个依法解释的结果。一个具有合法性的宪法解释才能获得宪法解释的真实效力。

（三）统一性原则

宪法解释的统一性原则有两层含义：第一，宪法的解释应统一于社会现实和社会需求。第二，宪法的解释应保证宪法规范之间的统一性。宪法作为根本法和母法，它承担着创造和建立统一的法制秩序的功能，这一功能的实现也往往通过宪法解释的过程来实现。对于一个纷繁复杂的现实社会而言，不同的利益集团与利益需求、不同的权利诉求和意见表达是实际存在的，宪法解释应该在体现人民主权原则和维护基本人权原则的大框架下，将这些不同的声音和利益统一在宪法所能容纳的立宪的精神和理念之下，以宪法的精神和原则来包容复杂的社会现实。而事实上我们看到，诸如美国等一些宪法实践发达的国家中，宪法解释的结果确实起到了引导社会利益、建立相对统一的社会观念的效果。除此之外，宪法解释的结论还需要注意整个宪法规范体系的逻辑自洽。在一个宪法的大的框架下，往往存在着相互冲突的具体价值，如民主与自由、民主与宪治、言论自由与个人隐私的权利、宗教自由与人身的安全等，宪法的解释应该避免造成不同规范或者不同价值之间的直接冲突，或者在互相冲突的各种价值之间寻求并行不悖的契合点来解决冲突和矛盾。

### （四）利益衡量原则

如上所述,尽管宪法的解释应该遵循统一性的原则,使得宪法解释的结论相互统一,但不可否认的是,在宪法解释的实际过程中会面临直接冲突的宪法价值,这时候往往需要就其中所分别存在的利益进行衡量,以决定选择何种解释作为最终的解释。同时有学者提出,宪法制定并不意味着宪法的完成,在其颁布实施之后,有一个"继续形成"的过程。具体到宪法规范来说,如果某一条文意义非常明确,说明制宪者在这一问题上已完成了利益的衡量,解释者就应该选择这一解释可能性而非其他。但如果某一条文意义并不明确,有多种解释可能,说明制宪者就这一问题并没有完成利益衡量,而需要解释者继续来完成利益衡量,从而使得宪法规范在事实上得以生成。因此,无论是面对相互冲突的宪法价值,还是实践中大量的需要去继续确定的不确定性概念,利益衡量原则都是宪法解释过程中需要经常运用的。进行利益衡量的宪法解释者需要在对宪法文本进行客观的解释的同时,洞察社会中政治、经济、文化等各领域利益的分布以及社会发展的趋势和需求,从中作出睿智的取舍和判断。宪法是一个开放的价值体系,需要时刻对社会中出现的新的利益进行观察、判断,进行实际的保护或者限制,并娴熟地利用利益衡量的原则,从而使宪法成为一个发展的、有生命力的规范体系。

### （五）稳定性原则

宪法解释需要保证稳定秩序。宪法解释应首先选择宪法文字的字面含义,只有当这种字面含义显然荒谬或者导致某种不可接受的后果时,才可以选择其他的解释可能性。同时,不要轻易地通过宪法解释实质性地修改宪法,这样做会使宪法的规范体系难以稳定,法的安全性价值也就受到了损害,破坏稳定的宪治秩序。同时,宪法解释应避免造成社会动荡,解释者应该保持一种稳健的姿态,尽量保证宪法的稳定。

## 四、宪法解释的方法

宪法解释的方法涉及宪法解释的具体技术。鉴于宪法解释同法律解释相比较的复杂性,因此宪法解释的方法有层次之分,可以从几个层次来探讨宪法解释的方法。

1. 文义解释

文义解释是指按照宪法文字的明确含义和惯常用法来确定宪法的意义。当宪法规定的文字意义非常明确,并无多种理解的时候,就只能进行文义解释,而不需要运用其他方法。在进行宪法解释时,解释者首先应该做的是去考察宪法文字是否有明确而唯一的含义,只有当解释具有复数的可能性时,才可运用其他解释方法。文义解释是保障宪法解释客观性的基础,这种方法在宪法解释中具有重要的价值。另外,我们通常认为,宪法当中的"文义"所指应与普通法律的"文义"相区别,这是因为普通法律的立者是立法机关,而宪法的制定者是全体人民,所以宪法的文义应该是普通人可以理解和表达的含义,而不是专业含义。因此在作文义宪法解释时,应按照一般的、惯常的、普通的意义来理解所谓"文义"。

2. 论理解释

论理解释是指当宪法的规定并不明确、无法直接援引作为判断问题的依据时,从宪法的原则和宪法学的理论来推定该项规定所具有的意义。所以,论理解释又被称为学理解释。宪法的抽象性与原则性特点决定了论理解释是一种相对自由宽泛的解释。但这种自由宽泛也并非毫无限制,论理解释的结果不可以超出宪法文字所可能具有的含义。具体的论理解释的方法又有如下几种:

(1) 体系解释

体系解释是指从宪法条文在宪法典中的地位与位置以及与具体条文的相互关系出发来推定该条文的意义,以保证宪法规范内在逻辑的统一性。由于宪法所调整的社会关系、所容纳的社会利益极为广泛多元,有时在宪法内部可能出现相互冲突的价值,在这种情况下需要通过体系解释的方法来实现宪法的逻辑自洽和内部规范的统一。

(2) 扩张解释与限缩解释

所谓扩张解释是指对宪法含义作扩大解释,伸张其含义。限缩解释就是当宪法规定过于宽泛时,解释者限制或者缩小其意义。因为制宪者在制定的过程中留下了许多不确定的概念,在应对未来难以预计的新情况时,解释者运用扩张解释或者限缩解释就在所难免。从其他国家的宪法解释的实践来看,是否选择扩张解释或者限缩解释的解释方法,也体现出解释者的某些价值取向。一般来说,保护基本权利的条款要作扩张解释,对于例外规定要作限缩解释。

（3）历史解释

历史解释是指通过确定制宪者在制宪当时的意图来确定宪法规范的意义。这种宪法解释方法曾经在早期的宪法解释活动中居于主导地位。当时的人们认为,宪法是主权者的命令,探求制宪者原本的意图是宪法解释的唯一方法。在这种观念的指导下,人们找寻制宪会议的记录、代表的发言、制宪当时人们的普遍理解等历史资料,来确定制宪者的意图,以此作为宪法解释的唯一依据。然而这种观念遭到了后来者的激烈批评。批评者认为,宪法不仅要适用于制宪当时,而且要面向未来,拘泥于对制宪者意图的探讨,宪法将会丧失其现实性和发展性。

（4）比较解释

比较解释是指参考外国宪法以及宪法解释,来确定本国宪法的意义。比较解释有助于一国学习他国在宪法实践中的先进理论和经验。比较解释的方法在那些通过移植或继受而产生其宪法制度的国家有着广泛的应用。但是在比较解释过程中要防止简单照搬,因为宪法具有高度的政治性、民族性,不同的宪法制定所根植的思想基础、社会背景、时代背景各不相同,所以应该在谨慎考察本国宪法与外国宪法差异的基础上进行比较解释。

（5）目的解释

目的解释是指以宪法规范的目的,即宪法的整体目的,来阐释宪法文字的意义。宪法解释以贯彻宪法的目的为主要任务,对于个别规范的解释要受宪法目的的支配,以保证宪法的体系性和完整性。宪法目的主要体现于宪法的基本原则,其中最重要的是人民主权原则和基本人权原则,在不同的国家可能还有其他的原则,如美国的三权分立、联邦制,日本的和平主义等。宪法解释者应将这些原则体现的宪法目的贯彻到宪法解释活动中去。

3. 社会学解释

社会学解释是指在宪法解释出现多种可能时,通过考察各种解释可能导致的社会效果来确定最终的解释。社会学解释与论理解释都属于有多种解释可能性时采用的解释方法,并且都只能在宪法文字所可能具有的意义范围内进行,但与论理解释关注于宪法规范的体系完整与逻辑顺畅不同,社会学解释则侧重于社会效果的预测与考察。当文字解释有多种解释可能性时,由于每种解释可能性都在文义的范围内,都是合法的解释,此时应当采用社会学解释的方法,在充分考虑可能产生的社会效果后再作解释。社会学解释方法的意义在于,宪法解释不再拘泥于文字,而是更多地着眼于社会现实,关注法的社会目的,强调对社会利益的衡量,有助于增强宪法的社会整合功能,实现宪法的社会性价值,同时这种解释方法侧重于对经验事实的探求,以社会实证作为依据,具有很强的科学性。由于宪法是一个社会整合的基础,宪法本身又具有较强的刚性,因此如果不能做到法随时变,就会对宪法和社会现实造成损害。将社会效果纳入宪法解释的衡量范围之内,将使宪法能够跟随和引导社会变迁。从这个意义上来说,社会学解释的方法应该得到更为广泛的应用。

## 第三节 宪法惯例

遵循宪法惯例是宪法实施的重要表现形式。[①] 在英国,宪法惯例被称为英国的活宪法,在英国宪法中占有重要地位。美国、法国等成文宪法的国家有没有宪法惯例呢?其地位如何呢?

宪法惯例起源于英国,因为英国是不成文宪法国家,又是宪法的起源国。当我们去了解、研究英国宪法时,发现不少奇怪的现象。在法律上没有任何地位的首相,却是英国最主要的权力的拥有者,实际上的国家领袖。英国议会制定的法律从未对首相授权,首相的法律地位是英国的宪法惯例所确定的。英国国王在英国议会制定的法律上是主要权力的拥有者,但今天的英国国王是统而不治,其主要权力

---

① 参见龚祥瑞:《比较宪法与行政法》,法律出版社1985年版,第96页。

由首相行使。英国国王的实际法律地位是英国宪法惯例所确定的。国王、首相、下议院、上议院的相互关系主要也是由宪法惯例所确定的。如果首相得不到下议院的多数议员支持时,首相要么向国王辞职,要么提请国王解散下议院,重新举行大选。如果首相在大选中获胜,重新得到下议院多数议员的支持,则继续留任首相,如果失败,则必须马上向国王辞职,国王必须邀请下议院多数派的领袖出任首相。如果大选后,下议院未出现多数派,国王可自由邀请某一派别的领袖出任首相,但首相必须得到下议院多数议员的支持,否则不能出任首相。

上述规则,均是英国的宪法惯例,从未在议会制定的法律中予以明确规定。一个国家的主要权力的分配,重要的国家机关之间的相互关系,在成文宪法国家中均由成文宪法明确规定,而在英国不但不由成文宪法规定,也不由议会制定的法律明确规定,而是由政治实践中形成的惯例予以调整。此种惯例是英国宪法的重要内容之一,因此被称为宪法惯例。

宪法惯例的概念有不同的定义。[①] 我们认为,宪法惯例是在长期的政治实践中形成的,不被成文宪法或不成文宪法国家的法律明确规定的,其内容是有关国家重要政治制度的,得到公众普遍承认并在现实政治生活中得到继续遵循的习惯或传统的总和。不少其他的定义中忽略了宪法惯例必须在现实政治生活中得到继续遵循这一要素。

宪法惯例不具有国家强制力,不能被国家机关强制实施,宪法解释机关也不能强制实施它。但宪法解释机关作为一个重要的国家机关,也可以创设宪法惯例。例如美国联邦最高法院创设了美国的司法审查制度,司法审查制度就是美国一个重要的宪法惯例。

宪法惯例的效力主要来自重要的国家机关和国家重要的政治人物对其效力的承认,相当程度上也来自社会舆论。因此,宪法惯例得到继续遵守,则它仍是宪法惯例。一旦被打破,不被某个重要国家机

---

① 参见徐秀义、韩大元主编:《现代宪法学基本原理》,中国人民公安大学出版社2001年版,第301—302页。

关或重要政治人物遵守时,它就不再是宪法惯例了。

在成文宪法国家,当宪法惯例被打破后,则可能启动宪法修改程序,将宪法惯例变成宪法规范。最典型的例子是,美国华盛顿总统创设了美国总统任职不超过两届的宪法先例,以后此先例得到其他总统的自觉遵循,如杰斐逊总统、杰克逊总统等,于是它成为美国的一项宪法惯例。格兰特总统、老罗斯福总统试图打破这一惯例,但均未获成功。第二次世界大战时期的小罗斯福总统打破了此惯例。在他死后,1951年美国宪法得到修改,明确规定任何人任美国总统之职都不得超过两届。

在英国,宪法惯例也可以被打破,但它不可能变成宪法规范,只有可能变成议会制定的法律规范。宪法惯例在英国能长期得以维持,英国的重要国家机关和重要政治人物能自觉遵守是其关键。他们为什么要自觉遵守呢?他们有时也会打破宪法惯例,他们为什么不打破所有宪法惯例呢?他们是如何创设宪法惯例呢?这被认为是英国宪法的秘密。我们认为,各种政治力量的对比及其法律制度是维持宪法惯例的决定性力量。社会舆论只是其中的原因之一,绝不是最重要的力量。政治人物的品质及其对宪法惯例微妙之处的理解也是不可忽视的原因之一。例如,英国国王的地位是非常微妙的,国王与下议院的多数党、少数党的关系,以及国王与上议院的关系同样是非常微妙的。

宪法惯例的内容必须是有关国家的重要政治制度,其外延没有明确的界定。我们认为,其外延主要是重要的国家机关的产生、组成、权力界限、相互关系,宪法的制定、修改和解释等。政党制度是否属于宪法惯例的范围,应当是有分歧的。有人认为政党是个人结社自由的结果,属于公民基本权利范围,不应由宪法规定,不属于宪法规定的事项。有人则认为第二次世界大战之后,有些国家的宪法,如1949年德国宪法开始规定政党,约束政党,所以政党制度属于宪法应当规定的事项,可以成为宪法惯例。目前我国的宪法学界主要倾向于第二种观点。

宪法惯例的产生是必然的,因为宪法和不成文宪法国家的法律对其重要政治制度的规定不可能是没有遗漏的,而且宪法的规定有一定的原则性和弹性,给重要的国家机关和重要的政治人物留下了发挥其创造性的空间。国家的重大政治活动是十分复杂的,需要有创造力的重要的国家机关和重要政治人物创造性地去处理它们,尤其是在危急时刻和社会转型时期。

宪法惯例产生和形成的途径主要有:(1)通过政治家的言行,如美国总统华盛顿、英国首相小皮特的政治活动。(2)通过政治斗争,如"影子内阁"的惯例。(3)长期的政治实践,如英国首相主持政务的惯例。(4)通过著名的法学家的总结。① 不过,严格来说,以上四个途径,实际上最终都来自第一个途径——政治家的言行。

宪法惯例的优点在于其弹性,不像宪法规范那样刚性。它可以被创设,也可以被打破,而且这种创设和打破不像宪法规范修改那样,程序十分复杂,引起社会的高度关注。宪法惯例的创设和打破是一种高超的政治技巧,不太容易把握。在英国,权威法学家经常注意总结宪法惯例,并加以解释,让法学界、公众了解宪法惯例的创设和打破。

宪法惯例在成文宪法国家中也存在,但和成文宪法相比,它们处于次要地位,主要对成文宪法起到补充作用。一旦某些宪法惯例被打破,还可以启动宪法修改程序将之上升为宪法规范。为什么这样呢?这是由成文宪法的刚性、明确的优点所决定的。国家的重要政治制度主要记载在成文宪法中,明确地约束所有人,包括重要国家机关和重要的政治人物。成文宪法也比较容易让国民了解国家的重要的政治制度,有利于民主制度的实施。

我国是中国特色的社会主义国家。中国共产党的领导地位不仅在宪法序言中得到明确的确认,而且在《宪法》第 1 条中予以明确规定。中国共产党如何领导中国人民,其具体方式是一个不断探索的问题,一些具体领导方式是否可以成为宪法惯例有待探讨。中国共产党领导的多党合作和政治协商制度在宪法序言中得到明确的确认。中国人民政治协商会议是该制度的主要组织形式,它具有参政

---

① 徐秀义、韩大元主编:《现代宪法学基本原理》,中国人民公安大学出版社 2001 年版,第 309—312 页。

议政的功能。它如何发挥作用,它的宪法地位和宪法性质是什么,是一个在实践中需要继续探索的问题,是否可成为宪法惯例仍然有待深入研究。

我国宪法学界认为我国也存在宪法惯例,例如宪法的修改方式。1982年宪法并未明确规定宪法的具体修改方式,但自1988年第一次用修正案的方式修改宪法后,1993年、1999年、2004年和2018年均沿用修正案的方式对宪法予以修改。宪法修正案的修改方式已成为目前我国的一项重要宪法惯例,此种方式有利于现行宪法的稳定性和连续性。

## 第四节 合宪性审查制度

合宪性审查制度的实施,使得违宪行为必须承担宪法责任,受到侵害的基本权利得以救济,宪法的法律性特征因而获得体现。合宪性审查制度是保证宪法实施的最重要的宪法制度。从各国情形来看,合宪性审查制度已经成为统一国家法制秩序、整合宪法目标与法律目标的最重要制度基石。本节将首先从比较研究的视野,对合宪性审查制度的含义、特征、审查内容、审查类型作一般性说明,然后阐述我国合宪性审查制度的基本状况。

党的十九大报告提出,"加强宪法实施和监督,推进合宪性审查工作,维护宪法权威"。2018年6月22日公布的《全国人大常委会关于全国人大宪法和法律委员会职责问题的决定》中,宪法和法律委员会的职责被认定包括"推进'合宪性审查'",这表明这一概念正在由最高政治决策的表达形式走向国家的法律制度化表达。

### 一、合宪性审查制度概述

**(一)合宪性审查制度的含义及其特征**

合宪性审查制度,是指特定机关依据宪法规范对公权力机关的行为是否违反宪法进行审查并作出裁决的制度。这一制度的基本特征有:

(1)只有适格主体才能行使合宪性审查权。合宪性审查权意义重大,除特定机关之外的任何主体无资格行使该权力。所谓特定机关,一般是指由宪法或法律明确规定的机关。例外情形下某国家机关虽非宪法或法律授权其享有合宪性审查权,但其所行使的合宪性审查权经过宪法实践的认可,获得其他国家机关的尊重,也构成合宪性审查的适格主体,典型的如美国。

(2) 合宪性审查对象主要是公权力行为。宪法的法律属性与法律功能决定了,一般情形下,只有公权力机关才构成违宪主体,因而合宪性审查的对象主要是指公权力行为,即立法行为、行政行为与司法行为。其中,法律、法规等规范性法律文件是合宪性审查的最主要对象。除此之外,宪法规范也具有对行政权、司法权的拘束力,因而行政行为、司法行为也可以成为合宪性审查的对象。

(3) 合宪性审查以宪法规范为直接依据,以确认审查内容是否符合宪法为直接目的。

(4) 合宪性审查需要作出裁决结论。审查结果或者是作合宪性确认,或者作违宪性裁定,或者作有限的合宪确认。不论结论为何,裁决一经作出即发生法律效力。因裁决内容不同,具体生效方式有异,有的国家对法律违宪的裁定导致法律彻底失去效力,而有的国家仅会导致违宪法律在具体案件中不被适用而已。

(二) 与相关概念的区别

与合宪性审查制度相近但含义不同的概念,主要有司法审查、宪法控诉、宪法监督,宪法保障。理清这些制度与合宪性审查制度之间的关系有助于理解合宪性审查制度的范畴。

1. 合宪性审查与司法审查

司法审查的英文表述为"judicial review"。在我国学术研究中,"司法审查"概念分别在宪法与行政法两种法律部门意义上使用过。宪法意义上的"司法审查",是指由普通法院依据宪法规范对公权力行为是否违宪进行审查并作出裁决。宪法意义上的司法审查制度属于合宪性审查制度之一种类型,其显著特征是由普通法院行使合宪性审查权,这一制度模式肇端于美国 1803 年"马伯里诉麦迪逊"一案。行政法意义上的"司法审查",是指人民法院依法对具体行政行为合法性进行审查的国家司法活动。① "司法审查"的概念其实等同于"行政诉讼"。鉴于行政法中使用"司法审查"概念需要避免与其宪法意义上的混淆,因而新近的行政法教科书已经逐渐放弃这一概念,更多地使用"行政诉讼"概念。今天一般意义上的"司法审查"概念即是指宪法意义上的司法审查制度。

2. 合宪性审查与宪法诉愿

宪法诉愿的英文表述为"constitutional complaint",也有学者将其称为"宪法控诉",是指公民个人在穷尽了法律救济手段后仍认为公权力侵犯其合法权益时,向特定机关直接提出审查公权力行为是否违反宪法之请求的制度。德国、韩国、俄罗斯等国家规定有宪法诉愿制度。宪法诉愿是合宪性审查的形式之一。

3. 合宪性审查与宪法监督

"宪法监督"作为学术概念使用,语出自我国《宪法》第 62 条、第 67 条的规定。② 宪法监督与合宪性审查的关系,主要包括两种观点:(1)两种制度基本等同。宪法监督又称合宪性审查制度,通常是指由宪法规定的国家机关按照法定程序对法律、规范性文件的合宪性进行审查,并作出裁决的制度。③(2)宪法监督的范畴大于合宪性审查的范畴,合宪性审查是宪法监督的一种方式。④

"宪法监督"的概念既然来自宪法规定,就应该对这一概念进行宪法解释以确定其含义。我国《宪法》第 62 条、第 67 条分别规定了全国人大及其常委会的职权,除"监督宪法的实施"外,其余权力规定内容比较明确,具有可操作的制度形式,因而宪法文本规定的"监督宪法的实施"也应具有确切的制度内容,基本等同于"合宪性审查制度"。

4. 合宪性审查制度与宪法保障制度

宪法保障制度是前述提到概念中内容最丰富、外延最广大的,通

---

① 参见罗豪才主编:《中国司法审查制度》,北京大学出版社 1993 年版,第 3 页。
② 我国《宪法》第 62 条、第 67 条分别规定,全国人大、全国人大常委会享有监督宪法实施的职权。
③ 刘向文、宋雅芳:《俄罗斯宪政制度》,法律出版社 1999 年版,第 451 页。
④ 李步云主编:《宪法比较研究》,法律出版社 1998 年版,第 386 页。

常是指为了保障和监督宪法的实施所制定的一系列制度的总称。由于历史、政治、经济、文化等情况不尽相同,各国的宪法保障制度大多在合宪性审查制度之外,对宪法实施进行了宪法规范方面的保障,例如关于宪法的最高法律地位、宪法修改的严格程序规定等,一些国家还有自己特色的宪法保障制度,例如俄罗斯宪法中有关俄罗斯联邦总统的宪法保障规定。因此,宪法保障制度与合宪性审查制度比较,前者包含后者。

### 二、合宪性审查的审查内容

以比较的视野来看,合宪性审查的审查内容取决于两点:第一,宪法作为公法的法律属性与法律职能。宪法是调整国家与公民关系的法律,其主要法律功能之一在于控制和规范国家权力,保证国家权力的行使符合宪法是宪法监督的主要目标。第二,基本权利的保障形成对立法、行政、司法权力的拘束力。基本权利保障是现代宪法的核心价值,各国宪法文本中几乎都确认了基本权利。而基本权利效力之一是形成对立法、行政、司法行为的拘束力。例如《德国基本法》第1条即直接规定,"基本权利拘束立法、行政及司法而为直接有效之权利。"

(一)立法行为

德国的"宪法委托"理论非常具体地解释了宪法与立法者之间的关系。[①] 宪法规范是相对原则而抽象的,其委托国家机关尤其是立法机关将其规范具体化,以使宪法效力获得全面有效实施。基于这一委托关系的存在,立法机关的立法行为需要符合宪法,依据宪法审查立法是否合乎宪法是合乎法理的。我国《宪法》序言规定了"宪法的根本法地位""宪法的最高法律效力",《宪法》第5条规定,"国家维护社会主义法制的统一"及"保障人权的国家任务"等内容,可以明确地肯定,在我国,立法需要合乎宪法。

---

① 参见陈新民:《德国公法学基础理论》(上),山东人民出版社2001年版,第148—160页。

1. 对立法作为的审查

对立法作为的审查是指对已经制定的法律规范的审查。对法律规范的审查构成了各国合宪性审查的主要内容,法律违宪是违宪的主要形态。

例如,法国宪法委员会有权依据宪法对法律进行抽象性审查,即在法律颁布前应特定主体的审查请求对法律的合宪性进行审查。《德国基本法》《德国联邦宪法法院法》等法律规定,德国联邦宪法法院可以对联邦法律、各州法律及法规是否符合联邦基本法进行审查,德国各州宪法法院可以对各州法律、法规是否符合州宪法进行审查。美国各级普通法院都享有对立法的合宪性审查权,但在合宪性推定原则的约束下,司法机关对立法权保持有相当的尊敬,因而对立法的审查并不是经常性的。只有在立法事实极为明白的基础上,司法机关才会启动合宪性审查程序。如果立法事实不能够满足"立法目的合理"与"立法手段妥当"的条件,法律规范即构成违宪。

2. 对立法不作为的审查

立法机关应该制定法律而没有制定也可以导致违宪,基于此可以请求进行对立法机关的不作为状态进行合宪性审查。在日本宪法学理论中,立法不作为可以分为"绝对的立法不作为"与"相对的立法不作为"。前者是指就某一问题或领域立法机关没有进行立法,后者是指虽有立法存在,但立法的内容、程序、范围等出现不完备、不公正情形时,立法机关没有进行相应的完善或修正。[①]

合宪性审查制度发展的早期,很多国家并不认可对"立法不作为"进行合宪性审查,后来逐渐被接受是基于:第一,立法义务的成立。例如德国"宪法委托"理论比较清晰地解释了立法机关具有立法作为的宪法义务,因而立法不作为可能构成违宪,"立法不作为"应该接受审查。第二,为公民提供更多社会给付的现代国家职能的确立。在传统认识中,基本权利的实现以国家不干涉为要旨,但是社会变迁使得现代宪法中的基本权利谱系中被加入更多社会权利内容,这需要宪法秩序下的现代国家提供更多积极作为以给予个体关照与扶

---

① 参见林来梵主编:《宪法审查的原理与技术》,法律出版社2009年版,第187页。

持。国家只能转变对立法的影响,表现在立法机关需要积极地以立法形式来确认和实现国家对基本权利的积极义务,立法机关的怠惰变得比较不被容忍。

(二)行政行为

行政行为是法律执行的行为,所以行政行为通常只接受法律的审查。例外情形下,行政行为才需要直接接受宪法审查,包括:第一,行政行为的作出直接依据宪法,例如在韩国,总统发布紧急财政命令的行为可以成为合宪性审查的对象;在俄罗斯,总统否决杜马已经通过法律的行为成为合宪性审查的对象[1]。第二,行政行为作出所依据的法律被裁定为违宪后,行政行为可以直接成为合宪性审查的对象,以确定其是否侵犯基本权利。

在对行政行为的审查中,行政作为行为是主要对象,但行政不作为也可以成为合宪性审查的对象。德国宪法法院依据联邦宪法的规定,将行政不作为列为宪法诉愿的对象。[2]

(三)司法行为

宪法拘束国家的公权力行为,使得司法行为可以成为合宪性审查的对象,接受宪法审查的司法行为主要是指普通法院的裁判。例如,在德国,大部分宪法诉愿针对的是法院裁判。[3] 出现这一状况是因为德国宪法诉愿制度的启动以穷尽法律救济为原则,即在提起宪法诉愿之前,诉愿人必须用尽其应予适用的诉讼法中所规定的法律途径,尽量避免进行宪法诉讼。宪法救济仅在基本权利救济方面起到最终性、补充性之功能,这导致宪法诉愿一般指向的都是终审的、生效的法院裁判。

(四)国际条约

"国际条约能否接受宪法审查"涉及国际法与国内法两者谁效力优位的问题。各国一般认可国际法享有更高形式效力,宪法不能直接审查国际条约的合宪性,因而合宪性审查机关原则上不对国际条

---

[1] 参见韩大元等主编:《外国宪法判例》,法律出版社 2005 年版,第 349—357 页。
[2] 参见〔德〕克劳斯·施莱希等:《德国联邦宪法法院地位、程序与裁判》,刘飞译,法律出版社 2007 年版,第 213 页。
[3] 同上书,第 215 页。

约进行直接审查,而是待国际条约中的内容转化为国内法律或被纳入国内法律秩序后,才进行审查。具体做法有:第一,审查"公布或批准国际条约的法律"的合宪性。例如,匈牙利宪法法院可以对公布国际条约的国内法律进行抽象性审查,审查包括被法律所公布的国际条约的违宪性,一旦法院作出违宪决定,国家就该条约所承担的责任就不具有任何效力[①];德国宪法法院可以应诉愿人针对国际条约的批准法所提出的宪法诉愿进行合宪性审查。第二,对由国际条约转化而成的国内法律进行审查。

### 三、合宪性审查的审查形式

以合宪性审查的展开是否需要依托具体案件为标准,合宪性审查被分为抽象性审查与具体性审查。两种审查形式代表了不同的宪法保障理念:抽象性审查以保障宪法最高效力下国家法秩序的统一为主要目标,而具体性审查以基本权利的保护和救济为主旨。有的国家采行上述合宪性审查形式中的单一形式,例如法国是采行抽象性审查的典型代表,美国采行具体审查形式;也有许多国家兼采两种审查形式,例如德国。基于两类合宪性审查制度在保障宪法实施方面各具特色,因而对两种形式兼而采之正在成为宪法保障的趋势。

#### (一) 抽象性审查

抽象性审查是指不基于具体案件所存在的争议而对法律是否符合宪法进行的审查。法国宪法委员对法律的审查仅采行抽象性审查,德国宪法法院对法律进行的合宪性审查中包含了抽象性审查方式。依据《法兰西第五共和国宪法》第 61 条的规定,宪法委员会对法律的抽象性审查包括两种情形:(1) 各项组织法律在颁布以前,议会两院的内部规则在执行以前,均应提交宪法委员会审查,以裁决其是否符合宪法;(2) 各项法律在颁布以前,特定主体(包括总统、总理、国民议会议长、参议院议长、60 名国民议会议员或 60 名参议院议员)可以提交宪法委员会进行审查。依据《德国基本法》第 93 条第 1 项第 2 款规定,当联邦法律或州法律同联邦《基本法》在形式上和实

---

① 参见韩大元等主编:《外国宪法判例》,法律出版社 2005 年版,第 39—41 页。

质上的一致性发生分歧或疑问时,或者当州法律同其他联邦法律的一致性发生分歧或疑问时,如果联邦政府、州政府或其他联邦议院2/3议员提起申请,联邦宪法法院有裁决权。

抽象性审查的基本特征包括:(1)对法律进行宪法审查的启动并不基于具体案件争议。抽象性审查的启动可以基于明确的程序性规定,或者"法律是否符合宪法"的一般性质疑,但都不涉及具体案件中宪法适用的具体争议。(2)抽象性审查的启动一般需要特定主体提请。例如,在法国,法律在颁布前可以应总统、总理、议会议长等人的请求进行宪法审查;在德国,由联邦政府、州政府或其他联邦议院2/3议员提起申请。(3)抽象审查所作出的宪法裁决具有一般效力,即宪法审查机构针对法律所作出的合宪与否的裁决产生一般性的法律效力。但在具备抽象审查的基本特征下,法国宪法委员会与德国宪法法院进行的抽象审查还存在差别:法国宪法委员会的抽象审查采事前审查程序,即在法律颁布生效之前进行合宪与否的审查,一旦被宣布违宪,则不得被公布实施;德国宪法法院启动抽象审查的时机则比较广泛,可以在法律生效之后,也可以针对已经公布但尚未生效之法律进行审查,其生效的宪法裁决具有对世的"一般效力"。

(二)具体性审查

具体性审查是指基于具体案件争议而对公权力行为是否符合宪法进行审查。

与抽象性审查相比,具体性审查的内容更为庞杂、繁复,更加表明了合宪性审查的法律制度特征。具体性审查的基本特征表现在:(1)具体性审查启动基于案件性争议,即存在涉及当事人权利义务以及法律关系的纠纷,该纠纷需要宪法适用而获得终局解决;(2)具体性审查的启动需要原告资格适格,判断的标准包括原告遭到了事实侵害、公权力行为与其权利侵害之间存在因果关系等;(3)具体性审查内容包括公权力行为,不仅包括立法行为,行政行为与司法裁判也可以成为具体性审查的内容。美国的合宪性审查制度属于典型的具体性审查方式,德国宪法法院合宪性审查内容中包含了具体性审查方式。在美国的具体性审查制度下,法院只能通过具体案件对立法的合宪性进行附随性审查,被裁定为违宪的立法也仅在具体的案件中失去其法律效力。德国宪法法院可以进行的具体性审查内容比较丰富,其中宪法诉愿制度是典型的具体性审查方式。宪法诉愿的提起有比较严格的法律程序,需要诉愿人的基本权利受到公权力行为的干涉,同时造成了对诉愿人现实的、直接的损害,在穷尽法律救济之后,方可提起宪法诉愿。

**四、合宪性审查制度的类型**

传统上,根据行使合宪性审查权机构的不同,合宪性审查制度被划分为三种类型,即立法机关审查制度、司法机关审查制度、专门机构审查制度。早先英国的合宪性审查制度被归入立法机关审查制度。但是随着英国1998年《人权法案》的出台,法院为保护公民基本权利而获得了审查议会立法是否符合《欧洲人权公约》的权力,因而改变了英国由议会行使单一法律审查权的局面,因而今天英国的合宪性审查制度已进入议会与法院双重审查模式。

(一)司法机关审查

1803年美国"马伯里诉麦迪逊"案开创了司法机关进行合宪性审查的先河,合宪性审查制度由此发端。采用由司法机关进行合宪性审查之方式的国家除日本之外大多为英美法系国家,其中拉丁美洲国家和英联邦国家居多。以美国为例,司法机关的合宪性审查制度在其存在和发展的悠久的历史中体现出如下的基本特征:

1. 只在具体案件中对立法的合宪性进行附带性审查

司法机关对立法的合宪性审查必须与具体案件有关,法官在审理具体争议中对争议行为适用的法律依据进行附带性审查。这体现了司法权力被动性特征与司法权力自我克制的意图。因此,司法权力在英美法系国家有着公正、较少滥用的良好形象,得到社会公众更多的尊重与信任。

普通法院进行合宪性审查的国家,司法机关在审理具体案件时并无特别诉讼程序适用,而是同其他性质的案件一样适用普通诉讼程序。以美国为例,合宪性审查通常在两种情形下发生:

第一,诉讼当事人(无论是民事诉讼当事人、刑事诉讼当事人还是行政诉讼当事人)在具体案件中如果认为国会的立法或州立法违宪,并且因此而直接侵害自己的权利,可以向法院提出自己的理由,请求法院对该法律进行合宪性审查,给予法律救济。这是法院的被动审查,即应当事人请求而审查合宪性问题。

第二,诉讼当事人并不认为适用的法律违反宪法,但是法院在审理案件的过程中认为相关立法违反宪法,法院可以主动对此法进行审查,确认其是否合宪。

2. 对违宪立法的判决产生具体而非普遍的效力

经普通法院审查并被裁定为违反宪法的立法只在具体的案件中失去其法律效力,即依据违宪立法而实施的各种行为因其法律依据的违宪而遭到法院的否决,同时法院的裁定也使该行为失去司法机关支持而归于无效。但法院裁定既不会产生溯及力,使该项法律从制定之日起便归于无效,也不可能导致该项法律想当然地在其他案件中被视为无效。然而普通法系"遵从先例"的司法传统往往导致该法事实上丧失效力。

3. 联邦法院的纵向与横向审查方式

在美国,联邦法院的合宪性审查可以分为纵向审查与横向审查两类。纵向审查的目的在于统一司法决定,具体表现为上级法院对下级法院或联邦法院对州法院的决定进行审查。形式上,任何一级联邦法院都享有对联邦宪法的合宪性审查权,联邦最高法院只是终审法院。实践中,下级法院为保证自身决定的正确性往往通过调卷令的方式由最高法院作终局裁决。在这一体系中,最高法院在实践中确立了其联邦法律最终阐释者的地位,为美国统一各州对联邦法律的解释奠定了基础。而联邦法院对立法机关与行政机关的横向审查方式为人们熟知,尽管宪法规范为合宪性审查提供了有限依据,但法院通过宪法解释的方式实现了对其他权力的平衡与制约。

除美国以外的其他司法机关审查制国家,大多在宪法规范中明文规定只有最高法院享有合宪性审查权,其他级别的法院则无权问津,因此也就省却了当事人不服裁定上诉或不同级别法院裁决不一而需协调等问题。

(二)专门机构审查

所谓专门机构主要指宪法法院,也包括诸如法国"宪法委员会"

等专门机构。1920年《奥地利共和国宪法》中最早规定由宪法法院进行合宪性审查,之后,这类合宪性审查制度在欧洲大陆法系国家迅速发展起来,东欧、南欧的一些原社会主义国家在东欧剧变之后也建立了宪法法院审查制度。专门机构审查方式的基本特征包括:

(1) 可以对公权力行为进行抽象审查。如前所述,法国宪法委员会对法律的审查仅采行抽象性审查,德国宪法法院对法律进行的合宪性审查中包含了抽象性审查方式,在宪法规定的特定机关和人员的申请下,专门机构可以抽象地进行合宪性审查。

(2) 一审终审制。在专门机构审查体制下,宪法法院、宪法委员会只享有合宪性审查权,而不拥有一般司法权。在设置上,单一制国家只设一个宪法法院,联邦制国家除联邦设一个宪法法院外,各邦各设一个宪法法院,但联邦宪法法院与邦宪法法院各自管辖范围分明,互不隶属,因而,宪法法院独立于一般司法审级制度,实行一审终审制。

(3) 专门机构的裁决具有一般效力。实行专门机构审查制的国家一般为大陆法系国家,不承认判决是法律的渊源之一,不存在"先例约束原则"。因而,各国宪法均赋予专门机构的判决以一般效力,即有权撤销违宪的法律或行政命令,使其失去法律效力。但判决只有有限的溯及力,违宪的法律或行政命令通常自判决宣告之后失效。具体做法有两种:一是违宪的法律或行政命令自判决公布之日起失效,如奥地利宪法规定,违宪的行政命令自判决之日起失去法律效力;二是为防止法律失效后没有法律代替而出现法律真空的问题,而采取更为灵活的做法,如奥地利宪法规定,宪法法院在判决中可以载明法律延至何时失效,但延迟的期限最长不得超过1年。

(4) 专门机构有权对法律进行抽象审查的同时,还享有具体性审查权,包括宪法争议裁决权、弹劾案审判权、宪法控诉案件审理权。

宪法争议裁决权是指依据宪法对各机关权限争议进行裁决的权力。这种争议包括立法机关与行政机关之间、行政部门之间、行政机关与司法机关之间、中央与地方之间、联邦与各邦之间出现的权限争议。这些机关权限问题属于宪法规定范畴,因此机关与机关的权限争议属于宪法问题。《德国基本法》第93条第1款第1项规定:"当一联邦机构,或由基本法及联邦最高机构授权之有关当局,在有关权利和义务事项发生争执时,联邦宪法法院有权对基本法进行解释。"

弹劾案审判权是指宪法法院享有的针对国家总统及其他国家高级官员的弹劾案审判权。例如,根据《俄罗斯宪法》第93条及第125条规定,俄罗斯杜马如认为总统犯有叛国罪或其他重大犯罪,可以提出指控,由俄罗斯联邦委员会审议罢免总统,而俄罗斯宪法法院则有权对指控程序进行监督,并由它明确作出指控程序是否符合规定程序的结论。

并非所有专门机构都可以直接接受和审理宪法控诉案件,这种审查方式在欧洲以德国为代表,欧洲本土之外的韩国也采取此种合宪性审查方式。自然人及法人的基本权利或某些重要权利遭受侵害,在用尽其他法律救济途径后有权提起宪法控诉。因法律法规遭受侵害的,可以直接向宪法法院提出控诉;因行政行为或法院裁判遭受侵害的,通常应先寻求其他法律救济,只有当某项控诉具有普遍重要性,或控诉人如果先提起其他诉讼将会受到重大且无法避免的损害时,才可以直接提出控诉。

(三)最高权力机关审查

苏联是最早施行最高权力机关审查制度的国家。苏联解体以后,最高权力机关进行合宪性审查的制度模式被众多东欧原社会主义国家放弃,多数选择了宪法法院审查制度。我国实行的是最高权力机关审查制度。该类审查制度的基本特征包括:

1. 合宪性审查机关是最高权力机关

1918年《俄罗斯社会主义联邦苏维埃共和国宪法》(以下简称《苏俄宪法》最早确立了由最高权力机关进行合宪性审查的模式,1924年、1936年的两部苏联宪法保留了这一审查模式。这一制度的理论基础来自社会主义国家所奉行的议行合一原则。根据议行合一的原则,苏维埃是人民的代表机关,是最高权力机关,行政机关、司法机关皆由权力机关产生,并对权力机关负责,向权力机关报告工作,因而宪法监督的工作也只能交给最高权力机关。其他的社会主义国家虽然最高权力机关的具体设置同苏联不完全一致,但基本继受了其合宪性审查制度设计的理论基础与政治理念,制度模式趋同。

2. 立法机关自行审查其所制定法律的合宪性

苏联议行合一制度下,最高权力机关拥有最高的法律地位,司法机关绝无法律地位对权力机关挑战,无权宣布权力机关制定的法律违宪,其职能在于适用权力机关制定的立法。在这样一种政治观念支配下,成立一个权力机关之外的专门合宪性审查机关去审查权力机关的立法是否合宪几乎不可能。而实践中这种由最高权力机关对自身的立法行为进行的形式性审查,效果并不理想。

以苏联为代表,最高权力机关审查制度的合宪性审查权主要包括:第一,最高权力机关是国家最高立法机关及宪法监督机关,对立法及其实施进行最高监督。例如,1918年《苏俄宪法》第31条规定:"全俄苏维埃中央执行委员会是俄罗斯社会主义联邦苏维埃共和国的最高立法、号令及监督机关,由它统一协调立法工作和管理工作,并负责监督苏维埃宪法、全俄苏维埃代表大会及苏维埃政权中央各项决定的实施情况。"第二,最高国家权力机关的常设机构也享有宪法监督权,对立法及宪法实施进行监督。

(四)议会与法院双重审查

在英国,议会主权的政治理念深入人心,成为英国的宪法传统,因而对于议会制定的法律只有议会自身能够加以审查和修改。1998年《人权法案》将1950年的《欧洲人权公约》纳入国内法律体系,《人权法案》的宪法法律的地位受到尊重和承认。1998年《人权法案》的出台,改变了英国合宪性审查制度的传统格局,形成了议会与法院双重审查机制。其基本特征包括:

1. 议会享有审查、修改、废除法律的权力

依据英国的议会主权原则,英国议会享有制定、通过、修改、废除法律的权力。在1998年《人权法案》出台后,法院获得审查议会立法的权力,但是法院对法律的审查并不影响议会立法的效力、继续适用或执行,议会仍然享有对法律审查、修改、废除的最终决定权。议会对立法的审查体现于:第一,法律通过前的审查。议会两院负责法律审查的委员会在议会大会辩论之前,提出法律案的审查意见,交给大会供辩论。第二,法案通过后的审查,即立法后由法律委员会负责的审查。审查的法律后果包括不通过法律,修改法案中存在的问题,对

已经通过的法律予以废除。

《人权法案》第 19 条规定:"在上议院或下议院负责法案的一个政府部门必须在法案的二读之前作出一个他认为法案的各个条款与公约权利是一致的声明;或作出一个尽管他认为不能作出一致性声明,但是他希望议会继续该法案的声明。"为保障上述规定的有效实施,2001 年英国议会成立了人权联合委员会,其重要职能之一是审查法律是否与《人权法案》保持一致。实践中,人权联合委员会审查法案是否妨害了公约权利,以及这种干涉的正当性与和合比例原则的程度。

2. 法院有权对议会立法作出与公约权利不相容的宣告

《人权法案》第 3 条第 1 款规定,"如有可能,基本立法和次级立法必须以一种与公约权利相一致的方式被解释和赋予权力";第 4 条第 2 款规定,"如果法院认定条款与公约权利不相容,可以发布不相容宣告"。显然,法律规定要求英国法院在判决过程中首先应该通过法律解释尽可能把基本法律和次级立法解释为与公约权利一致,如果不能够,可以宣告法律与公约权利不相容。可见,《人权法案》赋予了法院对议会立法比较有限的审查权。享有这一权力的英国法院包括上议院,枢密院司法委员会,军事法院的上诉法院,苏格兰高等刑事法院,英格兰、威尔士和北爱尔兰的高等法院或上诉法院。①

但这一有限的审查权仍然具有非常积极的法律意义。事实上,法院的不相容宣告可以导致法律的修改或法律的废除。

**五、我国的宪法监督制度**

(一)我国宪法监督制度沿革

中华人民共和国成立后曾经颁布过四部宪法,即 1954 年宪法、1975 年宪法、1978 年宪法与现行宪法。除 1975 年宪法之外,其他三部宪法均对宪法监督作了一些规定。

1954 年宪法规定的宪法监督内容包括:第一,全国人民代表大

---

① 童建华:《英国违宪审查》,中国政法大学出版社 2011 年版,第 315 页。

会监督宪法的实施①；第二，全国人民代表大会常务委员会监督国务院、最高人民法院和最高人民检察院的工作，有权撤销国务院同宪法、法律和法令相抵触的决议和命令，有权改变或撤销省、自治区、直辖市国家权力机关的不适当的决议。② 但对于宪法解释权归属、宪法监督程序、制裁方式等制度操作上的具体问题未予规定。因此，从1954年宪法开始，抽象、笼统的宪法监督制度设计成为一种传统而被后来几部宪法所承袭。

1975年宪法对宪法监督未作任何规定。

1978年宪法恢复了对宪法监督的规定，它对宪法监督的设计包括如下内容：第一，全国人民代表大会监督宪法实施。③ 第二，全国人大常委会解释宪法；监督国务院、最高人民法院和最高人民检察院的工作；改变或者撤销省、自治区、直辖市国家权力机关的不适当的决议。④

同之前的各部宪法相比，1982年宪法对宪法监督的规定全面而完善，对宪法监督主体、对象、方式、操作的程序等内容都加以规定。这些规定空前地扩大了宪法监督的适用范围，增强了操作的可能性。但现行宪法对宪法监督的设计亦留下了很多缺陷，导致现行宪法颁布二十余年来，宪法监督的实践几近空白，尽快完善和发展我国的宪法监督成为一个急迫的课题。

（二）现行宪法监督的模式

我国现行的宪法监督是通过1982年宪法确立和发展起来的。学界普遍认为1982年宪法是中华人民共和国成立以来制定最完善的一部宪法，这一先进性也较为突出地反映在现行宪法关于宪法监督的规定上。现行宪法对宪法监督的规定体现了更为成熟、规范的宪治观念与技术，宪法监督的确立成为立宪体系化的结果。

现行宪法秉承了1954年宪法与1978年宪法所确立的最高权力机关审查制的宪法监督模式，在规定全国人民代表大会享有监督宪

---

① 1954年《宪法》第27条之规定。
② 同上。
③ 1978年《宪法》第22条规定。
④ 1978年《宪法》第25条规定。

法权力的同时规定其常设机构即全国人大常委会解释宪法、监督宪法的实施。

最高权力机关审查制度模式的选择及确立是由我国社会主义的政治体制、政治理念及法律传统等因素所决定的：第一，人民主权原则，即一切权力来自人民，人民是国家权力的所有者，人民主权具有至上性。而宪法是人民利益与人民意志的集中体现，是人民利益的全面反映，对于享有最高法律地位的宪法只有代表全国人民的最高权力机关全国人民代表大会才有资格和权利对其实施进行监督、审查。第二，"议行合一"的权力运行原则与民主集中制的工作方式。全国人民代表大会是我国最高权力机关，它不仅代表全体人民制定宪法和法律，而且我国其他国家机关是由最高权力机关即全国人民代表大会产生的。全国人民代表大会代表人民对这些机关进行监督，这些机关向人民代表大会负责并报告工作。因此这一政治关系决定了只有人民代表大会能够对这些机关是否合宪进行审查。第三，秉承社会主义国家传统，仿效苏联模式。

（三）现行宪法监督的主要内容

我国宪法监督的内容设计主要是从现行宪法及《中华人民共和国立法法》（以下简称《立法法》）、《中华人民共和国各级人民代表大会常务委员会监督法》（以下简称《监督法》）的规定中归纳而出的。

现行宪法对宪法监督的设计体现了立宪系统化的思路：首先，宪法最高地位与最高效力的明确为宪法监督的确立与实施奠定了法理基础。现行《宪法》序言最后一段中规定："本宪法以法律的形式确认了中国各族人民奋斗的成果，规定了国家的根本制度和根本任务，是国家的根本法，具有最高的法律效力。"其次，依法治国与维护国家法制统一的宪法规范为宪法监督确立提供了目标与依据。[①] 现行《宪法》第5条第1、2款规定："中华人民共和国实行依法治国，建设社会主义法治国家。国家维护社会主义法制的统一和尊严。"在这些宪法原则与价值下，我国现行宪法确立的宪法监督的具体内容包括：

---

① 参见胡锦光、韩大元：《中国宪法》，法律出版社2004年版，第160页。

1. 宪法监督的对象

《宪法》第 5 条第 3、4、5 款规定:"一切法律、行政法规和地方性法规都不得同宪法相抵触。一切国家机关和武装力量、各政党和各社会团体、各企业事业组织都必须遵守宪法和法律。一切违反宪法和法律的行为,必须予以追究。任何组织或者个人都不得有超越宪法和法律的特权。"据此,我们可以归纳,"法律、行政法规和地方性法规、国家机关、武装力量、各政党和各社会团体、各企事业组织、违反宪法和法律的行为、任何组织与个人"都可以成为宪法监督的对象。但被《立法法》所具体化的具有可操作性的宪法监督对象包括四类即行政法规、地方性法规、自治条例与单行条例,体现在《立法法》第 75、97、98 条。《监督法》第 31 条规定:"最高人民法院、最高人民检察院作出的属于审判、检察工作中具体应用法律的解释,应当自公布之日起 30 日内报全国人民代表大会常务委员会备案。""最高人民法院、最高人民检察院作出的属于审判、检察工作中具体应用法律的解释"被惯称为"司法解释",第 31 条表明《监督法》以备案审查的方式将"司法解释"纳入了宪法监督范畴。

2. 宪法监督的主体

《宪法》第 62 条规定,全国人民代表大会监督宪法的实施;第 67 条规定,全国人民代表大会常务委员会解释宪法,监督宪法的实施。依据这两条宪法规定,宪法监督权主体被认定是全国人大及其常委会。作此种设计的出发点在于为弥补全国人大每年会期短促有限而不能持续工作的弊端,由其常设机构来代为行使宪法监督权。

《宪法》第 70 条规定:"全国人民代表大会设立民族委员会、宪法和法律委员会、财政经济委员会……和其他需要设立的专门委员会。在全国人民代表大会闭会期间,各专门委员会受全国人民代表大会常务委员会的领导。各专门委员会在全国人民代表大会和全国人民代表大会常务委员会领导下,研究、审议和拟订有关议案。"其中,2018 年 3 月 11 日现行宪法第五次修改将"法律委员会"更名为"宪法和法律委员会",本次宪法修改的实践意义体现于 2018 年 6 月 22 日公布的《全国人民代表大会常务委员会关于全国人大宪法和法律委员会职责问题的决定》中,该决定规定:"一、《中华人民共和国全国人民代表大会组织法》《中华人民共和国立法法》《中华人民共和国各级人民代表大会常务委员会监督法》《中华人民共和国全国人民代表大会议事规则》《中华人民共和国全国人民代表大会常务委员会议事规则》中规定的'法律委员会'的职责,由宪法和法律委员会承担。二、宪法和法律委员会在继续承担统一审议法律草案等工作的基础上,增加推动宪法实施、开展宪法解释、推进合宪性审查、加强宪法监督、配合宪法宣传等工作职责。"考虑到宪法和法律委员会行使宪法解释的权力,因而"推进合宪性审查"可以认为是指进行实质合宪性审查。

3. 宪法监督的基本形式

经由《宪法》和《立法法》归纳,一般认为,展开合宪性审查式的宪法监督的方式可以包括:

(1) 批准审查,即某些规范性法律文件在被批准生效过程中应审查其是否符合宪法,即该规范性法律文件的生效以符合宪法为条件,不符合宪法的规范性法律文件不予批准。例如《立法法》第 75 条规定,自治区的自治条例和单行条例,报全国人大常委会批准后生效,自治条例和单行条例不得对宪法做出变通规定。

(2) 审查撤销,即规范性法律文件在生效后被发现其违背宪法或与宪法相抵触,全国人大或全国人大常委会有权撤销之。例如《立法法》第 97 条,全国人大有权撤销全国人大常委会批准的违背宪法的自治条例和单行条例;全国人大常委会有权撤销同宪法相抵触的行政法规、地方性法规;有权撤销省、自治区、直辖市的人大常委会批准的违背宪法的自治条例和单行条例。

(3) 备案审查,即由备案机关对报告审查的规范性法律文件进行合宪性审查。备案审查与批准审查、审查撤销相比:第一,法律依据不同,备案审查制度主要体现在《立法法》第 98 条,而前述两种形式的审查分别主要体现在《立法法》第 97 条与第 75 条;第二,审查撤销包括对法律的审查撤销,但备案审查的对象不包括法律,批准审查的对象要明显狭窄于备案审查对象;第三,备案审查发生在备案过程,批准审查发生在批准过程,而撤销审查则可能发生在批准生效与备案过程以后。

依据《立法法》第87条,"宪法具有最高的法律效力,一切法律、行政法规、地方性法规、自治条例和单行条例、规章都不得同宪法相抵触",第87条是《立法法》第五章"适用与备案审查"的第一条款,由此推之,备案审查的理论源出是保持以宪法为最高法律效力的法制统一性。

《立法法》第98条规定,"行政法规、地方性法规、自治条例和单行条例、规章应当在公布后的30日内依照下列规定报有关机关备案",备案审查的对象虽包括上述五类,但向有宪法审查权的全国人大常委会的报备则只有前四项,这意味着,备案审查中的宪法性审查只针对此四项,即行政法规、地方性法规、自治条例与单行条例。

2004年全国人大常委会法制工作委员会成立了法规备案审查室,之后以全国人大常委会委员长会议的形式分别出台了《司法解释备案审查工作程序》《全国人大常委会法制工作委员会法规、司法解释备案审查工作规程(试行)》,审查机构的独立存在以及相关工作程序建制在逐渐完备。

4. 宪法监督的其他启动主体

《宪法》和《立法法》规定的主动宪法审查方式之外,其他国家机关或社会团体、公民个人可否启动宪法监督?依据《立法法》第99条规定,国务院、中央军事委员会、最高人民法院、最高人民检察院和各省、自治区、直辖市的人民代表大会常务委员会认为行政法规、地方性法规、自治条例和单行条例同宪法或者法律相抵触的,可以向全国人大常委会书面提出审查要求;其他国家机关和社会团体、企业事业组织和公民认为行政法规、地方性法规、自治条例和单行条例同宪法或者法律相抵触,有权提出书面的审查建议。

5. 宪法监督的结果

依据《立法法》第100条的规定,全国人民代表大会专门委员会、常务委员会工作机构在审查、研究中认为行政法规、地方性法规、自治条例和单行条例同宪法或者法律相抵触的,可以向制定机关提出书面审查意见、研究意见;也可以由法律委员会与有关的专门委员会、常务委员会工作机构召开联合审查会议,要求制定机关到会说明情况,再向制定机关提出书面审查意见。制定机关应当在两个月内研究提出是否修改的意见,并向全国人民代表大会法律委员会和有关的专门委员会或者常务委员会工作机构反馈。全国人民代表大会法律委员会、有关的专门委员会、常务委员会工作机构向制定机关提出审查意见、研究意见,制定机关按照所提意见对行政法规、地方性法规、自治条例和单行条例进行修改或者废止的,审查终止。全国人民代表大会法律委员会、有关的专门委员会、常务委员会工作机构经审查、研究认为行政法规、地方性法规、自治条例和单行条例同宪法或者法律相抵触而制定机关不予修改的,应当向委员长会议提出予以撤销的议案、建议,由委员长会议决定提请常务委员会会议审议决定。

《立法法》第101条规定,全国人民代表大会专门委员会和常委会工作机构应当按照规定要求,将审查、研究情况向提出审查建议的国家机关、社会团体、企业事业组织以及公民反馈,并可以向社会公开。

# 第三章 宪法的历史

## 第一节 宪法的产生

近现代宪法,出于西方国家基于对人性弱点的认识而建构,出于为防止权力为害,保障人类的尊严和价值的考虑而确立。龚祥瑞形象地描绘宪法的产生过程:现代意义上的宪法首先在英国播下的种子,在美国开了花,在法国结的果,而后散布于欧美各国以至世界各地。[①] 因此,论及宪法的起源,当论英、美、法之宪法。对于我们,特别要关注诞生宪法的时代所给予的思想理论和社会契机,因为它们为宪法治理所依赖的土壤提供了最为深切的解读。这对三个世纪以来,尤其在经历了 20 世纪极权主义政治的劫难之后的今天尤为重要,因为依宪治国作为现代政治生活的样式已渐渐成为人类的共识。

### 一、英国宪法是近现代宪法的先驱

(一)英国宪法是在不断限制王权的过程中产生的

英国在自由权利和权力的对抗中,自然生长、演化出一系列的宪法治理制度。从中世纪起,英吉利民族就在王权与贵族的对抗冲突中孕育着自由传统[②],经过几百年的缓慢生长,在十五六世纪文艺复兴、宗教改革、地理大发现、工业革命等新事件及新精神的滋养之下,渐渐根深叶茂,终于因 17 世纪的英国革命而开出了宪政之花,结出了自由之果。可见,在英国,宪法的形成不是一蹴而就的,它是在不断限制王权的过程中形成的。

---

[①] 参见龚祥瑞:《比较宪法与比较行政法》,法律出版社 1987 年版,第 33 页。
[②] 英国的自由传统源自中世纪贵族与王权的冲突。密尔在《论自由》一书中说:"自由与权威之间的斗争,这在我们所熟知的部分历史中,特别在希腊、罗马和英国的历史中,就是最为显著的特色。"

正如阿克顿勋爵和孟德斯鸠所揭示的权力的本质[①],英国的每个君主无一不想无限地享用自己的权力。但是,随着商品生产不断扩大,商品交换日益增加,商品经济所要求的自由平等理念已不断深入人心。同时,这也使得国王的权力往往受制于封建贵族或城市行会,每当这些贵族或行会的势力超过王权时,他们就要求国王以特许令的形式承认他们的某些特权,从而限制了王权,尤其是国王乱收税的权力。1215年的《自由大宪章》就是这样来的。可以说,英国人有了大宪章,民主宪治就迈开了第一步。随着英国资产阶级革命的胜利,英国先后通过和确认了一批宪法性文件。这些文件加上宪法判例和宪法惯例,便构成了英国的不成文宪法体系。

(二)英国宪法的组成

1. 各个历史时期制定的宪法文件

主要有:(1)1215年的《自由大宪章》,其基本精神是限制王权。(2)1628年的《权利请愿书》,规定英王不经议会同意不得强迫人民募债征税、不得根据戒严令任意逮捕公民等内容。(3)1679年的《人身保护法》,规定了没有法庭逮捕令,不得进行逮捕等限制人身自由和权利的行为。(4)1689年的《权利法案》,该法条是在资产阶级已在国会中占有优势的情况下制定的,它隐含着议会至上原则,为英国君主立宪政体的建立提供了法律基础。(5)1701年的《王位继承法》,进一步加强国会的权力,对王权进行限制。通过以上文件,西方宪法的议会至上原则、法治原则、基本人权原则、限制权力原则都逐步确立。随着社会的发展,英国又陆续制定了一些宪法性文件,如1911年和1949年限制上院权力的《议会法》,1941年规定英国与自治领地关系的《威斯敏斯特法》,1949年规定公民享有选举权的《人民代表制法》等。

2. 判例

宪法判例主要指起宪法作用的法院判决。英国宪法判例主要确

---

[①] 阿克顿勋爵早先提出这样的命题:"权力会产生腐败,绝对权力必然产生绝对的腐败。"法国政治哲学家孟德斯鸠在其《论法的精神》里谈到政府"分权"的必要:"然而,经验一再表明,掌权者都有滥用权力的倾向……他无所不用其极,直到遇到不可跨越的障碍。"

立了以下制度:保护公民权利自由不受国家机关及公职人员侵犯的司法程序;关于法官陪审团制中的独立审判权和豁免权的规定;英国法院具有的实际上的解释宪法权,等等。著名的判例有1678年确立法官特权的赫威尔案(Howell's Case)和1679年确立陪审官独立的布息尔案(Bushell's Case)。

3. 宪法惯例

在英国,宪法惯例的形成,通常由国王、首相、内阁大臣以及在野党首领的某些实践形成先例,然后为人们所重视和遵守。这些政治家的实践和国家政治生活的行为,经过英国权威学者总结著书立论,因其体现宪治精神而被接受,逐步形成宪法惯例,成为英国宪法的一部分。

英国的宪法惯例主要有:国王统而不治;首相主持内阁政务;首相自行组阁;内阁由议会(下院)多数党组成;首相是下院多数党的首领;下院如果对内阁不信任,内阁就要辞职,但内阁首相也可以提请英王下令解散下院,重新选出一届下院议会,然后由新选出的议会决定原内阁去留,等等。

(三) 英国宪法形成之特点

从以上英国宪法的组成可知,英国宪法的一个重要特点在于它的不成文性。起初,英国立宪者认为立一个成文宪法,将国王行为的各种重要规则包括在内,这是最可靠的方法。[①] 可是在实践中,限制国王权力的条款,绝不是一纸公文所能生效的——国王因为情势所迫,就迁就一时,一旦时过境迁,就将约法抛于脑后,约翰国王对大宪章就是这种态度。英国人深受这种历史教训的影响,就不再幻想起草一部不能兑现的成文宪法了。这是英国至今尚没有一部统一宪法典之缘。

此外,英国的宪法发展突显出英国宪法史中自由精神和制度建设的互动。英国宪法的基本理念是自由。孟德斯鸠在1731年就指出,英国是世界上最崇尚自由的国家。"自由、民主、宪法"三位一体,

---

[①] 1653年克伦威尔时期的《政府组织法》(Instrument of Government)可以说是英国历史上唯一的也是最后一部成文宪法。

成了自由派的思想纲领。① 英国宪法的演进伴随着工业与贸易演化出的市场经济,习惯法和衡平法并行的法律传统,王权与贵族的对抗中萌生的议会制,和清教徒的虔诚演化出了英国社会的自生秩序(spontaneous order)。在这种秩序的生长历程中,宪法制度逐渐确立,自由逐渐根深蒂固;不成文但重惯例的宪法制度与崇尚经验的宪法精神、自由观念相辅相成,并行不悖。1885年,戴雪在《英宪精义》一书中,说明英国宪法最基本的原则是"议会主权"和"法治"。他分别探讨了这两个原则以及宪法性法律和宪法惯例之间的关联,指出英国政府没有专断权;所有的人都要遵守普通法院执行的普通法;普通法就是包含着宪法本身的法律,宪法性法律并不明显地单独存在,而是英国普通法的一部分,并且就是普通法的产物。戴雪的分析为我们提供了对英国宪法精神成长的更为成熟的见解。

从英国宪法发展过程看,英国宪法原则的确立大多得自历史。比如,促使英国政治机构分为立法、执行或行政、司法三部分的三分法并非得自政治理论,而是政治经验、逻辑以及某些偶然事件的结果。②

英国是宪法的发源地,世界宪治的主要制度与观念大多起源于英国。议会制、责任内阁制、政党制、文官制等宪法制度首先在英国产生,宪法的财产权原则、基本人权原则、分权制衡和有限政府原则、法治原则都从英国的行宪经验中得来。在行宪历程中,英国孕育和生长的自由精神和各种宪法制度,把英国从中世纪政治制度转变到近代的君主立宪制度,避免了激进的革命的社会变革模式,率先步入近代社会。自19世纪以来,各国资产阶级革命成功后制定宪法,普遍继承了英国宪制的一些核心内容。所以英国被公认为是宪法之母国,是议会民主宪制的策源地。

---

① 〔意〕萨尔沃·马斯泰罗内:《欧洲民主史从孟德斯鸠到凯尔森》,黄华光译,社会科学文献出版社1998年版,第55页。
② 参见〔英〕J.詹宁斯:《法与宪法》,龚祥瑞译,生活·读书·新知三联书店1997年版。

## 二、美国宪法

世界上第一部以成文宪法的形式表现的宪法是1787年的《美利坚合众国宪法》。但是,《美利坚合众国宪法》在文本上的智慧是建立在英国宪法和1776年美国独立战争后13个州宪法基础之上的。

(一)《五月花公约》

在17世纪初,大约有百余名英国清教徒因不堪忍受信奉天主教的詹姆斯一世的虐待和仇视,为了享有自由平等等与生俱来的天赋人权,建立一个自由民主之国度,他们相约前往新大陆(即哥伦布发现的美洲大陆),建立殖民地。在赴美的船上,他们按照清教徒的教约,起草了一个简单的公约叫《五月花公约》,作为赴美建国的约法。美国人至今把这批清教徒称为"朝圣远祖",把此项约法称为美国宪法的始祖。这是新教伦理对这个国家的制度形成的具有深刻影响的第一步。在此后的殖民地宪章(比如1629年马萨诸塞宪章、1662年康涅狄格宪章等)、独立后的各州宪法以及此后要论及的制宪会议上,我们会进一步看到这种影响如何渗透到美国宪法制度的每个框架中。

(二)《独立宣言》

1776年7月4日的《独立宣言》主要解决美洲殖民地脱离英国统治,建立独立国家的正当性问题。它为美洲殖民地的"反叛"找到道德和法律上的正当基础。《独立宣言》由杰斐逊起草,其他起草委员会成员稍加润色而成。[①] 它以宣告普遍人权以及政府统治的正当来源作为开篇,然后列数英王的种种罪行,以向世界证明他们反叛的不是一个正当的权威,而是一个"专制暴政"。《独立宣言》的写作受到了自然权利哲学的牵引,它宣布人被造而平等,"每个人都从他的'造物主'那里被赋予某些不可转让的权利,其中包括生命权、自由权

---

① 我们所说的《独立宣言》从严格意义上说并非大陆会议表决通过的美洲殖民地与大不列颠分离的正式文件,1776年7月2日通过的《独立决议案》才是正式宣告政治脱离的宣言。《独立宣言》是大陆会议指定由杰斐逊、约翰·亚当斯、富兰克林、罗杰·舍曼和罗伯特·R.利文斯顿组成的委员会根据《独立决议案》准备的宣言。参见〔美〕卡尔·贝克尔:《论〈独立宣言〉——政治思想史研究》,彭刚译,江苏教育出版社2005年版。

和追求幸福的权利。为了保障这些权利,所以才在人们中间成立政府"。所以,"政府的正当权力,要经过被统治者的同意才产生"。如果政府损害人民的这些权利,"人民就有权利来改变它或废除它,以建立新的政府"。这篇被马克思称为"第一人权宣言"的文字包含了17、18世纪启蒙思想家的基本的政治观念,如天赋人权论、社会契约论、人民主权论、对抗性理论等。杰斐逊起草这个宣言,深受英国洛克的学说,特别是其《政府论》的影响。

(三)各州宪法的形成和发展

美国独立后,各州的立宪运动蓬勃展开。

最早的州宪法是弗吉尼亚宪法。这部宪法显然同样受到18世纪的普遍性政治哲学的影响。宪法的起草者无疑相信所有合法的政府权力都应来自人民,他们同样确信即使是满足这种合法性标准的政府也应该受到约束。其人权保障部分取自1776年6月12日的《弗吉尼亚州权利法案》。该宪法首先开列英国殖民统治的罪行,然后是简短的权利宣言,共16条。它规定了人权天赋,主权在民等原则,在规定公民的选举权、公平审判权、新闻自由、信仰自由等基本人权的保障之后,进而设计了三权分立的政府模式。总体看来,弗州宪法是美国各州中制定最早、最完整的一部州宪,它为其他各州的立宪提供了经验和范本,也是联邦宪法的重要借鉴之一。美国历史上杰出的政治家、思想家如华盛顿、杰斐逊、麦迪逊等都来自弗吉尼亚州,他们的政治思想影响了弗州和美国宪法。

州宪运动是早于联邦宪法的试验。各州的宪政试验田有成功的经验如弗吉尼亚州宪、马萨诸塞州宪等;也有挫败的教训,如宾夕法尼亚州最初以激进的民主主义奠定其宪法的基础,后几经修宪重新回到美国式的经典宪法模式中。由于美国是联邦制国家,至今各州都有其独立的宪法。

(四)《邦联公约》

1783年独立战争结束后,美国根据1781年的《邦联公约》建立了一个继续保持各州主权、自由和独立的邦联制美洲共和国。依据《邦联公约》,当时的邦联只是各州的友好同盟,邦联国会没有财权,也没有统一管理州际商业和对外关系的权力。实际上这是一个没有总统,没有中央政府,没有统一税收的邦联国家。但此后几年的实践证明,作为主权国家,如此薄弱的政府体系无以承担协调金融贸易、调节市场流通、保卫边疆、发展经济的重任,特别是1786年的丹尼尔·谢斯起义,震动了整个美国社会,这迫使美国将必须建立一个强有力的联邦政府的考虑提到了日程上来。

(五)《美利坚合众国宪法》的诞生

1787年5月,除罗得岛州外,12个州的代表集合于费城,讨论起草一个宪法,以试图建立一个强有力的政府,即美国联邦政府。参加立宪的主要人物有:强调联邦权力的麦迪逊、汉密尔顿、莫里斯、威尔逊等,强调州权的柏得逊、马丁、狄更斯,中间分子约翰逊、谢尔曼、平克尼兄弟、巴特勒等。① 他们在其后的美国政治舞台上发挥了很大影响。美国人通常称他们为"建国之父"(founding fathers)。

在对《联邦党人文集》等历史文献的阅读中,我们可以看到制宪会议的发端,既有理想的成分,诚如后来简短的宪法序言所言"为建立更完善的联邦,树立正义,保障国内安宁,提供共同防务,促进公共福利,并使我们自己和后代得享自由的幸福"之目的,也有平衡当时各州之间的经济冲突的功利因素。

在起草美国宪法的过程中,美国建国者们也许不再持守英国保守党这样的政治立场,即认为人类可以不依靠政府的帮助而取得巨大进步,但是他们依然相信生活中尽可能大的领域应该免受政府的干预,对人和资源的控制应缩小到极小范围。但是如何让联邦政府足够强大又不至于成为凌驾人民之上的怪物?如何制造一个强大的国家机器又使人民的自由能够得以保障呢?权力必须分立制衡的宪法原则在这种思考争辩中产生。同时,在确立分权的政府框架时,"建国之父"认为必须制定一些保护个人自由,使个人自由免于政府权力侵害的条款,作为整个宪法的组成部分。这就是著名的《权利法案》。

整个制宪过程是一个不断争吵和妥协的过程,在政府权力必须受制约来保障公民权利这一基本观点一致的情形下,主要的分歧有:

---

① 约翰·亚当斯和杰斐逊当时分别为驻英公使、驻法公使,故未能参加会议。

联邦与州权限的比例,立法机关如何产生以及议员名额如何在大州和小州之间分配,北方和南方利益的分配等。有些分歧至今未能解决。在处理大小州利益分配的问题上,最后达成协议,参议院无论大小州由每州两名代表组成,众议院由各州按人口比例选举产生。这在美国历史上被称为"最伟大的妥协"。但是作为妥协的产物,美国1787年宪法保留了有限的奴隶制。而关于女性权利问题,本宪法无暇顾及,而是留待此后的历史对它修正。

1787年宪法在制定后的第二年,即1788年6月,得到所规定的9个州的承认,从此合众国的宪法开始生效。1789年1月,举行第一届总统选举。同年4月,选举华盛顿为第一任总统,合众国政府开始工作。权利法案,即宪法修正案的前10条,是在1791年依法被四分之三的州通过之后,成为美国宪法的一部分,它宣布公民享有宗教信仰、言论、出版、集会、请愿自由,并规定国会不得立法限制以上自由;还规定公民有携带武器的权利;公民除非根据大陪审团的报告或起诉,不得受判处死罪或其他不名誉罪之审判;不得在任何刑事案件中被迫自证其罪;不经正当法律程序,不得被剥夺生命、自由或财产,等等。其他修正案中,美国纠正种族歧视(第13、14、15条宪法修正案);给女性以平等选权(第19条宪法修正案);此外,还规定总统的限任制、总统和副总统的选举事宜、有关国会组成职权等方面的内容。从文本上,美国联邦宪法正是以"分权"和"权利保障"为主题展开的。美国立宪的两年以后,法国的1789年《人权宣言》这样来定义宪法:"凡是分权未确立,权利未受保障的地方,就没有宪法。"迄今200多年来,美国1787年宪法连同正式通过的27条宪法修正案,全部连续有效。

美国宪法原则有:人民主权和有限政府的原则;基本人权原则;权力分立与制衡原则;联邦与州的分权原则;文官统治原则等。其中权力分立与制衡原则是这部宪法的最显著特点。

(六)美国宪法的思想渊源

美国宪法的思想基础与美国宪法制定者的思想分不开。正是宪法制定者通过对历史的继承和反思,才有1787年宪法的经典之作。但贯穿在宪法之中的主要观念,如人人生而平等、彼此承担责任、代议制政府、分权制度、新闻自由、宗教信仰自由、集会自由、审判遵循正当程序、无罪推定等,并非宪法制定者首创。这些观念有以下来源:

1. 犹太教—基督教文明:美国著名法学家哈罗德·伯尔曼认为,从历史上来说,我们的整个文明以及精神遗产来自我们的宗教传统。尤其新教伦理因对美国社会的强大影响而在美国制度的形成和演进中发挥重大作用。16世纪初,马丁·路德发动的宗教改革在削弱了教会势力的同时,使国王权力得到加强,因而促进了近代国家的成长。同时,宗教改革运动促进了个人主义的发展。新教的加尔文派在英国发展为清教,清教主义是英国自由精神于近代勃兴的根源。"……十七世纪清教徒们,通过他们公开表示不服从英国法,从而为表达在英美两国各自宪法中的公民权利与公民自由的法律奠定了基础:言论和出版自由,宗教自由,反对自证有罪之权,陪审团不受法官支配,不受非法监禁之权,以及其他诸如此类的权利与自由。加尔文宗的教派自治主义也为近代社会契约和由被治者同意的政府概念提供了宗教的基础。"① 著名学者拉塞尔·柯克甚至认为18世纪最后25年里那些思考着的美国人,实际上并不是在哪个政治哲学家那里找到他们的秩序原则。相反,是在他们自己的宗教信仰里,在圣约书和《清教徒前辈移民的进步》中,找到他们的秩序原则。②

2. 希腊文明:雅典是民主制度的摇篮。人们常常把苏格拉底、柏拉图、亚里士多德及其他许多人的贡献主要归功于希腊人。但雅典的黄金时代仅持续了75年就因腐败而衰落了。希腊主要的历史学家修昔底德在其《伯罗奔尼撒战争史》第三卷中写道:"诸恶盖源于贪婪和野心滋生的权欲。"有鉴于希腊的历史,美国制宪者竭力设置有效的屏障用以对付贪婪、野心与腐败。他们从他人的苦难中吸取教训。拉塞尔·柯克说对大部分美国宪法的起草者来说,古希腊

---

① 参见〔美〕哈罗德·伯尔曼:《法律与革命》,贺卫方等译,中国大百科全书出版社1993年版,第35—36页。马克斯·韦伯在他的《新教伦理和资本主义》中,也探讨了相似的问题。

② 〔美〕肯尼思·W.汤普森编:《宪法的政治理论》,张志铭译,生活·读书·新知三联书店1997年版,第44页。

城邦没有什么先例可以遵循——唯一的例外就是希腊失败的政治经验提供了某些有益的负面教训。正像约翰·亚当斯所言,倘若还没有忘记希腊因不懂得分权制衡而造成的灾难,我们就要学会重视自由政府的制衡机制,即使是现代精英统治,亦不例外。尽管如此,拉塞尔·柯克还是承认柏拉图在其《理想国》《政治家》《法律篇》中所坚持的正义观、神圣道德法的存在以及亚里士多德的形而上学理论都被纳入美国的社会建制之中。①

3. 罗马文明:罗马的法律经由波利比奥斯、西塞罗、维吉尔和斯多葛派的阐释,进入美国的政治思想和法理学体系中。美国宪法的制定者在研究国家兴衰的时候,尤其将古希腊历史学家波利比奥斯对罗马宪法的评论视为权威。波利比奥斯描述了布匿战争时期的罗马国家权力的分配模式(罗马共和国政体由执政官、元老院和公民大会三部分组成),他认为,在罗马如日中天的日子里,"混合宪法"乃是构造政府权力的最佳途径。他和亚里士多德一样认为君主制往往沦落为专制独裁,贵族制往往沦落为寡头制,而民主制往往沦落为暴民统治。波利比奥斯的"混合政府"论直接影响了美国宪法对国家政体的建构。美国宪法设立的行政部门类似于君主制;司法部门类似于贵族制;立法部门则类似于民主制。而西塞罗的自然法理论构成了美国立宪的主要理论来源。自然法可以被理解为某种超越政治国家的权威的行为规则体系,这些规则源于神圣的律令、源于对人性最深刻的反思、源于人类长期的共同体经验,它是阐释人们借以构建共同体生活规则的道德原则。

4. 英国的普通法传统和宪治思想:英国人为美国人提供了语言、普通法、议会制、宗教结构和社会规范。英国中世纪的法治观念及其发展的历史遗产,对美国宪法制定产生了深刻影响。1215年的《自由大宪章》的签署是代议制在全国性政治中的实践,《自由大宪章》中最重要的"法律至上"的原则融入英国13世纪发展起来的普通法中,成为英国宪制的重要基石。这一原则确认所有人,包括国王本

---

① 参见〔美〕拉塞尔·柯克:《美国秩序的根基》,张大军译,江苏凤凰文艺出版社2018年版,第52—86页。

人都必须遵守持久法则,如果国王违反法律侵犯臣民的权利,那么贵族和民众的代议机构可以剥夺其权力。这一思想也构成了美国《独立宣言》和美国宪法的根基。柯克大法官的普通法思维和约翰·洛克的社会契约论、分权理论、法治理论是美国宪法的重要思想渊源之一。①

此外,法语世界对美国的影响也是巨大的。孟德斯鸠、加尔文深刻影响了制宪者。其中以约翰·加尔文的《论公民政府》、孟德斯鸠的三权分立思想及其法治学说的影响最为显著。美国制宪者普遍认为制衡机制即是从宪法上回应人性的败坏。

### 三、法国宪法

(一) 1789 年的三级会议

法国是欧洲大陆首先制定成文宪法的国家。

法国宪治的贡献在其哲理而非经验。促进法国宪法诞生的不是法国大革命中的街头民众,而是启蒙思想家的思想。在 1789 年的大革命以前,孟德斯鸠、卢梭、加尔文、伏尔泰、狄德罗早已闻名遐迩,他们的思想深刻影响着正在着手君主立宪改革的三级会议。但是,也正是思想的先行、制度的陈旧,酝酿了波澜壮阔的法国大革命。

在大革命前夕,三级会议的贵族阶层向国王路易十六提交的"陈情书"中表达了法国贵族(第二等级的代表)当时完全超越自身利益的社会理想,他们的要求有:起草一份人权宣言,确认人的自由,确保人的安全;禁止随意拘捕的国王密札;为穷人设立免费辩护人,预审公开和有辩护自由,刑罚对一切人平等,废除刑讯拷问,改善囚犯处境;保障财产不受侵犯,保障商业、劳动自由,宗教自由,出版自由,邮政保密;农村的福利及扶贫,建立济贫院;所有人有权直接或间接参与政府;废除旧制度中第三等级被迫服从的屈辱形式;确立君主立宪制;权力分立等。同时,第一等级的僧侣阶层的"陈情书"也向国王表

---

① 哈佛大学教授美国宪法的史学家爱德华·S.考文教授的《美国宪法的"高级法"背景》,全书五节中的整个第三节讲述了柯克关于限制王权、普通法思维以及"共同权利和理性"的学说,第四节介绍了洛克的自然法、自然权利、法治论学说。

达了相似的建议和要求。在这些陈情书中,我们看到了此后深具影响的《人权宣言》的影子。

1789年5月5日,这个被中断160年之久的三级会议正式在凡尔赛开幕(当时会议组成为第一等级僧侣代表291名,第二等级贵族代表270名,第三等级平民代表578名)。

此次会议打破了传统中的三级会议的许多惯例,它是在三个等级共同对路易十六这位相对开明又软弱、试图在法国的颓势中革新的国王的挑战中大获全胜之背景下召开的。这种挑战胜利带来的副产品是,民众看到自己已经不需要借助三级会议达到自己的诉求,转而由自己直接解决一切问题。三级会议开幕后的第五天,巴黎民众走上街头,攻占了仅仅关押了7名囚犯的巴士底狱。

(二)《人权宣言》

1789年7月14日以后,三级会议推选起草人正式起草一份权利宣言。拉梅特、西耶斯等参加了起草工作。制宪会议于8月26日通过了《人权与公民权宣言》,简称《人权宣言》。不管《人权宣言》在法国大革命的十年间其价值是否得以充分表现,它却给世界宪治带来了最深刻的影响。

《人权宣言》共17条,它规定了民主政治的一些基本原则。其主要内容是:(1)提出了人权理论。在它的序言中就提出:"不知人权、忽视人权或轻蔑人权,是造成公众不幸和政府腐败的唯一原因。所以决定把自然的、不可剥夺的和神圣的人权阐明于庄严的宣言之中。"(2)提出了法治思想。《人权宣言》第5条规定:"未经法律禁止的行为不得受到妨碍,任何人都不得被迫从事法律没有禁止的行为。"第10条规定:"意见的发表只要不扰乱法律所规定的公共秩序,任何人就不得因其观点,甚至宗教意见而遭受干涉。"(3)提出了近代宪治的国家学说。《人权宣言》第3条规定:"整个主权的本原主要是寄托于国民。任何团体、任何个人都不得行使主权所未明白授予的权力。"第16条宣称:"凡权利无保障,分权未确立的社会,就没有宪法。"《人权宣言》所宣布的民主和法治原则在打击封建专制制度和启发人们的宪治意识方面发挥了重要作用,它被人们称为"旧制度死亡证明书"。《人权宣言》是法兰西共和国的奠基石,也是法国宪法的先声,它是法国对人类宪治运动的最重要的贡献之一,它所确定的宪法原则至今被许多国家的宪治所实践。

(三) 1791 年宪法

1789 年 7 月 14 日以后,制宪会议还在朝着"君主立宪"的方向走。当时法国大革命远没有走得太远,立宪权主要掌握在从激进的"雅各宾俱乐部"分离出来的相对温和的"费扬俱乐部"成员手中。第一部欧洲大陆的成文宪法于 1791 年 9 月诞生。这部宪法以 1789 年的《人权宣言》为序言,正文由前言和 8 篇组成。按宪法规定,法国是按三权分立原则建立起来的君主立宪国家。宪法还实行新的国家行政区划,确认取消一切贵族爵位、世袭荣衔和领主裁判权,宣布全体公民都要纳税,新教徒和犹太人也与其他公民享有同样的权利。当然,这部宪法的历史使命以及由它建构的君主立宪制度随着路易十六被送上断头台而结束。

1791 年宪法对当时的欧洲宪治运动影响颇深,西班牙、挪威、比利时等国的宪法就是在该宪法的影响下制定的。

法国从 1789 年资产阶级革命开始至今,历时 200 多年,经历两次世界大战,国内外斗争尖锐复杂,政权交替频繁,国家制度也多次更迭,先后经历了法兰西第一共和国、第一帝国、第二共和国、第二帝国、第三共和国、第四共和国和现在的第五共和国。每次政权交替,必以一部新的宪法来建立新秩序。从 1791 年宪法到 1958 年宪法(法国现行宪法),共颁布 11 部宪法(不含 4 部修正案)。这与一部宪法连续稳定实践了 200 多年的美国形成了鲜明对比,这也使人们开始检讨卢梭式的社会契约论带来的"大民主"制度。但不管法国宪法史呈现了怎样的戏剧性,其宪法所体现出的现代民主宪治理念绝不会因其在实践中的成功与否而被诘难,尤其是把平等和自由紧密结合起来的《人权宣言》,是法国宪法最光辉的一页。

## 第二节 宪法的演变和发展

自法国大革命后,欧洲各国陆续发生了一系列立宪活动。1800年至 1880 年间确立和修订的宪法达三百多部。欧洲各国,除沙俄外,几乎无一不有一部宪法;除英国和匈牙利外,也无一不是成文宪法。从此以后,立宪运动成为世界发展的趋势;宪法成为每个政府合法存在的标志,即使是一个专制统治者,也不得不拿宪法作标签,以表示自己权力的合法性。从此在每一个公民权利得到保障的地方,分权得以确立的地方,都意味着宪法作出的成就。

但是,每一个国家宪法的产生已经不像英法美三国宪法那样因为有着上述的思想基础、政治基础和经济基础而瓜熟蒂落,也不只是单纯地为限制王权而制定,更多的是为了一个新的开始。宪法有的源于国家组成单位的联合,如加拿大、澳大利亚、印度和巴基斯坦的宪法;有的来自战场上的失败,如魏玛宪法、日本宪法;有的来自政变,如泰国宪法及非洲许多国家的宪法;有的来自独立运动,原为殖民地,宣布独立后制定本国宪法,如菲律宾、印度尼西亚、马来西亚、新加坡等。[①] 宪法的发展中,也出现了在诸多特征上有别于传统宪法的新型的宪法——社会主义宪法。在欧洲,欧盟法和欧洲宪法的出现,为欧洲各国的宪治实践赋予了新的含义。

中国学界在描绘和研究宪法发展的阶段时,会采取不同的学术视角,比如有的将宪法发展分为以下几个阶段:宪法的普及时期(18世纪末到20世纪初第一次世界大战)、宪法的社会化时期(第一次世界大战到第二次世界大战期间)、宪法的民主化时期(第二次世界大战结束至今)。[②] 有的把宪法的发展分为近代宪法的发展和现代宪法的发展,这里的近代宪法特指英美法宪法,现代宪法以1918年《苏俄宪法》和1919年的德国《魏玛宪法》的颁布为标志。[③] 有的从立宪主义在全球的崛起这样的大视角来研究宪法的发展。这些视角为我们注释了学界对宪法史以及宪法本身的不同理解,可以开拓我们的视野。本书主要从两个角度看宪法的演变和发展:一是传统宪法在西方世界的发展及其对世界各国宪法的影响;二是社会主义宪法的产生如何实现传统宪法的演变。

---

[①] 参见[英]K. C. Wheare, Modern Constitution, Oxford University Press, London, 1962.
[②] 参见董和平、韩大元、李树中:《宪法学》,法律出版社2000年版。
[③] 参见周叶中主编:《宪法》,高等教育出版社、北京大学出版社2000年版。

## 一、宪法在西方世界的发展

这里定义的西方世界不只是特指地域意义的欧美国家。伯尔曼在《法律与革命——西方法律传统的形成》的导论部分开宗明义地宣称,西方是不能借助罗盘找到的,而是具有强烈时间性的文化方面的词汇,它不仅仅是一种思想,它也是一个社会共同体,一个由吸收古希腊、古罗马和希伯来典籍并予以改造的诸民族构成的共同体。

### (一)美国宪法的发展

美国宪法依然是1787年生效的那部宪法,如果论及美国宪法的发展,一方面是与该宪法对时代发展的极强的包容能力相联系的。这得益于立宪者在制定宪法时赋予宪法极其合适的定位。它所确立的联邦主义原则、分权制衡原则、人民主权原则、人权原则、法治原则,使得这部宪法可以成为解决现实中的一切纠纷的最高标准,成为美国社会认同的最高权威。另一方面,美国宪法的发展也得益于其司法审查制度。司法机关拥有对立法机关的立法行为和法律的合宪审查权、拥有对行政机关行为的合宪审查权以及上级法院对下级法院的行为的合宪审查权,不是源自宪法的授权,却来自宪法的实践。正是司法审查制度使得美国宪法打破历史的藩篱,适应时代的发展。

### (二)英国宪法的发展

英国在20世纪末到21世纪的近20年的时间里,进行了多项宪治改革,主要的内容有:(1)人权保障。1998年制定《人权法案》,该法案移植了《欧洲人权公约》的大部分条款。(2)司法改革。2005年通过《宪政改革法案》,对英国的司法系统进行改革,2009年10月,成立英国最高法院。最高法院分享了原来贵族院和枢密院司法委员会的权力,其设立改革了贵族院上诉法院拥有终审权所带来的立法权和司法权不分的问题,独立的最高法院的存在阻却了法官参与立法机构活动的可能性,更加明确分权的原则。此外,最高法院的设立也是英国对欧盟为实现人权公约在机构设置上的要求的回应。(3)贵族院改革。英国议会中的贵族院从14世纪与平民院分庭而治以来,对其变革就没有停止过。从《议会法案》到终身贵族制,再到第一位女性议员进入贵族院,贵族院的职权、地位、人员构成发生了许多变化。1999年英国成立贵族院改革皇家调查委员会,致力研究第二院的职能、作用,并提出重构方案。1999年10月,通过《贵族院法案》。2005年的《宪政改革法案》规定了贵族院改革的基本方向,对贵族院的成员构成及产生作出原则性阐述,指引下一步的改革。

除以上的改革外,英国持续至今的改革还有中央和地方的分权改革、大选制度的改革,等等。在英国当代的宪治体制下,议会的权力逐渐分解为不同的权力中心,威斯敏斯特将不再是英国唯一至高无上的机构,议会主权受制于选民的意志(选民通过定期自由选举选择自己信任的政府,替换不受欢迎的政党,对重大事件举行公投,等等),地方表达民意的机构自治权越来越深入,最高法院保留了对议会立法的审查权。英国的宪治改革使得其权力分立的界限越来越清晰。

(三) 德国宪法的产生和发展[①]

德国相比英法,立宪时间较短,可以说是在20世纪的中期才真正确立宪治。但德国宪治发展很快,其经验有很多值得借鉴和仿效。

君主制德国崛起于10世纪,帝国的皇帝为一小部分贵族(选帝侯)所选举,因而德国不是世袭制帝国,而是选举制帝国。皇帝与帝国议会分享权力,帝国议会则由选帝侯、高等贵族和城市代表组成。16世纪开始的新教改革导致了原有帝国体制的巨大变革。地方诸侯不服德意志皇帝管辖,加上宗教冲突,最终导致了三十年战争(1618—1648)。1806年,法皇拿破仑消灭了德意志帝国。在过去的数个世纪作为德国核心部分的奥地利独立成立了帝国。从1815年后,奥地利和普鲁士、巴伐利亚、汉诺威,以及另外37个独立的州和城市构成了德意志邦联(Deutscher Bund)。各邦多有宪法来保障基本权利以及规定君主与议会之间的分权,规定司法独立。因为君主享有主权,人民主权并未获得承认。

1848年宪法是德国在1848年革命期间起草的一部新宪法。这部宪法规定了对后代影响深远的现代人权法、民主化的议会制度和

---

① 可参阅 Encyclopedia of World Constitutions, Edited by Gerhand Robbers, Facts On File, Inc. New York, 2007.1。

强大的司法权。1866年,俾斯麦领导下的普鲁士建立了北德意志联盟,这是个中央集权的帝国。德法战争后,南德各州除奥地利之外都接受了北德联盟,建立了德意志帝国,也被称为俾斯麦帝国。1871的帝国宪法规定国王是帝国的首脑。法律由议会和联邦会议共同制定,各州在联邦会议里均有代表。法律规定了强大的司法权和公民权利,同时为回应左翼政党和的工会的要求,法律也致力于社会福利的改善。

第一次世界大战后,君主制被废除,德国制定了《魏玛宪法》,并在此基础上建立了魏玛共和国。1919年的《魏玛宪法》继承鲍尔教堂宪法的传统,试图对个人基本权利提供实质性保障。在魏玛共和国,男女均享有平等的投票权,人权得到全国性宪法的保障。但是宪法的有些条款不利于政治稳定。例如,比例代表制产生多个小党,致使在十几年中,魏玛共和国置换21个政府;简便的大众复决(referendum)程序易被滥用;内阁可在还未出现多数支持的新一届之前被选下台;总统和内阁在国家紧急状态中有巨大的权力。该宪法第48条规定:"如果公共秩序和安全受到严重扰乱或威胁,总统可采取必要措施恢复公共秩序和安全;如果必要,他可使用武力。并且他可宣布暂时全部或部分中止公民的基本权利。"14年间,这项权力被运用250次。总之,在一个矛盾重重的动荡社会,片面追求理想的民主目标,会造成统治不能的政府,无力阻止独裁统治。这些缺点,后来被人们认为与纳粹在1933年推翻共和国上台有联系。

德国在纳粹领导时期,数百万犹太人和其他人民被害,纳粹帝国对抵抗者的血腥镇压以及第二次世界大战导致其完全的道德破产。这次大战对文化与历史的打断和人们对其中苦难的震惊深深地影响了现行德国宪法即1949年基本法的制定。

《联邦德国基本法》(以下简称"1949年基本法")制定于1949年5月23日,共146条,分为11章。立宪者期望以此确保类似纳粹体制的邪恶政体绝不会再次出现。故此,宪法序言提到德国对在国家社会党统治下犯下罪行的责任,同时也包括对未来的承诺:"我德意志人民,认识到对上帝与人类所负之责任,愿以联合欧洲中一平等分子之地位促进世界和平,兹本制宪权力制定此基本法。"

1949年基本法紧随1848年宪法和魏玛宪法的脚步,扎根于宪法传统——例如法治、人民主权和人权。为改进民主制度的稳定性,宪法推出了新的解决方案。其中谈到如果任何宪法修正案影响保护人类尊严、基本宪法制度(例如法治、联邦原则),修宪无以成功。值得一提的还有,1949年基本法特别建立宪法法院体系以保证宪法的实施。这种集中的司法审查制度使基本法获得权威和尊重。

德国是联合国和北约成员,是参与欧盟创立的成员。作为欧盟成员,德国加入了欧洲一体化进程。和其他成员一样,德国已经将部分主权让渡给了欧盟。欧盟法现在对其成员已经有巨大影响力,并且还在增大。

(四)小结

在今天,将启蒙运动的思想体现在宪法中无疑已成为一股世界性的潮流。在某种意义上,宪法的发展是对英美法宪法精神的回归;同时,其发展不外乎也是以新制度来保障人权和制衡权力的尝试。例如魏玛宪法对公民权的新的演绎,奥地利不无创新的司法审查尝试,第二次世界大战以后的欧洲各国、欧盟和印度不容忽视的宪法法庭的作用等。尤其是第二次世界大战后德国1949年基本法及其实践,如此执着地持守分权原则、基本人权原则、联邦和州分权但各州和睦原则。1949年基本法还特别设置宪法法院来保证宪法的实施,它所制定的判例法,使1949年基本法活在德国政治生活和社会生活之中。

在越来越多的宪治主义者抛弃了革命道路的时候,在世界上也有另外一些国家将革命及其胜利后的宪法作为争取公共权力的最高成就。这样,世界上出现了另一种完全不同于西方宪法的宪法——社会主义宪法。

**二、社会主义宪法的产生**

1917年俄国十月革命胜利后,建立了第一个无产阶级专政的社会主义国家,与此相适应,社会主义类型的宪法也随之在世界上出现了。

为了捍卫革命的胜利成果,1918年7月第五届全俄苏维埃代表大会通过《俄罗斯苏维埃共和国宪法(根本法)》,简称苏俄宪法。它是世界上第一部社会主义宪法。这部宪法除前言外,由6编17章90条组成。主要规定了俄国为工农兵代表苏维埃共和国,一切权力归苏维埃;宣布消灭剥削和阶级,实现社会主义的目标和政策;规定苏俄宪法的基本任务是确立强大的以全俄苏维埃为政权形式的城市无产阶级与贫农专政,以便完全镇压资产阶级,消灭人剥削人;规定了苏维埃政权的结构,指出全俄苏维埃代表大会为苏俄最高权力机关等内容。

1922年12月苏联成立。为了巩固这个联盟,在1924年1月全俄苏维埃第二次代表大会通过了苏联宪法,成为第一部苏联宪法。

1936年12月全苏非常第八次苏维埃代表大会又通过了1936年《苏联宪法》。该宪法共13章146条,这部宪法的特点是:第一,它用立法程序确认了社会主义制度在苏联建成的事实。第二,它确认苏联生活中的社会主义原则,即生产资料的社会主义公有制;消灭剥削制度和剥削阶级;劳动成为每一个有劳动能力公民的权利和义务,等等。第三,它确认了苏联社会的阶级基础是工农两大劳动阶级的联盟,工人阶级是国家的领导阶级。第四,它确认苏联最高国家权力机关和立法机关是苏联最高苏维埃。第五,它还专章规定了公民的基本权利和义务、选举制度和苏联的国徽、国旗和首都。斯大林在《关于苏联宪法草案》的报告中,认为1936年《苏联宪法》的基本特点是:第一,该宪法是对已经走过的道路和取得的成就的总结,是把胜利果实用立法程序固定下来。第二,宪法的出发点是基于资本主义制度在苏联已被消灭、社会主义已经胜利的事实。第三,宪法制定的依据是社会上已经不再存在彼此对抗的阶级,社会是由工人和农民这两个互相友爱的阶级组成的,执政权属于这两个劳动阶级。第四,宪法具有深刻的国际主义性质,其目标是一切民族和种族权利平等。第五,宪法确认所有公民都有平等权,每个人依靠其能力和劳动决定其社会地位。第六,宪法不仅仅规定公民的形式上的权利,而是把重点放在这些权利如何实现。

1977年10月苏联第九届最高苏维埃第七次非常会议通过《苏维埃社会主义共和国联盟宪法(根本法)》。这部宪法除序言外,共9

部分21章174条,它继承了前三部宪法的基本思想和原则,但也有某些发展和变化,表现在:第一,宪法宣布苏联已完成无产阶级专政任务,发达的社会主义已经建成。以后的任务是进一步使之完善,改造为共产主义社会。第二,宣布苏联"是社会主义全民国家,代表工人、农民、知识分子和国内各族劳动人民的意志和利益","一切权力属于人民,人民通过作为苏联政治基础的人民代表苏维埃行使国家权力","苏联共产党是苏联社会的领导力量和指导力量"。第三,规定苏联经济制度的基础是生产资料社会主义公有制,包括国家(全民)所有制和集体农庄合作社所有制两种形式。国家促进集体农庄合作社所有制向国家所有制转型。第四,在苏联公民的基本权利方面,增加了公民享有住宅权、对国家机关及其工作人员的批评、控告权,以及从事科学著作、技术创造和艺术创作等权利和自由。第五,苏联的国家结构形式是联邦制,各加盟共和国是主权国家,享有自由退出苏联的权利,但取消了加盟共和国有组编本共和国军队的权力。第六,苏联国家机关的体系结构和组织与活动原则的规定与1936年宪法基本相同,但在国家机关的任期和职权方面作了某些改变。如,苏联最高苏维埃的任期由4年改为5年;地方苏维埃的任期由2年改为两年半。此后,在1988年的修订中建立了苏联人民代表大会制度,并以此作为最高权力机关,同时还设立了宪法监督委员会等,最后又设立由公民直接选举的总统作为国家元首。1977年宪法是苏联宪制史上的最后一部社会主义宪法。

苏联宪法尤其是1936年苏联宪法对后来走上社会主义道路的国家的宪法产生了很大影响。我国1954年宪法就是参考苏联1936年宪法制定的。

第二次世界大战后,出现了包括中国在内的一系列社会主义国家,它们都先后颁布了自己的宪法。这些宪法虽然各具自己的特点,但有其共同的特点:第一,宪法是一国政治纲领,是社会主义革命和社会主义建设的胜利果实的确认书,是社会主义革命和社会主义建设的经验总结。第二,特别重视在宪法中确认社会主义制度体系,包括社会主义公有制经济制度、具有社会主义特色的政治制度和思想文化制度。第三,十分强调宪法是"写着人民权利的一张纸",宪法更注重对"人民"的权利的确认。第四,为了体现人民主权的统一性和至高性,宪法更加表现为一张权力的集权图,而非分权图,宪法强调通过权力的分工合作来实现对社会的有效治理。

### 三、宪法的发展趋势

今天,尽管在世界上仍然存在西方宪法和社会主义宪法这两种完全不同的宪法表现形式,但是随着各国法律治理经验的积累,人们越来越意识到,人类社会的立宪道路在许多方面是共同的。首先,对权力的认识达成了共识,即权力必须受到制约,没有制约的权力会导致绝对腐败。其次认同为保障公民的权利和自由,国家应该推行法治。第二次世界大战以后,世界各国在宪治运动中所制定的宪法呈现出共同的发展趋势:

第一,各国宪法越来越强调对人权的保障,不断扩大公民权利范围。

第二,政府权力的扩大,是社会发展的必然。各国宪法一方面确认和授予政府更多的权力,另一方面也更加注重通过制定多种监督机制对政府权力加以限制,以防止政府权力之滥用。

第三,各国越来越重视建立合宪性审查制度来维护宪法的最高权威。越来越多的国家认为必须设立一个专门机关行使合宪性审查的职能。目前世界上绝大多数的国家采用了具有司法性质或者准司法性质的机关,比如由普通的法院、专门的法院(最高法院或宪法法院)、宪法委员会来审查违宪案件。

第四,宪法领域从国内法扩展到国际法。许多国家的宪法出现了同国际法相结合的内容,在人权的国际法保障方面尤为突显。

## 第三节 1949年以前中国宪法的产生和发展

### 一、宪治问题在中国历史上的提出

中国古代传统政治的本质是一种专制政体已是不争的事实。中国"法制"自古发达,但就现代意义上的"法治"实践,极其缺乏。传统政治哲学虽有对王政进行限制的零星学说,但缺乏系统地对帝王权力进行理性且合理限制的理论建构和制度设置。尽管中国古籍文献中很早就出现过"宪法"(宪)一词,但"宪"依然囿于"监于先王成宪,其永无愆""赏善罚奸,国之宪法也"①中的治民的律令之义。它们与现代意义的宪法(即规制国家权力,保障人民权利的法律)是完全不同的概念。

宪法,对于中国,是在近代从西方继受而来的。这种继受,不是主动而是被动。鸦片战争以后,面对西方的坚船利炮,中国面临着救亡图存的境况,为了自强自救而开始了学习西方的历程。从洋务运动到戊戌变法,中国经历了从取法西方的兵器、声光化电之技到师西方宪治之术的重大转折。近代意义上的宪法概念正是伴随着这一过程传入中国的。

中国宪法的历史表面上呈现为一个个宪法性文件的诞生,实际上是中国人对宪制文化和宪制理论的不断的解读过程,不断地深入认识过程。从清末和民国的宪治经历看,把宪治文化作为外来的政治文化加以模仿,其形貌易得,而精神难求。当一种政治文化的相关基本信念,未经过有效的社会化过程,升华为人生或日常生活的基本信念之前,其形貌性的制度,是很难产生预期的功效的。② 直至今天,宪法精神的内化在中国仍是一个问题。

### 二、中国立宪思想的萌芽及发展

立宪运动虽以光绪末年为起点,但有关立宪思想,早在鸦片战争前后就已发生。梁廷枏曾著书《合众国说》,对美国政治备至倾慕。中国最早使用宪法一词的是19世纪80年代的改良主义思想家郑观

---

① 中国典籍中"宪"主要有两个含义,第一为"法令的颁布",如"而宪邦之刑禁,以诘四方邦国,及其都鄙,达于四海"(《周礼·秋官司寇·司隶》);"法者,宪令著于官府,刑罚必于民心"(《韩非子·定法》)。第二意为"重要的法律",如"监于先王成宪,其永无愆"(《尚书·说命下》);"赏善罚奸,国之宪法也"(《国语·晋语》);"正月之朔,百吏在朝,君乃出令布宪于国。宪法既布,有不行宪者,谓之不从令,罪死不赦"(《管子·立政》);"有一体之治,故能出号令,明宪法矣"(《管子·七法》)。

② 英美学者,常形容其民主为一种生活方式。这也是托克维尔在《论美国的民主》中盛誉美国民情的原因之一。

应,在其所著的《盛世危言》一书中提出了立宪和实行议会制的主张。同时,一批知识分子像王韬、钟天纬、薛福成、陈炽等人认为西方的强大富足蕴藏在西方的宪治及其文化之中。可以说,他们是认识到中国与西方的差距不在技术而在制度的第一批人。在这段时期,思想界言论所表现的特点一是抨击专制政体的不当[①],二是介绍西政的足取之处。[②] 但是,在他们那里,宪法更多的是基于强国的需要,而不是对王权的认识而发生,而且无论介绍还是陈述都要依托古制。这些议论都发自在野士大夫或使节,很难到达朝廷,因此不能对朝政发生积极影响,但对社会产生了一定的教育作用,以致五四运动以后,法治文化的核心——自由主义思潮在中国形成潜流。

中国的自由主义,并没有经过西方古典自由主义的知识洗礼,从五四运动时代开始,便表现出明显的新自由主义倾向,力图将自由主义与社会主义加以某种调和。另一种思潮是社会民主主义。这一流派原来在西欧属于马克思主义。社会民主主义最主要的代表是张君劢和张东荪,以及后来的罗隆基、储安平、潘光旦、萧乾等知识分子。他们有很强的民族观念;主张政府应当由国民代表会议选举,各党领袖参加组成;私有财产是个人谋生存和安全的基础,同时共有财产则为调整私人经济、谋社会公益的条件,国家应实行计划以消除贫富不均。他们还主张直接实行宪制,提倡政治的谅解和宽容。但是,中国知识界关于宪制的思想一直没有成为主流思想。而对于更多的中国人来说,伴随着屈辱历史的记忆"使得许多中国人尽管懂得'师夷之长技'的道理,但还是对盎格鲁撒克逊式的自由民主主义体制保有深深的戒备乃至潜意识的反感。其结果,自由的道理不得不服从自卫的道理,民主主义的问题常常被扭曲成民族主义的问题"[③]。也许正是不能澄清的思想,导致了中国从清末以来立宪过程的辗转和挫折。

---

① 如严复所著《辟韩》、刘祯麟所著《皇朝经世文编》、梁启超所著《论中国积弱由于防弊》等文。他们认为专制最大的缺点在于基本观念上的一个"私"字,而高压与愚民便成为君主保持权位的治术。

② 如严复之《法意》、王韬之《西学辑存》、何启和胡礼垣之《新政真诠》、谭嗣同之《仁学》等,以及当时清朝派赴各国的使节,也多有日记和笔记之类的编撰叙述。

③ 季卫东:《宪政新论》,北京大学出版社 2002 年版,第 26 页。

### 三、1949年以前的立宪运动实践

(一)清朝立宪运动

1. 从"戊戌变法"到五大臣出洋考察

清朝末年,帝权过重,吏治不修;军事失利,外患加重。尤其1895年"甲午战争"以及此后的《马关条约》震撼了中国知识分子,使许多改良主义者认识到制度建构的重要性。一时间西学在朝野上下蔚然成风。1900年康有为、梁启超提出"伸民权、争民主、开议院、定宪法"等主张,并影响了光绪皇帝,从而掀起了"戊戌变法"运动,中国的宪政运动已然起步。1898年光绪在维新思想的影响和慈禧太后的默许下施行"新政",在短短的一百多天颁布了110条维新法令,这就是"百日维新"。新政主要涉及官僚机构的精简、财政制度的集中、官吏选拔制度的变革、满族特殊待遇的取消等内容。新政因深深触动清朝统治者的切身利益而被以慈禧为首的保守势力镇压,光绪皇帝亦被软禁。在当时的清廷,唯慈禧太后同意立宪尝试,立宪才成为可能,而迫使慈禧立宪的原因主要有:

其一,百日维新的失败更使得宪法观念在中国知识阶层得以传播,民主和自由成为有志之士代民诉求的政治口号,以康有为为首的君主立宪派极力呼吁"立行宪法,大开国会,以庶政与国民共之";其二,孙中山等人领导的革命活动对清政府的专制统治构成极大威胁;其三,西方国家以中国法律野蛮残酷为由,拒不接受中国法律的约束;其四,1900年慈禧欲以"义和团"与西方列强抗衡的运动失败后,保守派也意识到不改革无出路,张之洞、荣禄、刘坤一等均奏请变法。部分朝臣疆吏回应社会舆论热烈讨论立宪问题,也纷纷以立宪为请。① 正是在内忧外患的境遇下,慈禧治下的清政府才不得不为民主宪政的实验。

1905年6月,清廷选派载泽、戴鸿慈等五大臣出洋考察宪政。

---

① 廷臣奏请立宪,从驻法大使张宝琦开始,此后驻英大使、驻美大使先后上书;其他如学部尚书张百熙、滇督丁振泽等纷纷上书要求立宪,故清廷的立宪从言语化为行动,与这些进言奏请不无关系。

并仿照日本明治维新设立宪政调查馆,以便"延揽通才,悉心研究,择各国政法之于中国治体相宜者,酌斟损益,纂定成书,随时呈进,候旨裁定"。

五大臣分两路分别对欧美各国以及日本进行考察,于1906年7月回国。考察归来的大臣都同声要求仿行宪政,载泽在奏折中把君主立宪制的好处归纳为三:一曰"皇位永固",一曰"外患渐轻",一曰"内乱可弭"。清朝政府终于决定做一尝试。

1906年7月13日,清廷颁布"仿行宪政"的上谕,确定预备立宪的原则是"大权统于朝廷,庶政公诸舆论"。并着手改革官制,另设资政院,以便"博采群言";设审计院,以"核查经费"。1907年开始筹设的资政院,是议会的基础,资政院可以决议国家财政预算案、税收、法律等事宜;同时各省也设立谘议局,作为地方议会性质的机构。1908年8月27日颁布《钦定宪法大纲》,1909年颁布《资政院院章》,1910年10月资政院正式开会。1910年立宪派连续发动三次大请愿,要求提前召开国会,成立责任内阁。各省督抚鉴于形势严峻,纷纷要求政府从速建立国会和内阁。清廷被迫把预备立宪的期限由九年缩为五年,并于1911年5月成立内阁。因13名内阁中,皇族5名,且重要权力均由皇族掌握,故称"皇族内阁"。

1911年5月,清廷将全部私人铁路干线收归国有,并与外国列强签订借款协议,使之通过借款或直接投资获得修建中国铁路的垄断权。这些被视为"卖国"行径,于是全国保路运动如火如荼,同时革命暴动的势头也蔓延全国。1911年10月10日,武昌起义爆发,许多省纷纷宣布独立,是为"辛亥革命"。清廷于10月30日被迫下诏罪己,释放自戊戌变法以来的一切政治犯,承认革命党为正式政党,命令资政院起草宪法,于是1911年11月出台《宪法重大信条十九条》,简称"十九信条"。

2.《钦定宪法大纲》和《宪法重大信条十九条》

(1)《钦定宪法大纲》

《钦定宪法大纲》,即《九年预备立宪逐年推行筹备事宜谕》,是清王朝拟定宪法条文的原则或纲要。《钦定宪法大纲》分为正文"君上大权"(14条)与附录"臣民权利义务"(9条)。其主要内容是:(1)规定君主神圣不可侵犯;(2)规定君主总揽统治大权;(3)规定臣民的各项权利义务,如"臣民于法律范围内,所有言论、著作、出版及集会、结社等事,均准其自由","臣民非经法律规定,不得逮捕监禁处罚","臣民应专受法律所定审判衙门之审判","臣民之财产及居住,无故不加侵害"。随后规定臣民有纳税、当兵、遵守国家法律的义务。

(2)《宪法重大信条十九条》

《宪法重大信条十九条》第1条、第2条确定了皇统万世不易,皇帝神圣不可侵犯。第3条规定"皇帝之权,以宪法所规定者为限"。第4条规定皇帝继承顺序由宪法确定。从第5条起,规定宪法由资政院起草议决,宪法改正提案权属于国会(议会)。确立公职的选举制度,规定国会(议会)议员要公选,总理大臣由议会公举,皇帝任命。第10条规定陆海军直接由皇帝统率,但对内使用时,应依国会(议会)议决之特别条件,此外不得调遣。第11条规定不得以命令代法律,除紧急命令,应特定条件外,以执行法律及法律所委任者为限。"十九信条"还规定了国际条约的缔结方法,将财政权归于国会(议会),裁判机关也由国会(议会)组织。

从以上内容可见"十九信条"架构的政体模式为君主立宪政体。信条虽然没有规定人民的权利,但实质性地限制皇帝的权力。"十九信条"与《钦定宪法大纲》相比有很大区别。第一,《钦定宪法大纲》的精神与绝对君主制相去几微,而"十九信条"可视为虚君责任内阁的拓本。第二,《钦定宪法大纲》是为预备立宪逐年推行筹备事宜而确立的原则和纲要,"十九信条"则是一部临时宪法,议会制君主立宪制依宪确立,国家统治的组织基本全备。即使国会(议会)一时不能组织,信条第19条也规定国会(议会)未开以前,资政院行使第8条至第16条赋予国会(议会)的权力。第三,《钦定宪法大纲》以日本宪法为参本,而"十九信条"则是仿照"英国之君主宪章"制定。从《钦定宪法大纲》到"十九信条",清朝完成了从日本二元君主制宪法到英国议会制宪法的转变。

"十九信条"初步确立了有关宪法的制定、修改、颁布和地位的制度,从而在中国宪法史上第一次使宪法具有了形式上的根本法意义。

3. 对清末立宪活动的评价

清末的预备立宪活动自1905年(光绪三十一年)肇始,至1911年(宣统三年)清帝逊位终止,前后不过七年的时间,虽然有始有终,却没有产生具体的结果。在制度上,除了略具雏形的司法体制外,其他的影响实在乏善可陈,但清末立宪史在中国的政治史上却有其特殊的影响。首先,从形式上看,清末立宪运动通过设国会、立内阁、建法院等举措,重构了国家政治制度;从实质看,它所代表的却是要改变中国传统政治形态的基本精神,要以近代西方的民主政体取代专制政体。从这种意义上说,它还是中西文化交流中的一件大事。其次,它也是中国法制近代化过程的开端。整个立宪过程,除一些廷臣疆吏的努力外,许多在野士大夫如梁启超、郑孝胥等积极宣传倡导,各省代表也是再三请愿,他们的表现播下了庶人与政的种子,也隐喻着对社会宪治的启蒙教育。①

不管怎样,清末立宪运动毕竟是中国宪治运动的起点,《钦定宪法大纲》也是中国第一个宪法性文件。从此,立宪不只是有志之士的政治信仰,而且成为当时和后世中国政治上最基本的不可抗拒的主流。

(二) 民国初年从南京临时政府到北洋政府时期立宪运动的演变(1912—1928)

中华民国大体可以分为三个阶段:第一阶段,南京临时政府时期(1912);第二阶段,北洋军阀统治下的北京国民政府时期(1912—1928);第三阶段,蒋介石统治下的南京国民政府时期(1928—1948)。

民国初年以来的共和运动,一直是以立宪为革命建国的指归。故1911年3月的《中华民国临时约法》明确规定了制宪的期间。自从临时政府的政权辗转至袁世凯、曹锟、段祺瑞等军阀之手,他们都不敢公开反对立宪,反而以实施宪政作为其巩固权位的幌子,于是有了袁记约法、曹锟宪法、段祺瑞的《中华民国宪法草案》等。所以从辛亥革命胜利到国民党北伐成功的十多年间,具体的立宪活动虽然

---

① 可参见荆知仁:《中国立宪史》,台湾联经出版事业公司1984年版,第168—171页。

时作时辍,但整个民国时期的立宪运动则是若断还续。

1.《中华民国临时约法》

(1) 产生的历史背景

1911年辛亥革命后成立的南京临时政府(1912年1月)结束了中国最后一个封建王朝,南京临时政府依《中华民国临时政府组织大纲》[①]组建,孙中山就任临时大总统,从此宣告了中华民国的诞生。但此时清朝皇帝并未退位,南北对峙局面又一次在中国的历史上出现。凭借在天津小站为清廷训练北洋军队起家并握有清廷实权的袁世凯甚至也被革命党视为当时最为合适的总统人选。袁世凯1901年继李鸿章后受任直隶总督和北洋大臣,袁世凯虽出卖光绪皇帝的维新运动,但于立宪运动他也是主要的推动者。在当时各省所成立的谘议局,亦均为亲袁人士掌握。1908年袁世凯被摄政王载沣强迫下野。武昌起义后,清廷不得已又重新任用袁世凯。论实力和经验,当时纵然是同盟会的汪兆铭和黄兴都认为总统一职非袁莫属。孙中山也多次致电袁世凯,称清帝退位即解职以待袁氏。袁世凯深知自己的分量,他采用了对革命党和列强以"赞同共和",对清廷以"养敌逼宫"的方式推翻帝制,攫取了辛亥革命的果实。但对于政治智能多半不离《资治通鉴》的袁氏,革命党人尚存戒心,为防止袁世凯专权独裁,在孙中山的倡导下,1912年3月颁布了《中华民国临时约法》。

(2)《中华民国临时约法》的主要内容和历史地位

《中华民国临时约法》是规范权力的一个尝试。约法共有7章56条,确定了民主共和的国家制度。根据"三权分立"原则,规定由参议院、临时大总统、国务院、法院等行使立法权、行政权、司法权。第二章比较充分地规定了人民的权利和义务。约法除了现代民主共和国所应有的主权、人权、治权、疆土、法院以及模仿美制两院制的国会等一般性条款外,最引人注目的是临时政府的模式由原来的美国式的总统制改为法国式的内阁制模式。约法规定,内阁总理直接向

---

① 武昌起义后,独立的各省都督府代表会议推举雷奋、马君武、王正廷起草《临时政府组织大纲》,并于1911年12月3日公布。该大纲仿照美国的总统制政治体制来建构中华民国的中央政权。孙中山就任后,对《大纲》作了修改,于1912年1月3日重新公布。

国会负责,因此大总统就成为虚位元首了。另外,约法还规定了严格的修改程序,约法得由参议院 2/3 以上议员或临时大总统的提议,经参议员 4/5 以上的人出席和出席议员的 3/4 同意方可修改。如此严格的程序,如同改《中华民国临时政府组织大纲》的总统制为内阁制一样,是为了限制袁氏的权力而设置的。

一般认为,《中华民国临时约法》是我国第一部具有资产阶级民主共和国性质的宪法文件。实际上,在《中华民国临时约法》之前已有《中华民国临时政府组织大纲》,故它是中华民国南京临时政府的第二个宪法性文件。从形式上看,它与此前的《组织大纲》有所不同,它已经有了总纲、民权条款及法院的专章规定;在内容上,以根本法的形式,确立了"主权在民""人人平等""三权分立"等民主共和原则;从其制定过程和成文内容看,它是中国第一部真正符合法治精神的宪法,为人们提供了与纲常礼教截然不同的价值取向。

但是,对于制约袁世凯的立法初衷,约法却是失败的。这一方面有约法自身的缺陷。它没有规定议会的不信任表决和内阁解散议会的权力;总理基本上是总统的助手并受制于参议院的弹劾;关于对法律法令的副署制度的规定在行文上也存在歧义,从而被袁氏利用来摆脱议会控制。另一方面,约法失败的更为主要的原因是中国的政客们没有信仰和尊重规则的传统,约法不过是政治筹码而已,当认为约法束缚自己的权力时,他们甚至不必费劲修改它,撕毁即可。

2. 天坛宪草

1912 年 3 月,袁世凯在北京就任临时大总统。1912 年 4 月参议院决定迁移北京,此后参议院通过了《国会组织法》《众议院议员选举法》和《参议院议员选举法》。1913 年,第一届国会正式成立,由同盟会改组的国民党占议席 45%,居各党之首。

国民党力图通过宪法来约束袁世凯的权力,袁世凯则竭力摆脱国民党和约法的控制,于是袁世凯和国民党之间就先选举正式总统还是先议定宪法发生争执,后国会绝大多数议员赞成先定宪法。于是 1913 年 6 月,参议院首先议定由两院各选委员 30 人组成宪法起草委员会。在 60 位宪法起草委员会委员中,国民党以 24 人居先。宪草委员会中,分为反袁派 33 席和拥袁派 27 席,因此袁世凯唯恐宪草对其不利,先以御用宪法研究会以暗示,失败后又捕杀国民党委员,国民党委员被杀被捕者达6人。宪法起草委员会为使工作有一结局,匆匆三读于11月1日将草案提交宪法会议。这就是《中华民国宪法草案》,即"天坛宪草"。该宪草进一步肯定和完善了《临时约法》。但其审议工作在袁蓄意阻挠下无从进行,直至1916年袁世凯去世方启动审议程序。"天坛宪草"公布于1923年10月10日。

3. 1914年的《中华民国约法》

1913年3月20日国民党领袖宋教仁遭到暗杀,不久之后袁世凯未经国会批准擅自和五国银行签订《善后借款合同》,讨袁的"二次革命"发生。袁世凯镇压革命后乘机削藩,迫使国会先行制定《大总统选举法》。1913年10月6日,中国举行历史上首次"总统大选"。袁世凯成为中国首届"民选总统"。袁世凯任总统后,为阻止"天坛宪草"的审议通过,解散国民党,致使国会因不足法定人数不能开会。继而袁世凯组建御用国会。1914年的《中华民国约法》就此制定,史称"袁记约法"。

"袁记约法"采用总统制,把各项国家权力集于大总统一身,行政、立法、司法、财政、军事等权均由总统拥有。在形式上总统的某些权力,虽然还要经过参政院的同意,但依照组织法,参政院不过是个由钦命人员组成的御用咨询机构,根本不足以制衡。这种总统集权制几近封建帝制,只不过贴上了"宪法"的标签而已,宪法本应具有的限制权力的特点在此消失殆尽。"袁记约法"实是站在宪法精神的对立面,它为袁世凯实行封建军阀独裁统治提供了合法依据,也为袁世凯复辟帝制铺平了道路。1915年12月12日,袁世凯称帝。1916年3月22日,袁世凯因为各方反对被迫取消帝制。

4. 1923年的《中华民国宪法》

袁世凯死后,黎元洪重新召集1914年国会以完成制宪。对"天坛宪草"的审议程序于1916年8月1日依照宪法会议规则,交付三读通过。其间经历许多纷扰和干涉,军阀混战不停,政党的纵横离合,主要事件有《大总统选举法》的提前制定,国会的第二次被毁,张勋的复辟之变,国会的改造,南北的对峙,省宪运动,曹锟贿选。最后还是在贿选的情形下,将尚需二读的宪法草案,草草完成三读。

1923年10月,曹锟以制宪为辞(因反曹而南下的议员大多热心制宪),以重贿为饵(据说以5000—10000元收购一张选票的办法①),贿赂国会议员,勉强凑足法定人数,当选为大总统。这些国会议员或为实践诺言,或为掩盖受贿真相,不得不对制宪事宜有所交代。在10月5日选举总统之后,匆匆地把宪法草案于3日之内完成二读与三读程序,并于10月10日曹锟就职之日,予以宣布。《中华民国宪法》由此而来,它又被人们称为"曹锟宪法"或"贿选宪法"。它在形式上是中国第一部正式宪法,但一直未施行。

《中华民国宪法》共13章141条,它以"天坛宪草"为蓝本,是北洋军阀统治时期比较完备的一部宪法。与"袁记约法"相比,它具有下列主要特点:第一,仿照西方宪法制度的内容,规定"中华民国永远为统一民主国"。在政体上按三权分立原则建构中央国家机关,设国会、总统、国务院及法院。第二,规定了比"天坛宪草"更为完备的责任内阁制。第三,采用地方自治制度。该宪法划分了中央与地方的权限,列举了属于中央与地方管理的各种事项。它反映了中央直系军阀对地方各派军阀的一种妥协和让步。

"曹锟宪法"极尽宪法的华美辞藻,尽采西方宪法文本上的精华,但其制定和颁布,丝毫没有妨碍曹锟在实际上建立军事专制独裁政权,它是一部只公布却始终未被施行的宪法。

5. 1925年的《中华民国宪法草案》

曹锟倒台后,皖系军阀段祺瑞当上了"中华民国临时总执政"。他上台后下令撤销曹锟的"贿选宪法",并宣告《临时约法》失效。1925年8月3日成立"国宪起草委员会",负责起草宪法,经过4个月的起草活动,就制定出一部《中华民国宪法草案》,并于12月11日三读通过。本宪法草案最引人注目的是它建立了"国事法院",由最高法院院长和4名成员以及参议院选出的4人组成,代表中国最早的宪法诉讼模式。由于拥有"议决宪法权"的国民代表会议召开之前

---

① 该数字仅是传闻,曹锟贿选到底花了多少钱,有多少议员受贿,一直是个秘密。即便是1924年冬直系被奉系所灭,曹锟从总统变为阶下囚之后,北京法院检察庭调查的结果中,也没有确实的结论。

段祺瑞政府便垮了台,所以这部宪法草案也就胎死腹中了。

纵观民国初期的立宪活动(包括20世纪20年代的作为近代中国最早联邦主义构想的"省宪运动"),按荆知仁先生的总结:"虽有堂堂正正的开始,却在战乱中无声无息地结束,于是向历史交了白卷。"①

(三)南京国民政府的立宪活动(1928—1948)

国民党的立宪是以孙中山宪政理论即"五权学说"和"宪政三阶段论"为理论基础的。"五权"即在西方的立法、司法、行政三权分立的基础上,另增设中国固有的考试权与监察权。"宪政三阶段"是指把实现宪政的过程分为"军政""训政""宪政"三个时期。军政时期,即以军事手段夺取政权,争取民权,构成宪政之政治基础。训政时期,即开启民智,训导国民认识民主,为实行宪政准备社会基础。训政以一省军政完成为开始,训政的基本方法是分县自治,即以县为单位施行民生主义和民权主义,包括选举、创制、复决与罢免权。宪政时期,即还政于民,实行五权宪政制度。按照孙中山的设想,任何省内的所有县完成自治,该省便完成训政,进入"宪政开始时期",中央即应允许该省国民代表选举省长。孙中山的宪政理想是其矛盾思想的产物,他一方面真切希望给人民以直接民权从而实现真正民主共和,但另一方面他又看到国民素质低下,尤其是中国民众的麻木、散漫、分裂。他所设置的"考试院"本身就是对人民缺少信任,对民权缺乏信心的表现。②

国民党的立宪过程正是经历了军政、训政、宪政三阶段。孙中山所设想的"训政"构想最终为蒋介石"党治"所实践。

1. 1931年《中华民国训政时期约法》

南京国民政府1928年北伐成功,这意味着"军政"的结束,"训政"之开始。这段时期,中国政局存在多党制。当时国内的主要党派,除国民党及无党派人士外,还有中国共产党、中国青年党、国家社

---

① 参见荆知仁:《中国立宪史》,台湾联经出版事业公司1984年版,第346页。
② 参见王人博:《宪政文化与近代中国》,法律出版社1997年版,第八章;荆知仁:《中国立宪史》,台湾联经出版事业公司1984年版,第358—382页。

会党(后改组为民主社会党)及中国民主同盟。对于国家宪治建设问题,政党间各有不同见解和主张。① 国民党遵循孙中山训政之主张,并归纳为:其一,训练人民行使政权;其二,从事非常之建设;其三,防止反革命派的活动。第一、二项被认为是建立宪治社会的需要,第三项被解释为巩固获得政权的需要。这两项工作以县自治为单位,具体内容有推行人民参政训练;推行经济和社会建设,包括定地价、开垦荒地、修道路、设合作社、设学校以及清户口,等等。② 孙中山的社会建设是"民权初步"的训政主张,其合理性在理论上受到一些英美学者的肯定③,但为国民党和国民政府所实践的历史因各种因素而显得不尽如人意。

1928年10月3日,国民党中央常务会议根据蒋介石的"谋中国人民思想统一,必须以党治国"的方针,制定《训政纲领》。《训政纲领》规定由国民党"训练国民使用政权"。这不仅引起其他党派的反对,国民党内部各派也不同意。1930年底,汪精卫等自行组织7人宪草委员会,制定《中华民国约法草案》,又称"太原约法草案",无形中推动南京制宪。蒋介石一面排除异己,一面主张召开国民会议,制定训政时期约法。1931年5月5日,国民会议召开,会议通过《中华民国训政时期约法》,并于同年6月1日由国民政府公布。从约法产生的背景及经过看,除了对孙中山之遗训并无争议外,可以说《中华民国训政时期约法》是当时国民党内部政治斗争的产物。

《中华民国训政时期约法》的主要特点有:第一,对于人民自由权利,除了宗教信仰外,都采取间接保障主义,即人权的保障有赖于法律,而政府亦可以法律限制人权。第二,在国民政府组织法外,将1928年的《训政纲政》全文载入,再度确定训政时期的党治形态。历史中国民党治下的党治形态的主要表现有:政权由党代表行使;政府由党产生;政府对党负责;主要法律由党建议修正及解释;国民党中

---

① 参见荆知仁:《中国立宪史》,台湾联经出版事业公司1984年版,第365—378页。
② 参阅国民政府"地方自治开始实行法"及国民政府"建国大纲"。
③ 研究中国问题的英国学者加尔根对之评价甚高;美国哈佛大学政治学教授Holcombe也认为这种革命程序非常合理,具有使革命和进化调和的价值。参见 A. N. Holcombe, The Chinese Revolution, Harvard University Press, 1930, pp. 312-314.

央执行委员会行使约法的解释权。第三,在政府组织方面,国民政府设置五院,在体制上采取委员制,但国民政府主席代表国民政府,五院院长及各部部长均由主席提请国民政府依法任免,所以总统制色彩浓重。

《中华民国训政时期约法》是国民党统治时期的一个重要文件,其有效期一直延续到1947年《中华民国宪法》的公布实施,尽管期间有过"五五宪草"的修订。

2. 1936年的"五五宪草"

在国民党所奉行的理论和主张中,训政应该只是进入宪政的必要过程。关于这个过程在时间上的久暂,孙中山有"以六年为限"的设想。所以国民党三届二中全会曾于1929年作出训政期为六年的决议。不过国民党的训政方略,并未能为党外人士所接受,国民党内部不少人士也在"九一八国难会议"的提案之机提出促成宪政的提案,多达六类十三案,主张应当结束"训政",召集国民大会,制定宪法,实行"宪政"。1935年10月国民党中央全会通过制宪五原则,责成立法院从速起草宪法草案。宪法起草委员会由孙科任委员长,张知本、吴经熊任副委员长,委员37人组成,并聘请王世杰等人为顾问。1935年10月,几经初审之后的宪法草案由国民政府转送国民党中央审议,最后由国民政府于1936年5月5日将《中华民国宪法草案》明令公布,又称"五五宪草"。

"五五宪草"全文共8章148条,依次为总纲、人民之权利义务、国民大会、中央政府、地方制度、国民经济、教育及宪法的施行修正。其主要特点有:第一,国体上规定"中华民国为三民主义共和国",这是在宪法中将某种特定的意识形态作为国体实质的开始,实际上是开了利用宪法实行"党治"的先河。"五五宪草"使国民党意志成为宪法的最高原则。第二,对民权的保障作了三类规定。第一类规定身体、居住、迁徙、言论、通讯、信仰、集会结社等自由为宪法列举保障之权利自由;第二类为概括的规定,即宪法所未规定的民权,在不妨碍社会秩序及公共利益的范围内,亦均受宪法之保障;第三类宪法所规定的民权,虽然都可以以法律予以限制,但限制民权之法律其本身内容必须以"保障国家安全,避免紧急危机,维护社会秩序或增进公共利益所必要者为限",并规定法院对此有司法审查权。第三,规定"国民大会"的结构。国民大会由各县大致按人口比例选举产生,任期6年。国民大会每3年集会一次,会期1个月。第四,采取五权政府体制。"五五宪草"规定了强总统和强政府的宪法框架。第五,在中央和地方的关系上,采取均权制。第六,设定过渡条款。

"五五宪草"公布后,国民党五届一中全会作出决议,着手制宪代表选举,后"七七事变"发生,抗日战争爆发,使得制宪会议一再推迟。但在抗战期间,朝野促成宪政的努力并未停止,直至1946年制定《中华民国宪法》。这些努力包括地方自治的推行;各级民意机构建立;参政会宪政期成会、宪政实施协进会以及政治协商会议先后均对"五五宪草"参酌各方意见,予以部分或整体的修改等。

3. 1947年的《中华民国宪法》

抗日战争胜利之后,宪制问题仍然是中国政治生活中的一个核心话题,而国共合作事宜则成为中国最中心的问题,它决定着中国政治制度的方向。1945年国共会谈的"双十会议纪要"中将举行政治协商会议视为实施宪政的步骤之一。1946年1月10日,国民党主持的政治协商会议在重庆开幕,政协的组成有国民党8人,共产党7人,民主同盟9人,青年党5人,社会贤达9人。政协组建宪法起草审议委员会,其成员为孙科、王世杰、王宠惠、绍力子、陈布雷等国民党员5人,周恩来、董必武、吴玉章、秦邦宪、何敬恩等共产党人5人,张君劢、沈钧儒、黄炎培、章伯钧、罗隆基等民主同盟5人,傅斯年、王云五等社会贤达5人。另有吴经熊、史尚宽等会外专家10人。

1946年1月31日以后宪法起草审议委员会根据政协精神制成"五五宪草"修正案,提出12项宪草修改原则,主要内容有:立法院由选民直接选举产生,其职能相当于民主国家的议会;行政院长由总统提名,经立法院同意任命,行政院对立法院负责;司法院由大法官组成,由总统提名,监察院同意任命;中央和地方采取联邦制,分权以制,各省可以制定省宪,但不得与国宪相抵等。显然政协草案对"五五宪草"的主要精神及制度的设置,都有极大的改变。国民党表示难以全盘接受,并希望其他党派能谅解他们的立场和主张。国民党六届二中全会提出五点修改意见,希望制定宪法以"建国大纲"为依据,反对联邦制和议会制。经过协商,国民党的意见被部分采纳,因此又达成三项协议,取消立法院的不信任权和行政院的解散权,改"省宪"为"省自治法"。这样几经审议会和政协综合组对各政党的意见的调和协商,至5月间大体定稿。1946年6月内战的爆发使审议工作告停。直至11月15日国民大会开幕,审议会就此前的修正案重新审议修正。在中国共产党已拒绝参加而缺席的情况下,11月19日通过了《政协会议对五五宪草修正案草案》(以下简称"政协宪草")。较"五五宪草",该草案还是有相当多的改变,以致提交国民政府立法院审议时,多数委员以该案对"五五宪草"根本上的改变太多为由,主张应予详加研讨。但院长孙科深知"政协宪草"产生的不易,主张直接将该草案提交国民大会。故立法院未对"政协宪草"有所更改,于11月28日由国民政府提交国大审议。

1946年11月的国民大会召开之前,国共就国大代表分配名额多次协商方达成协议,国民大会由区域选举代表、职业选举代表、特种选举代表和各党派代表组成,共有2050名代表。各党派代表的名额分配为国民党220名,共产党190名,民盟120名,青年党100名,社会贤达70名。此后因改组国民政府等问题协商失败,共产党和民盟宣布退出政协,拒绝参加国民大会。故此1946年国民大会缺席席位349名,其中共产党和民盟占310名。国民大会对"政协宪草"审议26天,经过三读程序,其中对某些问题的争议相当激烈。在151条条款中,维持104条,修改40余条,增加27条。1946年底国民大会通过《中华民国宪法》,定于1947年1月1日由国民政府公布,同年12月25日施行。故此,《中华民国宪法》不以"五五宪草"为蓝本,而是以"政协宪草"为稿本。虽然在三读程序中在一定程度上回到"五五宪草",但多多少少表明了它是一个政治妥协的产物。

1947年《中华民国宪法》除前言外,共14章175条。其主要内容是:(1)在国体规定上,规定"中华民国基于三民主义,为民有、民治、民享之民主共和国"。虽然三民主义仍是国家宪法的基础,但"民主共和国"的国体界定淡化其党治特征。(2)在政权的组织形式上,采取总统制和责任内阁制相结合的形式。宪法根据权力分立制衡的原则确立"五院制",在"五院"之上又设国民大会。(3)对中央和地方的关系,宪法特设专章,对各级政府的事权作了详细的列举,与1923年宪法颇为类似。宪法也规定了地方制度,各省可以根据省县自治通则制定自治法,但不得与宪法相抵触。足见该宪法虽名义上为单一制,实质上具有相当浓厚的联邦制色彩。(4)对人民的权利自由的规定,较"五五宪草"作了一些改动,如"在法律面前人人平等"之前加写"无分男女、宗教、种族、阶级、党派";还增写了人民的工作权、生存权应予保障;删除了"非依法律不得限制"的字样,等等。

《中华民国宪法》在早期的实施中,一些宪法精神和原则被篡改了。比如《动员戡乱时期临时条款》就规定总统可以连选连任,从而打破了宪法中总统不得连任两届的规定,扩大了总统的权力。再如宪法规定的自由和权利,又可以在一些特别法、普通法中加以剥夺,比如1947年5月颁布了《维持社会秩序临时办法》,严禁10人以上的请愿和一切罢工、罢课、游行示威。

1949年2月22日,中共中央发布《关于废除国民党六法全书和确定解放区司法原则的指示》,明确废除包括《中华民国宪法》在内的"六法全书"。

(四)人民革命根据地的宪法性文件

1927年中国共产党实行"农村包围城市,武装夺取政权"的方针,建立和扩大革命根据地,并在各个革命根据地建立政权。中国共产党开始对人民民主政权的总章程进行探索和实践。中国宪法问题随着中国革命的发展,开始有了与西方宪法有所不同的内容。中国共产党领导各革命根据地所颁布的许多重要的宪法性文件,其中具有代表性的有《中华苏维埃共和国宪法大纲》(1931年)、《陕甘宁边区施政纲领》(1941年11月)和《陕甘宁边区宪法原则》(1946年4月)等。同期,中国共产党对未来全国性体制提出基本构想和原则的主要理论文献有毛泽东的《新民主主义论》(1940年)和《论人民民主专政》(1949年)。这些成果,对1949年成立的中华人民共和国国家制度的建构和发展产生了深刻持久的影响。

1931年11月7日,中华工农兵苏维埃第一次全国代表大会在江西瑞金通过了《中华苏维埃共和国宪法大纲》,共17条,1934年1月由中华苏维埃第二次全国代表大会修改。其基本内容为:确定政权的性质是工农民主专政,"这个专政的目的,是在消灭一切封建残余,赶走帝国主义列强在华的势力,统一中国,有系统地限制资本主义的发展,进行苏维埃的经济建设,提高无产阶级的团结力与觉悟程度,团结广大贫农群众在他的周围,同中农巩固的联合,以转变到无产阶级专政";规定国家的组织形式是民主集中制的工农兵代表会议制,全国工农兵代表大会为中华苏维埃共和国的最高政权机关,在大会闭会期间,全国苏维埃中央委员会为最高政权机关,中央委员会下设组织人民委员会,处理日常政务,发布一切法令和议决案;规定工农劳动群众享有言论、出版、集会、结社等政治民主权利,并用政权的力量"保障他们取得这些自由的物质基础"。宪法大纲还规定了体现工农民主政权彻底反对帝国主义与封建势力,坚决保护工农劳动群众的政治经济利益,坚决保护少数民族和国际革命友人利益的劳动政策、土地政策、财经政策、对外政策、军事政策、婚姻政策、文教政策、宗教政策、民族政策等。《中华苏维埃共和国宪法大纲》是中国第二次国内革命战争工农民主政权的根本法,它确认了人民革命成果,指出革命发展方向和奋斗目标,带有一定纲领性。

1941年的《陕甘宁边区施政纲领》,是抗日战争时期陕甘宁边区的宪法性文件。1941年5月由中国共产党边区中央局提出,同年11月陕甘宁边区第二届参议会正式通过,共21条。纲领号召边区各社会阶级、各抗日党派,动员一切人力、物力、财力共同抗战,坚持与边区境外友党友军及全体人民的团结,反对投降、分裂和倒退的行为。它规定:中国共产党与各党派、群众团体按照"三三制"组织抗日民主政权,保证一切抗日人民的人权、政权、财权及言论、出版、集会、结社、信仰等各项自由民主权利。此外,还规定了改进司法制度、厉行廉洁政治、减租减息以及有关婚姻家庭、民族、外交、侨务等各方面政策。

1946年4月延安召开的第二届边区参议会第一次会议正式通过了《陕甘宁边区宪法原则》。该文件全文共五个部分,即政权组织、人民权利、司法、经济和文化。主要规定了人民代表会议制度的原则;武装自卫的权利和政府应提供的保证以及司法独立,等等。该文件具体体现了中国共产党提出的建立新民主主义国家的原则。这些原则对 1949 年中华人民共和国成立后的政权建设和法制建设产生了深远的影响。

## 第四节　中华人民共和国宪法的制定和修改

1949 年 9 月 29 日制定的《中国人民政治协商会议共同纲领》为即将成立的中华人民共和国的政治秩序提供指导。除了这一宪法性文件外，中华人民共和国先后颁布了 4 部宪法，即 1954 年宪法、1975 年宪法、1978 年宪法和 1982 年宪法。1979 年 7 月和 1980 年 9 月对 1978 年宪法进行过两次局部条文的修改。1982 年宪法即现行宪法自颁布以来，作了五次修改，即 1988 年 4 月、1993 年 3 月、1999 年 3 月、2004 年 3 月以及 2018 年 3 月的修订，共通过宪法修正案 52 条。宪法如此频繁的修改，是与中国共产党和中国政府对社会主义道路的不断探索分不开的。

### 一、《中国人民政治协商会议共同纲领》

1949 年秋，中国共产党邀请各民主党派、人民团体、人民解放军、各地区、各民族以及海外华侨等各方面代表共 635 人，组成中国人民政治协商会议，在普选的全国人民代表大会召开以前代行全国人民代表大会的职权。1949 年 9 月 21 日，中国人民政治协商会议第一届全体会议在北平开幕，9 月 29 日，大会审议通过了新政协筹备常务委员会起草的《中国人民政治协商会议共同纲领》（以下简称《共同纲领》）。

《共同纲领》除序言外，分总纲、政权机关、军事制度、经济政策、文化教育政策、民族政策和外交政策共 7 章 60 条。《共同纲领》在序言中宣告中国新民主主义革命的胜利"已使帝国主义、封建主义和官僚资本主义在中国的统治时代宣告结束"。"中国人民由被压迫的地位变成为新社会新国家的主人，而以人民民主专政的共和国代替那封建买办法西斯专政的国民党反动统治"。《共同纲领》界定中国人民民主专政是"中国工人阶级、农民阶级、小资产阶级、民族资产阶级及其他爱国民主分子的人民民主统一战线的政权，而以工农联盟为基础,以工人阶级为领导"。序言规定中国人民政治协商会议是"由中国共产党、各民主党派、各人民团体、各地区、人民解放军、各少数民族、国外华侨及其他爱国民主分子的代表们所组成的",是"人民民主统一战线的组织形式",中国人民政治协商会议"代表全国人民的意志,宣告中华人民共和国的成立,组织人民自己的中央政府"。中国人民政治协商会议一致同意"以新民主主义即人民民主主义为中华人民共和国建国的政治基础"。在正文中它规定人民代表大会制为我国的政权组织形式;宣布取消帝国主义在华的一切特权;没收官僚资本,进行土地改革;并且规定了国家对经济、文教、民族、外交等方针政策;规定了人民的权利和义务。

由于《共同纲领》规定的是国家制度和社会制度的基本原则及各项基本政策,尽管它还不是一部正式的宪法,但在内容上和法律效力上都具有国家宪法的特征,它对共和国成立初期的政治生活和社会生活起指导作用。《共同纲领》的许多原则在1954年宪法中得到了继承和发展,在我国宪法史上具有重要地位。

**二、1954年宪法**

1953年1月13日中央人民政府委员会第20次会议通过关于召开全国人民代表大会及地方各级人民代表大会的决议,并决定在这次全国人民代表大会上,制定中华人民共和国第一部宪法。为此,中央人民政府委员会成立以毛泽东为主席的中华人民共和国宪法起草委员会。此后,毛泽东领导有田家英、陈伯达等参与的中共中央宪法起草小组,起草宪法草案初稿。1954年3月24日中华人民共和国宪法起草委员会举行第一次会议,毛泽东主席代表中国共产党提出了中共中央起草的《中华人民共和国宪法草案(初稿)》。宪法起草委员会接受了这一宪法草案初稿,进一步广泛征求各方面意见并加以进一步修改后,于1954年6月1日形成《中华人民共和国宪法草案》,并将草案提请中央人民政府委员会讨论。6月14日中央人民政府委员会通过了《中华人民共和国宪法草案》,决定将草案公布,进行全民讨论,历时两个多月。9月9日,中央人民政府委员会举行会议,根据全民讨论中提出的意见,讨论并通过了经过修正的《中华人民共和国宪法（草案）》。在9月15日召开的第一届全国人大第一次会议上，宪法起草委员会向大会提请审议《中华人民共和国宪法（草案）》。1954年9月20日，第一届全国人民代表大会第一次会议全票通过该草案，我国历史上第一部社会主义宪法就此诞生[①]。

1954年宪法除序言外，分为4章106条。4章分别为总纲，国家机构，公民基本权利和义务，国旗、国徽、首都。它是在《中国人民政治协商会议共同纲领》的基础上产生，又发展了《共同纲领》。

1954年宪法序言明确指出我国建设社会主义的目标，确认了从新民主主义社会向社会主义社会过渡时期的党的总任务，并规定了实现这个目标的具体方法和步骤。第一章总纲规定中国是"工人阶级领导的，以工农联盟为基础的人民民主国家"，规定一切权力属于人民，人民行使权力的机关是全国人民代表大会和地方各级人民代表大会；宪法还规定社会主义过渡时期的经济制度，承认多种所有制并存，但同时也明确"国家保证优先发展国营经济"。第二章规定了国家机构。第三章规定了公民基本权利和义务。规定公民在法律面前一律平等，公民享有选举权和被选举权，享有言论、出版、集会、结社、游行、示威的自由，享有宗教信仰自由，享有人身自由、居住和迁徙的自由权，住宅和通讯秘密受国家法律保护。宪法也规定了包括劳动权和受教育权等经济社会文化权利。除对选举权、被选举权作了必要的限制外，对其他公民权利和自由没有作出限制性规定。

1954年宪法确认人民民主原则和社会主义原则为其宪法原则。该宪法结构以及关于国家机构的基本框架，为以后几部宪法确立了模式。

1954年宪法效力期长达21年，其实施情况分为三个阶段[②]：第一阶段（1954—1956），宪法发挥一定作用的时期。第一届全国人大决议确认所有从1949年中华人民共和国成立以来由中央人民政府制定、批准的现行法律、法令，除与宪法相抵触者之外，一律继续有

---

[①] 参见韩大元：《1954年宪法制定过程》，法律出版社2014年版。参见韩大元：《新中国宪法发展60年》，广东人民出版社2009年版。

[②] 参见韩大元编著：《1954年宪法与新中国宪政》，湖南人民出版社2004年版，第465—503页。

效。由此我国以1954年宪法为基础建立了统一的法律体系。第二阶段(1957—1965),宪法被忽视和破坏。由于受到"左"倾错误思想的影响,连续开展"反右"斗争、"大跃进"、人民公社化运动,将阶级斗争扩大化、绝对化,党内民主和人民民主受到严重破坏,社会主义法制遭到严重毁坏,宪法的地位和作用迅速减弱。这一时期宪法的民主原则和法制原则遭到严重破坏,主要表现为公民的基本权利与自由遭到严重破坏;人民代表大会制度的运行脱离宪法程序;国家重大决策缺乏合宪性基础;司法不遵行宪法而听命于党委和中央政策法令。到20世纪60年代中期,司法机关基本上处于瘫痪状态。第三阶段(1966—1975),即"文化大革命"时期,宪法在现实生活中完全失去应有的规范力和调整能力,公民基本权利完全失去宪法的保障,国家机构体系遭到彻底破坏。

1954年宪法为什么不能实施？总体看来1954年宪法存在时代带来的局限性:其一,其宪法理念深受1936年苏联宪法和斯大林宪法观的影响。宪法不是作为防止权力为害的契约书,而是作为"革命胜利果实的确认书"。这样必然不重视对权力制衡的设计,势必无能防范极权。其二,1954年宪法将自己定位为过渡时期的宪法,过分注重经济所有制模式的演变。这样就增加了宪法的不确定性,宪法成为国家经济政策变化的确认工具,其稳定性和权威性更容易受到挑战。其三,宪法实施缺乏系统的制度保障。宪法虽然规定了全国人大监督宪法的实施,但没有设置专门的机构和程序,不具操作性。其四,法治观念尚未成为政党和政府的普遍性观念。1954年宪法的局限性在1982年宪法中得到一些纠正。

### 三、1975年宪法

1956年底,随着社会主义改造的基本完成,生产资料社会主义公有制成为国民经济的基础,最后一个剥削阶级民族资产阶级已经不再存在,原来残留的地主阶级分子和官僚资产阶级分子的绝大多数已经改造成为自食其力的劳动者。这样,1954年宪法的一些规定已经过时,应予以修正。1957年春,毛泽东针对国家主席的建制变更问题正式提出可以考虑修宪,但因党内的"反右"运动,修宪程序远未提上日程。1970年3月中共中央委员会回应毛泽东1970年再一次的修宪建议,提出召开第四届全国人民代表大会和修改宪法的建议。同年9月6日,中共中央审查通过宪法起草小组提交的宪法修改草案,并决定向全国人大常委会建议在适当时候召开第四届全国人大通过宪法。该草案的条文甚至写上了"林彪是全党全军的副统帅"字样。后来由于林彪出逃死亡,第四届全国人大延期召开,这部宪法草案宣告破产。1973年8月中共中央决定重新筹备召开第四届全国人大,修改宪法,选举和决定国家领导人员。此时在党内权力斗争中江青集团已显占上风,他们也需要通过宪法实现"权力再分配"。1975年1月第四届全国人大召开,审议通过1975年宪法。

1975年宪法是对1954年宪法的修改,结构同于1954年宪法,除序言外也分4章,共有30条。第一章总纲部分由原来的20条减为15条;第二章国家机构由原来的64条减为10条,并且删去了"国家主席"一节;第三章公民的基本权利和义务由原来的19条减为4条。从严格意义上说,它仅是一个宪法大纲、一个政治纲领。

从内容上看,1975年宪法肯定了我国社会主义改造的成果,属于社会主义性质的宪法。但由于它是在"文化大革命"这一动荡时期制定的,存在着严重的缺点和问题。主要表现在:

1. 在指导思想方面,1975年宪法是以"以阶级斗争为纲"的基本路线作为指导思想,强调"无产阶级必须在上层建筑其中包括各个文化领域对资产阶级实行全面专政"。

2. 把"文化大革命"中国家机构的混乱状态确认下来,打破了国家机构的合理分工和正常活动。1975年宪法取消了国家主席建制;取消了1954年宪法规定的"人民法院独立进行审判,只服从法律"的制度,取消公开审判制度,取消被告人有权获得辩护的制度;取消人民检察院,规定由公安机关取而代之;地方各级革命委员会既是"地方各级人民代表大会的常设机关",又是"地方各级人民政府";将1954年宪法规定的国务院"统一领导地方各级国家行政机关的工作",改为国务院"统一领导全国地方各级国家机关的工作"。这些规定完全搞乱了国家机构的系统和分工,更谈不上对国家权力进行规范制约了。

3. 减少了公民的权利和自由。1975年宪法取消了1954年宪法"公民在法律上一律平等"的原则;取消了国家为公民享受经济、政治、文化等方面的权利和自由提供物质保障的规定;取消了对公民私有财产继承权的保护;等等。1975年宪法还把义务放在权利之先,强调公民履行义务是首要的,而享受权利则是次要的。

4. 从形式上看,条文语言如同标语口号,有的地方引用毛泽东语录作为某些条文,出现概念和文辞上的含糊不清。

**四、1978年宪法**

1976年10月,"文化大革命"结束。为适应新形势,宪法由中共中央政治局全体委员组成的修宪委员会进行修改。1978年第五届全国人民代表大会第一次会议召开,听取了叶剑英关于修改宪法的报告,3月5日大会一致通过了1978年宪法,由大会主席团公布施行,这是中华人民共和国成立以来的第三部宪法。

从结构上说,1978年宪法与前两部宪法一样,条文则从1975年的30条增加到60条。

从内容上看,1978年宪法恢复了1954年宪法的一些基本原则,指明我国进入了社会主义建设的历史时期,规定了国家在新时期的总任务。比较1975年宪法,该宪法还有以下几点重要变化:第一,在总纲中特别规定了发扬社会主义民主,保障人民参加国家管理、管理各项经济和文化事业的原则和具体措施。第二,在国家机关的组织和职权方面,恢复了检察机关的设置,取消了由公安机关行使检察权的规定。第三,在公民享有的权利和自由方面,这部宪法也增加了一些内容,对公民的控告权和申诉权也作了专门规定。但是,由于"拨乱反正"刚刚开始,"解放思想,实事求是"的思想路线和"实践是检验真理的唯一标准"的原则没有得到确认;"两个凡是"的思想还禁锢着人们的头脑;党的第十一届六中全会尚未召开,还没有能够对毛泽东的功过是非以及"无产阶级文化大革命"作出评价,因此1978年宪法并未能彻底摆脱"左"的影响,主要表现在:第一,序言中继续保留了"坚持无产阶级专政下继续革命""全面专政"的提法,对"文化大革命"仍持肯定态度;第二,在国家机构中,仍保留地方各级革命委员会的名称；第三，在公民基本权利和义务中还继续规定"四大"等极"左"的权利形式，等等。

1978年宪法在公布实施后不久又进行了两次局部修改，以适应现实生活中的需要。第一次是1979年的修改；第五届全国人民代表大会第二次会议通过了《关于修正〈中华人民共和国宪法〉若干规定的决议》，对1978年宪法的8条条文进行修改，修改的主要内容是：第一，决定在县级及县级以上地方各级人民代表大会设立常务委员会。第二，改"地方各级革命委员会"为"地方各级人民政府"。第三，将县级人民代表大会代表改为由直接选举产生。第四，上下级人民检察院的监督关系改为领导关系。第二次是1980年的修改，第五届全国人民代表大会第三次会议又通过了《关于修改〈中华人民共和国宪法〉第四十五条的决议》，取消了条文中关于公民"有运用'大鸣、大放、大辩论、大字报'的权利"的规定。

**五、1982年宪法**

促使1982年宪法产生的历史背景及主要历史事件有：

第一，1978年党的十一届三中全会开始全面纠正"文化大革命"的"左"倾错误。

第二，1980年邓小平在《党和国家领导制度的改革》的讲话中指出：一要实行法治，二要党政分开。他说："斯大林严重破坏社会主义法制。毛泽东同志就说过，这样的事在英、法、美这样的西方国家不可能发生。他虽然认识到这一点，但是由于没有在实际上解决领导制度问题以及其他一些原因，仍然导致了'文化大革命'十年活动。"他说："今后凡属政府职权范围内的工作，都由国务院和地方各级政府讨论、决定和发布文件，不再由党中央和地方各级党委指示、作决定。"这直接指导了宪法的修改。

第三，1981年党的十一届六中全会通过《关于建国以来党的若干历史问题的决议》，总结了32年来正反两方面的经验教训，明确了毛泽东的历史地位及其他许多重大理论与实际问题。

1980年9月第五届全国人民代表大会第三次会议接受中共中央提出的《关于修改宪法和成立宪法修改委员会的建议》，成立宪法修改委员会,主持宪法修改工作。① 从1980年9月至1981年6月间先后准备了五次宪法修改讨论初稿。1982年11月26日第五届全国人民代表大会第五次会议以无记名投票方式通过了《中华人民共和国宪法》。第五届全国人大代表共3421人,出席投票的代表3040人,收回投票3040张,其中同意票3037张,弃权票3张。

与过去几部宪法相比,1982年《宪法》具有以下一些特点:

第一,确定四项基本原则为总的指导思想。②

第二,宪法强调以经济建设为工作重点,同时又高度重视社会主义精神文明建设。

第三,坚持和完善社会主义经济制度。规定了包括个体经济在内的三种所有制形式;规定国家通过经济计划综合平衡和市场调节的辅助作用,保证国民经济按比例协调发展;明确允许并以法律保护外国企业、其他经济组织和个人在中国投资,从而为国家对外开放政策提供了法律依据。

第四,保障和扩大公民基本权利。1982年宪法在保护和扩大公民权利方面比前几部宪法有很大进展。具体表现在:(1)宪法结构顺序调整。1982年宪法把"公民的基本权利和义务"一章由原来的第三章提前到第二章,置于"国家机构"之前,以此反映对公民权利的高度重视。(2)公民权利和自由范围扩大。关于公民权利和自由的条款,1954年宪法是14条,1975年宪法只有2条,1978年宪法是12条,而1982年宪法则增加到18条。(3)强调权利义务的一致性。

---

① 1980年9月15日,宪法修改委员会召开第一次会议,叶剑英在会上发表重要讲话。彭真出席会议。会议决定设立宪法修改委员会秘书处,具体负责宪法的修改工作。胡乔木任秘书长,叶笃义、甘祠森、胡绳、吴冷西、张友渔、王汉斌、邢亦民为副秘书长。17日,秘书处召开会议,正式宣告成立。秘书处成员最初有许崇德、王叔文、肖蔚云、孙立、李剑飞等。

② 1981年7月,邓小平让彭真主持宪法修改工作。当时,党内外对如何修改宪法有各种各样的意见和不同认识,如宪法要不要规定坚持四项基本原则,怎样把四项基本原则写进宪法,是实行一院制还是两院制,是实行"三权分立"还是实行人民代表大会制度,是实行民族区域自治还是实行联邦制,等等。邓小平提出了四点意见:第一,理直气壮地写四个坚持;第二,写工人阶级领导的、以工农联盟为基础的人民民主专政;第三,写民主集中制;第四,写民族区域自治(彭真:《论新中国的政法工作》,中央文献出版社1992年版,第271页)。这实际上为宪法修改工作明确了指导思想。

第五,开始注意促进国家机构的民主化和效率化。与前几部宪法相比,该宪法开始体现对国家权力进行规范的功能。这些新的规定是:(1)加强人民代表大会制度。一是扩大了全国人大常委会的职权并加强了它的组织;二是规定委员长会议;三是设立若干专门委员会,加强了全国人大常设机构的建设。(2)在中央统一领导下,加强地方公权力机关的建设。规定县级以上设地方各级人大常委会;赋予省级人大及其常委会制定地方性法规的权力;赋予民族自治地方的人大制定自治条例和单行条例的权力。(3)县级人大代表实现直接选举。(4)规定限任制,即限制部分国家领导人的任期不超过两届。(5)实行行政首长负责制。(6)恢复国家主席的设置。(7)设立中央军事委员会,实行主席负责制,并规定中央军事委员会主席对全国人大及其常委会负责,这在军队国家化方面迈出了重大一步。(8)国务院和县以上的地方政府增设审计机关,审计机关独立行使审计权,从而加强了对各部门的财政和财务活动的监督。(9)实行政社分开,加强基层组织建设。在村一级设基层群众性自治组织,扩大直接民主。(10)改变了1975年宪法和1978年宪法中关于党政不分的规定,强调政党必须遵守宪法和法律,以宪法为根本活动准则,不得有超越宪法和法律的特权。

### 六、1982年宪法的修正

自1982年之后,我国在宪法修改的方式上,借鉴国际上修改宪法的经验,以宪法修正案形式对1982年宪法进行修改,以此保持1982年宪法的连续性和稳定性,同时增强宪法对现实的适应性,以便更有利于以宪法为核心的社会主义法律体系的建构。

(一)1988年对1982年宪法的修正

1988年,中共中央根据当时经济体制改革和对外开放进一步发展的实践,提出了修改宪法个别条款的建议。第六届全国人大常委会接受了中共中央的建议,并审议决定以此作为宪法修正草案,提请第七届全国人民代表大会第一次会议审议。会议于1988年4月12日通过了第一条和第二条宪法修正案,其内容:国家允许私营经济在一定范围内存在;土地使用权可以依法转让。具体内容如下:

第一条修正案增加《宪法》第11条规定,即:"国家允许私营经济在法律规定的范围内存在和发展。私营经济是社会主义公有制经济的补充。国家保护私营经济的合法权利和利益,对私营经济实行引导、监督和管理。"

第二条修正案把《宪法》第10条第4款"任何组织或者个人不得侵占、买卖、出租或者以其他形式非法转让土地。"修改为:"任何组织或者个人不得侵占、买卖或者以其他形式非法转让土地。土地的使用权可以依照法律的规定转让。"

(二) 1993年对1982年宪法的修正

1993年中共中央向第七届全国人大常委会提出修改宪法的提议。1993年3月29日第八届全国人民代表大会第一次会议通过了全国人大常委会提出的宪法修正案。这个修正案共9条,即从第三条到第十一条。其内容主要提出社会主义初级阶段理论;改计划经济为社会主义市场经济的经济体制;确定我国的多党合作制度和政治协商制度将长期存在。具体内容如下:

第三条修正案修改序言第七自然段。提出中国特色的社会主义理论,界定我国的社会发展阶段是社会主义初级阶段,提出该阶段的国家根本任务。

第四条修正案在《宪法》序言第十自然段末尾增加:"中国共产党领导的多党合作和政治协商制度将长期存在和发展。"

第五条修正案把"国营经济"改为"国有经济",即将《宪法》第7条"国营经济是社会主义全民所有制经济,是国民经济中的主导力量。国家保障国营经济的巩固和发展。"修改为:"国有经济,即社会主义全民所有制经济,是国民经济中的主导力量。国家保障国有经济的巩固和发展。"

第六条修正案确定家庭联产承包制,把《宪法》第8条第1款修改为:"农村中的家庭联产承包为主的责任制和生产、供销、信用、消费等各种形式的合作经济,是社会主义劳动群众集体所有制经济。参加农村集体经济组织的劳动者,有权在法律规定的范围内经营自留地、自留山、家庭副业和饲养自留畜。"

第七条修正案把"计划经济"改为"社会主义市场经济",即将《宪法》第15条"国家在社会主义公有制基础上实行计划经济。国家通过经济计划的综合平衡和市场调节的辅助作用,保证国民经济按比例地协调发展。""禁止任何组织或者个人扰乱社会经济秩序,破坏国家经济计划。"修改为:"国家实行社会主义市场经济。""国家加强经济立法,完善宏观调控。""国家依法禁止任何组织或者个人扰乱社会经济秩序。"

第八条、第十条修正案把"国营企业"改为"国有企业"。规定"国有企业在法律规定的范围内有权自主经营。""国有企业依照法律规定,通过职工代表大会和其他形式,实行民主管理。"

第九条修正案把《宪法》第17条修改为:"集体经济组织在遵守有关法律的前提下,有独立进行经济活动的自主权。""集体经济组织实行民主管理,依照法律规定选举和罢免管理人员,决定经营管理的重大问题。"

第十一条修正案把县、不设区的市、市辖区的人民代表大会每届任期由原来的3年改为5年。

(三)1999年对1982年宪法的修正

20世纪90年代以来,我国政治、经济生活都发生了显著的变化。第八届全国人民代表大会第四次会议把"依法治国,建设社会主义法制国家"的目标列入国家"九五"计划和2010年远景目标纲要之中;中共十五大报告和决议把"依法治国,建设社会主义法治国家"作为"党领导人民治理国家的基本方略"。可见治国方略在言辞上出现从"法制"到"法治",从"国家至上"到"法律至上"的历史性转变。另外,从经济发展形势看,1982年宪法及其修正案规定的部分经济制度内容比较滞后,不能对经济建设的进一步发展起引导作用,需要加以修订。

为此,中共中央成立了宪法修改小组,组织草拟了关于修宪部分内容的初步意见。1999年1月22日中共中央正式向第九届全国人大常委会递交关于修改宪法部分内容的建议。

1999年1月29日,第九届全国人大常委会第七次会议提出将《关于中华人民共和国宪法修正案(草案)》提请第九届全国人民代表大会第二次会议审议。1999年3月15日第九届全国人民代表大会第二次会议通过了宪法修正案。该修正案共6条,即宪法修正案第十二条到第十七条。修正案的主要内容包括:(1)在政治方面主要增加了邓小平理论和长期处于社会主义初级阶段的内容;(2)在经济制度上宣告私营经济、个体经济是社会主义市场经济的重要组成部分;(3)在法律方面增加依法治国的内容;将"反革命罪"改为"危害国家安全罪"。具体内容如下:

第十二条修正案在《宪法》序言第七自然段界定我国长期处于社会主义初级阶段。实现国家的根本任务理论指导中加进邓小平理论,并将"发展社会主义市场经济"作为国家的根本任务之一。

第十三条修正案在《宪法》第5条增加一款,作为第1款,规定:"中华人民共和国实行依法治国,建设社会主义法治国家。"

第十四条修正案把《宪法》第6条的经济制度的规定修改为:"中华人民共和国的社会主义经济制度的基础是生产资料的社会主义公有制,即全民所有制和劳动群众集体所有制。社会主义公有制消灭人剥削人的制度,实行各尽所能、按劳分配的原则。""国家在社会主义初级阶段,坚持公有制为主体、多种所有制经济共同发展的基本经济制度,坚持按劳分配为主体、多种分配方式并存的分配制度。"

第十五条修正案通过《宪法》第8条第1款的修改规定农村集体经济组织实行家庭承包经营为基础、统分结合的双层经营体制。

第十六条修正案把《宪法》第11条"在法律规定范围内的城乡劳动者个体经济,是社会主义公有制经济的补充。国家保护个体经济的合法的权利和利益。""国家通过行政管理,指导、帮助和监督个体经济。""国家允许私营经济在法律规定的范围内存在和发展。私营经济是社会主义公有制经济的补充。国家保护私营经济的合法的权利和利益,对私营经济实行引导、监督和管理。"修改为:"在法律规定范围内的个体经济、私营经济等非公有制经济,是社会主义市场经济的重要组成部分。""国家保护个体经济、私营经济的合法的权利和利益。国家对个体经济、私营经济实行引导、监督和管理。"

第十七条修正案把《宪法》第28条"国家维护社会秩序,镇压叛国和其他反革命的活动,制裁危害社会治安、破坏社会主义经济和其他犯罪的活动,惩办和改造犯罪分子。"修改为:"国家维护社会秩序,镇压叛国和其他危害国家安全的犯罪活动,制裁危害社会治安、破坏社会主义经济和其他犯罪的活动,惩办和改造犯罪分子。

(四)2004年对1982年宪法的修正

从1999年以来,中国的政治生活发生了很大变化,进入21世纪后的中国民情也有很大变化。21世纪前后,中国社会的几件大事件以及对这些事件的讨论,促使中国人的权利意识有了很大提高。人们开始重新审视国家的功能,越来越认同国家权力存在的理由是为了保护公民的权利和自由。与此同时,中国共产党也进一步调整其治国方略。党的十六大提出了"三个代表"的思想和政治文明的概念。按照惯例,这些观念必须经由宪法加以法律化。这样,对1982年宪法的第四次修改就提上日程。这次修宪活动无论在程序上还是内容上,都显示了中国宪治的新发展。

2003年6月6日,中共中央政治局常委、全国人大常委会委员长、中央修宪小组组长吴邦国主持高层专家会议,听取专家对修宪的意见。修宪前期准备工作已经正式启动。2003年8月28日,中共中央在中南海召开党外人士座谈会,听取各民主党派中央、全国工商联的领导人和无党派人士对《中共中央关于修改宪法部分内容的建议(征求意见稿)》的意见和建议。中共中央就此提出修改宪法的动议。在中共中央下发有关征求宪法修改意见通知后的初期,民间讨论颇为激烈,仅在北京的学术圈子里就组织了不下十次座谈会(有官方邀请的,也有自发的),各方人士包括法律学家、经济学家,积极向修宪领导小组表达修宪意见。人们在网上也提出了许多意见,修宪办公室同时收集整理了网上的信件。2003年10月11日,中共十六届三中全会审议通过了《中共中央关于修改宪法部分内容的建议》,形成14条修改意见。2003年12月22日,第十届全国人大常委会在北京人民大会堂听取中共中央关于修改宪法部分内容的建议的说明,修宪由此正式进入国家最高立法机关的立法程序。2003年12月27日,第十届全国人大常委会审议通过中共中央关于修改宪法的建议,并全票通过《中华人民共和国宪法修正案(草案)》,决定将它作为全国人大常委会的议案,提请全国人大审议。

第十届全国人民代表大会第二次会议于2004年3月14日以

2863票赞成、10票反对、17票弃权通过了2004年的宪法修正案(即第十八条至第三十一条修正案)。

2004年修正案的主要内容有：在序言中增加"三个代表"重要思想和政治文明等概念，对爱国统一战线的范围作出新的界定；加强合法私有财产的保护，确认私有财产权的概念，规定国家因公共利益对公民私有财产进行征收征用须给予补偿；表明国家鼓励和支持非公有制经济的发展；规定国家须建立社会保障制度；表明国家尊重和保障人权；"戒严"的概念被"紧急状态"替代；规定国家主席的国事活动权限；乡镇级人民代表大会的任期由3年改为5年；规定国歌和全国人大的组成等。具体内容如下：

第十八条修正案将"'三个代表'重要思想"写入宪法序言；在国家的根本任务中增加"推动物质文明、政治文明和精神文明协调发展"。

第十九条修正案将"社会主义事业的建设者"纳入爱国统一战线的范围。序言第十自然段第二句修改为"在长期的革命和建设过程中，已经结成由中国共产党领导的，有各民主党派和各人民团体参加的，包括全体社会主义劳动者、社会主义事业的建设者、拥护社会主义的爱国者和拥护祖国统一的爱国者的广泛的爱国统一战线，这个统一战线将继续巩固和发展。"

第二十条修正案规定国家因公共利益征收或征用土地须给予补偿，即《宪法》第10条第3款"国家为了公共利益的需要，可以依照法律规定对土地实行征收或者征用并给予补偿。"

第二十一条修正案把《宪法》第11条第2款"国家保护个体经济、私营经济的合法的权利和利益。国家对个体经济、私营经济实行引导、监督和管理。"修改为："国家保护个体经济、私营经济等非公有制经济的合法的权利和利益。国家鼓励、支持和引导非公有制经济的发展，并对非公有制经济依法实行监督和管理。"

第二十二条修正案把《宪法》第13条"国家保护公民的合法的收入、储蓄、房屋和其他合法财产的所有权。""国家依照法律规定保护公民的私有财产的继承权。"修改为："公民的合法的私有财产不受侵犯。""国家依照法律规定保护公民的私有财产权和继承权。""国家为了公共利益的需要,可以依照法律规定对公民的私有财产实行征收或者征用并给予补偿。"

第二十三条修正案把《宪法》第14条增加一款,作为第4款:"国家建立健全同经济发展水平相适应的社会保障制度。"

第二十四条修正案把《宪法》第33条增加一款,作为第3款:"国家尊重和保障人权。"

第二十五条修正案把《宪法》第59条第1款"全国人民代表大会由省、自治区、直辖市和军队选出的代表组成。各少数民族都应当有适当名额的代表。"修改为:"全国人民代表大会由省、自治区、直辖市、特别行政区和军队选出的代表组成。各少数民族都应当有适当名额的代表。"

第二十六条、第二十七条、第二十九条修正案将《宪法》中有关"戒严"的词修改为"紧急状态"。第二十六条修正案把全国人民代表大会常务委员会职权"决定全国或者个别省、自治区、直辖市的戒严"修改为"决定全国或者个别省、自治区、直辖市进入紧急状态"。第二十七条修正案将中华人民共和国主席"发布戒严令"修改为"宣布进入紧急状态"。第二十九条修正案把国务院第十六项职权"决定省、自治区、直辖市的范围内部分地区的戒严"修改为"依照法律规定决定省、自治区、直辖市的范围内部分地区进入紧急状态"。

第二十八条修正案把《宪法》第81条"中华人民共和国主席代表中华人民共和国,接受外国使节;根据全国人民代表大会常务委员会的决定,派遣和召回驻外全权代表,批准和废除同外国缔结的条约和重要协定。"修改为:"中华人民共和国主席代表中华人民共和国,进行国事活动,接受外国使节;根据全国人民代表大会常务委员会的决定,派遣和召回驻外全权代表,批准和废除同外国缔结的条约和重要协定。"

第三十条修正案把《宪法》第98条"省、直辖市、县、市、市辖区的人民代表大会每届任期5年。乡、民族乡、镇的人民代表大会每届任期3年。"修改为:"地方各级人民代表大会每届任期5年。"

第三十一条修正案将《宪法》第四章章名"国旗、国徽、首都"修改为"国旗、国歌、国徽、首都"。《宪法》第136条增加一款,作为第2

款:"中华人民共和国国歌是《义勇军进行曲》。"

(五)2018年对1982年宪法的修正

2018年3月第十三届全国人民代表大会第一次会议通过的《中华人民共和国宪法修正案》修改了《宪法》部分内容,其中修改的内容涉及《宪法》序言中的4个自然段(即第7、10、11、12自然段)和《宪法》正文17个条款(即第1、3、4、24、27、62、63、65、67、70、79、89、100、101、103、104、107条)的修改。同时《宪法》第三章"国家机构"中增加了"监察委员会"作为其中的第七节,从而使宪法条文总数从原来的138条扩展为修改后的143条。

这次修宪的主要目的,是要把中国共产党的十九大确定的重大理论观点和重大方针政策特别是习近平新时代中国特色社会主义思想载入国家根本法,体现党和国家事业发展的新成就、新经验、新要求,在总体保持宪法连续性、稳定性、权威性的基础上推动宪法与时俱进、完善发展,为新时代坚持和发展中国特色社会主义、实现"两个一百年"奋斗目标和中华民族伟大复兴的中国梦提供有力宪法保障①。

2017年9月29日,中央政治局会议决定启动宪法修改工作,成立宪法修改小组。宪法修改小组由张德江任组长,王沪宁、栗战书任副组长。2018年1月12日的中共中央政治局会议提出了修宪四个原则:(1)坚持党的领导,坚持中国特色社会主义法治道路,坚持正确政治方向;(2)严格依法按照程序进行;(3)充分发扬民主、广泛凝聚共识,确保反映人民意志、得到人民拥护;(4)坚持对宪法作部分修改、不作大改的原则,做到既顺应党和人民事业发展要求,又遵循宪法法律发展规律,保持宪法连续性、稳定性、权威性。2018年1月26日,中共中央委员会将21条《中共中央关于修改宪法部分内容的建议》,请全国人民代表大会常务委员会依照法定程序提出宪法修正案议案,提请第十三届全国人民代表大会第一次会议审议。

---

① 参见中共中央十九届二中全会公报。参见沈春耀:《中国宪法制度的若干问题》(第十三届全国人大常委会、专门委员会组成人员履职学习讲稿),来源:中国人大网,http://www.npc.gov.cn/npc/c541/201806/61fza47be3014237b43a7958b32d0fd3.shtml,2018年6月29日访问。

2018年3月11日,第十三届全国人民代表大会第一次会议无记名投票表决,以2958票赞成、2票反对、3票弃权通过了《中华人民共和国宪法修正案》(即第三十二条至第五十三条宪法修正案)。

这次修宪的主要内容有:(1)确立了科学发展观、习近平新时代中国特色社会主义思想在国家政治和社会生活中的指导地位。将科学发展观、习近平新时代中国特色社会主义思想写入宪法序言部分,将之与马克思列宁主义、毛泽东思想、邓小平理论、"三个代表"重要思想一起放在国家政治和社会生活的指导地位(第三十二条修正案)。(2)调整中国特色社会主义事业总体布局和第二个百年奋斗目标。在《宪法》序言第七段的"推动物质文明、政治文明和精神文明协调发展"中加进"生态文明"字样;将"富强、民主、文明的社会主义国家"改为"富强民主文明和谐美丽的社会主义现代化强国,实现中华民族伟大复兴"。(第三十二条修正案)(3)调整充实我国革命和建设发展历程的内容。将"改革"作为一个进程放进对中国革命和建设历史过程的描绘。《宪法》序言第十和十二自然段中,将"在长期的革命和建设过程中"修改为"在长期的革命、建设、改革过程中";将"中国革命和建设的成就是同世界人民的支持分不开的"修改为"中国革命、建设、改革的成就是同世界人民的支持分不开的"。(第三十三、三十五条修正案)(4)调整完善了广泛的爱国统一战线和民族关系方面的内容。在序言第十自然段将爱国统一战线范围在"全体社会主义劳动者、社会主义事业的建设者、拥护社会主义的爱国者、拥护祖国统一爱国者"基础上增加"致力于中华民族伟大复兴的爱国者"。序言第十一自然段将"平等团结互助的社会主义民族关系"的描述更改为"平等团结互助和谐的社会主义民族关系"。"总纲"第4条第1款提出我们要"维护和发展各民族的平等团结互助和谐关系"。(第三十三、三十四条修正案)(5)调整完善和平外交政策方面的内容,对外工作方面的大政方针。《宪法》序言第十二自然段中"中国革命和建设的成就是同世界人民的支持分不开的"修改为"中国革命、建设、改革的成就是同世界人民的支持分不开的";"中国坚持独立自主的对外政策,坚持互相尊重主权和领土完整、互不侵犯、互不干涉内政、平等互利、和平共处的五项原则"后增加"坚持和平发展道路,坚持互利共赢开放战略";"发展同各国的外交关系和经济、文化的交流"修改为"发展同各国的外交关系和经济、文化交流,推动构建人类命运共同体"。(第三十五条修正案)(6) 充实坚持和加强中国共产党全面领导的内容。在《宪法》第一章"总纲"第1条增写了"中国共产党领导是中国特色社会主义最本质的特征"。(第三十六条修正案)(7) 增加国家倡导社会主义核心价值观方面的内容。在《宪法》第一章"总纲"第24条第2款国家提倡"五爱"公德前增加"国家倡导社会主义核心价值观"。(第三十九条修正案)(8) 修改完善国家主席任职任期方面的规定。将《宪法》第79条第3款"中华人民共和国主席、副主席每届任期同全国人民代表大会每届任期相同,连续任职不得超过两届。"修改为:"中华人民共和国主席、副主席每届任期同全国人民代表大会每届任期相同。"(第四十五条修正案)(9) 完善全面依法治国和宪法实施方面的内容。将序言第七自然段中的"健全社会主义法制"改成"健全社会主义法治"。(第三十二条修正案)(10) 增加教育和激励国家工作人员忠于宪法,维护宪法,尊崇宪法,维护宪法权威的规定,在宪法中写入宪法宣誓制度。《宪法》第27条增加一款,作为第3款:"国家工作人员就职时应当依照法律规定公开进行宪法宣誓。"(第四十条修正案)(11) 加强全国人大在宪法监督方面的工作。在全国人大专门委员会中设"宪法和法律委员会",推进合宪性审查工作。《宪法》第70条第1款中"全国人民代表大会设立民族委员会、法律委员会、财政经济委员会、教育科学文化卫生委员会、外事委员会、华侨委员会和其他需要设立的专门委员会。"修改为:"全国人民代表大会设立民族委员会、宪法和法律委员会、财政经济委员会、教育科学文化卫生委员会、外事委员会、华侨委员会和其他需要设立的专门委员会。"(第四十四条修正案)(12) 完善国家监察体制,增设监察委员会。本次修正案中的11条修正案涉及监察委员会。修正案规定了监察委员会的产生、组成、性质、地位及其工作原则、领导体制,也规定了监察委员会与其他有关国家机关的关系。(第三十七、四十一、四十二、四十三、四十四、四十六、四十八、四十九、五十、五十一、五十二条修正案)(13) 完善立法体制,赋予设区的市地方立法权。(第四十七条修正案)

1982年宪法的五次修改,程序上都是由中共中央提出修宪建议,经全国人大常委会审议成为修宪提案,最后由全国人大表决通过。前四次的修宪的内容可以看出中国宪法变迁的方向。尽管每一次修宪都是以执政党改善执政模式为内容展开,但修改内容越来越关注对国家权力的建构和规范,越来越多的人权及人权保护条款写入宪法,使得这部宪法越来越呈现出它作为法律规范而非政治文献的特点。第五次修宪延续了这一趋势,尤其是对"社会主义法治"的文本确认,更加明确执政党和政府"全面推进依法治国"的治国方略。同时宪法权威的实现不仅形式上落实在宪法宣誓制度上,而且也有一个新的机构(宪法和法律委员会)来帮助实现宪法的实施。

# 第四章 国家性质

## 第一节 阶级性质

### 一、国家性质的内涵

国家性质就是国家的本质。毛泽东在《新民主主义论》中把它称为"国体"。国家性质是国家制度的核心,它决定国家的政权组织形式和国家结构形式,是组织和管理国家生活和社会生活的基本依据。决定国家性质的因素主要有三个:

第一,国家政权的阶级本质,即毛泽东所说的"社会各阶级在国家中的地位"。这是决定国家性质的主要方面。社会各阶级在国家中的地位,也就是在一个国家中各种政治力量的对比关系,包括两个方面:一是统治阶级与被统治阶级在国家中所处的地位,也就是哪个阶级是统治阶级,哪个阶级是被统治阶级;二是统治阶级内部各阶级、阶层在国家中所处的地位。具体而言,决定国家性质的最主要的因素是第一个方面。宪法作为一国政治力量对比关系的集中表现,既要反映统治阶级与被统治阶级之间的关系,也要反映统治阶级内部的关系,从而协调它们之间的相互关系,但主要或者首先是确定统治关系。

从另一个角度理解,国家的阶段性质是在中国的语境下解决国家主权的归属问题[①],处于统治地位的阶级无疑就是国家权力的所有者。[②]

第二,国家政权的经济基础。任何国家政权都是建立在一定经

---

[①] 国家的阶级性质问题是中国宪法学的特有问题。在西方国家,这一问题是以"人民主权"理论与宪法的关系的形式解决的。另可参见杨海坤主编:《跨入新世纪的中国宪法学》,中国人事出版社 2001 年版,第 363 页。

[②] 李龙:《宪法基础理论》,武汉大学出版社 1999 年版,第 151 页。

济基础之上的,所以,国家性质从根本上说是由一定的经济基础所决定的。相应性质的经济基础只能产生相应性质的国家政权;在经济基础发生变化之后,国家政权的性质也会发生相应的变化。

第三,社会的精神文明。精神文明是人类在改造客观世界的同时,对精神世界进行改造而获得的成果。它包括思想、文化、理论、意识、制度、道德,等等。在人类发展的不同阶段,精神文明的发展程度是有所不同的。精神文明的内容决定着一个国家活动的方向,对国家政策的制定起着巨大的作用,对国家性质的确定有着很大的影响。

## 二、国家阶级性质与宪法

(一)对国家阶级性质的规定是宪法的重要内容

人类社会自进入阶级社会,国家便已出现。但作为国家根本法的宪法则是社会发展到资本主义阶段的产物,它是伴随资产阶级革命胜利并取得政权而出现于人类社会的。所以说,宪法是近代民主政治的产物,以民主政治的存在为前提。在奴隶主和地主阶级的专制统治下的奴隶社会和封建社会是没有宪法可言的。[①] 所以这里讲的国家性质与宪法的关系只能是资本主义宪法和社会主义的宪法与国家性质的关系。

无论是资本主义宪法还是社会主义宪法,对国家性质的规定都是宪法的重要内容,不论这种规定是采取明确的方式还是抽象的方式。[②] 这是由国家性质的重要性和宪法的根本法地位决定的。资产阶级思想家纷纷提出诸如天赋人权、主权在民、分权制衡、议会制度、选举制度等一系列民主与自由的主张,并且通过资产阶级推翻封建专制制度,建立自己的国家政权以将这些主张付诸实施。但是,如果没有法律的确认与保障,这种民主只能是不稳定的、没有保障的民

---

[①] 在中国的宪法学界,宪法的起源在一定范围内仍然是一个有争议的问题。有学者坚持认为,宪法并非自西方资产阶级革命后才产生的。有必要指出的是,词源意义上的"宪法"和学科意义上的"宪法"并不是一回事。皮尔士说,概念的意义在于效果。忽略概念效果地运用"宪法"这一范畴不是一种严谨的学术态度。

[②] 如前所述,国家性质问题并不在西方国家的宪法学理论范围之内,此处的分析是从中国宪法学的视野介入的。

主。而宪法又是近现代民主政治的产物,一个国家哪个阶级是民主的主体无疑是这个国家的根本制度,以根本法的形式确认民主的主体,并规定一系列的制度以实现民主,就会使民主有了稳定性和实现的保证,所以宪法是民主制度化、法律化的根本形式。资本主义宪法的分权制度、政党制度、议会制度、选举制度以及社会主义宪法的工人阶级政党领导制度、人民代表制度、民主集中制度、选举制度都是宪法所确认的保证民主实现的具体制度,它们也都从不同的角度体现了国家的阶级性质。

(二)世界各国宪法对国家阶级性质的规定

由于宪法性质的不同,世界各国宪法对国家阶级性质的规定采取了不同的方式。

1. 1949年后我国历部宪法对国家性质的规定

1949年后我国的历部宪法对国家性质规定的特点都是以明确的语言揭示国家的阶级性质,在宪法序言或总纲中列明民主与专政的阶级范畴,确认社会主义国家是工人阶级领导的、工农联盟为基础的人民民主专政的国家,突出保护广大劳动者的权利与利益。

1949年中国人民政治协商会议通过的起临时宪法作用的《共同纲领》宣布:"人民民主专政是中国工人阶级、农民阶级、小资产阶级、民族资产阶级及其他爱国民主分子的人民民主统一战线的政权,而以工农联盟为基础,以工人阶级为领导。"其第1条规定:"中华人民共和国为新民主主义即人民民主主义的国家,实行工人阶级领导的、以工农联盟为基础的,团结各民主阶级和国内各民族的人民民主专政,反对帝国主义、封建主义和官僚资本主义,为中国的独立、民主、和平、统一和富强而奋斗。"1954年《宪法》第1条规定:"中华人民共和国是工人阶级领导的、以工农联盟为基础的人民民主国家。"第2条规定:"中华人民共和国的一切权力属于人民。"刘少奇在第一届全国人民代表大会第一次全体会议上所作的《关于中华人民共和国宪法草案的报告》中指出:"工人阶级领导和以工农联盟为基础,标志着我们国家的根本性质。这就表明我们的国家是人民民主国家。"1975年《宪法》是极"左"思潮的产物,而1978年《宪法》又是在极"左"思潮未得到全部清除的情况下通过的,因此这两部《宪法》都接受了无产阶级专政下继续革命的政治理论,表现在国家阶级性质的规定上就是提出无产阶级专政。1975年《宪法》规定:"中华人民共和国是工人阶级领导的以工农联盟为基础的无产阶级专政的社会主义国家。"1978年《宪法》重复了这一规定。1978年底中共中央召开了十一届三中全会,全面总结了新中国成立后社会主义革命和建设的经验教训,彻底清算了极"左"思潮,在此基础上制定的1982年《宪法》对我国的国家性质作了明确而恰当的规定。首先在《宪法》序言中分析了我国的阶级结构,指出:"在我国,剥削阶级作为阶级已经消灭,但阶级斗争将在一定范围内长期存在。"并且规定了我国现阶段人民民主专政的阶级基础,这就是:社会主义的建设事业必须依靠工人、农民和知识分子,团结一切可以团结的力量。在长期的革命与建设过程中,已经结成由中国共产党领导的,有各民主党派和各人民团体参加的,包括全体社会主义劳动者、拥护社会主义的爱国者和拥护祖国统一的爱国者的广泛的爱国统一战线,这个统一战线将继续巩固与发展。在此基础上,规定了国家性质:"中华人民共和国是工人阶级领导的、以工农联盟为基础的人民民主专政的社会主义国家。""中华人民共和国的一切权力属于人民。"

2. 西方国家宪法的规定

西方国家宪法多用"国民主权""国家主权属于人民"之类词句以抽象的"人民主权"原则来表明它们的阶级性质。美国联邦宪法序言称:"我们美国人民,为了建立一个更完美的联邦,树立正义,保证国内安宁,筹备公共防务,增进全民福利,并谋求我们自己和子孙后代永享自由和幸福起见,特为美利坚合众国规定和制定这部宪法。"日本1946年《宪法》规定:"兹宣布主权属于国民,并确定本宪法。国政仰赖国民的严肃信托,其权威来自国民,其权力由国民代表行使,其福利由国民享受。"德国1949年《基本法》规定:"全部国家权力属于人民。"法国1958年《宪法》规定:"共和国的原则是:民有、民治、民享的政府。"

针对两种不同性质的宪法对国家阶级性质的不同界定,有学者指出,这些规定具有如下特点:西方国家宪法的规定与实际相脱节,而社会主义国家宪法的规定表现了原则性与真实性的统一。①

**三、人民民主专政是我国的国家性质**

我国《宪法》第1条第1款规定:"中华人民共和国是工人阶级领导的、以工农联盟为基础的人民民主专政的社会主义国家。"这一规定表明,我国的国家性质是人民民主专政。

人民民主专政是中国新的历史条件下的无产阶级专政。无产阶级专政理论是马克思主义国家学说的精髓。马克思主义认为,无产阶级为了实现消灭剥削和阶级、解放全人类的伟大历史使命,在武装夺取政权以后,必须建立无产阶级专政。1848年发表的《共产党宣言》即指出:"工人革命的第一步就是使无产阶级上升为统治阶级,争得民主。"②该论述包括了无产阶级专政的思想。1875年,马克思在《哥达纲领批判》一文中详细论述了无产阶级专政的思想。他指出,从资本主义社会向共产主义社会转型时期的国家,"只能是无产阶级的革命专政"。③

我国《宪法》序言指出:"工人阶级领导的、以工农联盟为基础的人民民主专政,实质上即无产阶级专政。"人民民主专政是无产阶级专政在我国历史条件下的具体表现,实质上是无产阶级专政。因为人民民主专政和无产阶级专政在领导阶级、阶级基础、职能和历史使命等方面都是相同的。首先,两者的领导阶级都是工人阶级。工人阶级对国家政权的领导是通过工人阶级政党——共产党来实现的。其次,无产阶级专政和人民民主专政一样,都是以工农联盟为基础。再次,无产阶级专政和人民民主专政的国家职能是保卫社会主义制度,维护人民当家做主的权利,组织社会主义物质文明建设和精神文明建设。在对外职能方面,都是维护世界和平和促进人类进步事业。最后,在历史使命方面,两者都担负消灭剥削阶级和剥削制度、最终实现共产主义的任务。

---

① 李龙:《宪法基础理论》,武汉大学出版社1999年版,第152页。
② 《马克思恩格斯选集》(第1卷),人民出版社1995年版,第293页。
③ 《马克思恩格斯选集》(第3卷),人民出版社1995年版,第314页。

我国的人民民主专政制度的建立是从我国的具体国情和阶级状况出发的。与无产阶级专政相比,仍有自己的特点:

第一,我国的人民民主专政经历了新民主主义革命和社会主义革命两个历史阶段。所以,它不仅要承担无产阶级专政的任务,还要担负民主革命的任务。同时,在社会主义革命的方法与步骤上也有自己的特点,即对大资产阶级实行剥夺政策,对民族资产阶级在1949年后实行和平赎买的政策,对个体劳动者则引导他们走合作化的道路;在步骤上,由初级到高级,形式多样。同时,由于我国是在半殖民地半封建社会基础上进行新民主主义革命,未经过彻底的资产阶级民主革命,因而我国的民主制度建设就显得尤为重要。

第二,人民民主专政有着广泛的阶级基础。在民主革命与社会主义革命时期,参加国家政权和社会事务管理的不仅有工人阶级、农民阶级,还有城市小资产阶级和民族资产阶级。具有两面性的民族资产阶级,在民主革命时期参加了革命。在社会主义革命时期作为一个剥削阶级当然应该被消灭,但共产党对他们采取的是和平赎买的政策,在政治上把他们改造成为人民的一分子,而不是国家政权专政的对象。他们享有宪法规定的各种民主权利,其中的一些代表还参加到国家政权机构里。在现阶段,民族资产阶级已被消灭,但我国除工人阶级、农民阶级以外,仍存在多种社会政治力量,尤其是随着经济体制改革的深入,社会分工越来越细,社会政治力量的分化更加深入。[①] 中国共产党领导的爱国统一战线能够有效地团结组织这些社会和政治力量,使他们能更好地为国家政权服务。

我国宪法对国家阶级性质的规定经历了一个曲折的过程。1954年《宪法》规定我国是一个人民民主国家,肯定了国家的人民民主专政的阶级性质。但由于极"左"思潮的影响,1975年和1978年的两部《宪法》都规定我国是无产阶级专政的社会主义国家。1982年《宪

---

① 有学者指出:改革开放以后,以职业为基础的社会分层逐渐取代了以身份为基础的社会分层的地位。传统的社会两大阶级——工人阶级和农民阶级出现了分化。除此以外,还出现了包括个体经营者阶层、私人企业主阶层、自由职业者阶层和专业服务机构从业人员阶层等新的社会阶层。参见周罗庚等:《市场经济与当代中国社会结构》,上海三联书店2002年版,第19—24页。

法》重新恢复了"人民民主专政"的提法,这是在新的历史时期更加科学地表达了我国政权的内容、实质和特点,有利于调动一切积极因素,团结一切可以团结的人实现社会主义初级阶段的基本路线。而且,这样表述更能确切地反映我国的国情和社会结构状况,更便于群众接受、理解和掌握,具有拨乱反正的巨大作用。同时,它也不是对1954年《宪法》确认的简单恢复,在社会结构和历史使命方面都有了很大的发展。在中国特色社会主义进入新时代后,坚持人民民主专政,有利于保障国家安全,促进社会发展,维护人民权益和社会的和谐稳定。为了更好地坚持人民民主专政,需要坚持党的领导、人民当家做主和依法治国的有机统一,坚持国家的一切权力属于人民,不断发展社会主义民主,保证人民依照宪法和法律规定,通过各种途径和形式,管理国家和社会事务,管理经济和文化事业,充分发挥人民的积极性、主动性、创造性,保证人民当家做主。

**四、人民民主专政的阶级结构**

(一)工人阶级是我国的领导阶级

工人阶级领导是我国人民民主专政国家政权的根本标志。工人阶级作为我国的领导阶级,保证社会主义前进的方向,体现社会主义国家的阶级性质,保障改革开放和社会主义现代化建设的顺利发展。

工人阶级成为我国的领导阶级是由它的阶级本质和所担负的历史使命决定的。工人阶级是近代机器工业的产物,是先进生产力的代表,代表着社会前进的方向。同时大工业的机器生产活动也培养和锻炼了他们的组织性与纪律性,所以只有他们才能肩负起消灭阶级、消灭剥削、解放全人类,最终实现共产主义的伟大历史使命。此外,由于中国的工人阶级产生于19世纪四五十年代,正值中国逐步沦为半殖民地之际,他们受到的压迫最为深重,受到帝国主义、封建主义和官僚资本主义的三重压迫,因而他们的革命性也最坚定、最坚决。而且,自承担起领导新民主主义革命任务的第一天起,便有了以马克思主义武装起来的政党——中国共产党的领导。中国工人阶级由于历史的原因同占中国人口绝大多数的农民有着天然的联系,这样有利于结成巩固的工农联盟,并以此为基础团结一切爱国者振兴中华。

(二)工农联盟是我国政权的阶级基础

工农联盟思想是马克思主义关于无产阶级专政学说的基础,是无产阶级专政的最高原则。马克思主义普遍原理和各国无产阶级的革命斗争实践表明,无产阶级在推翻剥削制度的斗争中,必须同广大农民群众结成坚强的联盟,农民阶级也只有在工人阶级的领导下能获得彻底解放。我国是个农业人口占多数的国家。因此,农民问题无论是在民主革命时期还是在社会主义革命和建设时期,始终是一个关系革命成败和国家前途的至关重要的问题。

在新民主主义革命时期,工人阶级依靠和农民阶级结成的阶级联盟,推翻了帝国主义、封建主义和官僚资本主义在我国的统治,建立了人民民主专政的国家政权。在社会主义革命和建设时期,工农联盟也是坚持和巩固人民民主专政,把我国建设成为富强民主文明和谐美丽的社会主义现代化国家的基本力量。以工农联盟为基础,可以将全国各民族、各民主党派、各社会团体、所有的工人、农民、知识分子团结起来,共同投身于建设中国特色社会主义的伟大事业中来。在制定国家法律和政策方面,农民问题是出发点和归宿。工农联盟是使国家政策和法律得以贯彻和执行的可靠保证。为更好地推动工农联盟向前发展,不断巩固工农联盟,必须大力发展农业,切实减轻农民负担,全面贯彻落实党和国家在农村的方针政策、法律法规,使工农联盟的物质基础更加强大。

(三)知识分子是国家的依靠力量

我国《宪法》序言规定:"社会主义的建设事业必须依靠工人、农民和知识分子,团结一切可以团结的力量。"知识分子是脑力劳动者,是我国工人阶级的一部分,是我国社会主义事业的依靠力量。

在新民主主义革命时期,知识分子绝大部分是爱国的,积极参与中国人民为国家独立、民族解放、人民的民主自由而进行的斗争中,在建设中国特色社会主义事业过程中,知识分子起到了越来越重要的作用。第一,建设中国特色社会主义面临很多新情况、新问题,这就需要知识分子从实际出发,研究新问题,总结新经验,对人民的实践进行理论概括,掌握社会主义现代化建设的客观规律,从而为领导决策提供科学保证。第二,在科学技术迅速发展的当今时代,不论从决定生产力发展水平的技术要素来看,还是从劳动者要素、管理水平要素看,知识分子都对社会的物质文明建设起决定性作用,代表着社会生产力的发展方向。因此,知识分子应以极大的努力来掌握、推广和运用现代化科学知识,提高劳动生产率。第三,知识分子作为人类科学文化知识的重要继承者和传播者,作为先进科学技术的开拓者,作为美好精神产品的创造者,在精神文明建设中是一支极为重要的力量。第四,在中国社会主义民主和法制建设中,必须加强民主和法治建设的理论研究,完善民主制度,制定各方面的法律、法规,宣传、普及民主知识和法律知识,提高全民族的民主素质和法治观念。为完成这些任务,需要知识艰苦的探索和不懈努力。所以,知识分子亦是建设我国政治文明的一支重要力量。正因为如此,我国《宪法》第23条规定:"国家培养为社会主义服务的各种专业人才,扩大知识分子的队伍,创造条件,充分发挥他们在社会主义现代化建设中的作用。"

(四)爱国统一战线扩大国家政权的社会基础

统一战线、武装斗争、党的建设是中国共产党在中国革命中克敌制胜的三大法宝。统一战线是中国共产党在领导我国人民进行革命斗争和社会主义建设事业中,以马克思主义为指导创造出来的法宝。我国《宪法》序言规定:"在长期的革命、建设、改革过程中,已经结成由中国共产党领导的,有各民主党派和各人民团体参加的,包括全体社会主义劳动者、社会主义事业的建设者、拥护社会主义的爱国者、拥护祖国统一和致力于中华民族伟大复兴的爱国者的广泛的爱国统一战线,这个统一战线将继续巩固和发展。"其中,"社会主义事业的建设者"作为爱国统一战线的对象是2004年《宪法修正案》新增加的,这是适应我国改革开放后随着非公有制经济迅速发展所引发的社会阶层结构新变化的客观现实而作出的重要修改,标志着我国统一战线的重要发展,对于组织、调动和凝聚一切积极因素,推进经济建设并进而实现中华民族的最终复兴具有重要意义。

"社会主义事业的建设者"是指包括非公有制经济的广大从业人员在内的社会阶层。这些人员及其他一些人员构成了我国新的社会阶层。他们所从业的经济活动为社会创造了巨大财富。2002年,个体经济和私营经济的生产总值超过了两万亿元,在社会主义现代化建设中发挥了不可替代的作用。在政治上,他们大都接受党的领导,拥护党的路线方针政策,热爱社会主义祖国。所以,将他们纳入爱国统一战线的范围是社会发展的需要,对于扩大我国国家权力的社会基础有重要意义。

2018年《宪法修正案》对统一战线对象作了进一步扩充,将"致力于中华民族伟大复兴的爱国者"纳入统一战线的对象范围。实现中华民族伟大复兴是近代以来中华民族最伟大的梦想,是党自成立之始就确定的最高理想和最终目标。今天,我们比历史上任何时期都更接近、更有信心和能力实现中华民族伟大复兴的目标。然而,行百里者半九十,越是接近这一目标越有诸多困难有待克服。因此,有必要团结一切致力于中华民族伟大复兴的爱国者共同推动这一伟大目标的实现。

统一战线经过了抗日民族统一战线、人民民主统一战线以及现在的爱国统一战线三大历史发展时期。在新时期,邓小平同志指出:"统一战线仍然是一个重要法宝,不是可以削弱,而是应该加强;不是可以缩小,而是应该扩大。"[①]爱国统一战线已经发展成为全体社会主义劳动者、拥护社会主义的爱国者、拥护祖国统一的爱国者和致力于中华民族伟大复兴的爱国者最广泛的联盟。这个联盟的范围比工农联盟更为广泛,依靠它,可以团结一切可以团结的力量,调动一切积极因素,化解消极因素,为社会主义现代化建设事业服务。

新时期爱国统一战线的基本任务是:高举爱国主义、社会主义的旗帜,团结一切可以团结的力量,调动一切积极因素,同心同德,群策群力,坚定不移地贯彻执行党的"一个中心、两个基本点"的基本路线,为维护安定团结的政治局面服务,为推进改革开放和社会主义现代化建设服务,为健全社会主义民主和法治服务,为推进"一国两制"和平统一祖国服务。

通过爱国统一战线,可以实现广泛团结、凝聚人心,这是完成新

---

① 《邓小平文选》(第三卷),人民出版社1994版,第203页。

时期总任务的根本保证。建设中国特色的社会主义是一项宏伟而艰巨的历史使命,又是一个复杂的社会系统工程,需要社会各方面的共同努力。爱国统一战线可以将他们全部联合起来,形成最广泛的联盟。这样,建设社会主义就会获得取之不尽、用之不竭的力量源泉。通过爱国统一战线,还可以体察民情,反映民意,密切党同群众的关系,从而化解矛盾、维护社会的稳定。在社会主义初级阶段,由于多种经济成分和分配方式并存,多民族、多党派、"一国两制"都将长期存在,各民主党派、各人民团体也联系不同群众并代表他们的利益。他们之间不可避免地存在矛盾和利益冲突。通过统一战线,可以及时将各种信息反馈回来,协调各方面关系,沟通思想,理顺情绪,有效地消除各种不稳定的因素,从而密切党和各方面的关系。通过爱国统一战线,可以更好地促进祖国和平统一和中华民族伟大复兴大业的实现。

为加强、巩固和发展爱国统一战线,要做到以下几点:第一,要坚持党对统一战线的领导,巩固和发展党同爱国各界的统一战线,认真做好非公有制经济代表人士工作,认真做好党外知识分子工作,团结港、澳、台同胞和海外侨胞以及一切热爱中华民族的人们。第二,在爱国主义的旗帜下,实行最广泛的团结,只要有利于社会主义建设、祖国统一、民族团结、民族复兴,不论哪一个阶级、阶层,哪一个党派,哪一个人都要团结。团结越广泛,对我们越有利。第三,巩固和发展爱国统一战线的两个方面的联盟。一是以爱国主义和社会主义为政治基础的团结全体劳动者和爱国者的联盟。二是以拥护祖国统一为政治基础、团结台湾同胞、港澳同胞和海外侨胞的联盟。

党的十八大以来,党中央提出了中华民族伟大复兴中国梦。要实现这一伟大梦想,就需要团结更多的人共同努力。2015年党中央制定的《中国共产党统一战线工作条例(试行)》首次将"致力于中华民族伟大复兴的爱国者"纳入统战对象,这意味着统一战线的内容进一步丰富和扩大。2017年党的十九大正式提出中国特色社会主义进入新时代。中国特色社会主义新时代意味着近代以来久经磨难的中华民族迎来了从站起来、富起来到强起来的伟大飞跃,中华民族前所未有地靠近世界舞台中心,前所未有地接近实现中华民族伟大复兴的目标。为了团结最广泛的中华儿女共同实现中华民族伟大复兴的中国梦,需要建立范围更加广泛的爱国统一战线,即不论何种阶级、阶层,不论何种党派、团体和个人,只要其行为有利于国家建设,有利于祖国统一,有利于中华民族复兴,都可以成为统一战线的团结对象。2018年《宪法修正案》第三十三条将这一成果上升为宪法,充分肯定了统一战线的广泛性和重要性:"社会主义的建设事业必须依靠工人、农民和知识分子,团结一切可以团结的力量。在长期的革命、建设、改革过程中,已经结成由中国共产党领导的,有各民主党派和各人民团体参加的,包括全体社会主义劳动者、社会主义事业的建设者、拥护社会主义的爱国者、拥护祖国统一和致力于中华民族伟大复兴的爱国者的广泛的爱国统一战线,这个统一战线将继续巩固和发展。"

## 第二节 党的领导

### 一、宪法确认"中国共产党领导是中国特色社会主义最本质的特征"

2018年《宪法修正案》在《宪法》第1条第2款中增加一句:"中国共产党领导是中国特色社会主义最本质的特征。"这是关于国家根本制度条文的修改。这也是《宪法修正案》首次在宪法正文条款中确认党的领导的政治原则。《宪法修正案》强调党的领导,充实坚持和加强中国共产党全面领导的内容,将人民民主专政的国体、中国特色社会主义制度建立在党的领导这一最高政治原则之上。

1982年《宪法》的序言确定了中国共产党的领导地位,共产党领导构成"四项基本原则"重要内容之一(序言第七段)。在此基础上,1993年《宪法修正案》确认"中国共产党领导的多党合作和政治协商制度将长期存在和发展"(序言第十段),首次完整表述我国的政党制度是多党合作和政治协商制度,它与人民代表大会制度、民族区域自治制度等共同构成我国的基本政治制度。

一方面,多党合作和政治协商制度的原则和政治基础是坚持中国共产党领导,坚持四项基本原则;另一方面,中国共产党和各民主党派都"必须以宪法为根本的活动准则,并且负有维护宪法尊严、保证宪法实施的职责"(序言第十三段)。

2018年《宪法修正案》对总纲规定的国家根本制度(即第1条第2款"社会主义制度是中华人民共和国的根本制度。禁止任何组织或者个人破坏社会主义制度。")作出进一步规定,增加"中国共产党领导是中国特色社会主义最本质的特征"的内容。这是在社会主义本质属性的意义上,确定中国共产党全面领导的宪法地位,使得社会主义制度和共产党领导内在地统一起来。由于"社会主义制度是中华人民共和国的根本制度",坚持和发展社会主义是国家的根本任务,因此,党的领导就能够贯彻落实到国家的政治、经济和社会生活等各个领域。而宪法规定的"禁止任何组织或者个人破坏社会主义制度",当然也包含了禁止任何组织或个人破坏党的领导的规范内涵。

1954年《宪法》体现了两大原则,即民主原则和社会主义原则,实现社会主义是这部宪法的中心目标。但是社会主义建设事业的实践过程充满了艰辛,理论体系的构建也曲折反复。探索和完善社会主义的理论和实践,在以后的历部宪法中得到体现。在改革开放的历史性转折的背景下,1982年《宪法》将今后国家的根本任务调整为"集中力量进行社会主义现代化建设",取代了前几部《宪法》序言中的"专政"和"继续革命"的提法,此后通过1988年、1993年、1999年、2004年、2018年5次修宪,不断与时俱进,先后加入或修改为"我国正处于社会主义初级阶段""根据建设中国特色社会主义的理论""坚持改革开放""实行社会主义市场经济""实行依法治国,建设社会主义法治国家""沿着中国特色社会主义道路""健全社会主义法治"等内容,有力推动和加强了社会主义建设。

为发挥宪法在坚持和发展中国特色社会主义中的重大作用,2018年《宪法修正案》将党的领导在中国革命、建设和改革中的理论和实践成果写入国家根本法,确认了党的领导在国家根本法中的地位,反映并确认了党的领导是坚持和发展中国特色社会主义的必然要求。

综上，2018年《宪法修正案》强化了党的领导地位，为党的领导提供有力宪法保障，为坚持和发展中国特色社会主义提供有力宪法保障。

## 二、中国的政党制度及其特点

### （一）1949年前中国的政党实践

政党是一种政治组织，是现当代国家政治活动的中心力量。政党竞争、分配、领导政权，由此形成一个或几个政党处于国家政治的核心，是绝大多数国家的常态现象。近代政党的产生和发展与议会制相伴随，是议会斗争的产物。

中国现代意义的政党于20世纪初出现。在反对清王朝君主政治的过程中，第一个资产阶级革命性政党"中国同盟会"于1905年在日本东京成立，中国同盟会以"三民主义"（"驱除鞑虏，恢复中华，创立民国，平均地权"）为政治纲领，开展反清武装斗争，建立了中华民国。

中国早期政党的上述成立背景，与代议民主政治在中国极不发达密切相关。即使在中华民国成立后实行资本主义式的议会选举，名目繁多的一百多个民主型政党（包括1912年成立于北京的国民党，宋教仁任代理理事长）如雨后春笋般建立，组党形势日益高涨，但是由于国家权力的重心没有真正进入到议会，政党不能成为国家政治的核心。中国早期的多党政治只是表面现象，后来反被北洋军阀和旧官僚玩弄、利用而归于失败。1913年11月袁世凯任职不久即以民国正式大总统之名解散与其对立的国民党，1914年1月更下令停止国会残留议员的职务，议会也遭解散。后孙中山逃亡日本，再次组建中华革命党（又于1919年在上海改组为中国国民党），发动捍卫《临时约法》的"护法运动"，反对北洋军阀的帝制活动和独裁统治。

1927年以后，蒋介石的国民党专制政权建立。这是蜕变为大地主大资产阶级利益代表的独裁政权，它将中国国民党创始人孙中山1923年发表的有关"军政""训政""宪政"的建国三时期理论付诸实践，认为在民权时代到来之前革命党不仅要创立国家政权，更要领导国家政权，要"以党治国"。其从建立伊始就对国家政权实行一党垄断,例如1928年10月中国国民党中央通过《训政纲领》,规定"中华民国于训政时期,由中国国民党全体代表大会代表国民大会,领导国民,行使政权","中国国民党全体代表大会闭幕时,以政权付托中国国民党中央执行委员会执行之"。1931年中国国民党主持国民会议通过其提交的《中华民国训政时期约法》,以根本法的形式确认国民党一党统治的法律地位,如约法的"政府之组织"章规定"国民政府设主席1人,委员若干人,由中国国民党中央执行委员会选任";"附则"章规定"本约法之解释权,由中国国民党中央执行委员会行使之"。当时就有人认为,"约法虽已颁布,而党治的制度初未动摇","在党治主义下,党权高于一切","国民政府则仅为建设真正民国的一种工具"。[①] 在这一时期,先后成立过几十个政党,但是国民党专制政权实行"一个政党一个主义一个领袖"体制,使其他党派和政治势力(包括中国共产党和十几个民主党派)不能获得法律上的地位,政党以和平方式争取国家政治权力的努力始终不能成功。

中国共产党于1921年建党,是在俄国十月革命影响下成立的依靠工农群众、坚持反帝反封建民主革命纲领的马克思主义政党。中国人民在中国共产党领导下,经过长期斗争,取得了反对帝国主义、封建主义、官僚资本主义的胜利,建立了中华人民共和国,民族获得独立,人民获得国家权力。实践证明和决定了中国工人阶级领导国家政权的必然性,中国共产党代表工农群众,拥有最坚实广泛的阶级基础,是最具先进性的政党,有鲜明的政治纲领、明确的奋斗目标、严密的组织和严格的纪律,能够领导中国人民完成近代以来中华民族的历史使命,必然成为中国人民进行革命斗争的领导力量。

(二)中国的民主党派

1927年以后中国国民党"党治"的现实,决定了当时国内的主要政治矛盾是蒋介石国民党与中国共产党的矛盾,也决定了中国共产党对政权的争取只能通过武装革命的方式反对一党独裁。抗日战争期间,国共两党为抗日大业再度进行合作,共结抗日民族统一战线。但在抗战胜利后,国民党继续一党独裁。在此期间,为争取民主自

---

① 王世杰、钱端升:《比较宪法》,中国政法大学出版社1997年版,第413、425页。

由,建立民主政权,国内多种政治力量以政党为渠道参加战后中国的政治民主化运动,反对国民党一党专制。

这些政党的思想基础是五四前后兴起的自由主义意识形态,形成于反帝爱国和争取民主的革命时期,在国共两党的对立斗争中产生,形成时的主要社会基础是民族资产阶级、城市小资产阶级以及与其相联系的知识分子和其他爱国分子等中间阶层,其政治主张各不相同,但是与中国共产党有着共同的对国家独立和实现民主的政治追求。中国共产党与各民主党派建立了亲密的合作关系,并在严酷斗争中不断加强这种关系。抗日战争时期,民主党派积极参加中国共产党领导的抗日民族统一战线,广泛开展抗日民主运动,抗日战争胜利后,民主党派同中国共产党一道,反对国民党蒋介石集团的内战、独裁政策。1948年4月中共发表《五一宣言》,号召各界迅速召开政治协商会议,成立民主联合政府,有11个民主党派陆续响应,宣布接受中国共产党的领导,参加新政协筹备会议。1949年9月中国人民政治协商会议召开,民主党派和无党派民主人士共同参加共产党领导的新中国国家政权建设。中华人民共和国建立后,民主党派将《共同纲领》和政协章程作为自己的政治纲领。除中华人民共和国成立之初的"中国人民救国会"在毛泽东访苏期间解散,"三民主义同志联合会""中国国民党民主促进会"与民革合并外,至今存在八个民主党派,按照响应中共《五一宣言》的时间先后,这八个民主党派是:中国国民党革命委员会(简称"民革")、中国民主同盟(简称"民盟")、中国民主建国会(简称"民建")、中国民主促进会(简称"民进")、中国农工民主党(简称"农工党")、中国致公党(简称"致公党")、九三学社、台湾民主自治同盟(简称"台盟")。

民主党派的政治纲领大都带有新民主主义的性质,主张国家独立、民主、和平、统一,愿意同中国共产党合作。中国共产党根据统一战线的理论,在新民主主义革命时期就与民主党派建立和发展合作关系。取得民主革命胜利后,中国共产党确立了在全国的领导地位,民主党派通过长期的政治实践,选择了共产党的领导和新民主主义道路。

随着国家从新民主主义向社会主义的转变和完成社会主义改

造，民主党派成立时所依赖的阶级基础发生变化，原来的民族资产阶级和小资产阶级经过社会主义改造，绝大多数已转变成为社会主义的劳动者、建设者和爱国者，知识分子已成为工人阶级的组成部分。各民主党派从阶级联盟性质的政党转变过来，它们逐渐接受了社会主义的理论和实践，并体现在自己的政治纲领中。1983年各民主党派在修订后的各自的章程中共同确定，"坚持社会主义初级阶段的基本路线和纲领"，"坚持以邓小平理论为指导，坚持中国共产党领导的多党合作和政治协商制度"，从而使民主党派转变成为接受中国共产党领导的、为社会主义服务的、由各自所联系的一部分社会主义劳动者、社会主义事业的建设者、拥护社会主义的爱国者组成的政治联盟。当前，八个民主党派的组织发展各有侧重，主要吸收科技、教育、文化、卫生、体育或一部分新的社会阶层中的中上层人士，是同中国共产党通力合作、共同致力于建设中国特色社会主义事业的参政党，是中国共产党领导的新时期爱国统一战线的重要组成部分。

（三）1949年后中国的政党制度——共产党领导，多党合作和政治协商

1949年以前，中国共产党以"枪杆子里面出政权"的方针从事武装革命，领导人民革命，夺取全国政权。1949年以后的社会主义建设、改革时期，中国共产党逐步由一个革命性政党转变为具有长期执政地位、实行"依宪执政"的执政党，共产党的领导地位被宪法确认。

1. 1982年《宪法》确立了我国是工人阶级领导的、人民民主专政的社会主义国家，工人阶级通过共产党实现对国家政权的领导。2018年《宪法修正案》进一步确认共产党领导是中国特色社会主义最本质的特征，共产党是具有全面领导地位的执政党。共产党领导国家政权，实行依宪执政、依宪治国，党的领导权力应当公开透明，应当建立对党的领导权力的制约机制和协调机制，各级党组织及其成员、党的领导机构及其职能部门的职责权限应当规范明确。

2. 在中共领导下，民主党派同共产党团结合作，参与国家政权，反映人民群众意愿，履行参政议政、民主监督职能，共同致力于建设中国特色社会主义事业。中国共产党对民主党派是政治领导，即政治原则、政治方向和重大方针政策的领导。民主党派是参政党，参政

党的地位和参政权利受到宪法和法律的保护。中国共产党与各民主党派进行合作的基本方针是"长期共存,互相监督,肝胆相照,荣辱与共"。

3. 在中国共产党的领导下,各民主党派、各人民团体、各少数民族和社会各界的代表,对国家的大政方针以及经济、政治、文化、社会和生态文明建设中的重要问题,在决策之前举行协商和就决策实施过程中的重要问题进行协商。政治协商制度是中国政党制度的重要组成部分,是实行科学决策、民主决策的重要环节,是中国共产党提高执政能力的重要途径。把政治协商纳入决策程序,是政治协商的重要原则。

4. 多党合作和政治协商以中国人民政治协商会议为重要的活动场所和组织形式。人民政协目前由30多个界别组成,包括中国共产党、各民主党派、无党派人士以及各界代表人士。加强人民政协的政治协商,是发展社会主义民主政治、建设社会主义政治文明的重要内容。

(四) 中国政党制度与其他国家政党制度的区别

政党制度是政治制度的重要组成部分,由政党参与政治的全部内容所构成,包括政党的组织与活动、政党的政治地位、政党相互之间以及政党与国家政权之间关系的行为规则等规范和惯例。政党制度化的背景是,现代国家政党迅速发展,地位日益重要,国家政权一般由政党掌握,政党成为国家政治权力的真正核心,必然产生制度化的要求。

1. 中国的政党制度具有中国特色,与西方国家的多党制、两党制存在本质区别。

首先,如前所述,中国早期的政党生长于军阀专制和国民党一党专权的政治背景下,中国共产党通过革命夺取政权,缔造人民共和国,确立了合法的执政地位,这与西方议会民主制度下政党以合法形态产生并通过议会竞争国家政权有很大区别。其次,执政党中国共产党是国家的稳定和核心的领导力量,执政党领导国家政权,国家机关既对人民负责,又要对执政党负责;而在多党制国家,执政党的执政地位是不确定的、轮换的。再次,中国的执政党与参政党之间是合作关系,多党制下的政党相互之间是竞争关系。最后,中国执政党自产生以来就有严密的组织和纪律,西方国家的政党组织一般比较松散,政党的凝聚力不强,这种区别决定于其不同的性质、使命和地位。

2. 中国的政党制度与一党制也有显著不同。

苏联的政党模式对中国政党制度有过极其深刻的影响。苏联和部分东欧社会主义国家1990年前实行的一党制,"在一定条件下有助于集中人民的意志,实现社会稳定,抵御敌对势力的颠覆和外来侵略,但从总体和长远看,它不利于实现社会的广泛政治参与,不利于实现决策的民主化、科学化,从而缩小了执政党的社会基础,同时它也容易导致执政党及其领导层由于缺少社会监督而发生腐败"①。汲取这一教训,中国的执政党在保持工人阶级领导地位的同时,联合代表其他阶层、与执政党有良好合作关系的民主党派参与政权,实行多党合作和政治协商,能够有效实现广泛的民主政治参与和利益表达,整合全社会的政治资源,致力于经济和社会的长远稳定发展,扩大中国共产党政治统治的基础。

1945年中共七大报告强调将建立一个区别于苏俄制度的、几个民主阶级联盟的新民主主义国家政权,而不是一个阶级专政和一党专政的制度。1949年9月21日中共领导的政协会议召开,民主党派作为参政党的地位得到确立和巩固,民主党派和无党派人士在新中国国家政权中担任了很多重要职务,占有相当大比重。中华人民共和国建立后民主党派的性质发生根本变化以后,1956年中国共产党制定了同民主党派"长期共存、互相监督"的方针。1957年后特别是"文化大革命"(1966—1976)期间,多党合作制度遭受严重挫折。改革开放以来,中国共产党进一步发展多党合作的方针,增加了"肝胆相照、荣辱与共"的内容,提出了一整套关于多党合作和政治协商的理论和政策,使坚持和完善多党合作制度成为中国特色社会主义理论和实践的重要组成部分。中国共产党与各民主党派反复协商,于1989年12月制定《中共中央关于坚持和完善中国共产党领导的

---

① 朱维群:《我国社会多样性发展与统一战线》,载《民主与科学》2001年第3期。

多党合作和政治协商制度的意见》,成为新时期多党合作的制度化的纲领性文件。1993年召开的第八届全国人民代表大会第一次会议,将"中国共产党领导的多党合作和政治协商制度将长期存在和发展"载入宪法,多党合作制度有了明确的宪法依据。2005年3月,中共中央颁布《关于进一步加强中国共产党领导的多党合作和政治协商制度建设的意见》,使多党合作制度进一步规范化和程序化,体现科学执政、民主执政、依法执政的要求,是指导新世纪新阶段中国多党合作事业的纲领性文件。

### 三、爱国统一战线、人民政协与"协商民主"

(一)爱国统一战线

我国《宪法》序言载明:"在长期的革命、建设、改革过程中,已经结成由中国共产党领导的,有各民主党派和各人民团体参加的,包括全体社会主义劳动者、社会主义事业的建设者、拥护社会主义的爱国者、拥护祖国统一和致力于中华民族伟大复兴的爱国者的广泛的爱国统一战线,这个统一战线将继续巩固和发展。"(2018年《宪法修正案》)

爱国统一战线是人民在长期的革命、建设、改革过程中结成的政治联盟。爱国统一战线在多个层次上实现社会的广泛政治参与,扩大执政党的社会基础,加强对执政党的民主监督,推动中华民族共同利益的实现,包括三大联盟:一是以建设中国特色社会主义为基础的大陆范围内人民的联盟;二是以拥护祖国和平统一为基础,大陆同胞与港澳台同胞的联盟;三是以促进中华民族伟大复兴为基础的海内外全体中华儿女的联盟。统一战线的领导权由中国共产党行使,统一战线中的各方面成员享有宪法和法律范围内的政治自由、组织独立和法律地位平等。

在中国共产党百年历史上,统一战线始终是一个"重要法宝"。在革命年代,中国共产党用统一战线的办法争取同盟者,壮大力量,实现了民族独立解放。在社会主义建设时期,仍然需要用统一战线,最大限度地凝聚力量,完善社会主义制度,推进社会主义现代化建设。在改革开放的新时期,经济和社会形态越来越多样化,多种经济成分共同发展,新的利益群体大量产生,社会价值标准、行为方式也日益多样化,多党派、多民族、多宗教的格局继续存在,其内部状况发生新的变化,香港、澳门回归,形成一国国内社会主义、资本主义两种制度的并存。在这一时期,要巩固和发展最广泛的爱国统一战线,凝聚社会各方面政治力量,突破不同的具体利益、不同的意识形态乃至不同的社会制度的界限,求同存异,在社会主义现代化建设、国家统一和团结的共同利益基础上,实现共同目标。

(二) 人民政协

爱国统一战线的组织形式是中国人民政治协商会议(简称"人民政协")。人民政协具有重要政治地位。它也是中国共产党领导的多党合作和政治协商制度的重要政治形式和组织形式,是中国政治生活中发扬社会主义民主的重要形式,是国家治理体系的重要组成部分,是具有中国特色的制度安排,民主党派和无党派人士是其重要组成部分。

1. 人民政协的历史发展

1949年10月中华人民共和国成立前,中国共产党提议召开的中国人民政治协商会议于1949年9月举行第一届全体会议,人民政协正式建立。这一时期的人民政协代行全国人大的职权,如制定起临时宪法作用的《共同纲领》,选举产生中央人民政府。1954年9月第一届全国人民代表大会召开后,人民政协成为爱国统一战线和多党合作的组织形式。"文化大革命"时期人民政协被停止活动。1978年以后人民政协重新开展活动,进一步发挥重要作用,并被明确新的任务。

现在的人民政协不是一个国家机关,不具有国家机关的职权。人民政协也不同于一般的社会团体,而是有广泛代表性的爱国统一战线的组织和多党合作的组织形式。

2. 人民政协的组织和活动

人民政协的组织有全国委员会和地方委员会。

政协全国委员会由中国共产党、各民主党派、无党派人士、人民团体、各少数民族和各界的代表,港澳同胞、台湾同胞和归国侨胞的代表以及特别邀请的人士组成,设若干界别。政协地方委员会的组成,根据当地情况,参照全国委员会的组成决定。

赞成政协章程的党派、团体,经政协全国委员会常务委员会协商同意,得参加政协全国委员会。参加地方委员会者,由各级地方委员会按照前述规定办理。

政协全国委员会每届任期5年,设主席、副主席和秘书长。政协全国委员会全体会议每年举行一次。政协全国委员会全体会议行使下列职权:(1)修改中国人民政治协商会议章程,监督章程的实施;(2)选举全国委员会的主席、副主席、秘书长和常务委员;(3)协商讨论国家的大政方针以及经济建设、政治建设、文化建设、社会建设、生态文明建设中的重要问题,提出建议和批评;(4)听取和审议常务委员会的工作报告等;(5)讨论本会重大工作方针、任务并作出决议。

政协地方委员会在省、自治区、直辖市设立,自治州、设区的市、县、自治县、不设区的市和市辖区有条件的地方也可设立,每届任期5年,各级地方委员会设主席、副主席和秘书长。政协各级地方委员会的全体会议每年至少举行一次。政协各级地方委员会全体会议行使下列职权:(1)选举地方委员会的主席、副主席、秘书长和常务委员;(2)听取和审议常务委员会的工作报告等;(3)讨论并通过有关的决议;(4)参与对国家和地方事务的重要问题的讨论,提出建议和批评。

人民政协的一切活动以宪法为根本准则,在议事和活动中实行民主协商。政协全国委员会、地方委员会全体会议的议案,经全体委员过半数通过。常务委员会的议案,经常务委员会全体组成人员过半数通过。各参加单位和个人对会议的决议,都有遵守和履行的义务。如有不同意见,在坚决执行的前提下可以声明保留。

政协全国委员会对地方委员会、地方委员会对下级地方委员会的关系是指导关系。地方委员会对全国委员会的全国性的决议、下级地方委员会对上级地方委员会的全地区性的决议,都有遵守和履行的义务。

3. 人民政协的任务和职能

人民政协是我国政治生活中发扬社会主义民主的重要形式,其一切活动坚持中国共产党的领导,贯彻中国共产党的基本理论、基本路线、基本方略,坚持以宪法为根本的准则,坚持团结和民主两大主题。

人民政协的任务是:高举爱国主义、社会主义旗帜,在热爱中华人民共和国、拥护中国共产党的领导、拥护社会主义事业、共同致力于中华民族伟大复兴的政治基础上,进一步巩固和发展爱国统一战线,把全体社会主义劳动者、社会主义事业的建设者、拥护社会主义的爱国者、拥护祖国统一和致力于中华民族伟大复兴的爱国者都团结起来,同心同德,群策群力,为推进社会主义经济建设、政治建设、文化建设、社会建设和文明建设,为实现祖国完全统一,为维护世界和平、促进共同发展而奋斗。

人民政协的主要职能是:以宪法为根本准则,根据中国共产党同各民主党派、无党派人士"长期共存、互相监督、肝胆相照、荣辱与共"的方针,对国家的大政方针和群众生活的重要问题进行政治协商,通过建议和批评发挥民主监督作用,组织参加政协的各党派、团体和各族各界人士参政议政。

(1)"政治协商"是中国共产党领导的多党合作的重要体现。其主要内容是:对国家大政方针和地方的重要举措以及经济、政治、文化、社会和生态文明建设中的重要问题,在决策之前和决策实施之中进行协商。

政协全国委员会和地方委员会可根据中国共产党、人民代表大会常务委员会、人民政府、民主党派、人民团体的提议,举行有各党派、团体的负责人和各族各界人士的代表参加的会议,进行协商,亦可建议上列单位将有关重要问题提交协商。

人民政协政治协商的主要形式有:政协全体会议,常务委员会会议,主席会议,常务委员专题座谈会,政协党组受党委委托召开的座谈会,秘书长会议,各专门委员会会议,根据需要召开由政协各组成单位和各界代表人士参加的协商座谈会。

(2)"民主监督"是中国特色社会主义监督体系的重要组成部分,是以坚持四项基本原则为基础进行的政治监督。它是参加人民政协的各党派团体和各族各界人士通过政协组织对国家机关及其工作人员的工作进行的监督,也是中国共产党在人民政协中与各民主党派和无党派人士之间进行的互相监督。

民主监督的主要内容有:对国家宪法、法律和法规的实施,重大方针政策、重大改革举措、重要决策部署的贯彻执行情况,涉及人民群众切身利益的实际问题解决落实情况,国家机关及其工作人员的工作等,通过提出意见、批评、建议的方式进行协商式监督。

人民政协民主监督的主要形式有:政协全体会议、常委会议、主席会议向党委和政府提出建议案;各专门委员会提出建议或有关报告;委员视察、委员提案、委员举报、大会发言、反映社情民意或以其他形式提出批评和建议;参加党委和政府有关部门组织的调查和检查活动;政协委员应邀担任司法机关和政府部门特约监督人员,等等。

(3)"参政议政"是人民政协履行职能的重要形式,也是党政领导机关经常听取参加人民政协的各民主党派、人民团体和各族各界人士的意见和建议、切实做好工作的有效方式。

参政议政的主要内容有:对政治、经济、文化、社会生活和生态环境等方面的重要问题以及人民群众普遍关心的问题,开展调查研究,反映社情民意,进行协商讨论。通过调研报告、提案、建议案或其他形式,向中国共产党和国家机关提出意见和建议。

(三)"协商民主"

在爱国统一战线和多党合作的组织形式以外,近年来,人民政协作为社会主义民主重要形式的地位得到拓展,人民政协成为"协商民主"的重要渠道和专门协商机构。

选举民主信奉一人一票,少数服从多数,但是获得多数选票可能仅具有相对的合法性,多数不等同于正义,在选举民主之下,会带来"择优机制"失灵和"选举专制",带来民粹主义盛行和公共利益的私利化、部门化,割裂社会共识,分裂社会构成。与选举民主相比,协商民主提倡公民对话的方式、追求社会共识的形成,以此作出反映普遍公共利益的决策。协商民主是对话式的民主,介入具体的决策议题,对决策的全过程发挥影响,最终促成社会共识。协商民主是民主的一种具体实现形式,在中国,在人民政协这一重要的协商民主渠道以外,听证会、民主恳谈会等也都体现了协商民主精神。

在西方国家,协商民主是兴起于20世纪后期,以选举民主的充分发展为基础的理论,是对选举民主在现当代发展的局限进行反思的结果,基于人民主权原则和多数原则,强调以公共利益为共同价值诉求的理性交往和参与,在达成共识的基础上赋予决策和立法的合法性。但从中国的实践看,协商民主先于选举民主,1949年政协会议召开、中华人民共和国政权建立和临时宪法制定通过,就是协商民主的产物;新政权建立初期人民政协的产生方式和工作方式也是协商;人民代表大会成立以后,选举民主与协商民主并存,人民政协能够容纳人民代表大会不能代表的方面,从而有助于实现更广泛的民主;在改革开放以后的政治实践中,形成了选举民主与协商民主各自独立运行又相互联系的惯例,人大和政协"两会"在国家决策中发挥各自不同的作用。

中国实行协商民主与选举民主相结合,重大决策之前和决策实施过程中充分的政治协商,尊重了多数人的意愿,也照顾了少数人的合理要求,能够最大程度地实现人民民主。中国的"协商民主",以中国共产党领导为前提和基础,是实现党的领导的重要方式,是中国社会主义民主政治的特有形式,已经构成我国基本政治制度的重要部分。"协商民主"还应多层化发展,深入到基层民主实践和决策机制中,例如实行社区、社会组织的协商民主,以体现这一人民民主形式的广泛性和实践性。

此外,推进协商民主还需解决好以下两个制度性问题:(1)从制度上推进中国的协商民主,以协商民主为重点深化和扩大社会主义民主,必须首先完善作为协商民主重要渠道和基本形式的人民政协的制度化建设。吸收选举民主的公开性、程序性,规范政治协商的原则、主体、内容、形式、程序、机制等,将协商民主设置为公共决策的必要程序,实现公民的政治参与和对权力的监督,防止和遏制以协商为名、少数人暗箱操作或绕过协商程序、强行推动决策及其实施。(2)同时,在重大决策之前和决策实施过程中进行充分协商、尽可能就共同目标取得一致意见的协商民主,应当与人民通过投票行使权利的选举民主结合起来,不能以协商民主代替选举民主。人民政协及其他协商民主形式的制度化建设应得到规范和完善,人民代表大会的制度化建设仍应进一步加强和完善。

## 第三节　经济制度

### 一、经济制度与宪法

(一) 经济制度的概念

决定国家性质的第二个因素是国家政权的经济基础。一国的经济基础通过宪法、法律的确认与调整而形成该国经济制度。生产资料所有制形式是经济制度的核心,它决定着经济制度的其他方面,是经济制度的基础。我国目前处于社会主义的初级阶段,这个阶段的基本经济制度是以生产资料公有制为主体、多种所有制经济共同发展,体现劳动者在生产过程中的主体地位和他们之间的平等、互助合作关系,并且按照劳动的数量和质量分配社会产品的各项制度的总和。这一制度的确立,是由社会主义性质和初级阶段国情决定的:(1) 我国是社会主义国家,必须坚持公有制作为社会主义经济制度的基础;(2) 我国处在社会主义初级阶段,需要在公有制为主体的条件下发展多种所有制经济;(3) 一切符合"三个有利于"的所有制形式都可以而且应该用来为社会主义服务。其中,生产资料的社会主义公有制决定了社会主义经济制度的性质。公有制的主体地位主要体现在:公有资产在社会总资产中占优势;国有经济控制国民经济命脉,对经济发展起主导作用。

(二) 经济制度与宪法

宪法与经济制度有着紧密的联系,经济制度是宪法的基础,而宪法的主要任务之一就是确认和保护有利于主权者的经济制度。近代宪法对经济制度的制定较为简单,主要是确认作为私有制基础的私有财产权,保障自由资本主义的发展。所以,近代宪法主要是从公民权利角度间接反映国家的基本经济制度,而极少直接规定国家发展经济的方针和政策。这是由于近代资本主义国家信奉"管得越少的政府是越好的政府"的信念,遵循"自由放任"的原则。而现代宪法则比较全面系统地规定了经济制度的各个方面。

1. 宪法赖以生存的经济基础

一定的经济制度是宪法赖以产生和生存的基础。一方面,近代宪法产生于商品经济的确立。商品经济是为交换而生产的经济形式。在商品经济条件下,价值规律是最基本的经济规律,等价交换和自由竞争是商品经济的基本要求。但等价交换不仅取决于商品本身的等价,更重要的是取决于交换者的社会地位的平等性,一切特权、等级制度都与此不相符合。另一方面,商品经济的自由竞争必然导致自由观念的产生。只有在较为发达的商品经济条件下,自由平等的观念才能被社会普遍接受。商品经济制度孕育了平等自由的政治理念,它激励着人们去推翻与之相悖的维护等级特权的封建专制制度,并最终通过制宪来维护这些理念。所以,商品经济的产生与发达是宪法生存的经济基础。

2. 宪法对经济制度的规范

经济制度是一国法律化与制度化的经济基础。自宪法产生以来,经济制度便被纳入宪法规范的视野。从宪法发展史角度而言,经济制度的各方面内容都曾经或当下正成为宪法规范的对象。但不同时期和受不同理念指导的宪法对经济制度的规范有相当大的差异。在现代宪法产生以前,私有财产神圣不可侵犯是各国宪法的一项重要原则,这一规定确立了资本主义制度下的私人所有制。但需注意的是,维护私有财产是被当作公民的一项基本权利来看待的,其初衷并非是为了国家干涉具体经济生活。

现代宪法的产生以1919年德国《魏玛宪法》的诞生为标志。在现代宪法的生成年代,由于社会生活和经济活动的复杂化,国家对经济的干预不断扩张,在宪法上的体现就是经济政策成为宪法规范的重要内容,由此开启了所谓"经济立宪"的时代。[①] 宪法中经济规范的内容之多甚至导致了宪法结构的变化。一些新的有关经济的词汇频繁出现于各国的宪法典中。有学者统计,在142部宪法中,共有84部宪法中规定了"经济组织""经济体制""经济结构""经济制度"

---

① 李龙:《宪法基础理论》,武汉大学出版社1999年版,第283页。

"经济秩序"等概念,涉及公共利益的有96部,涉及产权保护的有118部。① 在亚洲的一些后发达国家,"立宪主义基本的功能在于促进经济的发展,即在经济领域中以宪法特有功能创造财富,逐步消灭贫困","经济问题已出现宪法化趋势"。② 自1919年德国《魏玛宪法》以来,现代宪法中的经济规范主要包括如下内容:私有财产权神圣不可侵犯的理念遭到摒弃,财产权应受限制并附随义务;国家有关经济方面的立法权和行政权得到扩张;国家对经济生活可以具体干预,以保障公民的社会权利,如劳动权等。

1918年第一部社会主义类型的宪法《苏俄宪法》诞生,开创了宪法经济规范的新的体例。随后出现的社会主义国家在制宪时,普遍采用了苏俄的体例,明显不同于西方宪法。这些宪法宣布消除资本主义制度赖以建立的经济基础,实行自然资源及基本生产资料的公有化,建立社会主义的公有制;实行各尽所能、按劳分配的原则等。

## 二、我国宪法确立的经济制度

(一) 所有制形式

1. 社会主义公有制

社会主义公有制,是指生产资料属于全体人民或者劳动者集体所有的形式。我国社会主义公有制是在生产资料私有制的社会主义改造基本完成以后建立起来的,它主要包括国有经济和集体经济,还包括混合所有制经济中的国有成分和集体成分。我国现行《宪法》第6条第1款中规定:"中华人民共和国的社会主义经济制度的基础是生产资料的社会主义公有制,即全民所有制和劳动群众集体所有制。"

(1) 社会主义全民所有制

社会主义全民所有制,又称"社会主义国家所有制",是指由代表人民利益的国家占有生产资料的一种所有制形式。我国社会主义全

---

① 〔荷〕亨利·范·马尔赛文、格尔·范·德·唐:《成文宪法的比较研究》,陈云生译,华夏出版社1987年版,第70页。
② 韩大元:《亚洲立宪主义研究》,中国人民公安大学出版社1996年版,第146页、第152页。

民所有制是通过没收官僚资本为国家所有、取消帝国主义的一切特权、对民族资本主义实行赎买及国家大力投资兴建各种企业等途径建立起来的。

依宪法的规定,除国有经济属于全民所有制经济以外,矿藏、水流、森林、山岭、草原、荒地、滩涂等自然资源都属于国家所有,即全民所有;由法律规定属于集体所有的森林、山岭、草原、荒地、滩涂除外。此外,城市的土地、由法律规定属于国家所有的农村和城市郊区的土地,以及国家依法征收的土地都属于国家所有。但宪法规定,国家在为了公共利益对土地实行征收或征用时,必须依法进行并给予补偿。现行《宪法》第7条规定:"国有经济,即社会主义全民所有制经济,是国民经济中的主导力量。国家保障国有经济的巩固和发展。"国有经济是社会主义经济基础的重要组成部分。以全民所有制为基础的国有经济掌握和控制着国家的经济命脉及对国民经济发展具有极其重要意义的资源,对关系国民经济命脉的行业和关键领域占支配地位,在整个国民经济中居于主导地位。国有经济拥有现代化的大工业和先进技术,可以提供大量的机械设备、燃料、动力等,促进国家经济各部门的技术更新和改造;为农业提供各种机械、运输工具、化肥、农药等,直接促进农业集体经济的发展;提供日用生活必需品,满足城乡人民需要;为国家经济建设、文化建设和国防建设积累大量资金。因此,国有经济发展对于满足人民群众生活的需要、进行社会主义现代化建设和巩固人民政权具有极其重要的作用。

(2)劳动群众集体所有制经济

劳动群众集体所有制经济是指由集体单位内的劳动群众共同占有生产资料的一种公有制经济。集体所有制经济是在土地改革的基础上,通过对农业和手工业的个体经济实行社会主义改造而建立起来的。

我国现行宪法规定,农村集体经济组织实行家庭承包经营为基础、统分结合的双层经营体制。农村中的生产、供销、信用、消费等各种形式的合作经济是劳动群众集体所有制经济;城镇中的手工业、工业、建筑业、运输业、商业、服务业等行业的各种形式的合作经济,也是劳动群众集体所有的经济;由法律规定属于集体所有制的森林、山岭、草原、荒地、滩涂,农村城市郊区的土地除由法律规定属于国家所有的以外,属于集体所有;宅基地和自留地、自留山,也属于集体所有。

集体所有制经济是公有制经济的重要组成部分。集体经济可以体现共同致富原则,可以广泛吸收社会分散资金,缓解就业压力,增加公共积累和国家税收,在国民经济中占有重要地位。集体所有制经济是农村的主要经济形式,是农村社会主义经济的重要力量。在大工业生产还不够发达的情况下,它们对社会主义经济的发展,起着全民所有制经济不可替代的积极作用。因此,我国现行《宪法》第8条第3款规定:"国家保护城乡集体经济组织的合法的权利和利益,鼓励、指导和帮助集体经济的发展。"

社会主义公共财产包括全民所有制经济的财产和集体所有制经济的财产,是我国社会主义经济制度的基础,是人民民主政权巩固发展和建设"五个文明"的基础,是我国经济发展和国防建设的物质源泉,是国家繁荣昌盛和人民群众物质文化生活的需要不断得以满足的物质前提和根本保障,也是我国人民享有种种权利和自由的物质保证。而保护社会主义公共财产是社会主义国家的重要职能,是人民民主专政的基本任务之一。现行《宪法》第12条明确规定:"社会主义的公共财产神圣不可侵犯。国家保护社会主义的公共财产。禁止任何组织或者个人用任何手段侵占或者破坏国家和集体的财产。"同时,宪法在公民基本义务部分也把爱护和保护公共财产规定为我国公民的基本义务之一。

2. 非公有制经济

(1) 劳动者个体经济

劳动者个体经济是指城乡劳动者个人占有少量生产资料和产品,从事不剥削他人的个体劳动,收益归己的经济形式。现行《宪法》在1982年颁布时规定:"在法律规定范围内的城乡劳动者个体经济,是社会主义公有制经济的补充"。第九届全国人民代表大会第二次会议从我国社会主义初级阶段的基本国情出发,于1999年通过《宪法修正案》将这一规定修改为"在法律规定范围内的个体经济、私营经济等非公有制经济,是社会主义市场经济的重要组成部分"。劳动者个体经济具有以下特点：① 生产资料和产品归个体劳动者所有；② 以个体劳动为基础；③ 劳动所得归个体劳动者支配。因而，劳动者个体经济属于私有经济的形式之一。

在社会主义初级阶段，劳动者个体经济的存在和发展是必要的和有益的。它具有全民所有制经济和集体所有制经济不可代替的作用：① 公有制经济资金有限，不可能兴办一切事业，需要个体经济协助；② 个体经济具有点多、面广、小型多样、经营灵活的特点，可以弥补国有经济和集体经济的不足，发展生产，增加财富，活跃市场，方便群众；③ 个体经济的存在有利于广开就业门路。

(2) 私营经济

私营经济是指以雇工经营为特征、存在雇佣劳动关系的经济形式。在社会主义初级阶段，私营经济的发展，对于促进生产、活跃市场、扩大就业、更好地满足人民多方面的生产需求、改善财政状况，无疑具有积极作用。私营企业可以采用独资企业、合伙企业和有限责任公司等多种形式。农村村民、城镇人员、个体工商户经营者、辞职人员、法律法规和政策允许的离休、退休人员和其他人员，均可申请开办私营企业。

在以公有制经济为主体的前提下，允许私营经济适当发展，不会损害社会主义公有制经济基础。我国现行宪法在颁布时，未对私营经济的法律地位作出规定。1988年第七届全国人民代表大会第一次会议以宪法修正案的方式，修改了《宪法》第11条，补充规定："国家允许私营经济在法律规定的范围内存在和发展。私营经济是社会主义公有制经济的补充。国家保护私营经济的合法的权利和利益，对私营经济实行引导、监督和管理。"第九届全国人民代表大会第二次会议从我国社会主义初级阶段的基本国情出发，于1999年通过《宪法修正案》将这一规定修改为"在法律规定范围内的个体经济、私营经济等非公有制经济，是社会主义市场经济的重要组成部分"。

对于包括个体经济和私营经济在内的非公有制经济，国家的政策是："国家保护个体经济、私营经济等非公有制经济的合法的权利和利益。国家鼓励、支持和引导非公有制经济的发展，并对非公有制经济依法实行监督和管理。"

（3）外商投资企业

我国现行《宪法》第18条第1款规定："中华人民共和国允许外国的企业和其他经济组织或者个人依照中华人民共和国法律的规定在中国投资，同中国的企业或者其他经济组织进行各种形式的经济合作。"外商投资企业就是依据宪法的规定，在无损于我国主权和经济独立的前提下，经过我国政府批准而兴办的。外商投资企业分为中外合资经营企业、中外合作经营企业和外商独资企业。外商投资企业在中国境内登记设立，是中国的企业或者法人。因此，它们受我国法律管辖，必须遵守我国的法律、法规，接受我国政府的管理监督，不得损害我国的社会公共利益。同时，其合法权益也受我国法律的保护。国家对合资企业和外资企业不实行国有化和征收；在特殊情况下，根据社会公共利益的需要，则可以依照法律程序对其实行征收，并给予相应的补偿。国家依据宪法制定了《中外合资经营企业法》《中外合作经营企业法》和《外资企业法》。

除中外合资企业、中外合作企业和外商独资企业外，还有中外合作开采、来料加工、来样加工、补偿贸易、租赁等经济形式。这种经济形式的存在，既有利于我国吸引外资，弥补资金的不足，也有利于引进技术、装备和科学管理方法，还有利于我国培养技术人才和提高管理水平，最终提高我国的生产能力。

（二）经济发展目的及其实现途径

党的十九大报告指出，随着中国特色社会主义进入新时代，我国的主要矛盾已经由"人民日益增长的物质文化需要同落后的社会生产之间的矛盾"转化为"人民日益增长的美好生活需要和不平衡不充分的发展之间的矛盾"，但我国仍处于并将长期处于社会主义初级阶段，是世界最大的发展中国家。因而，发展经济仍是我国的一项重要任务。我国现行《宪法》第14条第3款规定："国家合理安排积累和消费，兼顾国家、集体和个人的利益，在发展生产的基础上，逐步改善人民的物质生活和文化生活。"这一规定直接表明了我国社会主义生产的目的。在实现方式上，我国现行《宪法》第14条第1款、第2款规定："国家通过提高劳动者的积极性和技术水平，推广先进的科学技术，完善经济管理体制和企业经营管理制度，实行各种形式的社会主义责任制,改进劳动组织,以不断提高劳动生产率和经济效益,发展社会生产力。国家厉行节约,反对浪费。"概言之,根据宪法的规定,实现社会主义生产目的的途径主要包括:第一,提高劳动者的积极性和技术水平;第二,推广先进的科学技术;第三,完善经济管理体制和企业经营管理制度,实行各种形式的社会主义责任制,改进劳动组织;第四,厉行节约,反对浪费。

(三) 分配原则

如前所述,公有制为主体、多种所有制经济共同发展是我国社会主义初级阶段的一项基本经济制度。与这一基本经济制度相适应,在分配原则上,我国现行《宪法》第 6 条中规定:"社会主义公有制消灭人剥削人的制度,实行各尽所能、按劳分配的原则。国家在社会主义初级阶段,坚持公有制为主体、多种所有制经济共同发展的基本经济制度,坚持按劳分配为主体、多种分配方式并存的分配制度。"

所谓"各尽所能"是指在社会主义制度下,每个有劳动能力的公民都应当在其分工的范围内尽自己的能力为社会贡献力量;所谓"按劳分配"是指在各尽所能的前提下,由代表人民的国家或者集体经济组织按照每个公民劳动的数量和质量分配给公民应得的劳动报酬。在社会主义条件下,消灭了资产阶级私有制,建立了社会主义公有制,劳动人民成为生产资料的主人,劳动成果完全归劳动者共同所有,用于发展社会生产和按照劳动的数量和质量支付劳动报酬。可见,按劳分配的原则是建立在生产资料公有制基础上的社会主义分配原则。在社会主义历史阶段,只能实行按劳分配原则,而不能实行共产主义按需分配原则。它与社会主义阶段的具体情况相适应,因而有利于调动广大人民群众的积极性,有利于社会主义公有制的巩固,有利于改善生产管理和提高劳动生产率。

我国目前尚处于社会主义初级阶段,存在多种经济形式,在分配方式上就不可能是单一的。把按劳分配和按生产要素分配结合起来,坚持效率优先、兼顾公平,有利于优化资源配置,促进经济发展,保持社会稳定。依法保护合法收入,允许和鼓励一部分人通过诚实劳动和合法经营先富起来,允许和鼓励资本、技术等生产要素参与收益分配。在我国除按劳分配这种主要分配方式外,还有:(1) 企业发行债券筹集资金,由此而会出现凭债权取得的利息;(2)随着股份经济的产生,股份分红相应出现;(3)企业经营者的收入中,包括部分风险补偿;(4)私营企业雇用一定数量的劳动力,会给企业主带来部分非劳动收入等。

### (四) 社会主义市场经济体制

计划经济体制和市场经济体制是两种不同的经济体制。在计划经济体制下,国家掌握所有的社会、经济资源,并通过计划来配置资源,企业不是经济活动的主体,而只是国家经济计划的执行者和实践者。而在市场经济体制下,国家通过价格、税收、利率等经济杠杆来调动市场,由市场来配置社会资源,企业的生产和经营活动由企业根据市场的需求自行决定,并通过法律、行政等方式对经济进行宏观调控。1949年后,我国如同其他社会主义国家一样,建立起计划经济体制,并认为这是社会主义国家的唯一选择。但计划经济体制的弊端逐渐显现出来。改革开放后,国家开始对计划经济体制进行调整,注意发挥市场在资源调配中的积极作用。但由于当时主观和客观条件的限制,这一调整是逐渐进行的。我国现行宪法在1982年颁布时第15条规定:"国家在社会主义公有制基础上实行计划经济,国家通过经济计划的综合平衡和市场调节的辅助作用,保证国民经济按比例地协调发展。"这一规定虽然没有完全排除市场的作用,但仍然坚持公有制必须实行计划经济的观念。随着经济体制改革的深入,人们逐渐认识到市场与社会主义之间不存在内在的矛盾,建立市场经济体制是我国商品经济发展的必然要求。1992年党的第十四次全国代表大会提出我国经济体制的改革目标是建立社会主义市场经济体制。1993年3月第八届全国人民代表大会第一次会议通过宪法修正案,对1982年《宪法》规定的经济体制进行修改,明确规定:"国家实行社会主义市场经济。"当然,实行社会主义市场经济,并不意味着国家对经济完全放任。在我国社会主义市场经济体制下,国家的经济计划仍然是国家调节市场的重要手段之一,国家仍要适当发挥其管理经济的作用。为此,宪法规定"国家加强经济立法,完善宏观调控。国家依法禁止任何组织或者个人扰乱社会经济秩序"。

## 第四节 "五个文明"协调发展

我国现行宪法1982年颁布时规定国家要加强社会主义精神文明建设。2004年3月，第十届全国人民代表大会第二次会议通过的《宪法修正案》规定，国家要推动物质文明、政治文明和精神文明协调发展，把我国建设成为富强、民主、文明的社会主义国家。这是我国宪法第一次规定国家要推动政治文明的建设。2018年第十三届全国人民代表大会第一次会议通过的《宪法修正案》规定，"推动物质文明、政治文明、精神文明、社会文明、生态文明协调发展，把我国建设成为富强民主文明和谐美丽的社会主义现代化强国，实现中华民族伟大复兴"。

### 一、"五个文明"的含义及其相互关系

#### （一）"文明"的含义及其特征

对"文明"一词，不同历史时期人们有着不同的理解。我国古人在《易经·贲卦》中有"文明以止，人文也"的说法，《尚书·舜典》中有"睿哲文明"的说法，《易经·乾卦》说"见龙在田，天下文明"。孔颖达对文明的解释是："经纬天地曰文，照临四方曰明。"[1]由上可以观之，在中国古代，文明和文化之间没有明确的界分，均为文治、教化的意思，其社会含义并不突出。近代新文化的先驱陈独秀称："文明者，异于蒙昧未开化者之称也。……世界各国，无东西古今，但有教化之国，即不得谓之无文明。"[2]《中华大百科全书》将文明定义为："文明是人类改造世界的物质成果和精神成果的总和；是社会进步和人类开化的进步状态的标志。"[3]

在西方，法国著名政治家和历史学家基佐指出："文明由两大事实组成：人类社会的发展及人自身的发展，一方面是政治和社会的发

---

[1] 出自《尚书正义》之卷三。
[2] 陈独秀：《法兰西与近世文明》，原载《青年杂志》(《新青年》)第一卷第一期（一九一五年九月十五日发行）。
[3] 《中国大百科全书·社会学》，中国大百科全书出版社1991年版，第419页。

展,另一方面是人内在的和道德的发展。"①亨廷顿认为,一种文明就是一个文化实体……文明是人类最高的文化归类,人类文化认同最广的范围,人类以此与其他物种相区别。文明既根据一些共同的客观因素来界定,如语言、历史、宗教、习俗、体制,也根据人们主观的自我认同来界定。②

从以上各类对文明的理解中,我们可以概括出文明具有以下特征:第一,文明是关涉个人和社会的一种总体的、综合的进步状态;第二,文明是一个动态的范畴,处于不断发展的过程当中。

(二)"五个文明"的定义及其相互间的关系

在我国,1978年党的十一届三中全会决定将经济建设作为中心工作,并决定实行改革开放政策,表明了党对物质文明建设的高度重视。1982年党的十二大第一次提出了建设以共产主义思想为核心的高度精神文明。1986年9月,党的十二届六中全会通过了《中共中央关于社会主义精神文明建设指导方针的决议》,决议根据马克思主义基本原理同中国实际相结合的原则,阐明了精神文明建设的战略地位、根本任务和基本指导方针。决议指出:"我国社会主义现代化建设的总体布局是:以经济建设为中心,坚定不移地进行经济体制改革,坚定不移地进行政治体制改革,坚定不移地加强精神文明建设,并且使这几个方面互相配合,互相促进。"1992年10月,党的十四大提出我国经济体制改革的目标是建立社会主义市场经济体制。1996年10月,党的十四届六中全会通过了《中共中央关于加强社会主义精神文明建设若干重要问题的决议》,提出要将精神文明建设的主要方向放在思想道德和文化建设方面。

由上可知,在党的十五大之前,我国对文明的理解主要限于物质文明和精神文明两个领域,对于政治文明还未涉及。1997年后,政治文明开始出现在人们的视野中,并在理论上逐步成熟。

1997年党的十五大强调依法治国、建设社会主义法治国家。这

---

① 〔法〕基佐:《欧洲文明史——自罗马帝国败落起到法国革命》,程洪逵、沅芷译,商务印书馆2014年版,第17页。

② 参见塞缪尔·亨廷顿:《文明的冲突与世界秩序的重建》,周琪等译,新华出版社2010年版。

标志着我国政治文明建设的起步。2001年1月,在全国宣传部长会议上,江泽民同志在讲话中指出:"我们在建设有中国特色社会主义,发展社会主义市场经济的过程中,要坚持不懈地加强社会主义法制建设,依法治国,同时也要坚持不懈地加强社会主义道德建设,以德治国。对一个国家的治理来说,法治和德治,从来都是相辅相成、相互促进的。二者缺一不可,也不可偏废。法治属于政治建设、属于政治文明,德治属于思想建设、属于精神文明。二者范畴不同,但其地位和功能都是非常重要的。"由此,"政治文明"作为一个范畴开始进入人们的视野。2002年11月,党的十六大报告把社会主义物质文明、政治文明、精神文明建设一起确立为社会主义现代化全面发展的三个基本目标,从而使中国特色社会主义理论和实践更加趋于成熟和完善。

"社会文明"一词是2004年党的十六届四中全会首次提出"社会建设"这一概念之后出现的,是伴随着构建社会主义和谐社会的过程而发展起来的。社会文明有广义和狭义之分。广义的社会文明,是指包括经济、政治、文化、社会、生态等各方面在内的整个社会的开化程度和进步状态,是人类改造客观世界和改造主观世界所取得的积极成果的总和,是各种文明的有机统一。狭义的社会文明,是指相对于社会主义物质文明、政治文明等其他具体的文明形态而言,在社会领域中取得的积极成果的总和,主要表现在社会事业和社会生活的进步。

生态文明所体现的是一种社会发展的进步状态。这种进步状态是以人与人以及人与自然(或者生态系统)、人与社会经济之间的和谐共生、平衡发展为目标的,它追求经济有效、社会公正和生态良好的良性发展。生态文明所导向的是一种生产发展、生活富裕、生态良好的文明发展道路,主张人类在利用自然界的同时又主动保护自然界、积极改善和优化人与自然的关系。生态文明最基本的理念应当是"尊重自然、顺应自然、保护自然"。生态文明的提出也经历了一个演变与发展过程。2002年,党的十六大报告正式提出"可持续发展能力不断增强,生态环境得到改善,资源利用效率显著提高,促进人与自然的和谐,推动整个社会走上生产发展、生活富裕、生态良好的文明发展道路",将之作为全面建设小康社会的四大目标之一。2007年,党的十七大报告首次提出"生态文明"的概念,并提出生态文明建设的目标:"基本形成节约能源资源和保护生态环境的产业结构、增长方式、消费模式。……生态文明观念在全社会牢固树立。"2012年党的十八大报告进一步提出,建设生态文明,是关系人民福祉、关乎民族未来的长远大计。面对资源约束趋紧、环境污染严重、生态系统退化的严峻形势,必须树立尊重自然、顺应自然、保护自然的生态文明理念,把生态文明建设放在突出地位,融入经济建设、政治建设、文化建设、社会建设各方面和全过程,努力建设美丽中国,实现中华民族永续发展。2017年党的十九大报告在"五个文明"一体建设的基础上提出了科学系统的生态文明建设重要战略思想,即树立六种观念:一是尊重自然、顺应自然、保护自然的朴素伦理观;二是绿水青山就是金山银山的绿色发展观;三是良好生态环境是最普惠的民生福祉的基本民生观;四是山水林田湖草是一个生命共同体的整体系统观;五是用最严格的制度保护生态环境的严密法治观;六是胸怀共谋全球生态文明建设之路的共赢全球观。

在"五个文明"中,物质文明是指人类改造客观世界的物质成果,表现为人们物质生产的进步和物质生活的改善,包括生产工具的改进和技术进步、物质财富的增长和人们生活水平的提高等。政治文明是人类政治生活的进步状态,主要包括政治法律思想、政治法律制度、政治法律设施和政治法律行为等内容,它是人类社会进步的重要标志。精神文明是指人类在改造客观世界的同时,对主观世界的改造、社会的精神生产和精神生活得到发展的成果,表现为教育、科学、文化知识等事业的发达和人们思想、政治、道德水平的提高。社会文明指的是一种社会状态,强调人与国家、人与组织之间的关系。而生态文明的发展在于寻求人与自然和谐共生。

在"五个文明"中,物质文明主要解决的是发展生产力的问题,政治文明主要解决国家权力运作中的规范和保障的问题,精神文明主要解决的是精神动力和智力支持的问题,社会文明解决的是人生存所依赖的人文社会环境,生态文明解决的是人生存所依赖的自然环境问题。具体而言,"五个文明"之间的关系是:

1. 物质文明为其他文明形态提供物质基础

物质文明是社会存在和发展的起点和基础,对其他文明形态的发展具有决定性的作用,主要体现在三个方面:一是物质文明决定和制约着其他文明形态的发展,其他文明形态离不开一定的物质基础;二是物质文明为其他文明形态的发展提供动力;三是物质文明构成其他文明形态发展的检验标准。

2. 政治文明为其他文明形态提供制度保障

政治文明因其与国家政权直接联系而在社会中占主导地位,并决定其他文明形态的性质、方向及其发展进程。政治文明的作用主要体现在四个方面:一是政治文明具有统率作用。政治属于上层建筑,它以经济为基础,又居于经济基础之上,具有统揽全局的作用。二是政治文明为其他文明形态确定价值取向和发展方向。三是政治文明为其他文明形态创造安定团结的政治环境。四是政治文明在一定的历史条件下影响甚至决定着其他文明形态的发展进程。

3. 精神文明为其他文明形态提供精神动力和智力支持

精神文明的作用主要体现在三个方面:一是精神文明的高度发展为其他文明形态提供强大的精神动力。二是精神文明为其他文明形态的建设提供思想引导。精神文明建设的一个重要内容是思想道德建设,通过思想道德教育,使广大人民群众坚定理想信念,树立正确的世界观、人生观和价值观,从思想上引导人民自觉投身于物质文明等的建设。三是精神文明为其他文明形态建设提供智力支持。科学、教育、文化是精神文明建设的重要内容,也是其他文明形态发展的重要条件。

4. 社会文明是"五个文明"结构的最高层次

社会文明为其他文明形态建设提供社会条件。因为发达的社会文明可以使人民过上共同富裕的生活、使人与人的社会关系文明融洽、使人民的生活环境良好、使人民有积极向上的社会意识、使社会管理更加科学完善。

5. 生态文明是"五个文明"结构的环境层次

生态文明是物质文明、精神文明、政治文明和社会文明建设和发展所依赖的大环境。

（三）推动"五个文明"的协调发展

物质文明、政治文明、精神文明、社会文明和生态文明是人类文明的五个有机组成部分。在推动人类社会发展时，只有"五个文明"协调发展，才可以避免出现大的波折，才不会走向歧途，才能给人民生活带来更多的繁荣和稳定。而要实现"五个文明"协调发展，就必须做到以下几点：

1. 树立全面、协调和可持续的科学发展观

第一，确立人在发展中的主体地位。人的全面发展是人类社会文明发展的最高目标，是"五个文明"建设的出发点和落脚点。人的发展是社会存在和发展的前提，也是社会发展的目的。因此，在社会发展的问题上，人具有双重作用，首先，人是社会发展的主体，离开了人，社会发展就失去了推动者；同时，人的发展又是社会发展的目标，离开了人的全面发展，社会发展就会失去意义。过去，我们更多地注意从政治意识形态、经济增长、道德素养等方面来评价社会的发展和进步，没有充分注意社会发展的本质是人的全面发展。按照宪法规定的"五个文明"协调发展的要求，建设中国特色社会主义的根本目的，在于以人为本，实现人的全面发展。

第二，注重经济、政治、文化的协调发展。衡量社会发展水平，不仅要看经济增长指标，还要看人文指标、资源指标、环境指标、社会指标等。在我国改革开放后的相当长时间内，在片面追求经济快速增长中，生态环境的破坏和自然资源的浪费所造成的严重后果日益显见。所以，应充分认识到，经济增长并不意味着社会的发展，社会发展应是经济、政治、文化协调发展。也就是说，只有"五个文明"同时建设，经济、政治、文化协调发展、全面发展，才是中国特色社会主义。

第三，坚持可持续发展道路。可持续发展就是要统筹兼顾当前发展和未来发展的需要，不能以牺牲后代人的利益为代价来满足当代人的利益。其基本要求是：控制人口数量，提高人的素质，珍惜并合理利用自然资源，保护生态环境，实现经济、社会和人口、资源的协调发展，促进人与自然的协调与和谐。

2. 正确处理改革发展与稳定的关系

促进"五个文明"协调发展，必须正确处理改革、发展与稳定之间

的关系。发展是党执政兴国的第一要务,只有发展,才能全面提高人民的生活水平,给人民带来富裕安康的幸福生活。这里所说的发展,是全面的发展,就是要发展社会主义市场经济,建设物质文明;发展社会主义民主政治,建设政治文明;发展社会主义先进文化,建设精神文明。这就必然要求继续深化经济体制改革、政治体制改革和文化体制改革。为了发展和改革,必须保持社会稳定。要将改革的力度、发展的速度和社会可承受的程度统一起来,在社会稳定中推进改革、发展,通过改革、发展促进社会稳定,使"五个文明"协调一致地发展。

3. 推动"五个文明"建设

我国正处于并将长期处于社会主义初级阶段,建设惠及全国所有人的小康社会,到21世纪中叶实现中华民族伟大复兴,必须走"五个文明"协调发展、全面推进之路。"五个文明"中,物质文明处于基础和中心地位。所以,要推进物质文明的建设,坚持以经济建设为中心,集中力量把经济搞上去。必须始终抓住经济建设不放松,创造出更多更好的物质文明成果,不断提高人民的生活水平和质量,为其他文明形态的建设奠定物质基础。政治文明是社会文明不可缺少的重要组成部分,在很大程度上决定着社会文明的方向。通过政治文明的建设,使社会主义民主更加完善、法制更加健全,依法治国基本方略得到全面落实,人民的政治、经济、文化权益得到切实尊重和保障,从制度上、法律上促进"五个文明"协调发展。建设社会主义精神文明,不仅是满足和提高人民群众精神文化生活水平的客观要求,也是一个国家综合国力的重要组成部分,可以提高人们的思想道德素质、科学文化素质,促进人的全面发展,为物质文明、政治文明提供精神动力和智力支持。而社会文明和生态文明的建设使人赖以生存的社会环境和自然环境将更为适宜。

**二、建设社会主义政治文明**

社会主义政治文明的建设内容包括以下几个方面:

1. 养成正确的国家权力观念

国家权力是政治文明理论的核心范畴。关于国家权力观念要解决的问题是:第一,关于国家权力的来源问题。现代的民主理论认为,人民是国家的权源,即国家权力来自人民的授权,属于人民,而不是来自上天的授权从而仅属于君王个人。此即人民主权理论。它科学地说明了权力的合法来源,使得权力成为为大家所共同享有的资源,而不是被少数人所掌控。第二,权力本身有一定的界限,其运作要实现法治化,使权力成为理性的权力。把权力的运作予以规范,使其在一定的范围内存在并发挥作用,这是现代国家的共同选择。

2. 将坚持党的领导、人民当家做主与依法治国有机统一起来

坚持党的领导、人民当家做主和依法治国的统一性,是我国社会主义民主政治建设最根本的特征。党的领导是人民当家做主和依法治国的根本保证。社会主义政治文明建设和民主进程的推进,都必须坚持中国共产党的领导。人民当家做主是社会主义民主政治的本质要求。政治文明的核心内容就是民主与法制建设,公民享有政治权利的广度和深度是政治文明的最集中表现。建设社会主义政治文明,要始终把人民当家做主作为出发点和落脚点。人民当家做主,才能充分调动广大群众参与社会主义建设的积极性、主动性和创造性,为推进物质文明、精神文明建设提供政治动力和政治保障。依法治国是党领导人民治理国家的基本方略。依法治国,首先要依宪治国,树立宪法的最高权威;其次,要坚持法律面前人人平等,任何组织和个人都不得有超越于宪法和法律之上的特权。

3. 加强制度建设和制度创新

这是推进政治文明建设的根本之道。邓小平同志曾经指出,制度问题更带有根本性、全局性、稳定性和长期性。推进社会主义政治文明建设,应当着重加强制度建设。其内容包括:坚持和完善人民代表大会制度、共产党领导的多党合作与政治协商制度、民族区域自治制度;强化依法行政,实现行政管理的规范化、制度化、法制化;通过制度的完善和创新,保证人民充分行使民主选举、决策、管理、监督的权利;完善权力制约机制、监督机制和党内民主制度建设等。在制度创新方面,党的十六大报告指出,围绕发展社会主义民主政治、建设社会主义政治文明的目标,要坚持和完善社会主义民主制度,加强社会主义法制建设,改革和改善党的领导方式和执政方式,改革和完善

决策机制,深化行政管理体制改革,推进司法体制改革,深化干部人事制度改革,加强对权力的制约和监督,维护社会稳定。

### 三、建设社会主义精神文明

(一) 宪法与精神文明

1. 宪法是人类精神文明发展的成果

宪法本身是精神文明发展到一定阶段的产物,是一种文化现象。① 作为人类发展史上的重要成果,近代资本主义思想家所创造的宪治思想理论是宪法产生和发展的思想基础。天赋人权、人民主权、权力分立与制衡、法治等理论直接指导了近代各国人民的制宪和行宪实践。而且,在宪法变迁史上,不同国家、不同时期的制宪和行宪实践之所以以不同模式显现出来,也是不同类型人类文明对宪法影响的结果。②

2. 精神文明是现代宪法规定的重要内容

法律是人类文明的产物,也是人类文明的重要标志。从一般意义上讲,法律与国家是同时产生的。但作为国家根本法的宪法是社会发展到资本主义初期才开始产生的。宪法是资产阶级革命以后在资本主义国家出现的,是资产阶级把反封建的胜利成果即资产阶级民主事实法律化的结果。列宁曾把资产阶级统治的欧洲称为"技术十分发达、文化丰富、宪法完备的文明先进的欧洲"。可见,列宁把资产阶级宪法同资本主义社会发达的技术、丰富的文化一起看成是资产阶级文明的重要标志。建立在生产资料公有制基础上,以马列主义为指导,体现工人阶级领导的广大劳动人民意志的社会主义宪法,是人类文明发展到新的更高阶段的产物,即社会主义文明的产物。同时,它又是社会主义文明的重要标志。

各国宪法对精神文明的规定,主要有三个方面的内容:第一,国家的基本文化政策。如《捷克斯洛伐克宪法》第 16 条规定:"捷克斯

---

① 韩大元:《试论宪法文化》,载张庆福主编:《宪政论丛》(第 2 卷),法律出版社 1999 年版,第 15 页。
② 同上书,第 19 页。

洛伐克的全部文化政策、教育和科学的发展都是以科学的世界观——马克思列宁主义的精神为指导,并同人民的生活和劳动紧密结合。"第二,发展教育、科学、文学艺术事业。《菲律宾宪法》第14章第4条规定:"一切教育机构应受国家合理的监督与管理。"《意大利宪法》规定:"共和国鼓励文化、科学和技术研究的发展。"第三,发展卫生、体育事业,保护文物等历史文化遗产。

宪法对精神文明的规定,大致可以分为三个阶段:

第一阶段为宪法的初创时期。这个时期宪法的主要内容是规定国家政权机关的组织、权限、相互关系,以及公民的基本权利和义务,对精神文明的规定相对较少。世界上最早的成文宪法——美国1787年《宪法》没有关于精神文明的专门规定;欧洲第一部成文宪法——法国1791年《宪法》虽然规定"应当设立和组织为全体公民所公有的公共教育",但这一内容主要是针对宗教对教育制度的干预和把受教育视为特权的社会现实而规定的。

第二阶段是社会主义宪法产生的时期。1918年《苏俄宪法》是世界上第一部社会主义类型的宪法,这部宪法第一次明确规定了苏俄的社会制度,其中包括为工农提供免费教育等条款。但这部宪法尚未能够全面提出和规定精神文明建设的内容。1919年德国《魏玛宪法》是由自由资本主义向垄断资本主义过渡的标志,这部宪法对公民的受教育权等作了规定,但对精神文明也未作出系统的规定。

第三阶段是第二次世界大战以后的宪法。如我国现行宪法继承了《共同纲领》和1954年宪法关于社会主义文化、教育和社会公德的规定,总结了中共十一届三中全会以来的实践经验,从文化建设和思想建设两个方面全面系统地规定了社会主义精神文明建设的内容。

(二)我国精神文明建设的主要内容

社会主义精神文明建设包括的内容主要是:(1)文化建设,即发展社会主义教育事业、科学事业、文学艺术、新闻出版、广播电视等各项文化事业及卫生体育事业;提高人民群众的文化知识水平,以及广泛开展健康、愉快、生动活泼、丰富多彩的群众性娱乐活动。它是建设社会主义物质文明的重要条件,也是提高人民群众思想觉悟和道德水平的重要条件。(2)思想道德建设,它的主要内容是:提倡和发扬爱祖国、爱人民、爱劳动、爱科学、爱社会主义的公德,在人民中进行爱国主义、集体主义和国际主义、共产主义的教育,进行辩证唯物主义和历史唯物主义的教育,反对资本主义的、封建主义的和其他的腐朽思想。它决定着社会主义精神文明的性质。

1. 文化建设

文化建设是社会主义精神文明建设的重要内容,因为:(1) 文化建设是物质文明建设的重要条件。在科学技术高速发展的今天,文化事业的发达程度对物质文明发展的广度、深度和速度具有重要意义。(2) 文化建设是提高人民群众民主知识、法制观念、思想道德觉悟水平的重要条件。(3) 文化建设是推动历史进步的一种力量,也是一个民族文明水平的重要标志。实现社会主义现代化建设必须大力发展教育科学文化事业,发扬尊重科学和追求知识的精神,努力在全民族范围内组织教育科学文化的普及和提高。文化建设的基本内容包括:

第一,发展社会主义教育事业。社会主义教育事业是实现社会主义现代化建设的基础,是整个精神文明建设中的基本建设,也是整个文化建设事业中最重要的内容。我国现行《宪法》第 19 条中规定:"国家举办各种学校,普及初等义务教育,发展中等教育、职业教育和高等教育,并且发展学前教育。""国家发展各种教育设施,扫除文盲,对工人、农民、国家工作人员和其他劳动者进行政治、文化、科学、技术、业务的教育,鼓励自学成才。""国家鼓励集体经济组织、国家企业事业组织和其他社会力量依照法律规定举办各种教育事业。""国家推广全国通用的普通话。"我国现行宪法从大力发展正规学校教育、大力开展社会教育、鼓励社会力量举办各种教育事业、推广全国通用的普通话四个方面,比较全面地规定了发展我国社会主义教育事业的方针政策。国家先后制定了《教育法》《义务教育法》《教师法》《高等教育法》《民办教育促进法》等法律,系统地规定了教育领域的基本问题。

第二,发展科学事业。科学包括自然科学和社会科学两大类。自然科学在发展生产力中的巨大作用已为人们所认识。实践证明,社会科学的发展对于巩固和发展社会主义制度,推动历史的前进和人的全面发展具有极其重要的意义。因此,《宪法》第20条规定:"国家发展自然科学和社会科学事业"。为了加速我国科学事业的发展,《宪法》还规定,国家要"普及科学和技术知识,奖励科学研究成果和技术发明创造"。

第三,发展医疗卫生体育事业。医疗卫生事业和体育事业的发展,是建设社会主义精神文明的重要组成部分。它是一国文明状况的重要标志之一。中华人民共和国成立以来,我国的医疗和体育事业得到了很大发展,一些传统的烈性传染病和地方病已被消灭,人民的健康水平日益提高,人口平均寿命比中华人民共和国成立前提高了一倍以上,体育事业取得了举世瞩目的发展,摘掉了"东亚病夫"的帽子。《宪法》规定:国家发展医疗卫生事业,发展现代医药和我国传统医药,鼓励和支持农村集体经济组织、国家企业事业组织和街道举办各种医疗卫生设施,开展群众性的卫生活动,保护人民健康。国家发展体育事业,开展群众性的体育活动,增强人民体质。

第四,发展文化事业。文学艺术是人民群众精神生活中不可缺少的重要部分,它在陶冶情操、培养健康的情趣、提高艺术鉴赏力和审美水平、树立崇高理想、坚定社会主义信念等方面都具有独到作用;新闻、广播、电视事业,出版发行事业,图书馆、博物馆和文化馆事业是宣传党和国家的政策、法律,传播科学文化知识,进行精神文明建设的重要途径;健康、愉快、生动活泼、丰富多彩的群众性娱乐活动,可以使人们在紧张劳动之余,获得趣味高尚的精神享受;名胜古迹、珍贵文物和其他重要历史文化遗产,是我国的国宝,是我国人民千百年来劳动和智慧的结晶,反映了各个时代的物质文明和精神文明,对于吸收民族文化、继承传统和发展旅游事业,都有重要作用。因此,《宪法》第22条规定:"国家发展为人民服务、为社会主义服务的文学艺术事业、新闻广播电视事业、出版发行事业、图书馆博物馆文化馆和其他文化事业,开展群众性的文化活动。国家保护名胜古迹、珍贵文物和其他重要历史文化遗产。"

2. 思想道德建设

思想道德建设决定着精神文明建设的社会主义性质,保证着整个社会主义现代化建设的方向。现行《宪法》在序言中把马列主义、毛泽东思想作为思想道德建设的指导方针,而在第 24 条中提出了社会主义思想道德建设的基本要求,即爱祖国、爱人民、爱劳动、爱科学、爱社会主义,并使"五爱"在社会生活的各个方面体现出来,在全国各民族之间,工人、农民和知识分子之间,军民之间,干部群众之间,家庭内部和邻里之间,以及人民内部一切相互关系上,建立和发展平等、团结、友爱、互助的社会主义新型关系。

我国还处在社会主义初级阶段,在全民范围内应当肯定分配方面的合理差别,同时鼓励人们发扬国家利益、集体利益、个人利益相结合的社会主义集体主义精神,发扬顾全大局、诚实守信、互助友爱和扶贫济困的精神。要把先进性的要求和广泛性的要求结合起来,把长期性和阶段性的要求结合起来。依据宪法规定,思想道德建设的基本内容包括:

第一,培养"四有"公民。《宪法》第 24 条第 1 款规定:"国家通过普及理想教育、道德教育、文化教育、纪律和法制教育,通过在城乡不同范围的群众中制定和执行各种守则、公约,加强社会主义精神文明的建设。"理想教育的内容包括共同理想和最高理想。现阶段我国各族人民的共同理想是建设有中国特色的社会主义,把我国建设成为文明、民主、富强的社会主义现代化国家;最高理想是建立各尽所能、按需分配的共产主义社会。道德教育的内容包括社会主义道德和共产主义道德。文化教育的内容包括普及历史教育、自然科学及社会科学知识。法制教育的内容是要求人们遵守法律,学会运用法律维护自己的合法权利和利益。各种形式的守则和公约是人民群众自治性的行为准则。因此,宪法规定的基本精神是使全体公民都成为有理想、有道德、有文化、守纪律的公民。

第二,提倡"五爱"的社会公德。现行宪法发展了《共同纲领》中关于国民"五爱"的要求,明确提出:"国家提倡爱祖国、爱人民、爱劳动、爱科学、爱社会主义的公德。"这一规定反映了我国在进入社会主义社会之后,广大人民为实现社会主义现代化的宏伟目标而奋斗的共同要求。

第三,进行马克思主义教育。《宪法》第 24 条第 2 款中规定:在人民中进行"爱国主义、集体主义和国际主义、共产主义的教育,进行辩证唯物主义和历史唯物主义的教育"。进行共产主义教育就是使全国人民逐步认识到共产主义的社会制度是人类社会的发展方向和为之奋斗的最终目标，从而更加积极地投入到共产主义实践活动中。

**四、建设社会主义社会文明**

社会文明的建设重点包括以下几个方面：

第一，以民生建设为中心。民生是文明之本，反映特定社会形态在人口繁衍、饮食安全、公共教育、劳动就业、医疗卫生、社会保障、收入分配、住房养老、社区管理等方面所达到的文明程度。追求民生幸福既是人类发展的基本问题，也是人类前进的不竭动力和进步的重要标志。社会文明建设的中心在于为社会成员提供有效的义务教育、基本医疗和公共卫生、公共就业、基本社会保障等公共服务，使经济发展的成果充分转化为人的全面发展。

第二，建设服务型政府，使民生建设成为政府工作的中心。政府形态从管制型政府转变为服务型政府，以向社会成员提供与国家经济发展水平相适应的公共服务为自己的主要工作内容，使公民能够享受到幼有所育、少有所教、病有所医、住有所居、老有所养。同时，要改进公共服务方式，创新公共服务体制，完善公共服务政策体系，形成惠及全民的基本公共服务覆盖网络，提升社会文明水准。

第三，加强社会文明的保障制度建设。制度建设是社会文明建设的应有内容和外在保障。通过制度建设形成有效的教育、养老、失业及最低生活保障等各项规范体系，合理界定国家、组织、企业和个人在社会文明中的权利义务，同时避免各项制度之间的无序竞争，使社会资源能够合理分配到民生保障的各个领域，实现民生的有效保障，从而提升社会文明的发展程度。

**五、建设社会主义生态文明**

生态文明的本质是对适合人生存发展的自然环境的追求。人与自然是生命共同体，人类只有遵循自然规律才能防止在开发利用自然上走弯路，因而必须尊重自然、顺应自然、保护自然。人类对大自然的任何伤害最终会伤及人类自身，因此建设生态文明是我国社会发展的必然选择。

第一,推进生产方式转变,追求绿色发展模式。加快建立绿色生产和消费的法律制度和政策导向,建立健全绿色低碳循环发展的经济体系。构建市场导向的绿色技术创新体系,推进能源生产和消费改革,构建清洁低碳、安全高效的能源体系。推进资源全面节约和循环利用,倡导简约适度、绿色低碳的生活方式。

第二,解决突出环境问题,加强环境治理。坚持全民参与及从源头治理的模式,对大气、水资源、土壤等自然资源实行严格保护,制定完善严格的环境保护法律,严格执法,对各种污染行为实行零容忍,实施重要生态系统保护和修复重大工程,优化生态安全屏障体系,构建生态廊道和生物多样性保护网络,提升生态系统质量和稳定性。

第三,完善生态环境保护方面的法律法规,改革生态环境监管体制,加强对生态文明建设的总体设计,设立专门的国有自然资源资产管理和自然生态监管机构,完善生态环境管理制度,统一行使全民所有自然资源资产所有者职责以及国土空间用途管制和生态保护修复职责,构建国土空间开发保护制度,完善主体功能区配套政策,建立以国家公园为主体的自然保护地体系。

# 第五章 国家形式

人民主权的宪法原则并不意味着一经写入宪法就会凭空获得实现,它依赖于缜密的制度安排。同样,权力制约的理想也必须具体化为国家机关之间适当的权力配置。因此,国家形式不仅仅是"形式",而是落实宪法原则不可或缺的"内容"。

具体来说,国家形式主要包括两个方面的问题。一是不同性质的国家机关之间的关系问题,二是不同层级的国家机关之间的关系问题。所以,本章按照国内较为传统的方法将国家形式分为国家政权组织形式和国家结构形式。政权组织形式主要关注横向的国家权力划分,比如把国家机关划分为立法机关、行政机关、司法机关,并相应付之以立法权、行政权、司法权等。国家结构形式则着眼于纵向的国家权力划分,即把国家机关按行政区域或构成单元划分为不同层级和职权的国家机关。这种中央与地方、整体与部分、上级和下级间的权力配置关系被称为国家结构形式。①

## 第一节 政权组织形式

### 一、政权组织形式的概念

在国内关于政权组织形式的界定中,相对早期的一种较具代表性的观点认为,"政权组织形式也叫政体或国家管理形式,它是一个

---

① 需要说明的是,政权组织形式和国家结构形式的划分很大程度上是中国宪法学界的一种习惯,本章遵从了这样的习惯。但是,两者的划分并不是绝对的。比如,中国的人民代表大会制度通常被认为是国家的政权组织形式,但是人民代表大会制度不仅包含横向的人大、政府、司法之间的关系,也包含全国人民代表大会和地方各级人民代表大会的纵向关系,也蕴含人民代表大会和人民之间的关系。此外,也常有教科书将"政权组织形式"等同于"政体",这可以称为狭义的"政体"概念。但在许多近现代政治理论的研究中,"政体"既包括横向权力划分的政权组织形式,又包括纵向权力配置的国家结构形式,甚至蕴含国家权力的来源与归属问题。

国家的根本政治制度,也就是掌握政权的统治阶级,用以实现其行使国家权力的特定形式,即统治者为了反对敌人,保护自己而组织起来的政权机关。"[1]这类表述源自毛泽东在《新民主主义论》中的提法,他说:"至于还有所谓'政体'问题,那是指的政权构成的形式问题,指的一定的社会阶级取何种形式去组织那反对敌人保护自己的政权机关。没有适当形式的政权机关,就不能代表国家。"[2]毛泽东这一论断具有较强的阶级斗争色彩,显然与当时严酷的斗争环境有关,在特定的历史条件下是可以理解的。但是,在现代社会条件下,将政权组织形式的目的预设过度指向"反对敌人保护自己",已不能完整反映国家政权的公共性质。

因此,本书认为,政权组织形式是指一定社会的人民,为规范国家权力的运行和实现社会的有效治理而建立不同类型的国家机关,并由此形成的国家机关之间的权力配置关系。

## 二、影响政权组织形式的主要因素

政权组织形式是国家重要的外在表现形式。由于各个国家的阶级性质、民族构成、历史文化传统等差异,各国政权组织形式也表现出很大差异。具体来说,影响政权组织形式的因素主要包括以下两个方面:

(一)国家性质决定政权组织形式

根据马克思主义国家学说,国家性质决定国家形式。所以,国家性质不同也就必然导致国家政权组织形式的不同。比如,资本主义国家一般坚持"超阶级国家"的立场,其国家政权组织形式大多遵循"三权分立"原则。社会主义国家则从国家的阶级本质出发反对"三权分立""三权平衡",并确立人民代表机关在国家机关体系中的权力机关地位。

---

[1] 许崇德主编、胡锦光副主编:《宪法》,中国人民大学出版社1999年版,第103页;类似表述另见蒋碧昆主编:《宪法学》,中国政法大学出版社1997年版,第133页;吴杰主编:《宪法教程》,法律出版社1993年版,第93页。

[2] 毛泽东:《新民主主义论》,载《毛泽东选集》(第二卷),人民出版社1991年版,第677页。

（二）影响政权组织形式的其他因素

国家性质是政权组织形式的决定性因素，但由于历史传统、民族构成、国内地缘政治结构等因素的影响，国家性质相同的国家采取的政权组织形式也会有差异。比如，英国采用君主立宪制就和它悠久的君主制传统是分不开的。美国国会分为参议院和众议院，也和它立国之初大州和小州、南方和北方的地缘政治博弈相联系。1936年苏联宪法规定苏联最高苏维埃由联盟院和民族院组成，其民族院的设计与苏联的民族构成密不可分。

所以，政权组织形式首先由国家性质所决定，但也经常受到其他因素的影响。政权组织形式往往是多重因素综合作用力的结果。政权组织形式适应国家性质，立足于本国国情，就有助于政治稳定、经济发展、社会和谐；反之，则统治的目的难以达成，并可能引发政治动荡，破坏社会稳定。

三、政权组织形式的分类

（一）资本主义国家的政权组织形式

世界主要资本主义国家的政权组织形式沉淀着希腊、罗马传统的历史基因[①]，近代以来则深受卢梭、洛克、孟德斯鸠、汉密尔顿、麦

---

[①] 比如，古希腊哲学家柏拉图较早地对政体进行了划分，他指出："现实城邦政治可分为四种类型，即荣誉政体、平民政体、寡头政体、僭主政体，而这四种政体一律都是坏的，最好的政体是哲学家的统治。"亚里士多德则把城邦政体分为六种，"即三种正宗政体：君主政体、贵族政体、共和政体和三种变态政体：僭主政体、寡头政体、平民政体"。他认为正宗政体是好的政体，在各种正宗政体中，中产阶级执政的共和政体是最好的政体。古罗马政治学家、法学家西塞罗从国家的概念出发阐述了三种传统的政体形式：君主制、贵族制和民主制。他认为，如果政府处于一个人的支配下，则为君主制；若处于少数的几位经过挑选的人的支配下，则为贵族制；若受人民的直接参与和支配，则为民主制。他认为这三种政体均有缺陷。"在君主制中公民不享有政治权利、不参与公共决策，因此无法享有实际上的政治权利，容易蜕化为暴君专政；在贵族制下，人民缺乏真正、确实的自由，特别是无权自由地选举地方行政官，不能保证它免遭贵族的滥用，容易演变成寡头统治；而民主制在西塞罗看来，否认人的地位的不同本身是错误的，会最终蜕变为平民政治，即无政府主义的流氓政府。"鉴于以上因素，西塞罗认为实现国家及法律的内在本性及控制人性中恶性循环的倾向性需要一种混合政体，这种政体可以避免每一单纯政体所固有的缺点。它可以防止权力过分集中，也能提供一套制衡机制，"使行政长官有足够的权威，杰出公民的意见有足够的影响，人民有足够的自由。"以上请参见丛日云：《西方政治文化传统》，黑龙江人民出版社2002年版，第93页；俞子清主编：《宪法学》，中国政法大学出版社2002年版，第96页；〔古罗马〕西塞罗：《论共和国/论法律》，王焕生译，中国政法大学出版社1997年版，见"译本引言"；〔美〕列奥·施特劳斯、约瑟夫·克罗波西主编：《政治哲学史》（上册），李天然等译，河北人民出版社1993年版，第175页。

迪逊等政治理论家关于社会契约、分权制衡学说的影响。① 现代资本主义国家的政权组织形式主要包括君主立宪制和共和制两种类型。②

1. 君主立宪制

君主立宪制又称为有限君主制,是以世袭的君主为国家元首,君主依据宪法名义上掌握国家权力或实际上掌握一定国家权力的政权组织形式。根据君主掌握国家权力程度的不同又可将君主立宪制分为议会制君主立宪制和二元制君主立宪制。

在二元制君主立宪制下,君主掌握主要国家权力,内阁不对议会负责,而是对君主负责。君主还拥有政府任命权,召集、解散议会权。但君主的权力也要受宪法和议会的适当限制。现代国家中,约旦、摩洛哥等极少数绝对君主制传统较为浓厚的国家仍实行二元制君主制。但是,随着世界一体化进程的加深,民主力量的增长,即便是采取二元制君主立宪制的国家,君权也日益削弱,甚至走向共和。如尼

---

① 英国人洛克在《政府论》中深入批判了"君权神授"理论,较早提出分权学说。洛克将国家权力分为立法权、执行权、对外权。他认为,"立法权是指享有权利来指导如何运用国家的力量以保障这个社会及其成员的权力,而执行权是一种经常存在的负责执行和继承有效法律的权力,对外权则是决定战争与和平、联盟与联合以及同国外一切人士和社会进行一切事务的权利","立法权是每个国家的最高权力,但立法权要受到执行权的牵制。"洛克的思想为英国"光荣革命"后建立的"议会制君主立宪制"提供了理论基础。法国的孟德斯鸠进一步发展了分权思想,创立了立法、行政、司法三权分立和制衡的理论。他认为,三权分立是为了保障自由,而为了保障三权分立的实现又必须做到三权制衡。这种思想作为典型的近代西方宪治理论,对西方政治体制及政体选择产生了重要影响。洛克和孟德斯鸠的分权制衡思想主要阐述了对行政权的制约,防止个人专制。美国的汉密尔顿、杰伊、麦迪逊等人在《联邦党人文集》中发展了对立法权的制约,要运用行政权和独立的司法权监督立法权,而且仅仅依靠外部约束是不够的,还必须建立对立法权的内部制约,如参议院、众议院的互相牵制。汉密尔顿等人在政权组织形式上主张总统制,认为总统制是保卫国家安全、保障人民自由与财产、保障稳定执行法律、防止无政府状态的唯一选择,所以"一切通情达理的人无不同意需要有强有力的行政部门"。以上请参见〔英〕约翰·洛克:《政府论》(下篇),叶启芳、瞿菊农译,商务印书馆 1964 年版,第 83、89 页;〔美〕汉密尔顿、杰伊、麦迪逊:《联邦党人文集》,程逢如、在汉、舒逊译,商务印书馆 1980 年版,第 356 页。

② 在形式上区分立宪君主制和共和制是容易的,无非看其有无一个世袭的君主而已。但就实质层面而论,"共和"之真意并不在君主之有无,而在于共有共治共享的政治多元和公共精神。在这个意义上,"君主"与"共和"未必是互斥的,推翻了君主也未必真正实现共和,他们不过是没有了君主的名号而已。有君主的国家也可能实现"共和",只要他们能够将君主的"天命"下降为"民命"(即人民的选择和宪法控制)。

泊尔曾实行二元制君主制,其宪法曾规定:"行政权、立法权、司法权源自国王,国王依照宪法建立评议会以保证公民权利,管理国家。"然而,2006年5月尼泊尔议会通过了一项削减王权的决议,决议剥夺了国王尼泊尔军队总司令的头衔,尼泊尔政府不再叫"尼泊尔国王陛下政府"而更名为"尼泊尔政府",国王不再享有召集议会的权力,王宫的预算开支也由议会决定。2007年,尼泊尔七党联盟签署23点协议,宣布废除君主制。2008年,尼泊尔联邦民主共和国政府正式成立。

议会制君主立宪制存在于英国、日本、比利时、荷兰、瑞典等少数国家,尤以英国最为典型。这种政体的主要特征是:(1)君主处于"虚位",也不承担实际政治责任。(2)议会是国家最高权力机关,由议会产生政府。(3)政府由议会中占多数席位的政党或政党联盟组成,形式上对议会负责。实行议会制君主立宪的国家,大多有着长期的君主制传统,君主虽"统而不治",但也不是可有可无的,而是作为国家统一和共同体团结的象征,也体现了一种对习惯和传统的珍视。

2. 共和制

共和制是指国家机关或国家领导人由民主选举产生,并有一定任期限制的政权组织形式。共和制政体是目前世界上多数国家采用的政体形式。共和制政体主要分为总统制、议会制。

总统制的特点是:(1)总统和议会均由选民依法选举产生,总统不对议会负责,而直接对选民负责。(2)总统领导和组织政府,独揽行政大权,集国家元首和政府首脑于一身。(3)政府成员不得兼任议会议员。(4)总统不直接参与立法过程,但享有立法否决权、签署权。(5)总统不必取得议会信任,亦不能解散议会,但议会可弹劾总统。总统制政体以美国最为典型。

议会制的特点是:(1)政府由议会中多数党领袖组织,政府对议会负责,接受议会监督。(2)议会是最高国家立法机关。(3)国家元首是虚权元首,不负行政责任,行政权掌握在内阁总理(首相)手中。(4)政府与议会共同负连带责任,如议会通过对政府的不信任案,则内阁必须全体辞职,内阁如不愿辞职可以提请国家元首解散议会。(5)议会、政府权力往往合二为一,内阁成员往往是议会成员,议会的重要提案多来源于内阁。德国、意大利等国均实行此类政体。

除以上两种典型的共和政体外,法国在1958年第五共和国宪法中确立了一种既带有总统制特点、又带有议会制特点的政体形式:总统由议会中多数党领袖担任;总统掌握行政权,组织和领导政府,同时是国家元首,统管武装力量;政府对总统和议会负责,议会可以通过对政府的不信任案,总统可以解散议会。学界通常将之称为"半总统制"。另外,瑞士实行的政权组织形式,亦具有一定特殊性:立法权属于联邦议会,联邦议会选举数名委员组成联邦委员会,作为最高行政机关;联邦委员会每年从委员中选出一人为主席,担任名义元首和政府首脑,但实行集体负责制;议会无权通过不信任案迫使联邦委员会辞职,委员会亦不能解散议会或否决议会议案。学界通常将其称为"委员会制"。

(二)社会主义国家的政权组织形式

按照前述的君主立宪制和共和制的二分法,社会主义国家的政权组织形式都可归为共和制。但是,社会主义共和制和资本主义共和制在经济基础、阶级本质、组织原则等方面都存在本质的不同。尤其是在阶级本质的层面,马克思主义从本质分析出发,指出革命的根本问题是政权问题,国家政权是本质和形式的统一,资本主义国家的政治制度均是"资本和财产的统治"的政治外壳。所以,在无产阶级取得政权后,必须打碎旧的国家机器,按照马克思主义国家观确立社会主义国家的政权组织形式。从历史发展来看,社会主义国家政权组织形式主要有公社制、苏维埃制、人民代表大会制等三种表现形式。

1. 公社制

1871年巴黎爆发无产阶级革命,随后创立了公社制作为巴黎公社的政权组织形式。巴黎公社由人民选出代表组成统一的公社委员会,实现了立法和行政合一,这就是我们常说的"议行合一"。这种组织形式被马克思称为"能够替代旧制度的一种伟大创造"。严格来说,巴黎公社还不是"国家"的政权组织形式,但是这种按照"议行合一"原则创立并完全不同于资本主义国家三权分立体制的组织形式,对马克思主义关于国家政权组织的理论和实践探索提供了重要启迪。

2. 苏维埃制

这是一种以苏俄、苏联为代表的社会主义国家政权组织形式。以列宁为首的布尔什维克党在创建国家的过程中,在巴黎公社的基础上发展出"苏维埃"这一形式。苏维埃制不同于巴黎公社的"议行合一",它将代议机关和执行机关分开,代议机关是全俄苏维埃代表大会及其常设机关——全俄苏维埃中央执行委员会,最高执行机关是人民委员会。但是,这种分开不是分权而是分工负责。最高苏维埃是最高权力机关,是工农为主体的全体人民意志的体现,执行机关不是最高苏维埃的分立和制衡者,而是其意志的执行和落实者。1936年苏联宪法在代议机关和最高执行机关的名称上虽有变化①,但都确立了执行机关对代议机关的从属关系。列宁认为,"苏维埃政权不仅可以适用于资本主义国家,也可以用于殖民地国家"。苏维埃制对中国共产党的政权组织形式探索也产生了相当的影响。在1931年到1937年的土地革命时期,中国共产党领导下成立了中华苏维埃共和国,并以工农兵苏维埃代表大会为最高政权机关。

3. 人民代表大会制

人民代表大会制以中国为典型代表。当然,各个社会主义国家的权力机关名称并不相同,比如越南为"国会"、朝鲜为"人民会议"、古巴为"人民政权代表会议"。但无论名称为何,人民代表大会制都是由人民依法选举代表组成国家权力机关,由权力机关产生其他国家机关,国家权力机关享有立法权、监督权、国家重大问题的决定权,其他国家机关对权力机关负责,权力机关对人民负责的政权组织形式。人民代表大会制在理论上坚持国家权力的统一和不可分割性,它并不反对权力的制约和分工,但它是在代表人民利益的立法权为主导的前提下的制约和分工。

---

① 1936年苏联宪法所确立的最高执行机关是苏联部长会议,代议机关是最高苏维埃及其常设的最高苏维埃主席团。

### 四、我国的人民代表大会制度

**(一) 人民代表大会制度的概念和内涵**

人民代表大会制度是指国家的一切权力属于人民,人民在普选的基础上选派代表,按民主集中制原则组成全国人民代表大会和地方各级人民代表大会,行使国家权力,其他国家机关由人民代表大会产生,对它负责并受它监督,人民代表大会对人民负责,最终实现人民当家做主的一项基本政治制度。

易言之,人民代表大会制度是以政权的"人民性"为前提,以民主集中制为组织原则,以国家权力和人民意志统一为外在表现的社会主义民主共和政体。

首先,人民代表大会制度以政权的人民性为逻辑前提。我国现行《宪法》第2条规定:"中华人民共和国的一切权力属于人民。人民行使国家权力的机关是全国人民代表大会和地方各级人民代表大会。"这就在根本上确立了人民和国家权力的关系。人民直接或间接选举产生人大代表,人大代表产生后对人民负责、受人民监督。这也反映了人民和国家权力机关的关系。进一步讲,其他国家机关接受人民代表大会监督就是接受人民监督,对人民代表大会负责就是对人民负责。因此,人民代表大会制度以政权的人民性为旨归,是以人民为中心政治理念的制度表现。

其次,人民代表大会制度以民主集中制为组织原则。民主集中制是在民主基础上集中,在集中指导下民主的结合。毛泽东在《论联合政府》中强调:"新民主主义的政权组织,应该采取民主集中制,由各级人民代表大会决定大政方针,选举政府……只有这个制度,才既能表现广泛的民主,使各级人民代表大会有高度的权力;又能集中处理国事,使各级政府能集中地处理被各级人民代表大会所委托的一切事务,并保障人民的一切必要的民主活动。"人民选举产生各级人大代表是民主;各级人民代表大会按照少数服从多数的民主原则制定法律、决定重大问题是民主的过程,也是集中人民意志的过程;其他国家机关都由人民代表大会产生,对人民代表大会负责,受人民代表大会监督是民主的基本要求,也是一切国家权力服务于人民利益的集中体现。民主集中制在落实人民主权原则的同时,又能够提高管理和决策的效率。事实上,"三权分立"由于三权平衡,经常导致议行相悖,也使议会沦为党派政治争权夺利的场所。美国前总统威尔逊也曾反思三权分立的利弊,他认为,"三权分立的这种制约和平衡恰恰是功过参半。由于权力分散,所以没有力量;由于权力太多,所以行动不够敏捷;由于程序复杂,所以运转不灵;由于职责不清,领导不力,所以效率不高。"①

再次,人民代表大会制度以国家权力和人民意志统一为外在表现。马克思主义认为,立法权是源权力,行政权、司法权是派生权力,这是不同性质的国家机关能够统一于人民代表机关的重要理据。人民代表大会制度是一元二级体制。人民代表大会是决定机关,其他国家机关在这个意义上都是执行机关,在分工范围内统一执行人民代表大会的决定,国家权力在整体上是统一的。在社会主义国家,人民的根本利益是一致的,这是国家权力和人民意志能够统一的政治基础。所以,人民代表大会不能等同于西方的议会。对于人民来说,它不是利益争夺的舞台,而是集思广益、群策群力达成最大共识的形成机制。对于其他国家机关来说,它们虽然各负其责、相互制约,但从根本上不是彼此掣肘而是分工合作,共同服务于国家富强、民族复兴、人民幸福的共同目标。

(二) 人民代表大会制度是我国的根本政治制度

1. 坚持和完善人民代表大会制度是我国长期革命、建设和改革的历史经验

庞德认为,"立宪政治并非可于短期内专凭理想创造之物。立宪政府必须出一国之人民原有之文物及传统之理想中逐步形成发展,绝非一种长成后可任意由一国移诸他国之物"。② 人民代表大会制度就是在中国共产党领导下,坚持马克思主义普遍原理和中国国情相结合的制度成果。在第一次国内革命战争时期就出现了人民民主

---

① 〔美〕威尔逊:《国会政体——美国政治研究》,熊希龄译,商务印书馆1986年版,第176页。

② 转引自韩大元主编:《中国宪法学说史研究》(上),中国人民大学出版社2012年版,第44页。

政权的萌芽,如省港罢工中成立的"罢工工人代表大会",上海工人武装起义后召开的"上海市民大会"以及农民运动中产生的"农民协会"。在第二次国内革命战争时期,中国共产党在江西瑞金召开第一次全国工农兵代表大会,创立了全国工农兵苏维埃代表大会作为国家最高政权机关。抗日战争时期,中国共产党领导下制定了《陕甘宁边区抗战时期施政纲领》,在各级参议会和政府中实行"三三制"原则,即共产党员、党外进步人士、中间派在各级参议会和政府中,各占三分之一。在解放战争时期,陕甘宁边区和其他解放区先后建立人民代表会议制度,边区、县、乡人民代表会议由人民按照普遍直接平等无记名投票方式产生,各级人民代表会议选举政府人员。中华人民共和国成立以后,1949年起临时宪法作用的《共同纲领》正式确定人民代表大会制度为中华人民共和国的政权组织形式。1954年宪法的颁布实施更标志着人民代表大会制度的全面建立。后来,由于"左"的错误的影响,人民代表大会制度的发展也遭遇严重破坏。党的十一届三中全会以后,人民代表大会制度迎来了新的发展阶段,人大常委会的建设、人民代表大会的选举制度、人民代表大会的专门委员会建设、人民代表大会的工作制度都取得了不断的进步。

历史已经证明,人民代表大会制度在我们的全部政权建设中,更具有根本性地位。坚持和完善人民代表大会制度,中国的革命、建设和改革事业就会推向前进。反之,就不利于人民当家做主,就会破坏安定团结的政治局面,就不利于社会主义现代化建设事业。

2. 人民代表大会制度全面直接反映我国的国家性质

从国家性质上看,我国是以工人阶级为领导、以工农联盟为基础的人民民主专政的国家。人民尽管可以通过各种途径和方式参与国家管理,但主要还是通过全国人民代表大会和地方各级人民代表大会来实现的。人民代表大会作为国家权力机关在国家机关体系中居于核心地位,这是人民当家做主的制度落实。国家权力机关既然作为民意的代表机关,在理论上就掌握全部国家权力,便于人民统一行使权力,有效进行国家管理。所以,相对于其他政治制度而言,人民代表大会制度直接、全面地体现了国家一切权力属于人民的国家性质。

正是因为人民代表大会是体现人民民主的重要载体,所以在实践中我们会特别关注于人民代表大会代表构成的广泛性。少数民族、民主党派、无党派爱国人士、女性、港澳台人士、归侨、宗教界等群体都在人民代表大会的代表构成中有充分体现。近些年来,党政领导干部代表有所下降,一线工人、农民代表比例有所提高,这些都体现了人民代表大会制度在人民民主方面的发展。

3. 人民代表大会制度决定其他政治制度

人民代表大会制度不以其他任何政治制度产生为依据。人民代表大会制度确立后,以人民代表大会立法权为依据,相继建立国家的选举、司法、行政管理、军事等其他一系列的政治制度。所以其他政治制度是以人民代表大会制度为基础的。也正因为人民代表大会制度产生了其他政治制度,人民代表大会制度构建了国家政治生活的基本框架,任何组织和个人都将纳入人民代表大会制度构建的国家政治生活中,所以人民代表大会制度被认为是我国的根本政治制度。

**五、人民代表大会制度的改革和完善**

政权组织形式是政权的框架和外观。一国的政权组织确立后,并不意味着它已经完备,它的若干部件和环节往往有待于进一步的完善、发展和健全。因为制度的设计者往往囿于历史条件、认识水平和经验,而疏于某些具体环节。即使是最伟大的政治家亦不能全部预见将来的情势变迁。所以人民代表大会制度既存在一个从不完善到逐步完善的改革和发展过程,同时也必然回应时代对它提出的新的要求。

1949年后,尤其是现行宪法颁布以后,通过修改宪法、完善组织法、选举法,我国不断完善和发展了人民代表大会制度。如在县乡两级实行直接选举,县级以上地方人大设常委会,扩大全国人大常委会职权,加强各级人大组织机构建设。党的十八大以来,人民代表大会制度在加强人大监督尤其是对政府财政的全口径监督方面开展了卓有成效的工作;在加强宪法监督实施方面,积极推进宪法解释、合宪性审查工作,把全国人大法律委员会修改为全国人大宪法和法律委员会也将有助于加强全国人大的宪法监督机制的完善。

随着时代的发展,人民代表大会制度不仅面临着一些老问题,也面临着若干新问题。比如国家监察体制改革后,如何理顺人大和监察机关的关系还存在许多亟需进一步研究的问题。再比如,司法体制改革具有明显的"去地方化"改革趋向,这也将带来地方人大和各级司法机关关系的某些变化。这些问题,都需要人民代表大会制度新的理论突破和实践智慧。

总之,进一步完善人民代表大会制度,是政治体制改革和社会主义民主政治建设的重要内容,应从中国的实际出发,切实地推行。既要积极推进,防止停滞不前,又不可操之过急,指望一蹴而就。从根本上说,人民代表大会制度的完善,乃至整个社会主义民主政治的建设,都有赖于社会政治经济的全面发展,尤其依赖于公民意识的生长,这是一个逐步的渐进的过程。

## 第二节 国家结构形式

### 一、国家结构形式概述

国家结构形式是指国家采取何种原则和方式来划分国家内部区域,对国家机构体系进行纵向权力配置并规范其运用。国家结构形式的内容主要包括:国家区域构成单位的划分;确认各层级区域单位的法律地位和权限划分;全国性政权机关与地方(或成员单位)之间的权力划分的原则及各级政权机关之间争议的解决机制等。

国家结构形式是社会主义宪法学首创的概念,并将之从政体中分离出来加以研究。国家结构形式的选择、确立或改变,将直接关系到整个国家的政治统治方式,它影响着中央和地方国家机关的权限划分,调整着国家的民族关系,制约着社会资源及财富在全国范围的调控,引导着国家政治生活的发展。鉴于此,国家结构形式的问题也日益成为宪法学研究的一个基础性问题。当然,特定国家采取何种结构形式往往受各种因素的影响和制约,包括政治力量对比、经济发展状况、民族关系、历史文化传统、地理因素、国际环境等因素。不同的因素对不同的国家影响程度是不同的,结构形式的选择往往是就各种因素综合权衡的结果。

各国宪法对国家结构形式的规定,主要有两种形式:其一,明示方式,即在宪法中明确、直接规定国家结构形式是单一制还是联邦制。如,《阿拉伯联合酋长国临时宪法》第1条规定:"阿拉伯联合酋长国是一个独立主权的联邦国家。"又如,阿塞拜疆1995年《宪法》第7条规定:"阿塞拜疆国家是一个民主的、世俗的和单一制的共和国。"其二,暗示方式,即宪法并未明确规定国家结构形式的名称,而是通过宪法中关于中央和地方权力划分关系的相关条文而体现出来。如我国现行《宪法》第3条规定:"中央和地方的国家机构职权的划分,遵循在中央统一领导下,充分发挥地方的主动性、积极性的原则。"

## 二、国家结构形式的类型

根据中央和区域构成单位权力划分关系的不同,现代国家结构形式可以分为单一制和联邦制两种类型。①

1. 单一制

单一制是指由若干个不具有独立性的行政区域单位或自治单位组成的单一主权国家所采取的国家结构形式。单一制的主要特征有:第一,从权力划分关系上看,地方的权力来源于中央的授权,地方服从中央的统一领导,中央享有对地方的全面监督权。第二,从法律体系看,单一制国家只有一部统一的宪法。第三,从国家机关的组成上看,单一制国家只有一个最高立法机关,一个中央政府,一套司法体系。地方的立法、行政和司法机关要接受中央的领导或监督。第四,从对外关系上看,只有统一的国家才是国际法的主体,只有中央政府才享有外交权,公民只有统一的国籍。

单一制国家通常由省、市、县、乡等普通行政区域组成,中央还可

---

① 部分教材和论著将国家结构形式分为单一制和复合制,又将复合制分为联邦和邦联。而同时又以国家结构形式界定一个国家内部的中央和地方、整体和组成部分之间的关系。实际上邦联不是主权国家而是若干国家之集合。既然国家结构形式是主权国家的内部权力划分,邦联就不应是国家结构形式的类型,否则必然产生逻辑上的混乱。

以根据管理的需要对行政区域的设置、边界适时加以调整。中央在划定行政区域后主要通过立法的方式授权地方政权机关管理相应地方性事务。世界上绝大多数国家均采用单一制,如法国、日本、英国等。

单一制在政治运行中表现出不同的形态,有学者又将单一制进一步划分为地方自治单一制、中央集权单一制、中央地方均权单一制、民主集中单一制。① 中央地方均权制一般是特指1947年《中华民国宪法》中规定的国家结构形式,这种国家结构形式总体上属于单一制,但又在宪法中列举中央和省县的权限范围,并规定"如有未列举事项发生时,其事务属于全国一致之性质者属于中央,有全省一致之性质者属于省,有一县之性质者属于县"。② 这种形式仅为个案且已成历史,作为"类型"研究意义不大。单一制在现代国家主要有两种模式。

(1) 中央集权单一制

实行中央集权单一制的国家,地方自治权较小,中央直接监督、指挥、控制地方政权机关。从世界范围来看,最具有代表性的是法国,尤其是20世纪80年代权力下放前的法国。在当时的法国,地方自治权范围较为狭窄,又无对应行政机关加以执行,各省省长也是中央政府在省里的代表。我国总体上也属于此类。我国地方行政机关在法律上是由地方人大选举产生,但地方政府也需接受中央政府的统一领导。

(2) 地方自治单一制

地方自治单一制也称为地方分权型单一制。实行地方自治单一制的国家,地方在主权性事务、全国性事务上无权处理,亦需接受中央的监管,但在地方性事务管理中有较大的自主权,不受中央指派控制,并有一定程度的宪法保障。实行此种体制比较典型的有日本、英国。

---

① 李步云主编:《宪法比较研究》,法律出版社1998年版,第693页。
② 管欧:《宪法新论》,台湾五南图书出版公司1984年版,第341页。

2. 联邦制

联邦制是指由多个成员单位(邦、州、共和国)组成的带有明显国家权力分享特征的复合型国家结构形式。联邦制的主要特征有：第一，从权力划分关系看，联邦中央和成员单位的权限划分是依据宪法明确加以规定的。宪法关于权限划分的内容，往往是基于中央和成员单位的合意，不独取决于联邦中央的意志，权力模式一经宪法确定即具有较强稳定性，任何一方不得随意加以更改。第二，从法律体系来看，在联邦制国家既有联邦宪法，也可能有成员单位的邦、州宪法。第三，从国家机关的组成上看，联邦制国家存在联邦中央和成员单位两套立法、行政、司法系统，联邦中央和成员单位的政权机关之间不存在绝对的从属关系。第四，从对外关系上看，联邦国家虽是统一的国际法主体，但有的联邦制国家允许成员国有一定的外交权。苏联的部分加盟共和国甚至还在联合国拥有合法席位。

采取联邦制的国家数量虽然不多，仅有20余个，但多为全球性或区域性的大国。联邦制国家一般由州、邦、共和国、自治领等构成。各成员单位的边界通常是历史形成的、相对稳定的，而非联邦中央主动单方面划分的结果，所以在联邦制下一般不存在中央主导的行政区域划分。

各联邦制国家宪法关于权力划分的方式大体有三种：第一种，宪法列举联邦中央的权力，该权力被称为"授予权"；宪法未列举的权力由各州、邦概括性保留(除宪法明文禁止外)，该被保留的权力被称为"保留权"。美国、瑞士、阿根廷等采用此模式。比如，美国宪法规定："宪法未授予合众国政府，也未禁止各州行使的权力均由各州或各州人民保留。"第二种，宪法列举联邦的权力，同时列举联邦和各成员单位共享的权力，而将未列举的"剩余权利"由各成员单位行使，如俄罗斯、德国。第三种，宪法同时列举联邦和各成员单位权力范围，并另行规定剩余权力的归属，如加拿大、印度、马来西亚。

3. 单一制与联邦制的互动发展

总体来说，联邦制国家与它的成员单位之间是一种分享国家权力的关系，而单一制国家则强调国家权力的统一不可分割。目前，单一制、联邦制的区别依然是明显存在的，但二者的日益相对化亦是事实。单一制与联邦制出现了两大趋势,一是单一制国家的联邦化倾向,二是联邦制国家的单一化倾向。

传统意义上的单一制国家,地方权力来源于中央授权,中央与地方权限划分由中央单方进行。但是随着地方分权、地方自治载入宪法[①],受宪法保障的地方权力已经不太能够由中央随意变更与调整了。宪法不仅明确保障地方分权,有的国家还规定了中央和地方权限事端的解决方式,这也改变了权限划分的中央单方意志性。如在意大利,"如大区认为某一共和国法律以及有法律效力的某一法令侵犯其自治权,可于该法律或法令公布之日起60日内向宪法法院提起合宪性审查。"[②]在有的国家(如西班牙)地方自治体不仅享有自主性管理地方事务的行政权,宪法还在中央政府和大区政府之间就整个国家的公共事务划分立法权,立法权的获得将有助于地方地位的巩固,也使有的单一制国家表现出某些联邦制的特点。

大多数的联邦制国家亦在吸收单一制的某些优势,国家越来越从区域认同走向国家认同。随之而来的是联邦中央的控制力不断强化。在加拿大,联邦享有对省督的任命权;在德国、奥地利、俄罗斯、印度、马来西亚、委内瑞拉,州都要执行联邦法律并在执行中受到联邦的各种各样的监督控制;即便是在典型的联邦与州互不统属的美国,联邦的权力也处于不断的扩大解释之中;在修宪方式上,有的联邦制国家(如巴西、马来西亚)已可以单方面修改宪法,而无须成员单位议会同意。总体而言,联邦制国家的宪法权力配置越来越向联邦中央倾斜。

### 三、我国单一制国家结构形式选择的成因

我国现行宪法并没有明确国家的结构形式是单一制或是联邦制。我国是一个单一制国家的判断是从宪法的有关规定以及现实的

---

① 如意大利1947年《宪法》第5条规定:"意大利为统一而不可分的共和国,承认并鼓励地方自治,在国家事务中充分实行行政上的地方分权,并使自己的立法原则和立法方法满足自治权和地方分权的要求。"
② 任进:《论中央与地方的权限划分和组织体系》,引自中国政法大学科研处主编:《人民代表大会制度与社会主义宪政建设学术研讨会论文集》,2004年9月,第47页。

政治运行中推导出来的。比如,我国《宪法》序言规定:"中华人民共和国是全国各族人民共同缔造的统一的多民族国家。"《宪法》第3条规定:"中华人民共和国的国家机构实行民主集中制原则。……中央和地方的国家机构职权的划分,遵循在中央统一领导下,充分发挥地方的主动性、积极性的原则。"第4条规定:"各少数民族聚居的地方实行区域自治,设立自治机关,行使自治权。各民族自治地方都是中华人民共和国不可分离的部分。"

我国采取单一制国家结构形式是国家的社会主义性质决定的,也和我国的历史文化传统、民族特点等基本国情相关。

(一)国家的社会主义性质

按照马克思主义的一般原理,社会主义国家的国家结构形式首先考虑无产阶级的利益,而民族利益、地方利益都属于二级命题。所以,社会主义国家在原理上主张建立集中统一的单一制国家。列宁就曾经指出:"我们在原则上反对联邦制,因为它削弱经济联系,它对一个国家来说是不合适的形式。"①1965年毛泽东在《论十大关系》中也指出:"为建设一个强大的社会主义国家,必须有中央的强有力的统一领导,必须有全国的统一计划和统一纪律,破坏这种必要的统一,是不允许的。"②最终实现共同富裕是社会主义的基本要求。特别是对于地区差异较大的中国来说,实行单一制,才能让国家在消除发展不均衡,实现共同富裕的道路上具有更强的国家能力。

当然,社会主义国家重视大局意识,主张全国一盘棋,并不等于否定客观存在的民族差异、地方利益。实事求是是马克思主义的精髓,社会主义国家也需要以适当的方式来处理各民族的差异化诉求,也需要调动地方的积极性,而不能简单地搞"一刀切"。所以,社会主义国家实行单一制,但并不排斥因俗而治、因地制宜的多元治理方式。

(二)历史文化传统的影响

从历史发展进程上看,中国在秦以后就建立起统一的中央集权

---

① 《列宁全集》(第46卷),人民出版社1990年版,第379页。
② 毛泽东:《论十大关系》(一九五六年四月二十五日),载《青海民族学院学报》1977年第1期。

国家。随后的两千多年,我国虽有兴衰分合,历史上也存在三国鼎立,五代十国分治,辽、金、夏、宋政权并立,但是统一是主流,分裂是短暂的。即使是在分裂时期,各个割据政权也多以统一国家为己任。在此基础上,"大一统"已经成为中华民族的文化心理,是中国持久延续的强大社会基础。正如我们常用"合久必分,分久必合"来描述中国历史,我们承认"分"的历史可能性,但更强调"合"的正当性。所以,中国不像德国长期封建割据、小国林立,也不像苏联各共和国原是主权国家,更没有美国从邦联到联邦的历史转换。这是我国采取单一制国家结构形式的历史基础。

近代以来,中国饱受主权不独立、国家分裂的痛苦,实行单一制国家结构形式有利于维护国家的统一和团结。地方自治、联邦制等观念是从西方引入的,这些观念在进入近代中国的时候曾经引起了中国早期知识精英的兴趣,也在一定程度上影响了中国近代以后政府的制度选择。但是,在中国的近现代史上,地方自治、联邦制的鼓吹经常伴随着西方的分裂图谋,是对中国分而治之的手段。就民国时期省宪运动的实践展开而论,联邦制实际演化为拥兵自重、军阀割据的工具。钱穆先生看到了地方自治之于民主政治的意义,但他也认为,"中国今日大病,在贫在弱。使贫弱不治,断不足以使自立于今日之世界,更何论乎民主?故中国之新政治,首当求富求强。新中国之理想的地方自治,亦必最先以求富求强,自生自保为目的。"①中国共产党也早在1922年即指出:"民国的历史,若以十年来武人政治所演出的割据现象便主张化省为邦,为遂其各霸一方的野心而美其名曰地方分权或联省自治,这是完全没有理由的。"②

(三)民族关系的发展和民族的构成、分布状况

马克思主义认为,国家结构的问题主要是民族问题。特别是对于疆域广阔、民族众多的国家来说,由于民族传统、习惯不同,由此形成的民族利益不同,有的国家的民族还有长期成立单独的民族共和

---

① 钱穆:《政学私言》,九州出版社2010年版,第41页。
② 《中国共产党第二次全国代表大会宣言》(1922年7月),载中央档案馆编:《中共中央文件选集(第一册)》(1921—1925),中共中央党校出版社1982年版,第74页。

国的历史。国家往往通过权力分享的联邦体制来照顾民族的自治要求。历史上的苏联、南斯拉夫,今天的印度、俄罗斯,它们的联邦体制都和民族问题相关。中国作为一个多民族的超大型国家却选择了单一制,一定程度上是大国中的例外,但这是和我国的民族关系、民族构成与分布状况分不开的。

从民族关系的角度看,中国境内的各个民族共同创造了光辉灿烂的文化,各民族长期在一个国家内和睦相处、友好往来,各民族的交流、交往、交融不断加深。历史上虽然也偶有"华夷之别"或"内中国、外中国"的区分,但这并不是民族关系的主流。随着元、清等少数民族王朝政治的冲击,"族裔"的身份重要性日益让位于"文化"为中心的认同谱系。这也是杨度、梁启超在近代提出"中华民族"的概念,能够迅速得到普遍认同的原因所在。所以,我们不能简单套用欧洲所谓"一个民族,一个国家"的民族国家范式,来理解中华民族这一"文化民族主义"的概念。①

从民族的构成和分布情况看,56个民族中,汉族占90%以上,55个少数民族在全国所占人口比重尚不足10%。少数民族虽然人口比重不大,但分布范围很广,呈现出"大杂居,小聚居"的分布状态。这样的民族关系、民族构成和分布状态,决定了少数民族不能建立单独的民族共和国,也不适宜选择建立在民族国家基础上的联邦制国家结构形式。

以上民族之间交流交往交融不断加深的历史趋向,平等团结互助和谐民族关系确立和巩固的客观事实,都说明了实行单一制是维护国家统一和民族团结的需要,也是各民族共同繁荣发展的需要。正如2014年中央民族工作会议指出的:"我国各民族在分布上的交错杂居、文化上的兼收并蓄、经济上的相互依存、情感上的相互亲近,

---

① 费正清也说过:"当把我们的民族主义和民族国家的术语应用在中国时,它只能把我们引向歧途。中国是不能仅仅用西方术语的转移来理解的,它的政治必须从它内部的发生和发展去理解。当一个世纪前近代压力促使中国广泛的民族主义上升时,它可能是建立在一种强烈的认同感和暂时的文化优越感基础上的,我们应当把它称之为文化民族主义,已把它与我们在其他地方所看到的通常的政治民族主义相区别。"参见〔美〕费正清、〔美〕罗德里克·麦克法夸尔主编:《剑桥中华人民共和国史》(1949—1965),上海人民出版社1990年版,第16页。

形成了你中有我、我中有你,谁也离不开谁的多元一体格局。中华民族和各民族的关系,是一个大家庭和家庭成员的关系,各民族的关系,是一个大家庭里不同成员的关系。"

### 四、我国单一制下的中央与地方关系

(一)行政区划

1. 行政区划的概念

行政区划是指国家根据行政管理和经济发展的需要,把国家领土划分为大小不同、层次不等的行政单位,在此基础上设立相应的地方国家机关,在中央领导下实行分级管理的制度。从表面上看,行政区域划分仅仅是"一个国家的领土结构而不是国家的管理形式"①,但实质上,行政区域划分和中央与地方的权力配置关系紧密相连,从而成为国家结构形式的重要内容。

行政区划是在中央领导下进行的,在对行政区域进行划分时,必须充分考虑政治、经济、民族、历史沿革等方面因素,坚持既要有利于中央的统一领导,又要方便人民管理国家、经济、文化、社会事务的原则。此外,千百年沿袭的固有区域界限,山川、河流、海岛形成的固有区域范围也应尽可能地得到尊重。

2. 我国的行政区划

根据我国《宪法》第 30 条的规定:全国分为省、自治区、直辖市;省、自治区分为自治州、县、自治县、市;县、自治县分为乡、民族乡、镇;直辖市和较大的市分为区、县;自治州分为县、自治县、市。

我国的行政区划基本为三级制,即省(自治区、直辖市)、县(县级市、自治县)、乡(镇、民族乡)。但省、自治区也较为普遍地存在着四级制,如省(自治区)——设区的市(自治州)——县(自治县、县级市、区)——乡、民族乡、镇。

3. 我国行政区划变更的原则和程序

行政区划应保持尽可能的稳定。必须变更时,应本着有利于社会主义现代化建设,有利于行政管理,有利于民族团结,有利于巩固

---

① 许崇德主编:《宪法》,中国人民大学出版社 2000 年版,第 130 页。

国防的原则,制订变更方案,逐级上报审批。具体言之,我国《宪法》确定的行政区划相关审批制度包括以下内容:

(1) 按照第 62 条第 13 项的规定,全国人民代表大会批准省、自治区、直辖市的建置。

(2) 按照第 31 条的规定,国家在必要时得设立特别行政区。在特别行政区内实行的制度按照具体情况由全国人民代表大会以法律规定。为此,第 62 条第 14 项规定全国人民代表大会决定特别行政区的设立及其制度。

(3) 按照第 89 条的规定,国务院批准省、自治区、直辖市的区域划分,批准自治州、县、自治县、市的建置和区域划分;

(4) 按照第 107 条的规定,省、直辖市的人民政府决定乡、民族乡、镇的建置和区域划分。①

(二) 我国中央与地方关系的一般范畴

我国中央与地方关系主要体现在立法、行政、财政三个方面。②

1. 立法方面的职权划分

(1) 中央立法权限

根据我国《宪法》的规定,全国人大有权修改宪法,监督宪法实施,制定和修改刑事、民事、国家机构的和其他的基本法律;全国人大常委会有权解释宪法,监督宪法的实施,有权制定和修改除应由全国

---

① 本处列举的四项行政区划的审批权是依照宪法的规定进行表述的。国务院在 1985 年出台了《国务院关于行政区划管理的规定》,该规定在宪法规定的基础上进行了一定程度的扩展。如,该规定第 4 条规定:"下列行政区划的变更由国务院审批:(一)省、自治区、直辖市的行政区域界线的变更,省、自治区人民政府驻地的迁移;(二)自治州、县、自治县、市、市辖区的设立、撤销、更名和隶属关系的变更以及自治州、县、自治县、市人民政府驻地的迁移;(三)自治州、自治县的行政区域界线的变更,县、市的行政区域界线的重大变更;(四)凡涉及海岸线、海岛、边疆要地、重要资源地区及特殊情况地区的隶属关系或行政区域界线的变更。"第 5 条规定:"县、市、市辖区的部分行政区域界线的变更,国务院授权省、自治区、直辖市人民政府审批;批准变更时,同时报送民政部备案。"国务院的这个规定是对宪法规定的具体化,使之更具有可操作性,具有一定正向意义。但国务院将县、市的部分行政区域界线的变更权转授权给省级政府,行政机关是否可以进行这样的转授权在理论上是存疑的。此外,该规定将"海岸线、海岛、边疆要地、重要资源地区及特殊情况地区的隶属关系或行政区域界线的变更"的审批权收归国务院,也可能构成和我国现行《宪法》第 107 条的内在紧张。

② 本处没有提到"司法"。一般认为司法权是一种中央事权,地方各级司法机关只是"设在地方"的司法机关而不是"属于地方"的司法机关。

人大制定的法律以外的其他法律,并在全国人大闭会期间对全国人大制定的法律进行部分补充和修改,但是不得同该法律的基本原则相抵触。《立法法》第 8 条具体列举了只能由全国人大及其常委会制定法律的事项,包括:国家主权的事项;各级人民代表大会、人民政府、人民法院和人民检察院的产生、组织和职权;民族区域自治制度、特别行政区制度、基层群众自治制度;犯罪和刑罚;对公民政治权利的剥夺、限制人身自由的强制措施和处罚;税种的设立、税率的确定和税收征收管理等税收基本制度;对非国有财产的征收、征用;民事基本制度;基本经济制度以及财政、海关、金融和外贸的基本制度;诉讼和仲裁制度;必须由全国人民代表大会及其常务委员会制定法律的其他事项。《立法法》第 9 条还规定:本法第 8 条规定的事项尚未制定法律的,全国人民代表大会及其常务委员会有权作出决定,授权国务院可以根据实际需要,对其中的部分事项先制定行政法规,但是有关犯罪和刑罚、对公民政治权利的剥夺和限制人身自由的强制措施和处罚、司法制度等事项除外。

除了全国人大及其常委会的立法权限以外,《立法法》第 65 条还规定了,国务院根据宪法和法律,制定行政法规。《立法法》第 80 条规定了,国务院各部、委员会、中国人民银行、审计署和具有行政管理职能的直属机构,可以根据法律和国务院的行政法规、决定、命令,在本部门的权限范围内,制定规章。

(2) 地方立法权限

根据《立法法》第 72 条的规定,省、自治区、直辖市的人民代表大会及其常务委员会根据本行政区域的具体情况和实际需要,在不同宪法、法律、行政法规相抵触的前提下,可以制定地方性法规。设区的市的人民代表大会及其常务委员会根据本市的具体情况和实际需要,在不同宪法、法律、行政法规和本省、自治区的地方性法规相抵触的前提下,可以对城乡建设与管理、环境保护、历史文化保护等方面的事项制定地方性法规,法律对设区的市制定地方性法规的事项另有规定的,从其规定。同时,自治州的人民代表大会及其常务委员会可以行使设区的市制定地方性法规的职权。地方性法规的立法目的是为了执行全国性法律、行政法规、实现地方性事务的管理、填补法律的空白,但地方性法规不得侵入全国人大及常委会专有立法权领域。

此外,《立法法》第75条规定,民族自治地方的人民代表大会有权依照当地民族的政治、经济和文化的特点,制定自治条例和单行条例。自治区的自治条例和单行条例,报全国人民代表大会常务委员会批准后生效。自治州、自治县的自治条例和单行条例,报省、自治区、直辖市的人民代表大会常务委员会批准后生效。

(3) 法律法规的效力等级和法律规范间冲突的解决机制

根据我国《宪法》和《立法法》的规定,各种法律规范的效力位阶依次为:宪法、法律、行政法规、地方性法规、规章。具体来说,宪法具有最高的法律效力,一切法律、行政法规、地方性法规、自治条例和单行条例、规章都不得同宪法相抵触;法律的效力高于行政法规、地方性法规、规章;行政法规的效力高于地方性法规、规章;地方性法规的效力高于本级和下级地方政府规章;省、自治区的人民政府制定的规章的效力高于本行政区域内的设区的市、自治州的人民政府制定的规章;部门规章之间、部门规章与地方政府规章之间具有同等效力,在各自的权限范围内施行。

同时,《立法法》还就法律规范间冲突的解决机制作出了规定。比如,"地方性法规与部门规章之间对同一事项的规定不一致,不能确定如何适用时,由国务院提出意见,国务院认为应当适用地方性法规的,应当决定在该地方适用地方性法规的规定;认为应当适用部门规章的,应当提请全国人民代表大会常务委员会裁决";再比如,"部门规章之间、部门规章与地方政府规章之间对同一事项的规定不一致时,由国务院裁决"。

(4) 法律规范的备案审查

为了推进法治的统一,国家近年来不断加强了法律规范的备案审查工作。《立法法》规定,有关机关有权对法律、行政法规、地方性法规、自治条例和单行条例、规章予以改变或撤销,具体情形包括:超越权限的;下位法违反上位法规定的;规章之间对同一事项的规定不一致,经裁决应当改变或者撤销一方的规定的;规章的规定被认为不适当,应当予以改变或者撤销的;违背法定程序的,等等。《立法法》

还详尽地对各类、各级国家机关的审查权限、报备程序和时限、提出审查动议的主体等方面作出了规定。

2. 行政方面的职权划分

(1) 中央政府对行政工作的统一领导

我国《宪法》规定,国务院是最高国家行政机关,并"统一领导全国各级国家行政机关的工作,规定中央和省、自治区、直辖市的国家行政机关的职权的具体划分"。全国地方各级人民政府都是国务院统一领导下的国家行政机关,都服从国务院。因此,地方各级政府在对本级人大和常委会负责并报告工作的同时,还要向上级国家行政机关负责并报告工作。地方各级政府也要执行上级国家行政机关的决定和命令。

(2) 地方政府的行政管理权

根据《宪法》第107条的规定,县级以上地方各级人民政府依照法律规定的权限,管理本行政区域内的经济、教育、科学、文化、卫生、体育事业、城乡建设事业和财政、民政、公安、民族事务、司法行政、计划生育等行政工作,发布决定和命令,任免、培训、考核和奖惩行政工作人员。随着政治经济体制改革的不断深入,地方事权不断扩大。比如,深圳、珠海、厦门、汕头等经济特区获得经济管理特许权;计划单列市被赋予相当于省一级的经济管理权限。与此同时,绝大多数企业交由地方管理,进一步强化了地方的经济管理职能。地方不再仅仅是中央的代理人、执行人,使"计划体制下地方政府行为的依赖性、从属性、被动性逐渐转变为具有独立职责和利益的区域行政调控主体,使地方经济出现了前所未有的活力"①。

3. 财政方面的职权划分

"从社会权利分析方法所揭示的权力与利益和财富间关系的角度看,国家结构形式本质上是相应的公共利益和相应的财富在中央与地方各级政府间的分配运用形式。"②可以说,中央与地方的财政收支和分配深刻地影响着中央与地方关系。从1980年开始,中央改

---

① 张千帆主编、肖泽晟副主编:《宪法学》,法律出版社2004年版,第470页。
② 李步云主编:《宪法比较研究》,法律出版社1998年版,第593页。

变了统收统支的政策,区别不同情况的财政,实行"划分收支、分级包干"的改革措施。随后,我国相继实施"划分税种、核定收支、分级包干",以及"定额补贴""定额上交"或"总额分成"等办法。总的来说,相对于过去僵化的计划经济体制,这些措施调动了地方政府的积极性,扩大了地方的财政管理权。

1994年起我国实行在划分中央与地方事权基础上的分税制,规范中央与地方的财政与税收关系。所谓分税制是划分各级政府财税的收支范围,建立中央税、地方税、共享税及税收返还制度。分税制改革被一些经济学家称为"中国式的联邦制或财政联邦制"。这一改革举措,发挥了一定积极意义。但以"事权划分"为基础的央地分税原则并未得到完全贯彻,分税制改革使中央在国家全部财政收入中的占比不断扩大。2018年,国家税务体制改革,国税与地税合并。这对于提高征管效率,降低征纳成本无疑是积极的,但如何科学配置中央与地方的财政关系,还有待实践中不断完善。

在我国的中央与地方关系格局中,确实表现出明显的中央主导特征,但是在依法治国和市场经济的大背景下,中央也在不断简政放权。中国改革开放之所以能够取得收益大于成本的效果,避免或减少了风险,重要的原因之一就是许多新制度安排先是由地方提出和进行试验,当实践证明新制度安排的效益,并且具有可行性和普遍性后,中央才借助强制性使其获得法律地位。可见,地方自主权的获得改变了中央政府单一主导的制度变迁方式,地方政府日益成为制度创新的发动机。当然,我国目前的中央与地方权力配置制度还有所不足,中央与地方权限的合理划分、良性互动也绝不是一朝一夕的事情,它依赖于党的领导的完善,民主政治的发展和法治的不断完备。

(三)民族区域自治制度

民族是和国家相伴而生互动发展的,一国在实现国家统一领导、社会有效治理的同时必须实现对民族特殊性的兼顾和民族利益的保障。"尤其是近现代,国家中的民族及其相互关系,是决定国家结构形式,政治稳定程度,国家统一或分裂的重要因素"。[①] 国家采取何

---

① 浦兴祖主编:《当代中国政治制度》,复旦大学出版社2002年版,第258页。

种原则和方式处理民族关系,已成为国家结构形式研究的重要内容。我国作为单一主权的社会主义国家是以民族区域自治制度来实现国家统一领导和民族自治的兼顾的。

1. 民族区域自治制度的概念

民族区域自治制度是指在一个统一的国家内,以少数民族聚居区为基础,建立相应的自治地方,设立自治机关,行使自治权,使实行区域自治的民族实现当家做主、管理本民族内部地方性事务的制度。具体来说,包含以下四方面内容:

第一,民族区域自治是国家统一领导与民族自治的结合。各民族自治地方都是国家统一领导下的行政区域,是中华人民共和国不可分离的组成部分,民族自治地方的自治机关是中央人民政府统一领导下的一级地方政府。民族自治地方是建立在统一的国家领土内的行政单位,实行民族区域自治的民族不能脱离中央的统一领导而搞独立。我国民族区域自治是在统一的前提下的自治,所以民族区域自治并未根本上改变我国单一制国家的中央地方权力配置关系,而是丰富了其内涵。

第二,民族区域自治是民族自治和区域自治的结合。鉴于我国民族分布"大杂居、小聚居"的特点,并非所有的少数民族成员都可以实现自治,自治是以少数民族聚居区为基础的。

第三,民族区域自治是民族内部事务、地方性事务的自治,而不能就主权性、外交性事务进行自治。

第四,民族区域自治的实现方式是在自治地方内,建立自治机关,并赋予其广泛的自治权。自治权的享有和保障是民族区域自治制度的核心,这也是民族自治地方区别于一般行政区域的重要标志。

2. 我国实行民族区域自治制度的必然性

(1) 我国实行民族区域自治的历史条件

在中国的历史上,封建王朝的统治者常用"羁縻政策"[①]来笼络

---

① "羁縻"一词较早见于《史记》的记载:"盖闻天子之于夷狄也,其义羁縻勿绝而已"。按照《辞海》的解释,羁縻政策就是"笼络使不生异心"。另一种解释是,"羁"就是用军事和政治的压力加以控制,"縻"就是以经济和物质利益给以抚慰,即"怀之以恩信,惊之以威武"。

少数民族或边疆地区,这种恩威并施的手段本质上是封建王朝因其鞭长莫及而采取的妥协策略。但尽管如此,这也让古代中国在政治统一的前提下,各民族地区能够保持自己的风俗习惯和治理方式。更重要的是,由于统一的多民族国家长期存在,以及"五方之民共天下"的观念,在客观上推动了各民族之间的交流和融合,各民族"共为中华"的认同感、凝聚力不断增强。尤其是近代以来,各民族在反对内部压迫、外敌入侵,争取国家独立、民族解放的过程中结成了休戚与共的关系,中华民族才从一个自在的民族实体发展成一个自觉的民族实体。这是民族区域自治的历史基础。

(2) 民族区域自治的理论基础和实践经验

马列主义高度重视民族问题,在统一的多民族国家实行民族区域自治也是马列主义的重要原则。马列主义关于民族问题的理论主要包括两个层面,一个是主权层面的民族自决权,一个是国内层面的民族自治。马列主义将民族自决权作为解决民族问题的重要原则,是民族在政治上的独立权,即主张在政治上同压迫民族自由分离而成立独立民族国家的权力。但需要说明的是,民族自决权主要是针对殖民主义、帝国主义和国内专制统治的压迫而言的,尤其是作为殖民地国家反抗殖民统治、争取民族独立的思想武器而提出的。所以,我们不能把民族自决简单理解为民族的自由分离。列宁在阐述如何看待分离权利时说:"民族自决权从政治意义上来讲,只是一种独立权,即在政治上同压迫民族自由分离的权利。……这种要求并不等于分离、分散、成立小国家的要求,它只是反对一切民族压迫的彻底表现。"① 这就是说,民族自决权不是制造主权国家分裂的工具,民族分离必须以反对民族压迫为前提,而一旦这一前提不复存在,民族分离就失去了正当性基础。社会主义国家在制度上消除了阶级压迫、民族压迫,民族自决的问题就应该转向内部性的民族区域自治问题。正如列宁所指出的:"民主集中制不仅不排斥地方自治以及有独特的经济和生活条件、民族成分等等的区域自治,相反,它必须既要求地

---

① 列宁:《社会主义革命和民族自决权》,载《列宁选集》(第二卷),人民出版社1960年版,第719页。

方自治,也要求区域自治。"①

由于苏联模式的影响,中国共产党人早期承认的民族自决是一种完全的民族自决权。在反动统治者对各少数民族推行大汉族主义,实行民族压迫的背景下,被压迫民族从反动政权中自由分离并自由决定加盟人民民主政权是实现无产阶级联合的重要路径。在1931年《中华苏维埃共和国宪法大纲》中就提出:"中华苏维埃政权承认中国境内少数民族的自决权,一直承认到各弱小民族有同中国脱离,自己成立独立的国家的权利。蒙古、回、藏、苗、黎、高丽人等,凡是居住在中国的地域内,他们有完全自决权;加入或脱离中国苏维埃联邦,或建立自己的自治区域。"②这是中国共产党第一次以根本法的形式将实行民族自决确定为解决国内民族问题的具体方案。这一方案虽无条件承认民族自决,但也同时提出了在中华苏维埃共和国中成立"自治区域"的构想。这一构想在1941年的《陕甘宁边区施政纲领》中得到发展,纲领第17条提出要"实行蒙、回民族与汉族在政治经济文化上的平等权利,建立蒙、回民族的自治区,尊重蒙、回民族的宗教信仰与风俗习惯"③。所以,"自1941年起,则开始强调把'民族平等'作为解决中国境内民族问题的总原则,而较少提出'民族自决'。在第三次国内革命战争时期,中国共产党就放弃了中国境内各少数民族自决的主张。"④在1946年的《陕甘宁边区宪法原则》和1947年的《中国人民解放军宣言》中都只强调"民族平等或自治"而没有提到民族自决。针对当时的特殊环境,中国共产党指出:"为了完成我们国家的统一大业,为了反对帝国主义及其走狗分裂中国民族团结的阴谋,在国内民族问题上,就不应再强调这一口号,以免帝国主义及国内各少数民族中的反动分子所利用,而使我们陷入被动地位。"⑤总之,中国的民族区域自治制度是在马列主义普遍原理和

---

① 列宁:《关于民族问题的批评意见》,载《列宁全集》(第二十四卷),人民出版社1990年版,第148—149页。
② 中国人民大学国家法教研室编:《宪法选编》(一),校内用书1979自印,第66页。
③ 同上注,第72页。
④ 浦兴祖主编:《当代中国政治制度》,复旦大学出版社2002年版,第268页。
⑤ 《建国以来重要文献选编》(一),中央文献出版社1992年版,第24页。

中国国情相结合的基础上发展起来的,是有中国特色的政治制度。

(3) 民族区域自治的现实需要

我们看待民族区域自治制度,不能只从字面上在少数民族自治的层面来看待这一制度。民族区域自治制度是国家的基本政治制度,是关涉到国家和它的构成单元,关涉到少数民族地区和其他地区的关系,以维护国家统一,实现各民族共同繁荣,各地区共同富裕为目标的体系性制度安排。

首先,坚持民族区域自治制度,是维护国家统一和各民族团结的现实需要。民族区域自治比联邦制具有明显的制度优势,有利于促进各民族的交流交往交融,从而"让各族人民增强对伟大祖国的认同、对中华民族的认同、对中华文化的认同、对中国特色社会主义道路的认同"①。其次,实行民族区域自治是保障少数民族当家做主,行使自治权的现实需要。"民族特点和民族差异、各民族在经济文化发展上的差距将长期存在"②,这是我们作为多民族国家的国情。我们要充分认识到民族问题的长期性、复杂性,坚持基本国策不动摇。再次,实行民族区域自治有利于实现各民族共同繁荣。我国少数民族聚居的地区有"地大物博"的优势,但由于历史的原因,我国少数民族聚居的地区,经济社会发展水平相对落后,这都需要坚持民族区域自治制度,在中央的统一领导下统筹兼顾、协调各方,发挥社会主义的制度优势,帮助少数民族地区发展经济文化,促进少数民族地区和其他地区的交流与合作,从而扎实推进共同发展、共同繁荣的步伐。

3. 国家的民族政策

在民族区域自治制度下,国家的民族政策主要包括以下方面:

第一,中华人民共和国各民族一律平等,国家保障各少数民族的合法的权利和利益,维护和发展各民族的平等团结互助和谐关系,禁止对任何民族的歧视和压迫,禁止破坏民族团结和制造民族分裂的

---

① 《中央民族工作会议暨国务院第六次全国民族团结进步表彰大会在北京举行》,载《人民日报》2014 年 9 月 30 日第 1 版。

② 胡锦涛:《在中央民族工作会议暨国务院第四次全国民族团结进步表彰大会上的讲话》(2005 年 5 月 27 日),国家民委官方网站:http://www.seac.gov.cn/seac/zcfg/201208/1071804.shtml,2018 年 10 月 5 日访问。

行为。中华人民共和国成立以来,《共同纲领》专门规定了民族政策,明确规定:"中华人民共和国境内各民族一律平等、实行团结互助,反对帝国主义和民族内部人民公敌,使中华人民共和国成为各民族友爱合作的大家庭。反对大民族主义和狭隘民族主义,禁止民族间的歧视、压迫和分裂各民族团结的行为。"1951年中央人民政府政务院发布了《关于处理带有歧视或侮辱少数民族性质的称谓、地名、碑碣、匾联的指示》,1952年,制定了《中华人民共和国民族区域自治实施纲要》和《政务院关于保障一切散居的少数民族成分享有民族平等权利的决定》。1984年全国人大通过了《中华人民共和国民族区域自治法》。2001年2月,全国人民代表大会常务委员会通过修改《中华人民共和国民族区域自治法》的决定,平等、团结、互助的民族关系得到进一步加强。2018年,第十三届全国人民代表大会第一次会议通过了宪法修正案,在"平等、团结、互助"之后增加了"和谐"二字。其"主要考虑是:巩固和发展平等团结互助和谐的社会主义民族关系,是党的十八大以来以习近平同志为核心的党中央反复强调的一个重要思想。作这样的修改,有利于铸牢中华民族共同体意识,加强各民族交往交流交融,促进各民族和睦相处、和衷共济、和谐发展。"①

第二,尊重民族风俗习惯,大力帮助少数民族地区发展经济和文化,培养少数民族干部。我国《宪法》规定:"各民族都有使用和发展自己的语言文字的自由,都有保持或者改革自己的风俗习惯的自由。""国家根据各少数民族的特点和需要,帮助各少数民族地区加速经济和文化的发展。""国家尽一切努力,促进全国各民族的共同繁荣。"《民族区域自治法》也在序言中明确了,"必须大量培养少数民族的各级干部、各种专业人才和技术工人……国家根据国民经济和社会发展计划,努力帮助民族自治地方加速经济和文化的发展。"

第三,禁止对任何民族的歧视和压迫,禁止破坏民族团结和制造民族分裂,反对大民族主义,主要是大汉族主义,也要反对地方民族主义。

---

① 《王晨向十三届全国人大一次会议作关于〈中华人民共和国宪法修正案(草案)〉的说明(摘要)》,载《人民日报》2018年3月7日第6版。

(四)特别行政区制度

特别行政区制度是指按照"一国两制"方针,在统一的中华人民共和国内,经由最高国家权力机关决定,容许国家的特定地区(香港、澳门、台湾),由于历史的原因不实行社会主义的制度和政策,而维持原有的政治、经济、社会制度基本不变的特殊制度安排。

特别行政区是指按照"一国两制"方针,根据宪法和法律所设立的,直辖于中央政府,具有特殊的法律地位,实行特别的政治、社会、经济制度的行政区域。

1. 设立特别行政区的理论和法律依据

(1) 设立特别行政区的理论依据

"一国两制"是特别行政区设立的理论依据。其基本内容是,在一个中国的前提下,国家的主体坚持社会主义制度;香港、澳门、台湾是中国不可分割的组成部分,它们保持原有资本主义制度长期不变,在国际上代表中国的只能是中华人民共和国政府。这一理论包括四个方面:

第一,"一国两制"的主体是社会主义,基础是一个中国,在国际上代表中国的只能是中华人民共和国政府,国家的领土和主权不能分割。

第二,"一国两制"的核心问题是祖国统一,方式是争取和平统一。

第三,"一国两制"的"两制"是指在中国国内可以两种制度长期并存,共同发展。在特别行政区内,原有的社会制度、生活方式、同外国的经济文化关系基本不变。"一国两制"不仅允许资本主义和社会主义在一国内并存,而且允许不同模式、不同特点的资本主义并存,是创造性的理论成果。

第四,实行"一国两制"长期不变,具有法律保障。这一原则精神既有宪法的保障,也在香港和澳门具体化为《香港特别行政区基本法》和《澳门特别行政区基本法》的法律保障。

总之,"一国两制"的理论,既体现了实现祖国统一、维护国家主权的原则性,又充分考虑到香港、澳门、台湾的历史和现实,体现了高度的灵活性,并成为特别行政区设立的理论依据。

(2) 设立特别行政区的法律依据

就宪法学而言,设立特别行政区,属于国家结构中的行政区划问题,应由全国人民代表大会依法决定。规定特别行政区实行的制度,属于国家的政权组织问题,应由全国人民代表大会制定基本法律决定。这就涉及特别行政区的设立依据和特别行政区基本法的立法依据问题。1990年4月4日第七届全国人民代表大会第三次会议通过《关于设立香港特别行政区的决定》指出,根据《中华人民共和国宪法》第31条和第62条第13项的规定,决定自1997年7月1日起设立香港特别行政区,其区域包括香港岛、九龙半岛,以及所辖的岛屿和附近海域。香港特别行政区的行政区域图由国务院另行公布。1993年3月31日第八届全国人民代表大会第一次会议通过《关于设立澳门特别行政区的决定》指出,根据《中华人民共和国宪法》第31条和第62条第13项的规定,决定自1999年12月20日起设立澳门特别行政区,其区域包括澳门半岛、氹仔岛和路环岛。澳门特别行政区的行政区域图由国务院另行公布。上述可见,《宪法》第31条和第62条第13项是特别行政区设立的宪法依据。特别行政区基本法的立法依据是《中华人民共和国宪法》。比如《宪法》第31条规定:"国家在必要时得设立特别行政区。在特别行政区实行的制度按照具体情况由全国人民代表大会以法律规定。"需要说明的是特别行政区基本法的立法依据不限于第31条。《宪法》的某些其他条款,也是特别行政区基本法的立法依据。比如,宪法关于国家统一的相关规定;宪法关于土地和自然资源属于国家所有的规定;全国人民代表大会常务委员会关于法律解释权的规定等。

2. 中央与特别行政区的关系

(1) 特别行政区是国家不可分离的部分

香港、澳门问题的性质实际上是两个方面的问题。一方面,香港和澳门是英国和葡萄牙在殖民时代占领的中国领土的一部分。另一方面香港、澳门问题属于中国主权范围内的问题,不属于殖民地的范畴。① 所以可以肯定地说,香港和澳门特别行政区不是脱离国家而存在的独立的政治实体。它们和我国其他行政单位一样,都没有脱离中华人民共和国的权力。香港、澳门特别行政区实施的基本法也明确规定,特别行政区是国家不可分离的部分。

(2) 中央对特别行政区的监督与管辖

中央对特别行政区的监督与管辖权体现为国家主权,主要包括以下几方面:

第一,特别行政区的创制权和特区政府组织权。

创制权在宪法学上又称为"组织权",其含义是选择政权组织形式,建立政府并组织政府,制定宪法性根本法的权力,这是国家权力中的原始权。在香港、澳门的问题上,我们是单一制国家,中央享有特别行政区的创制权。《宪法》规定,国家在必要时设立特别行政区,在特别行政区实行的制度按照具体情况由全国人民代表大会以法律规定。这一规定体现了特别行政区的创制权属于中央。中央的特区政府组织权主要体现在:首先,两个特别行政区筹委会都是由中央成立,筹备特区政府的全部活动由中央主持而不是香港、澳门自行成立政府。其次,在不违背"港人治港""澳人治澳"原则的前提下,特别行政区的行政长官及特区行政机关的各司司长、副司长,各局局长,入境事务处处长,海关关长等主要官员要由中央任命。如依照《香港特别行政区基本法》第 45 条规定,行政长官要在当地通过选举或协商产生,由中央人民政府任命。一旦行政长官获得任命,即可提名其他行政官员,并提交中央政府任命。

第二,紧急状态宣布权。

紧急状态是指一国由于与他国发生战争或者发生严重突发性自然灾害,或者内部发生大的骚乱足以危及国家的统一和合法政权的稳定,导致正常的社会秩序受到严重威胁的危急情况,而由最高国家

---

① 1972 年 3 月 8 日,我国驻联合国代表致信联合国非殖民化特别委员会,信中强调香港、澳门不是殖民地。该委员会于是在殖民地名单中删除了香港和澳门,同年 11 月,联合国非殖民化特别委员会关于殖民地问题的报告得到联合国大会的批准。如果香港和澳门是殖民地,在非殖民地化后将可以选择脱离宗主国而独立,中国亦无权干涉。

权力机关宣布全国或局部地区中断正常法治程序,进入非常管治状态。《香港特别行政区基本法》第十八条规定,全国人民代表大会常务委员会决定宣布战争状态或因香港特别行政区内发生香港特别行政区政府不能控制的危及国家统一或安全的动乱而决定香港特别行政区进入紧急状态,中央人民政府可发布命令将有关全国性法律在香港特别行政区实施。

第三,外交权。

外交事务是一个国家以主权国家身份和其他国家、地区或国际组织开展正式的官方的经济、政治、文化等方面的联络交往事务。香港、澳门原来在英、葡统治下,是基本没有外交权的。香港隶属英国外交与联邦事务部管辖,如外国在香港设领事机构要由其批准,在以国家为单位的国际会议上也只能以英国代表团成员的身份参加。20世纪50年代以来,英国才授权香港自行处理一些非主权性的外交事务。澳门也直到1976年《澳门组织章程》颁布后,才有限度地享有一定的非主权性外交权。特别行政区成立后,外交部在特区成立特派员公署,驻特别行政区处理有关外交事务。中央有权决定某些国际协议是否适用于特别行政区,有权批准外国在特别行政区设立领事机构。当然,中央可以授权特别行政区就有关投资保护、移交逃犯、司法协助等方面同外国签订双方协定。

第四,防务权。

防务权既是中央政府的权力,也是中央政府的责任。中央负责特别行政区的防务并驻军是恢复行使主权的重要象征。但是,驻军不能干预特别行政区的高度自治,驻军的出动有严格的条件,驻军只有在全国人民代表大会常务委员会宣布进入战争状态、紧急状态的情形下或应特别行政区政府请求维持治安、参与救灾等情形下才可以出动。同时,外国军用船只和外国国家航空器进入特别行政区要经过中央的特别许可。

第五,对基本法的制定、修改权。

基本法不同于《中英联合声明》《中葡联合声明》,是国内法,由中央自行决定起草,在征求港澳各界意见、吸收港澳各界人士参与的基础上自行成立基本法起草委员会,任命相关的起草委员会委员,并由全国人民代表大会通过施行。特别行政区基本法的修改权属于全国人民代表大会,其他任何机关包括全国人民代表大会常务委员会均无权进行。全国人民代表大会修改特别行政区基本法也有严格的程序:修改特别行政区基本法的提案权仅属于特别行政区、国务院及全国人民代表大会常务委员会;香港(澳门)特别行政区提出的修改议案,须经香港(澳门)特别行政区的全国人民代表大会代表三分之二多数、香港(澳门)特别行政区立法会全体议员三分之二多数和香港(澳门)特别行政区行政长官同意后,交由香港(澳门)特别行政区出席全国人民代表大会的代表团向全国人民代表大会提出。修改议案在列入全国人民代表大会的议程前,先由相应的特别行政区基本法委员会研究并提出意见。特别行政区基本法的任何修改,均不得同中华人民共和国对特别行政区既定的基本方针政策相抵触。

第六,对基本法的解释权。

《香港特别行政区基本法》规定:"本法的解释权属于全国人民代表大会常务委员会。全国人民代表大会常务委员会授权香港特别行政区法院在审理案件时对本法关于香港特别行政区自治范围内的条款自行解释。香港特别行政区法院在审理案件时对本法的其他条款也可解释。但如香港特别行政区法院在审理案件时需要对本法关于中央人民政府管理的事务或中央和香港特别行政区关系的条款进行解释,而该条款的解释又影响到案件的判决,在对该案件作出不可上诉的终局判决前,应由香港特别行政区终审法院请全国人民代表大会常务委员会对有关条款作出解释。如全国人民代表大会常务委员会作出解释,香港特别行政区法院在引用该条款时,应以全国人民代表大会常务委员会的解释为准。但在此以前作出的判决不受影响。"《澳门特别行政区基本法》的规定也与此类似。特别行政区基本法的解释包含三个层面:一是解释权归属全国人大常委会。二是全国人大常委会授权特区法院可以对基本法"自治范围内"的条款自行解释,中央不干预。三是涉及中央管理事务条款(即自治范围之外条款)的解释也可由特别行政区法院解释,但如该解释将影响案件判决,在对该案件作出不可上诉的终局裁决前,要由终审法院提请全国人民代表大会常务委员会作出解释。①

中央除了对特别行政区行使前述主要权力外,还有权决定特别行政区全国人大代表的选举事宜;有权批准各省、自治区、直辖市的人进入特别行政区,确定进入特别行政区定居的人数;有权在征得特别行政区政府同意的情况下批准中央各部门、各省、自治区和直辖市在特别行政区设立机构;《香港特别行政区基本法》和《澳门特别行政区基本法》还规定了特别行政区在立法、财政预算、法官任免、在外国设置经济和贸易机构等方面向中央备案的制度。

(3) 特别行政区享有的高度自治权和参与国家管理的权力

特别行政区根据宪法、《特别行政区基本法》和其他相关法享有高度自治和参与国家管理的权力。具体来说,特别行政区享有的高度自治权和参与国家管理的权力主要包括以下方面:

第一,行政管理权。

特别行政区享有行政管理权,依照基本法的有关规定自行处理特别行政区的行政事务。

第二,立法权。

特别行政区享有立法权。虽然基本法没有说明特别行政区在什么范围内行使此项权力,但结合中央与特别行政区关系应理解为,除外交、国防等属中央管理事务外,特别行政区立法机关就自治范围内的全部事项均有立法权。特别行政区的立法权应包含以下几方面:第一,在自治范围内,特别行政区立法机关享有立法权;第二,特别行政区立法,须报全国人民代表大会常务委员会备案,但备案不影响生效,且备案时中央仅就与中央管理事务相关的内容进行审查,其他条款不审查;第三,全国人民代表大会常务委员会在征询其基本法委员会意见后,如认为特别行政区立法不符合基本法关于中央管理的事

---

① 欧共体解释法律的办法与此近似:欧共体的法律适用于各成员国,各成员国法院在审理涉及共同体法律的案件时,可以自行解释,也可以提请设在卢森堡的共同体法院解释。如果是终局裁决则必须提请共同体法院解释,这样保证法律解释的一致性。但这和我国全国人民代表大会常务委员会的解释还是有所不同,欧共体法院的法官都是欧洲各国有名望的法律专家,解释法律也按司法程序进行,而全国人民代表大会常务委员会不是司法机构,且大多不熟悉港、澳法制,故分别成立港、澳基本法委员会,由10人组成,内地与港、澳委员各占一半,全国人民代表大会常务委员会解释前要先向该委员会征求意见。

务及中央与特别行政区关系条款可将法律发回但不作修改。可见,特别行政区享有高度的立法权。此外,在特别行政区实施的全国性法律也由特别行政区在当地公布或立法实施,而不由中央在当地公布实施,体现了对特别行政区立法权的尊重。当然,基本法关于特别行政区立法权的规定还有待于进一步完善,如对特别行政区上报备案没有时间要求;全国人民代表大会常务委员会接受备案的部门及审查备案的时间和具体程序没有规定等。

第三,独立的司法权和终审权。

特别行政区享有独立的司法权和终审权。特别行政区法院除继续保持原有法律制度和原则对法院审判权所作的限制外,对特别行政区所有的案件均有审判权。特别行政区法院对国防、外交等国家行为无管辖权。香港特别行政区法院在审理案件中遇有涉及国防、外交等国家行为的事实问题,应取得行政长官就该等问题发出的证明文件,上述文件对法院有约束力。行政长官在发出证明文件前,须取得中央人民政府的证明书。

第四,一定的处理对外事务的权能。

特别行政区政府的代表,可作为中华人民共和国政府代表团的成员,参加由中央人民政府进行的同香港、澳门特别行政区直接有关的外交谈判。特别行政区可在经济、贸易、金融、航运、通讯、旅游、文化、体育等领域以"中国香港""中国澳门"的名义,单独地同世界各国、各地区及有关国际组织保持和发展关系,签订和履行有关协议。特别行政区可以"中国香港""中国澳门"的名义参加不以国家为单位参加的国际组织和国际会议。对世界各国或各地区的人入境、逗留和离境,特别行政区政府可实行出入境管制。中央人民政府协助或授权特别行政区政府与各国或各地区缔结互免签证协议。

第五,其他权力。

特别行政区保持财政独立,特别行政区的财政收入全部用于自身需要,不上缴中央人民政府。中央人民政府不在特别行政区征税。特别行政区实行独立的税收制度,也是单独的关税地区。特别行政区有权发行自己的货币并自行制定货币金融制度等。

第六,参与管理全国性事务的权力。

特别行政区可以选派代表参加全国人民代表大会参与全国事务管理,参加中国人民政治协商会议参与政治协商。特别行政区的公民还可以在中央国家机关中担任公职。

需要说明的是,中国是一个单一制国家,特别行政区的高度自治权都是来自中央的授权。授权者有权根据自身的主权性地位而拥有对特别行政区的全面管制权。当然,这种全面管制权是指中央有权监督特别行政区自治权的行使,而不能理解为"全面接管"香港或澳门。同时,特别行政区在行使高度自治权的时候,也有维护国家统一、国家安全的宪制责任。

3. 特别行政区的法律制度

香港和澳门特别行政区成立以后,实行与内地不同的一套独立的法律制度。《香港特别行政区基本法》第 8 条、第 18 条分别规定:"香港原有法律,即普通法、衡平法、条例、附属立法和习惯法,除同本法相抵触或经香港特别行政区的立法机关作出修改者外,予以保留";"在香港特别行政区实行的法律为本法以及本法第 8 条规定的香港原有法律和香港特别行政区立法机关制定的法律。"《澳门特别行政区基本法》也对此作了类似的规定。归纳来看,特别行政区实施的法律制度主要包括以下方面:

(1) 宪法和特别行政区基本法

宪法是国家的根本法,是特别行政区的宪制根据,特别行政区的制度可以不同于中国其他地区,也是《宪法》第 31 条特别授权的结果。特别行政区基本法是全国人民代表大会根据宪法制定的,它是特别行政区法院审理案件的首要法律依据。基本法虽然主要在特别行政区适用,但它属于全国性法律,而非地方法律。它在特别行政区的法律体系中处于最高地位,任何其他法律都不得和基本法相抵触。所以,宪法和特别行政区基本法共同构成特别行政区的宪制基础。

(2) 在特别行政区实施的全国性法律

全国性法律一般不在特别行政区实施,但基于国家的主权性,基本法以"附件三"的方式将在特别行政区实施的全国性法律加以列举。① 同时,国家保留对附件内容作出增减的权力。

(3) 予以保留的原有法律

根据香港、澳门特别行政区基本法的规定,香港原有法律,即普通法、衡平法、条例、附属立法和习惯法,除同基本法相抵触或经香港特别行政区的立法机关作出修改者外,予以保留。澳门原有的法律、法令、行政法规和其他规范性文件,除同基本法相抵触或经澳门特别行政区的立法机关或其他有关机关作出修改者外,予以保留。当然,原有法律是有范围的,并非原来有效实施的所有法律都算作原有法律。

原有法律是否被采用为特别行政区的法律,要经过严格审查。其标准为是否与基本法相抵触。在特别行政区成立时,由全国人大常委会进行审查,凡与基本法抵触的原有法律都不能被采用为特别行政区的法律。

(4) 特别行政区立法机关制定的法律

特别行政区的立法会是特区的立法机关,其所制定的法律在特区内生效。特别行政区成立以后,其立法机关制定的法律将逐渐增多。当然,它制定的法律应报全国人大常委会备案,备案不影响法律的生效。全国人大常委会如果认为特别行政区立法机关制定的法律不符合基本法关于中央管理的事务的规定以及中央和特别行政区关系的条款时,可以将有关法律发回,但不作修改。经全国人大常委会发回的法律立即失效。

此外,《香港特别行政区基本法》第 84 条还规定:"香港特别行政区法院依照本法第 18 条所规定的适用于香港特别行政区的法律审

---

① 列于《香港特别行政区基本法》《澳门特别行政区基本法》附件三的法律包括:(1)《关于中华人民共和国国都、纪年、国歌、国旗的决议》;(2)《关于中华人民共和国国庆日的决议》;(3)《中华人民共和国国籍法》;(4)《中华人民共和国外交特权与豁免条例》;(5)《中华人民共和国领事特权与豁免条例》;(6)《中华人民共和国国旗法》;(7)《中华人民共和国国徽法》;(8)《中华人民共和国领海及毗连区法》;(9)《中华人民共和国专属经济区和大陆架法》;(10)《中华人民共和国香港特别行政区驻军法》《中华人民共和国澳门特别行政区驻军法》;(11)《中华人民共和国外国中央银行财产司法强制措施豁免法》;(12)《中华人民共和国国歌法》。此外,《香港特别行政区基本法》附件三还有《中华人民共和国政府关于领海的声明》。

判案件,其他普通法适用地区的司法判例可作参考。"该规定意味着,在英美法系之下,香港法院的法官审理案件时可按照"遵循先例"原则,对之前形成的各种司法判例予以参考。

## 第三节 国 家 标 志

就国家形式是关于国家机关的权力配置关系的角度而言,将国旗、国徽、国歌、首都等国家标志纳入本章有些牵强。但国旗、国徽、国歌、首都等国家象征,不仅反映一国历史文化传统、民族精神,也常常在其图案、旋律中传递特定国家在政权性质、政权组织形式、国家结构形式方面的基本理念,因此我们将之纳入本章一体讨论。

### 一、国旗

国旗是国家的主权意识不断增强后的必然产物。近现代以来,国旗作为国家主权和民族尊严的象征,是国家历史文化传统和民族精神的体现,各国大多以宪法或专门法律来规定国旗的名称、图案及使用方法。一般认为,世界上最古老的国旗系丹麦国旗,旗底为红色,旗面上有白色十字形图案。国旗的图案经常反映一定国家的主流价值观,如,法国国旗红白蓝三色分别象征自由、平等、博爱。国旗也可能反映国家的区域构成,以体现团结,如美国国旗的50颗星代表50个州,13条红白色间纹则代表最初成立合众国的13个州。

1949年9月27日,中国人民政治协商会议第一次全体会议通过了《关于中华人民共和国国都、纪年、国歌、国旗的决议》,正式确定五星红旗为我国国旗。我国《宪法》第141条规定,中华人民共和国国旗是五星红旗。1990年,第七届全国人民代表大会常务委员会通过了《中华人民共和国国旗法》(以下简称《国旗法》),系统规定了国旗的构成、制作、升挂及使用、监管办法。

(一)我国国旗的图案及含义

我国国旗旗面为红色,长方形,其长与高为三与二之比,旗面左上方缀黄色五角星五颗。一星较大,其外接圆直径为旗高十分之三,居左;四星较小,其外接圆直径为旗高十分之一,环拱于大星之右。

旗杆套为白色。

1949年11月15日,《人民日报》发表的新华社答读者问中关于国旗的说明是:"中华人民共和国国旗旗面的红色象征革命。旗上的五颗五角星及其相互关系象征共产党领导下的革命人民大团结。星用黄色是为着在红地上显出光明,黄色较白色明亮美丽,四颗小五角星各有一尖正对着大星的中心点,这是表示围绕着一个中心而团结,在形式上也显得紧凑美观。"孔子曰,"北辰居其所而众星拱之",五星红旗鲜明地表明了国家对于团结向心的主旨追求。

(二)国旗的升挂及使用

1. 升挂国旗

根据《国旗法》第5条的规定,下列机构和场所应每日升挂国旗:(1)北京天安门广场、新华门;(2)全国人民代表大会常务委员会,国务院,中央军事委员会,最高人民法院,最高人民检察院,中国人民政治协商会议全国委员会;(3)外交部;(4)出入境的机场、港口、火车站和其他边境口岸,边防海防哨所。

国务院各部门,地方各级人民代表大会常务委员会、人民政府、人民法院、人民检察院,中国人民政治协商会议地方各级委员会应在工作日升挂国旗。全日制学校,除寒暑假、星期日外,应当每日升挂国旗。此外,《国旗法》还对一些节日、重大庆祝、纪念活动等升挂国旗作出了规定。

2. 下半旗志哀

《国旗法》规定下列人员逝世,应下半旗志哀:(1)中华人民共和国主席、全国人民代表大会常务委员会委员长、国务院总理、中央军事委员会主席;(2)中国人民政治协商会议全国委员会主席;(3)对中华人民共和国作出杰出贡献的人;(4)对世界和平或人类进步事业作出贡献的人。此外,发生特别重大伤亡的不幸事件或者严重自然灾害造成重大伤亡时,可以下半旗志哀。

为维护国旗尊严,《国旗法》还规定,国旗及其图案不得用作商标和广告,不得用于私人丧事活动。在公众场合以故意焚烧、毁损、涂划、玷污、践踏等方式侮辱国旗的,依法追究刑事责任;情节较轻的,由公安机关处以15日以下拘留。

## 二、国歌

国歌是民族独立国家的音乐象征,是一国的历史文化背景和革命斗争传统的积淀,凝聚着深厚的爱国主义情感和民族精神。一般而言,一个国家只有一首国歌,但少数国家如瑞士、加拿大、澳大利亚等国有两首或两首以上的国歌。

1949年9月,中国人民政治协商会议第一届全体会议通过决议确定在中华人民共和国的国歌正式制定之前,以《义勇军进行曲》为国歌。1978年,第五届全国人民代表大会第一次会议通过《义勇军进行曲》新词。1982年,第五届全国人民代表大会第五次会议通过《关于中华人民共和国国歌的决议》,撤销1978年全国人民代表大会通过的新词,恢复田汉作词的《义勇军进行曲》。2004年,《宪法修正案》第三十一条明确规定,中华人民共和国国歌是《义勇军进行曲》。同时,《宪法》第四章的章名也作了相应的修改。

《义勇军进行曲》由田汉作词、聂耳作曲,是以抗日救亡为题材的电影《风云儿女》的主题歌。自1935年诞生以来,其沉稳坚毅的旋律、激昂的呼声成为中国人民反抗压迫、抵御外侮、不怕牺牲精神的体现,鼓舞了人民革命的斗志,凝聚了民族精神。今天,中华民族不再是"到了最危险的时候",但国歌歌词被赋予了新的历史内涵。它唤醒人们,不忘历史,团结奋斗,居安思危,为实现中华民族的伟大复兴而奋斗。

## 三、国徽

国徽是以图案形式组成的国家标志。和国旗一样,其式样、图案都经过精心设计,它不仅在特定的场所悬挂以示国家的名义和尊严,同时也作为国家纹章或国玺在特定场合使用。我国的国徽图案是1950年通过,并由毛泽东主席命令予以公布的。1991年,第七届全国人民代表大会常务委员会审议通过了我国第一部《国徽法》。

(一)国徽的图案及含义

我国《宪法》第142条规定:"中华人民共和国国徽,中间是五星照耀下的天安门,周围是谷穗和齿轮。"①谷穗和齿轮象征着工人阶级领导下的工农联盟,国徽的内容象征中国共产党领导下的民族大团结和中国人民自五四运动以来的新民主主义革命斗争及人民民主专政的新中国的诞生。②

(二)国徽的悬挂和使用

1. 国徽的悬挂

根据《国徽法》第4条、第5条的规定,下列机构和场所应当悬挂国徽:(1)县级以上各级人民代表大会常务委员会和人民政府;(2)各级人民法院和专门人民法院;(3)各级人民检察院和专门人民检察院;(4)中央军事委员会和外交部;(5)国家驻外使、领馆和其他外交代表机构;(6)北京天安门城楼、人民大会堂;(7)县级以上各级人民代表大会及其常务委员会会议厅;(8)人民法院的审判庭;(9)出入境口岸的适当场所。另外,乡级人民政府也可以悬挂国徽。

2. 国徽的使用

根据《国徽法》的规定,全国人民代表大会常务委员会,国务院,中央军事委员会,最高人民法院,最高人民检察院,全国人民代表大

---

① 1950年9月20日中央人民政府命令确定的国徽图案是:国徽的内容为国旗、天安门、齿轮和麦稻穗,象征中国人民自五四运动以来的新民主主义革命斗争和工人阶级领导的以工农联盟为基础的人民民主专政的新中国的诞生。这个表述并没有被修改,现在中央人民政府官方网站的表述依然如此(http://www.gov.cn/test/2005-05/24/content_18248.htm,2013年3月30日访问)。但是,这个表述和宪法的表述存在不一致,其中的"麦稻穗"变成了"谷穗"。不仅如此,宪法表述的国徽图案中也没有包含"国旗"而代之以"五星照耀下的天安门"。还有观点认为,国徽的实际图案和宪法的描述也不符。因为五星没有"照耀"天安门。因为按照《现代汉语词典》的释义,照耀,意为为光芒所照射。而国徽中的"五星"没有光芒。这些细微的差异,笔者没有找到权威的说明,但某些语词是否可以互换是有争议的。

② 在新中国成立之初,全国政协第一届委员会决定邀请清华大学营建系和中央美术学院分别组织人力对国徽方案进行设计。清华大学设计组由著名建筑学家梁思成教授担任组长,中央美术学院设计组由著名工艺美术家张仃领衔。梁思成小组设计的富于传统文化意蕴的玉璧为主体的国徽图案被否定,而张仃小组以天安门为背景的图案被总体认可。而"天安门"在梁思成的眼中是封建王权的象征,因而反对,但在张仃眼中天安门是新中国诞生的见证地,也是五四运动的策源地。后经周恩来做工作,两个小组共同投入到天安门背景的国徽图案的完善过程中。参见李兆忠:《玉璧与天安门——关于国徽设计的回顾与思考》,载《书屋》2010年第2期。

会各专门委员会,全国人民代表大会常务委员会办公厅、工作委员会,国务院各部、各委员会、各直属机构、国务院办公厅以及国务院规定应当使用刻有国徽图案印章的办事机构,中央军事委员会办公厅以及中央军事委员会规定应当使用刻有国徽图案印章的其他机构,县级以上地方各级人民代表大会常务委员会、人民政府、人民法院、人民检察院、专门人民法院、专门人民检察院,国家驻外使馆、领馆和其他外交代表机构的印章应当刻有国徽图案。

全国人民代表大会常务委员会、国家主席和国务院颁发的荣誉证书、任命书、外交文书,国家主席、全国人民代表大会常务委员会委员长、国务院总理、中央军事委员会主席、最高人民法院院长和最高人民检察院检察长以职务名义对外使用的信封、信笺、请柬等均应印有国徽图案。此外,全国人民代表大会常务委员会公报、国务院公报、最高人民法院公报、最高人民检察院公报的封面,国家出版的法律、法规正式版本的封面也应当印有国徽图案。

为了维护国徽的尊严,《国徽法》规定,一切组织和公民,都应当尊重和爱护国徽。国徽的图案不得用于商标、广告,日常生活的陈设布置,私人庆吊等场合。对以各种方式侮辱国徽的违法犯罪行为,要予以制裁和追究。

### 四、首都

首都也叫国都,是国家最高领导机关的所在地,通常也是国家的政治、文化中心。首都对内是一国的中心,对外是沟通各国关系的汇合点,所以具有国家象征的含义。大多数国家的首都只有一个,但也有少数国家由于历史、政治、经济、宗教、国际关系等考虑而存在多个首都。比如,南非的行政首都是比勒陀利亚,立法首都是开普敦,司法首都是布隆方丹;沙特阿拉伯的正式首都是利雅得,宗教首都是麦加,外交首都是吉达,还有夏都塔伊夫;以色列的法定首都是耶路撒冷,但因为国际政治的关系,世界上大多数国家承认以色列的首都是特拉维夫。

1949年9月27日,中国人民政治协商会议第一届全体会议通过了《关于中华人民共和国国都、纪年、国歌、国旗的决议》,决议规定:"中华人民共和国的国都定于北平。自即日起,改名北平为北京。"1954年《宪法》将"国都"的名称改为"首都"。现行《宪法》第143条也明确规定,"中华人民共和国首都是北京。"

北京是一座历史文化名城,历史上,辽、后金、元、明、清都曾在此建都。1949年,中华人民共和国将北京作为首都,除了历史因素外,还有着多重因素。1919年北京爆发的五四运动是新民主主义革命的开端,北京具有革命的象征意义。今天的首都北京,不仅是世界著名古都,还是一座现代化国际城市,是全国的政治中心、文化中心。

# 第六章 选举制度

## 第一节 选举制度概述

### 一、选举制度是构成民主立宪制度的内在要素

选举是现代民主国家政治制度中的关键一环,它关系到国家权力产生过程的正当性问题。如何实现"政府的正当权力来自被统治者的同意"？如何实现人民主权和国家代议权力的联接？当宪法界定了国家权力之划分并建构政府组织形式之后,政府如何构成？谁能够而且如何成为国家官员？人民又如何能够成为"对政府的首要控制力"？所有的答案都在寻求一个合理的选举体制,而且也都在回答选举制度何以成为构成民主立宪制度的内在要素。在实行宪治的国家,选举制度的合理运作是民主政治建立和发展的基础和出发点。

（一）选举是人民主权的实现过程

根据人民主权理论,国家的一切权力来自人民,人民通过社会契约或者政府契约,将权力的使用权让渡给政府,要求政府通过对国家的治理来保障自己的权利和自由。主权在民主要体现在人民有权利通过选举选择自己的统治者,并通过选举权来规制权力的行使。用近现代政治学的观点来分析,选举是一种具有公认规则的程序形式,其实质是人民主权的寄存过程。现代大部分国家就是在人民主权的理论框架下实行代议制民主来分配国家的权力。代议制民主是现代大部分国家所采纳的国家政治生活方式。按照代议制民主的原理,国家主权的拥有者（人民）通过选举产生权力的行使者,组成国家机关,进行国家治理。可见选举是人民寄存其主权的方式。没有自由民主的选举,人民主权便会沦为空谈。

（二）选举是政权合法性的基本来源

在社会契约论的框架中,国家政权的合法性即是对统治权力的

承认,它可以换取公民忠诚的义务。统治合法性的来源在于被统治者的同意。诚如美国1776年的《独立宣言》所言:"政府的正当权力来自被统治者的同意。"这是人民主权和代议制民主理论的核心。这样,在人民主权和国家权力代议之间要求有一个选举体制,通过公民根据自由意志所进行的集体投票组成国家权力,以此来体现国家权力来自人民的授权。在当代,人们公认,凡是经过人民按照普遍、直接、秘密投票的原则,公平、诚实、定期的选举而产生的政府即是具有合法性的政府。妥协、选举、非暴力是民主国家产生的重要特征,它打破"强权即公理"这一架在国家观念之上的诅咒,避免了历史上因暴力争夺政权而带来的血腥灾难。

(三)选举使人民能够成为防止政府权力滥用的首要控制

选举首先解决的是由人民来确定谁将统治和如何统治的问题,这是对国家权力产生及其管理模式的最初规范和控制。另外,民主立宪政治通常会对代议机构的代表和政府主要官员规定限任制,这使得定期选举成为必需。这样的定期、和平更换掌握政权的统治者的制度,使得统治者迫于寻求连任或能当选的意愿,即便不情愿但也会去追求社会利益的最大化,采取最能促进公共利益的法律和政策。选举使得统治者受控于人民成为可能。

(四)选举是实现国家认同的有效途径

在选举期间,各政党及其候选人和选民沟通互动,使公众舆论上传下达,从而形成政治理念和公民诉求的契合。可见,包括选举在内的民主程序,是一种统治者和被统治者沟通、协商的过程,由此产生的国家统治秩序将会体现出被统治者的自觉自愿行为,它增强了被统治者对国家的认同,增加了服从国家法律的可能性。

(五)选举为社会提供优秀管理者

麦迪逊说过:"每一政治宪法的目的就是,或者说应该是,首先为统治者获得具有最高智慧来辨别和最高道德来追求社会公共公益的人。"[①]现代民主能够保证人民主权的奥秘在于人民能够聘任并控制

---

① 〔美〕汉密尔顿、杰伊、麦迪逊:《联邦党人文集》第57篇(Federalist No.57),程逢如等译,商务印书馆1997年版,第290页。

"比他们更能干的主人"①。选举,在相当程度上避免了让才能平庸、品质低劣的人管理国政和领导社会,使得议员、国家首脑等公共职位由公民中的优秀者来担任成为可能。

## 二、选举、选举法、选举制度的概念

### (一) 选举与竞选

从辞源学上诠释,选举含有选择、挑选、择贤之意。选举,作为公共行为,属于政治活动范畴,一般是指享有选举权的人,按照一定的程序和方式选定代议机关(国家代表机关)的代表和某些国家公职人员的行为。公职人员的产生历来有世袭、任命、选举等方式。选举的方式早在原始社会就已开始使用,氏族首脑可以由选举产生并可以撤换。古希腊、古罗马及中世纪封建君主等级会议中,也曾实行过选举。但这里的选举与近现代意义上的选举在性质、范围和作用等方面都有明显不同。

近现代意义上的选举是指公民根据自己的意志,按照法定的原则和形式,选出一定的公民担任国家代表机关代表或国家公职的行为。它是公民实现选举权的一种方式,也是国家组织各权力机关的一种活动。

由此可见,在现代西方的政治文化语境中,竞选是选举的应有之义,非竞争不能选举。在任何一个成熟的选举制度中,竞选都是最重要的组成部分。候选人通过竞选宣传自己,努力把自己的政治主张告知选民,向选民作出一定的承诺,在取得选民信任的同时,也等于是宣布自愿承担相应的社会政治和个人道德责任。选民则通过竞选寻找、挑选自己利益的忠实代言人。

### (二) 选举法的概念

选举法是指规定选举国家代议机关的代表和某些国家公职人员的各项制度的法律规范总称。选举法是公民实现宪法规定的民主权利的重要依据。没有它,或者不根据它进行选举,国家机构就无从产

---

① J.S. Mill, "Democracy and Government", in Geraint L. Williams (ed.), John Stuart Mill on Politics and Society, Fontana, 1976, p.162.

生,国家的治理就无从体现人民主权和人民当家做主,公民的选举权利便没有法律保障。

选举法有广义与狭义之分,前者包括宪法中关于公民选举和自由的规定,关于国家机关及其组成的规定,以及国家立法机关和最高行政机关就选举有关事项制定的一切规范性文件,有的国家还包括一些传统习惯等。后者仅指立法机关就选举原则、组织、程序和方式方法制定的法律。世界各国大都制定了产生国家代表机关的选举法,有的国家还制定了有关政府首脑(如总统)和地方行政首脑(如省长、州长)的选举法。我国《全国人民代表大会和地方各级人民代表大会选举法》(以下简称《选举法》)只规定了人民代表大会代表的选举产生办法。

(三)选举制度的概念

选举制度是关于选举国家代议机关的代表和某些国家公职人员的各项制度的总称。它包括选举的基本原则,选举权利的确定与行使,划分选区,组织选举的程序和方法,以及选民和代表之间的关系,等等。选举的范围包括代议机关的代表或议员、国家元首和其他公职人员。选举制度一般由国家的宪法、选举法或其他一些专门的法律加以规定,有的国家还包括一些历史上形成的传统习惯。

正如前所述,选举制度是重要的国家政治制度,它与代议制度紧密相连,同时与政府制度、司法制度等都有密切的关系。使选举制度法律化、普遍化,成为国家政治制度的有机组成部分,是从英、法、美等国资产阶级革命开始的,又随同资产阶级的代议制一起发展。可以说,选举制度是伴随着西方宪治运动的产生、发展而不断完善起来的。

1871年巴黎公社所实践的普选制模式,为以后的社会主义国家所继承。

**三、选举制度和政党制度的关系**

选举制度和政党制度都是民主制度的重要组成部分,两者关系十分密切。

从政党制度的产生原因看,最初,政党就是为了议会选举的需要而出现的,它在议会制的基础上产生,又是议会选举活动的产物。现代选举制度让多个不同政党互相制衡,并通过公平竞争产生政府。

随着民主立宪制度的发展,各国选举制度和政党制度都处在不断完善的过程之中,而这种完善有赖于它们互相作用的结果。在西方国家,随着民主政治生活的深入,国民对民选代议机构和民选政府的合法性和代表性要求更高,这就对选举制度的合理性提出了更高要求。现代西方国家的选举方式在技术上会考虑采用更为复杂的多数选举制和比例选举制等方式,他们认为这样可以产生更加合乎民意的议员和公职人员。这种选举方式必须以两个或多个政党的存在为前提。这些政党公开的、依法举行的竞选活动是这种选举方式的一个主要内容,也是使这种选举方式有效实现的关键。可见,政党已经成为民主选举必不可少的动员和组织力量,政党运作的成功与否直接决定民主体制的成败。

许多国家由政党来组织竞选班子、决定和提出候选人、制定竞选纲领、筹措竞选经费、进行宣传鼓动、举行民意测验、努力获得选民的支持以便最后选出新的当权者。除了以此来实现权力的和平交接外,这种设置还出于以下的民主观念:多数派要处于不断变换之中。

此外,政党活动受法律制约也是实现自由公正的选举的关键,而自由公正的选举是保证"被统治者的同意"这一民主政治基石的关键所在。自由公正的选举使权力与合法性同时诞生,而不公正与不诚实的选举则会使人们对声称当选的人产生怀疑,从而大大削弱其当政能力。

在我国,政党在选举中的地位是显而易见的。我国的选举制度是在中国共产党的领导下发挥其功效的。在全国人民代表大会和地方各级人民代表大会的全体代表中,共产党员在比例上的优势和各民主党派所占的一定的名额以及其他非党派人士的名额,原则上反映了我国党派关系的实际,这种反映共产党的领导地位和多党合作特点的代表结构正是通过我国选举制度的运作来达到的。

**四、选举制度的基本原则和方法**

选举制度的基本原则能够表现其法律属性。在法的内在结构中,法律原则的效力高于法律规范,基本原则不仅可以解释法律规范,而且当法律规范有缺漏和冲突时,可以直接适用法律原则。因此,法律原则在法律结构中具有承上启下的重要地位。在西方国家存在着一些无须论证的选举基本原则,比如,竞选原则。选举的要义在于政治参与和选贤与能,是公民通过投票的方式来选择他们的代表和领导人的活动,没有竞争就没有选举,竞选可以说是选举法的第一原则。再比如选举公开原则。列宁曾说过:"广泛民主原则要包含两个必要条件:第一,完全的公开性;第二,一切职务经过选举。没有公开性来谈民主是很可笑的。"①

另外,选举制度的设置本身是为了公民选举权的实现,所以选举权的宪法保护原则也是非常重要的选举法基本原则,我们下文提及的普遍选举原则、选权平等原则都是公民选举权保护原则的主要内容。选区划分、选举方法的设置都应以公民选举权的实现为宗旨。

(一)限制选举和普遍选举

这是涉及选举制度是否遵循普遍选举原则的问题,涉及谁可以参加选举、谁可以竞选公职的问题,即公民选举资格问题。普遍选举原则是保护公民的选举权能够实现的重要原则。

就选民的选举资格来说,选举分限制选举和普遍选举两种。所谓限制选举,是指除设置年龄、国籍、无精神病、未受特别的法律处分等条件以外,还设有其他的选民资格限制。反之,如果除年龄、国籍、无精神病、未受刑事处分等限制外,不另设其他限制的,叫作普遍选举。

在选举制度的发展历史上,限制选举主要以财产、教育、性别、种族、居住条件作为限制条件。比如,1912年以前,意大利议会选举权即以纳税或受教育程度为限;英国于1918年才开始给予妇女以选举权;1933年8月颁布的《苏维埃暂行选举法》中,规定"剥削者,靠迷信为业者,反动政府的军警宪等反动分子以及他们的家属,没有选举权和被选举权"。美国则是在1919年才通过一项宪法修正案,规定:"联邦及各州选举权不得因性别而有差异"。另外,在美国内战前,黑

---

① 《列宁选集》(第4卷),人民出版社1995年版,第363页。

人一般不能投票,即使在禁止奴隶制的州也是如此。1865年内战结束后,美国关于谁拥有选举权和被选举权的观念的重大变化是经由三个宪法修正案来实现的。1865年通过的宪法第十三条修正案废除了奴隶制。1868年通过的宪法第十四条修正案宣布:"任何一州都不能拒绝给予其管辖内的任何人平等的法律保护。"1870年通过的宪法第十五条修正案取消将种族作为衡量投票资格的标准。但是这一切在各州的切实实践,是20世纪60年代的"平权运动"之后的事了。在我国的历史上,也有限制选举的规定,1912年的《中华民国临时约法》就规定了限制选权制,以男性、财产、教育及在选举区内的居住期限为特别条件,到1932年1月1日公布的国民会议代表法就废除了关于选举权资格的一般限制,甚至没有年龄限制规定。

当代大多数国家在法律上都规定了普遍选举。这种规定是符合宪法精神的。各国宪法普遍将公民选举权的行使看作人民主权原则的体现。另外,很多国家越来越强调普选权必须落实到选举权行使的每个范围,也即普选权不仅体现在选举政府立法分支的公职人员(即议员或人民代表)上,而且也体现在选举行政分支的公职人员(如国家元首、地方的行政首长等)上。为此,许多国家的宪法不仅规定立法机构的选举,还会规定行政机构的选举。比如《美国宪法》第2条第1款规定总统选举的方式。①

法国宪法也规定其总统由直接的、普遍的选举产生。在强调自治权的地方政权中,更是要求在选举行政首长时公民普选权的实现。

(二) 平等选权制和复值选权制

这是一个涉及选民权利的范围问题,关系到平等的选举原则。

平等选权是指在选举法中规定一切选民的选举权都一律平等。换言之,即一切选民都只能投一票,且一切选民所投的选举票效力相等。也即一人一票,一票一值,每票同值。

要求选民在一次选举中只有一个选举权,而且要求每一选票的

---

① 美国宪法规定总统选举采用"选举人团"制度,表面上看像是间接选举方式,但从美国一以贯之的实践看,每一个美国公民可以直接就总统候选人投票选举(而不是投票选举选举人),所以是实质上的民选方式。

价值平等,这一理念在选举制度设计上就要求每一代表所代表的选民数大致相当。美国联邦最高法院1964年在"威斯伯利诉桑德斯"案中宣布,就国会代表名额而言一个人在一次国会选举中所投的票应该与另一个人所投之票具有相同效力。在同年的另一案件中,联邦最高法院这样的代表名额原则推广到各州的州议会选举中。

复值选权,又称复数选权,是指:(1)对于具有特殊资格的选民,给予投数票之权,而普通选民则仅能投一票;(2)一些特殊选民所投选举票的效力大于普通选民的选举票。比如,20世纪初普鲁士下院的选举,选民的选举权同他所纳税的税额成正比;1918年以前的英国下院选举,凡选民在几个选区内拥有住宅则在该几个选区都可以享有相应的投票权;苏联于1918—1936年间,其苏维埃代表大会的选举也采用一种复数选举制度,工人每2.5万选民得选一代表出席全苏维埃代表大会,而农民则每12.5万选民才得选一代表。

现代民主国家的选举法,不仅趋于选举权普及,并且趋于选权平等,而且越来越强调实质上的选权平等。在选举实践中,尽管许多国家的法律规定了平等选权,但有时会出现诸如歧视性的选区划分、程序障碍、对选举要求文化测试等阻碍选举权平等实现的做法。为了切实保障选权平等的实现,一些国家特别重视司法提供的救济。比如,美国司法机关根据宪法第十四条修正案的"平等保护原则"对诸多涉及选举平等的案例进行判决,形成判例法[①],这些判例法对保障平等选权的实现作出了很大贡献。

当然,当代许多国家的现行选举法中,仍有容纳复值选权制的。显然,以财产、居住、身份、教育等条件为取得复值选权的资格,与以此作为条件限制选权,在性质上有所不同。王世杰和钱端升先生如此评价复值选权:以财产、居住、身份等作为复值选权取得的资格固

---

[①] 比如,"祖父条款"在 Guina v. United States 和 Myers v. Anderson 案中被宣布无效;"程序障碍"在 Lane v. Wilson 案中被取消;"白人第一优先"在 Smith v. Alwright 案中被宣布为不合法;"不适当的挑战"在 United States v. Thomas 一案中被废除;"不恰当地划分种族选区"在 Gomillion v. Lightfoot 一案中被禁止;"歧视性选举测试"在 Alabama v. United States 等案件中被否定;等等。

然不当,以教育作为取得复值选权的资格亦非善制。①

可见两先生对复值选权基本采否定态度。当代,主张职业代表制的人,一般会承认复数选权的原则。我国2010年以前尚保留几种复值选权的情况,下文将谈及。

选举制度还包括选民团体的构成制度(地域代表制与职业代表制)、选举的方法(直接选举和间接选举、简单多数制和比例代表制、等额选举和差额选举、公开投票和秘密投票等)、选举程序的设计、选举权的保障等内容,各国的宪法、选举法或其他法律都会对它们作出具体规定。在下文亦有所论及。

## 第二节　我国现行选举制度

中国的选举从选举对象上可分为三种类型:各级人民代表大会代表的选举、国家机关领导人的选举、基层群众自治性组织成员的选举。据此,中国的现行选举制度实际上应该由三部分组成,即关于人大代表的选举制度、关于国家机关领导人的选举制度以及关于村民委员会和居民委员会的选举制度。前两者属于国家政权的选举,后者为群众自治组织的选举。目前,人大代表的选举依然是选举制度的核心内容。近几年,关于基层群众组织的直接选举制度备受关注,被称为中国基层民主最重要的实验。我国《宪法》第111条第1款和《居民委员会组织法》《村民委员会组织法》为此提供法律依据。而关于国家机关领导人的选举主要由《宪法》《国务院组织法》《地方各级人民代表大会和地方各级人民政府组织法》《人民法院组织法》《人民检察院组织法》等法律予以规定,其中《地方各级人民代表大会和地方各级人民政府组织法》与《选举法》一起分别经历了1982年、1986年、1995年、2004年、2010年和2015年的修正,是选举地方国家机关领导人的重要依据。1999年3月中国人民政治协商会议为回应中共"十五"大提出的"扩大基层民主实践"的号召,提案建议逐步把农民对村民委员会的直接选举扩大到乡镇这一层的主要干部的选

---

① 参见王世杰、钱端升:《比较宪法》,中国政法大学出版社1997年版,第155页。

举。虽然全国政协委员的提案并未得到官方的正式回应,但几年来中国的一些乡镇为直接民选基层政权负责人做了一些改革尝试。①

目前,我国尚缺乏规范不同类型选举的统一选举法,中国现行选举法的调整范围还仅限于各级人民代表大会代表的选举,国家公职人员的选举尚游离于选举的基本原则之外。本书主要围绕现行《选举法》,介绍分析人大选举制度及其问题。

### 一、1949 年后选举法的演变和发展

中华人民共和国成立初期,在普选产生的全国人民代表大会召开以前,由中国人民政治协商会议全体会议代行全国人民代表大会的职权。在地方仍继续采用各届人民代表会议的形式,代表会议的代表由地方各界邀请、推选或选举。至 1952 年底,中共中央在政协常务委员会会议上提出实行普选,召开全国人民代表大会和地方各级人民代表大会的建议。制定《选举法》就提上了日程。

(一) 1953 年选举法

1953 年 1 月 1 日,中央人民政府委员会第二十次会议通过决议,决定召开由人民用普选方法产生的乡、县、省(市)各级人民代表大会,并在此基础上召开全国人民代表大会;还决定成立以周恩来为领导的选举法起草委员会。2 月 1 日,中央人民政府委员会第二十

---

① 2001 年前,根据已公开的资料和深圳大学管理学院当代中国政治研究所研究人员的实地调研,在四川、山西、广东等三省的若干自发的试点地区已出现了乡镇长产生方式改革的五种模式:四川省遂宁市步云乡的乡长直选;四川省南部县公推公选副乡长、镇长;四川省绵阳市乡镇人大代表直接提名和选举乡、镇长;山西省临猗县卓里镇对现任镇级主要负责人的信任投票;广东省深圳市大鹏镇"三轮两票式"镇长选举(资料来源于深圳大学管理学院当代中国政治研究所课题组:《中国大陆乡镇长选举方式改革研究》,载《当代中国研究》2001 年第 4 期)。2004 年云南省石屏县推行乡镇长选举改革,7 个乡镇的乡镇长均由选民直接选举产生,这是迄今为止我国最大规模的乡镇长直推直选试验,石屏经验引起了广泛讨论。2006 年是新一轮县乡换届工作,因为时任全国人大常委会副委员长兼秘书长盛华仁在《求是》上谈换届选举时提到直选乡镇长不符合宪法规定,使得"乡镇长直选"要不要继续试验成为争议的问题。在学界也展开了关于我国现行宪法的功能主义和规范主义冲突和调适的讨论。从十六届四中全会"完善党内选举制度,改进候选人提名方式,适当扩大差额推荐和差额选举的范围和比例"到十七届四中全会"逐步扩大基层党组织领导班子直接选举范围"的五年间,乡镇领导干部公推直选得到推广,但乡镇长的直选机制的实验至今尚未拓展。

二次会议在听取了邓小平所作的关于选举法草案的说明以后,通过了《中华人民共和国全国人民代表大会和地方各级人民代表大会选举法》。这是新中国的第一部选举法,该法确认了我国选举制度的一些基本原则,包括宣告选举权普遍原则、平等选举原则、采取直接选举和间接选举并用原则,等等。虽然《选举法》第5条规定了依法尚未改变成分的地主阶级分子、依法被剥夺政治权利的反革命分子、其他依法被剥夺政治权利者以及精神病患者不享有选举权和被选举权,体现了当时的时代局限性。但是,该《选举法》体现的民主性比起1949年共和国建立初期有了较大进步。特别是它所确定的选举制度的基本原则,为我国后来的选举制度提供了制度框架。

(二)1979年颁布的选举法

1979年7月第五届全国人大第二次会议在1953年选举法的基础上制定了新的选举法,即现行选举法。它同1953年选举法相比,有两点重大变化:一是将直接选举的范围扩大到县级;二是将原来的等额选举改为实行代表候选人名额多于应选代表名额的差额选举制。

1979年选举法经历了1982年、1986年、1995年、2004年、2010年和2015年六次修改,其内容得到逐步改进和充实。

(三)对1979年选举法的修改和补充

1. 1982年对1979年选举法的修改

1982年对1979年选举法的最显著的修订是:规定全国人民代表大会的代表名额按照农村每一代表所代表的人口数8倍于城市每一代表所代表的人口数分配;省、自治区人民代表大会的代表同一比例为5倍;自治州、县、自治县的同一比例为4倍。这种城乡公民选举权的差别对待长期以来被解释为"以形式上的不平等实现实质上的平等"。

2. 1983年对1979年选举法的补充规定

根据1983年的《关于县级以下人民代表大会代表直接选举的若干规定》,对直接选举作出新的明确规定,即除因反革命案或其他严重刑事犯罪案被羁押,正在受侦查、起诉、审判的人,经人民检察院或者人民法院决定,在被羁押期间停止行使选举权外,下列人员均准予行使选举权:(1)被判处有期徒刑、拘役、管制而没有剥夺政治权利的;(2)被羁押,正在受侦查、起诉、审判,人民检察院或人民法院没有决定停止其行使政治权利的;(3)正在取保候审或被监视居住的;(4)正在劳动教养的;(5)正在受拘留处罚的。

3. 1986年对1979年选举法的修改

1986年对1979年选举法的比较明显的修改主要有:(1)规定乡镇一级选举委员会受上一级选举委员会的领导,改变过去受本级人民政府的领导的规定。(2)规定直接选举代表时,选区全体选民过半数参加投票,选举有效。改变了1979年选举法关于代表当选必须获得选区全体选民的过半数选票始得当选的规定。

4. 1995年对1979年选举法的修改

此次修改,《选举法》的条文由原来的44条扩充到了53条。修改的主要内容是:

第一,规定乡、民族乡、镇的选举委员会受上一级人民代表大会常务委员会领导。

第二,规定了地方各级人民代表大会代表名额的确定原则及其确定和变更的程序。

第三,将原来规定的省级人民代表大会和全国人民代表大会中农村与城市每一代表所代表的人口数比例,从原来的5∶1、8∶1修改为4∶1,以进一步在城乡之间落实选举权平等原则。

第四,在直接选举中,将原来规定的选民名单的公布应在选举日的30天以前改为20天以前;将原来规定的应在选举日的20天以前公布初步候选人名单改为15天以前。

5. 2004年对1979年选举法的修改

第一,关于代表名额的基数规定的修订。2004年《选举法》第9条规定了"省、自治区、直辖市的代表名额基数为350名,省、自治区每15万人可以增加1名代表,直辖市每25000人可以增加1名代表;但是,代表总名额不得超过1000名"。

第二,修改了直接选举时确定正式代表候选人的方式,恢复1979年选举法关于预选程序的规定。但对预选的程序未作出规定。

第三,关于对介绍代表候选人方式的修改。基于原选举法规定的介绍候选人的方式过于简单,致使不少选民是在不了解候选人的情况下投票这一情况,修正案在该条中增加规定:"选举委员会可以组织代表候选人与选民见面,回答选民的问题。"有学者认为该修改把一个最基本的强制性要求在法律中降低为选择性的规定;它也没有回应基层民主选举中出现的代表候选人、自荐人自我宣传的新情况。这样的规定似乎也在有意无意地回避竞选原则。①

第四,增加了要求罢免的联名人数的规定。立法机关主要是回应"深圳麻岭罢免风波"和"株洲映峰罢免风波"②,考虑到这一罢免程序过于容易,所以将联名罢免提案的人数作了修订:"对于县级的人民代表大会代表,原选区选民 50 人以上联名,对于乡级的人民代表大会代表,原选区选民 30 人以上联名,可以向县级的人民代表大会常务委员会书面提出罢免要求。"有学者认为,提高提出罢免的门槛不是处理人大代表与选民关系的好办法,相反这不利于提高民众本来已经很淡薄的民主意识,不如规范选举程序更切合实际。③

第五,界定新的破坏选举的范围并对制裁方式作些修订。针对地方人大选举中贿选、拉票的情况,修订后的选举法对贿选进行界定并规定了制裁措施。在制裁措施上增加了行政处罚的类型。但修订案依然只是强调制裁的决心,没有提供争讼和救济的途径。

---

① 周其明:《我国选举法修改中的问题与反思》,载《法律科学》2005 年第 4 期;周其明:《中国选举法存在的问题与修改》,载中国宪治网,http://www.calaw.cn/article/default.asp?id=3727,2019 年 12 月 29 日访问。

② 2003 年 5 月 25 日,深圳市南山区麻岭社区居委会选区 33 名选民,联名将一份《关于坚决要求罢免陈慧斌南山区人大代表资格到深圳市人大常委会、南山区人大常委会的函》送到了南山区人大常委会办公室,要求罢免新当选的人大代表、麻岭社区居委会主任陈慧斌。刚刚当选,又被选民联名提出罢免,这在基层选举中还鲜有听闻,因而立即引起一片轰动,专家也称"以前从未听说过,可谓开国内先河"。无独有偶,2003 年 5 月 25 日,在律师的陪同下,株洲市石峰区映峰居委会 61 名选民联名将自己的《罢免要求书》送交给石峰区人大常委会,要求罢免株洲市石峰区人大代表袁志良。这两起所谓的"深圳麻岭罢免风波"和"株洲映峰罢免风波"引起了全国人大的高度关注。实际上,中国选民联名要求罢免的例子还非常少,与选民 10 人以上联名就可以提名代表候选人相比,原选区 30 人以上联名已经是较多的人数。"深圳麻岭罢免风波"和"株洲映峰罢免风波"起因于质疑选举的违法,原本应该提起确认选举无效之诉讼,而不是提起罢免案,这应该是选举法本身的缺陷。两起风波最后都因有关部门的干预,部分选民撤回签名后无疾而终。

③ 赵晓力:《加强人大选举的程序建设》,载《财经》2004 年第 10 期。

6. 2010 年对 1979 年选举法的修改

2010 年 3 月，十一届全国人大审议通过《中华人民共和国全国人民代表大会和地方各级人民代表大会选举法修正案（草案）》，主要的修改内容有：

第一，取消城市居民和农村村民选举权的差别对待，实行城乡按相同人口比例选举人大代表，以增强人大代表选举的普遍性和平等性。这是本次修改中最具意义的修改之一。与此相适应，规定全国人民代表大会代表名额按照每一代表所代表的城乡人口数相同的原则分配。

第二，增设专章规定"选举机构"，确定选举委员会的任命和职责功能。尽管我国选举机构的独立性、中立性尚被质疑，但该规定是使选举组织从政治运作走向专业运作的重要一步。

第三，强调各级人大代表的广泛代表性，要求有适当数量的基层代表，特别是工人、农民和知识分子代表，以及女性代表。

第四，乡镇代表总名额上限增加。

第五，关于增强候选人透明度的规定。规定推荐者应向选举委员会或者人民代表大会主席团介绍代表候选人的情况。提名、酝酿代表候选人的时间不得少于两天。选举委员会或者人民代表大会主席团应当向选民或者代表介绍代表候选人的情况。推荐代表候选人的政党、人民团体和选民、代表可以在选民小组或者代表小组会议上介绍所推荐的代表候选人的情况。选举委员会根据选民的要求，应当组织代表候选人与选民见面，由代表候选人介绍本人的情况，回答选民的问题。选举委员会汇总后，将代表候选人名单及代表候选人的基本情况在选举日的 15 日以前公布，并交各该选区的选民小组讨论、协商，确定正式代表候选人名单。正式代表候选人名单及代表候选人的基本情况应当在选举日的 7 日以前公布。

第六，重新规范了预选制度。

第七，按照方便选民投票的原则设立投票站，进行选举。规定秘密写票处的设立。

第八，增加条款规定公民不得同时担任两个以上无隶属关系的行政区域的人民代表大会代表。

第九,保障选民和代表的选举权。(1)规定全国人民代表大会和地方各级人民代表大会代表的选举,应当严格依照法定程序进行,并接受监督。任何组织或者个人都不得以任何方式干预选民或者代表自由行使选举权。(2)对于公布的选民名单有不同意见的,可以在选民名单公布之日起5日内向选举委员会提出申诉。选举委员会对申诉意见,应在3日内作出处理决定。申诉人如果对处理决定不服,可以在选举日的5日以前向人民法院起诉,人民法院应在选举日以前作出判决。人民法院的判决为最后决定。(3)主持选举的机构发现有破坏选举的行为或者收到对破坏选举行为的举报,应当及时依法调查处理;需要追究法律责任的,及时移送有关机关予以处理;等等。

第十,设专章规定"对代表的监督和罢免、辞职、补选"。

本次选举法的修改是由"按照党的十七大的要求……扩大人民民主"的政治使命开始的,但整个修改过程在政府层面、学界和民间都有了一些讨论,而且一些法条的修改和增设也是对选举法实施过程中的一些事件的回应[①],显然对提高政府进一步开放民主途径的自觉以及增强公民的权利意识和参政意识有所裨益。

7. 2015年对1979年选举法的修改

2015年8月29日第十二届全国人民代表大会常务委员会第十六次会议《关于修改〈中华人民共和国地方各级人民代表大会和地方各级人民政府组织法〉、〈中华人民共和国全国人民代表大会和地方各级人民代表大会选举法〉、〈中华人民共和国全国人民代表大会和地方各级人民代表大会代表法〉的决定》对1979年《选举法》作了第六次修正。这次修改的动议主要是执政党想加强和落实县乡人大工作和建设,加强对地方人大特别是县乡人大组织制度和运行机制的管理。修改的内容主要有:

第一,关于人大代表选举过程中不准接受境外捐款的规定。这

---

[①] 比如,禁止同时两地担任代表的规定,是对2008年梁广镇事件的回应。梁广镇涉嫌挪用巨额公款,但因他是在两地都有巨额投资的亿万富翁,又同时担任两地人大代表,使得该案变得复杂。

次修正,增加新的一条作为第 34 条:"公民参加各级人民代表大会代表的选举,不得直接或者间接接受境外机构、组织、个人提供的与选举有关的任何形式的资助。""违反前款规定的,不列入代表候选人名单;已经列入代表候选人名单的,从名单中除名;已经当选的,其当选无效。"

第二,加强对代表资格审查的规定。根据《中华人民共和国地方各级人民代表大会和地方各级人民政府组织法》(以下简称《地方组织法》)的规定,县级以上地方各级人大常委会均应设立代表资格审查委员会,其人选由主任会议在常委会组成人员中提名,由常委会通过。代表资格审查委员会由主任委员、副主任委员和委员组成。其职权是:(1)审查新选出的下一届人大代表和补选的本届人大代表的资格是否符合要求并向本级人大常委会提出报告。(2)对暂时停止执行代表职务的情况向本级人大常委会报告。(3)对代表资格终止情况向本级人大常委会提出报告,由本级人大常委会予以公告。

本次修改《选举法》增加一条,作为第 46 条:"代表资格审查委员会依法对当选代表是否符合宪法、法律规定的代表的基本条件,选举是否符合法律规定的程序,以及是否存在破坏选举和其他当选无效的违法行为进行审查,提出代表当选是否有效的意见,向本级人民代表大会常务委员会或者乡、民族乡、镇的人民代表大会主席团报告。""县级以上的各级人民代表大会常务委员会或者乡、民族乡、镇的人民代表大会主席团根据代表资格审查委员会提出的报告,确认代表的资格或者确定代表的当选无效,在每届人民代表大会第一次会议前公布代表名单。"将第 54 条改为第 56 条,增加一款,作为第 5 款:"对补选产生的代表,依照本法第 46 条的规定进行代表资格审查。"这些规定进一步加强了代表资格审查委员会的职能。

第三,扩大要撤销其职务的被罢免的委员会成员的范围。2015 年《选举法》第 53 条规定,县级以上的各级人民代表大会常务委员会组成人员,县级以上的各级人民代表大会专门委员会成员的代表职务被罢免的,其常务委员会组成人员或者专门委员会成员的职务相应撤销。将要撤销其职务的被罢免的委员会成员的范围扩大到县一级的人大专门委员会。

第四,宣布当选代表名单的机构的更改。

将第44条改为第45条,增加一款,作为第2款:"当选代表名单由选举委员会或者人民代表大会主席团予以公布。"

(四)我国选举法有待进一步完善和发展

第一,从选举法规范的范围看,我国现行选举法仅仅是规范选举代议机关的法律。制定一部统一的《选举法》应该是我国选举法的发展方向。以此,不仅规范人民代表的选举,也规范国家领导人以及行政机关公职人员的选举,还可以规范基层自治组织的选举。

第二,从选举法的立法意图看,我国现行《选举法》第1条规定:"根据中华人民共和国宪法,制定全国人民代表大会和地方各级人民代表大会选举法。"该条文过于笼统,没有具体说明根据宪法什么精神以及哪条条文。实际上,中国选举立法的目的应该落实到现行《宪法》第34条即保障公民的选举权和被选举权,从而在政治和法律上实现《宪法》第2条人民主权的规定。

第三,从选举法律的基本原则看,如何确认竞选原则,并且在选举程序和方式上予以保障和规范,是我国选举法改革的重要方向。

第四,从具体内容和立法技术看,在程序上如何确保选民的权利的实现,如何有效防止贿选,如何设定选举争议解决的机制等都是未来选举法修订所需要考虑的问题。

## 二、我国各级人大代表选举制度的基本原则

(一)选举权的普遍性原则

选举权的普遍性原则是指依照法律,公民除依年龄规定和依法剥夺政治权利外,在法律上不受其他任何限制而享有选举权的一项选举原则。

我国《宪法》第34条和《选举法》第3条都规定,中华人民共和国年满18周岁的公民,不分民族、种族、性别、职业、家庭出身、宗教信仰、教育程度、财产状况和居住期限,都有选举权和被选举权。依照法律被剥夺政治权利的人没有选举权和被选举权。可见在法律上,我国公民享有的选举权除年龄、国籍和法律规定的合理限制外,没有其他特殊的资格限制。这种规定体现了我国选举权的普遍性原则。

在理解我国选举权的普遍性原则时,还需要关注以下几点:

第一,从选举权的构成看我国的选举权普遍性原则。

正如前文所言,公民行使选举权的选举范围的广泛度越来越被用来判断选举权普遍原则在选举法中的实现程度。从目前我国选举权的客体来看,选举权一般仅指公民在公共权力领域中享有的选举权利,即谓公民选举国家代议机关的代表和行政分支公职人员的权利和资格,而行政分支的公职人员的选举又被排除在直接民选的范围外,且缺少规范性文件的约束。当然,目前对于将农村村民选举村民委员会的权利纳入选举权的范围在学理上是有共识的。这是合理且有意义的,因为村民委员会作为群众性自治组织,同时也是中国最基层的公共管理机构,虽然不被界定为国家机关,但组成村民委员会的选举过程完全符合民主选举的实质。

从选举权的主体看,我国选举权的主体范围比公民的范围要窄。其一,享有选举权的公民显然要受到年龄、法律上的合理限制;其二,当下中国,选民只在直接选举中才是选举权的主体,而在间接选举中,代表才是选举权的主体。

从选举权的内容看,选举权包括资格确认权、提名权、被选举权以及投票表决权。如果我们仅仅把选举权理解为投票权,那么所谓的选举权的普遍性原则只是形式上的普遍而不是实质上的普遍了。

第二,关于对剥夺政治权利的人使之不享有选举权的规定。

在上面选举原则的一般概述中已经谈及,各国皆把因特别法律处分而剥夺选举权视为合理的限制。在我国,剥夺政治权利的法律依据主要是《刑法》和《选举法》。我国现行刑法剥夺政治权利的对象是特定的,主要是危害国家安全以及故意杀人、抢劫等严重破坏社会秩序的犯罪分子。根据《刑法》第54条的规定,"剥夺政治权利"包括剥夺选举权与被选举权(《宪法》第34条权利)、言论、出版、集会、结社、游行、示威自由(《宪法》第35条权利),担任国家机关职务以及国有公司、企事业单位和人民团体领导职务的权利。第56条规定,对于危害国家安全的犯罪分子"应当"剥夺政治权利,对于故意杀人、强奸、放火、爆炸、投毒、抢劫等严重破坏社会秩序的犯罪分子,"可以"附加剥夺政治权利。第57条规定:"对于被判处死刑、无期徒刑的犯罪分子,应当剥夺政治权利终身";如果死缓或无期徒刑减为有期徒刑,剥夺政治权利的期限改为 3 年以上、10 年以下。对于其他情形,剥夺期限为 1 年以上、5 年以下。(《刑法》第 55 条)在政治权利被剥夺期间,犯人不得享有第 54 条规定的各项权利。

我国 1980 年以前,由于对"剥夺政治权利"的界定不清晰,造成对选举权的剥夺扩大实施的现象。为此,1983 年全国人大常委会在《关于县级以下人民代表大会代表直接选举的若干规定》中专门规定:除因反革命案或其他严重刑事犯罪案被羁押,正在受侦查、起诉、审判的人,经人民检察院或者人民法院决定,在被羁押期间停止行使选举权外,下列人员:(1) 被判处有期徒刑、拘役、管制而没有剥夺政治权利的;(2) 被羁押,正在受侦查、起诉、审判,人民检察院或人民法院没有决定停止其行使政治权利的;(3) 正在取保候审或被监视居住的;(4) 正在劳动教养的;(5) 正在受拘留处罚的,均准予行使选举权。

第三,关于选举权的行使的限制性规定。

在享有选举权的公民中,选举权的行使受到限制的情形主要有:

第一种情形:关于精神病患者的选举权问题。1954 年宪法在界定选举权和被选举权时,排除精神病患者享有选举权和被选举权。同样,1953 年《选举法》第 5 条第 4 款也规定了精神病患者不享有选举权和被选举权。但根据现行宪法,关于选举权的限制不包括精神病患者,因此,精神病患者享有选举权和被选举权。现行《选举法》第 26 条第 2 款规定:"精神病患者不能行使选举权利的,经选举委员会确认,不列入选民名单。"1983 年《关于县级以下人民代表大会代表直接选举的若干规定》第 3 条也作了类似规定。根据这些规定,精神病患者本身享有选举权和被选举权,只是由于病患之故无能力行使其政治权利,故此暂不行使其选举权。

第二种情形:犯有严重刑事犯罪的人可以经法院或检察院决定停止行使选举权。根据《关于县级以下人民代表大会代表直接选举的若干规定》第 4 条的规定,因犯有危害国家安全罪或其他严重刑事犯罪案件而被羁押,或涉嫌犯有这类罪行而正在受侦查或起诉、审判的人,经法院或检察院决定,在羁押期间停止行使选举权。

第四,在选举程序上,如何落实普遍选权的问题。

选举程序的设置是否具有操作性,直接关系到普遍选权的实现。程序是实体权利实现的保证,选举程序的不严密,会影响选举的质量,使选举权行使低效化,从而无法实现其立法目的。现行选举法在选举组织、选区划分、选民登记、候选人提名、竞选规则、投票计票、选举争议解决等方面的规定都存有缺漏,这些都会阻碍公民选举权的实现。由于某些选举程序的缺漏,也会使一些公民的选举权难以实现。比如目前中国数千万流动人口的选举权就因为缺乏程序上的保障难以实现。

非户籍居民的选举权和被选举权怎样才能得到充分保障?这不仅涉及这些人群的普遍选权问题,也涉及平等选权问题。随着中国市场经济的发展和城市化进程的加快,越来越多的人远离其户籍所在地,迁徙到其他地方。这些新市民未能加入移居地的户籍,他们在户籍所在地享受政治权利已经变得越来越不现实,而其切身利益实际上已经和持有暂住证并长年居住的新居住地息息相关。如何保障流动人口的基本权利,让他们融入所居住地的主流生活,显然保障他们的选举权与被选举权是其权利保护中的核心问题。关于流动人口的普选权的实现,不仅需要有改变现有户籍制度的改革,也需要成熟的司法判决在每一个个案(比如著名的江山选民资格案件)中确立新的标准,来保障这一群体的政治权利以及其他权利和自由。

(二)选举权的平等性原则

选举权平等性原则是指,在选举中,一切选民具有相同法律地位,其所投选票具有同等法律效力。平等意味着排除不合理的差别对待,首先意味着程序意义上的资格平等:所有成年人,不分民族、种族、性别、职业、家庭出身、宗教信仰、教育程度、财产状况和居住期限,都有平等的选举权和被选举权;每个人在选举中享有一个投票权;每个投票权具有同等的价值,法律要尽可能排斥因种族、户籍、财产等因素导致的选票价值的不平等。选举权的平等性原则主要表现在:(1)除法律规定当选人应具备的条件外,选民平等地享有选举权和被选举权;(2)在一次选举中选民平等地拥有相同的投票权,一般表现为只有一个投票权;(3)每一代表所代表的选民数相同;(4)所有代表在代议机关中具有平等的法律地位；(5)对在选举中处于弱势地位的选民给予特殊保护。

我国《选举法》第4条规定："每一选民在一次选举中只有一个投票权。"这表明我国已经实行了一人一票的平等原则。但对平等性原则的另一体现即"相同票值"的问题在选举法未明确规定。

在2010年以前,我国《选举法》在"同票同值"的选举平等权的实现方面最突出的问题在于城市选民的复数选权问题。该问题已经在2010年《选举法》的修订中予以解决。

城市居民和农村居民所代表的人口数问题主要涉及代表名额的分配问题。由于宪制国家的法律规范多由人民代表多数决定,而人民代表又是从多数选民的表决中产生,所以代表名额的分配也是选举的关键点。在区域代表制下,代表名额分配制度会直接影响本地区选民之利益。我国自1953年选举法颁布时起,在全国人大和地方各级人大的选举中,每一代表所代表的人口数,一度在农村和城市之间分别保持八倍、五倍和四倍的不同比例。2010年以前在城镇与农村选区每一代表所代表的人口数方面,我国很长时间一直保持1∶4之比例。

我们评价城乡居民的复值选权时,主要考量其中蕴含的差别对待是否是合理的。邓小平早在1953年在关于选举法草案的说明中对此作出了解释："我们选举权的平等性,表现在选举法草案中以下的规定,即:所有男女选民都在平等地参加选举,每一个选民只有一个投票权。……在城市与乡村间,在汉族与少数民族间,都作了不同比例的规定,这些选举上不同比例的规定,就某种方面来说,是不完全平等的。但是只有这样规定,才能真实反映我国的现实生活,才能使全国各民族各阶层在各级人民代表大会中有与其地位相当的代表,所以它不但是很合理的,而且是我们过渡到更为平等和完全平等的选举所完全必要的。"这一解释成为我国学界持有的"形式上的不平等,实质上的平等"的观点。但也有人认为,中国农村人口虽然明显多于城市人口,实际上中国的就业、教育、社会保障等各项政策都是向城市倾斜,农民依然是这个社会的弱势群体。这样的弱势群体更需要发出声音,更需要有他们的代表参与制定法律和政策。

在现实中,我国主要存在以下几种复数选权的情形:

(1) 少数民族的复值选权

《选举法》第四章专门规定了少数民族的选举办法,给予少数民族以特别照顾。比如,在全国人民代表大会中我国55个少数民族都有适当名额。即使人口特别少的聚居区民族,至少也有一名代表。这些照顾性的规定,一方面是出于民族政策的考虑;另一方面从法理上说更为重要的,这是对弱势群体实现选举权的保护性措施。类似的规定还有,《选举法》第6条对妇女、归侨以及旅居国外的中国公民的选举作了专门规定。一般认为,对少数民族、女性等在选举权上设定的纠偏措施是差别对待的合理考虑,因而不违反选权平等原则。

(2) 职业军人的复值选权问题

我国选举法规定人民解放军的全国人大代表实行单独选举,其选举办法由军队自行规定。从历届全国人大代表的组成看,解放军代表占相当比例。比如,第十三届全国人大代表中军人代表为269名,占全体代表总数的9.02%。军队代表不是按人口比例平等原则产生的。

(三) 直接选举和间接选举并用原则

直接选举与间接选举是一对对称概念。凡人民代表(或议员)、官员的选举,不由选民直接选定,而由选民选出的代表选定,为间接选举;反之,为直接选举。直接选举相对于间接选举来说在形式上更为民主。在西方国家多采用直接选举,且间接选举往往被设计来限制某些公职人员滥用公众支持,而不将其作为国家权力产生的主要方法。

在这里,需要区分直接/间接民主和直接/间接选举。在直接民主和间接民主之间,直接民主容易导致多数人的暴政且在技术上也难以操作,所以现代立宪国家都采取间接民主制度。

从理论上说,间接选举并不是由选民普遍直接地选择,其选举的结果未必能完全同选民的本意吻合,加之它是由少数选举人投票产生当选人,对选举权的普遍性和平等性来说,也有一点背离。同时,间接选举,特别是多层次间接选举所产生的代表同选民之间无直接联系和直接接触,这样最终选出的代表对选民的负责不免是间接的,代表的行为就可能更容易背离选民的意愿。另外,间接选举的问题在其产生的代表与选民之间不能形成直接可靠的责任关系,原选区选民或选举单位也没有制度化的渠道直接、全面、详实地了解代表履行职责的实际状况,公民拥有的罢免权对代表也不会产生威慑力。而解决这些困境的根本途径是实行直接选举。也有学者认为,间接选举比较容易选拔人才,尤其在地域广阔、人口稠密的国家搞直接选举,如果经济、文化、交通、通讯等条件较差,人民缺乏大规模选举的经验,直接选举比间接选举更易产生盲目性。

我国各级人大代表的选举采用直接选举和间接选举并用的原则。具体为:全国人民代表大会的代表,省、自治区、直辖市、设区的市、自治州的人民代表大会的代表,由下一级人民代表大会选举;不设区的市、市辖区、县、自治县、乡、民族乡、镇的人民代表大会的代表,由选民直接选举。

目前我国采取全面直接选举的条件尚不成熟。

(四)秘密投票原则

秘密投票通常包括秘密写票和无记名投票两个程序。无记名投票是指选举人在选举时采用不公开的投票方式,无须在选票上签署投票人的姓名,选票填好后由选举人亲手投入票箱的选举方法。同无记名投票相对的是记名投票,凡选举人在选票上必须签署自己的姓名,或者不用书面投票而是在公众场合以口头、举手方式表示自己同意候选人的,叫作公开投票,亦称记名投票。无记名投票使选举人的意思表示不公开,保证选举人的自由抉择,他人无权干涉也无从干涉,因此不至于作违心决定,所以它不仅是一种选举方法,也是一项重要的选举制度的原则。在西方国家,秘密投票原则还包括秘密写票制度,即对填写选票的地点作出严格规定,通常要求在"独室"进行,以便意思表示更加真实。

《选举法》第 39 条规定,全国和地方各级人民代表大会代表的选举,一律采用无记名投票的方法。选举时应当设有秘密写票处。

这样的规定经历了一个发展过程。1953 年的《选举法》曾经规定基层选举,采用举手投票的办法,也可以采用无记名投票的办法。1979 年的《选举法》才明确规定,全国人大和地方人大代表的选举一律采用无记名投票方式。至此,这种民主的投票方式被法律化、制度化。无记名投票方式的形式也随着社会的发展从单一的由选民或者代表独立填写选票然后再进行投票的形式发展到一部分选举是以按表决器代替填写选票投票的形式。而秘密写票制度在一些村民自治委员会的选举中引起重视并付诸实践。2010年对《选举法》修订时强调了任何组织或者个人都不得以任何方式干预选民或者代表自由行使选举权。并规定设立秘密写票处,类似于西方国家选举中的"独室",以保证选民意志的实现。

秘密投票的本质是为了体现选民意思表示的真实,主要适用于直接选举代议机构的代表和国家主要领导人。在代议机构的日常工作中,涉及法律案的通过、重大事件决定案的通过等事项表决的时候,秘密投票是否必需,是值得讨论的。从西方的经验看,议会表决多采用公开讨论的方式,其目的是为选民提供监督其代表之便利。

(五) 差额选举原则

因代表候选人提名方式不同,选举制度可分为等额选举制和差额选举制。等额选举是指候选人人数与应选人人数相同。差额选举则是指候选人的人数多于应选人的人数。差额选举是较为民主的一种选举方式,因为它给予选民以选择的机会。差额选举一般被认为是竞选制的最低要求或底线规则。

我国自1953年开始一般采用等额选举,这对刚刚开始实行普选制的当时是可行的,后来等额选举使民主选举成为有名无实的形式。故此,我国现行《选举法》对它作了重大修改,规定:"全国和地方各级人民代表大会候选人的名额,应多于应选代表的名额。"直接选举的代表候选人名额应多于应选代表名额的三分之一至一倍,间接选举的代表候选人名额应多于应选名额的五分之一至二分之一。

《中华人民共和国地方各级人民代表大会和地方各级人民政府组织法》还规定,地方各级政府的正职领导人,县级以上各级人民法院院长、人民检察院检察长原则上应实行差额选举。但如果提名只有一位候选人时,也可进行等额选举;副职必须实行差额选举。关于国家最高领导人的选举,根据《全国人民代表大会组织法》《全国人民代表大会议事规则》,中华人民共和国主席人选的提名权归全国人民代表大会会议主席团。从历史上看,国家主席皆由中国共产党中央委员会向全国人大主席团等额推荐。

### 三、我国各级人大代表选举的组织和程序

选举程序是有关选举权行使的步骤、方法、期限等具体法律规则的总和。选举程序使公民选举权利的行使有法可依;使国家对选举活动的组织有章可循;选举程序同时也是使选举公正和有序进行的法律保证。不同国家的选举程序虽然不尽相同,但作为实现公民选举权利的程序设计,各国的选举程序有其共性。我国的选举程序是为适应我国的民主制度而建立的。总体而言,它能够保障我国选举的顺利进行和公民选举权的有效实现。但历经二十多年的实践,在我国民主政治得到快速发展的背景下,选举程序中存在的一些问题也暴露出来,需要对其进一步完善。

(一)选举的组织机构

2010年以前的《选举法》规定,全国人民代表大会常务委员会主持全国人民代表大会代表的选举,省、自治区、直辖市、设区的市、自治州的人民代表大会常务委员会主持本级人民代表大会的选举。不设区的市、市辖区、县、自治县、乡、民族乡、镇设立选举委员会,主持本级人民代表大会代表的选举。《选举法》对于县、乡级的选举委员会的组成、职能和法律责任等没有规定,只是在《关于县级以下人民代表大会代表直接选举的若干规定》里规定县、自治县、不设区的市、市辖区的选举委员会的组成人员由本级人民代表大会常务委员会任命;乡、民族乡、镇的选举委员会的组成人员由其上一级人民代表大会常务委员会任命;也规定了选举委员会的职能;等等。2010年修订后的《选举法》专设第二章"选举机构"。实行间接选举的选举组织机构依然由各级人大常委会主持,实行直接选举的选举组织机构是选举委员会。选举委员会的组成人员依然由各县级人大常委会任命,受其领导。《选举法》第8条第3款规定:省、自治区、直辖市、设区的市、自治州的人民代表大会常务委员会指导本行政区域内县级以下人民代表大会代表的选举工作。但强调选举委员会的组成人员

为代表候选人的,应当辞去选举委员会的职务。《选举法》第10条规定了选举委员会的职责:(1)划分选举本级人民代表大会代表的选区,分配各选区应选代表的名额;(2)进行选民登记,审查选民资格,公布选民名单;受理对于选民名单不同意见的申诉,并作出决定;(3)确定选举日期;(4)了解核实并组织介绍代表候选人的情况;根据较多数选民的意见,确定和公布正式代表候选人名单;(5)主持投票选举;(6)确定选举结果是否有效,公布当选代表名单;(7)法律规定的其他职责。《选举法》强调选举委员会应当及时公布选举信息。

2010年的《选举法》最重要修改之一是关于选举委员会的。这说明我们已经开始意识到选举机构在选举中的意义——实现公正有效选举的关键之一在于一个独立公正有效的组织机构的设置。但是按照现行选举法,选举委员会是临时组成的,选举后即解散,而且组成和行使职责的过程很不透明。所以选举法并没有解决选举机构组成的程序问题、选举组织的常设性问题和中立性等问题。

在进一步完善选举组织机构的时候,要考虑以下几点:第一,选举组织的稳定性问题。从国外的经验看,选举组织一般是固定的,人员也是专职的。第二,选举组织的独立性问题。为公正起见,选举组织一般要独立于各党派、各国家机关和各利益团体之外。第三,选举组织的功能问题。第四,选举组织的法律责任问题。有的国家除专门的选举组织机构外,还有专门的选举监督机构。

在现在的体制下,有学者认为制定《选举机构组织法》是非常必要的。

（二）选区划分

在地域代表制的选举中,划分选区是代表选举的第一个步骤。选区是由法律规定选举代表或议员时划分的区域单位,是选民开展选举活动和产生代表或议员的基本单位。凡直接选举前,都必须划分选区,使选民能在一定选区内进行选举活动。选区划分也是代议机构选举的关键。如果选区划分不公正,出现某些选区少量选民就能选举一个代表,而另外的选区比较多的选民才选出一个代表的情况,势必会影响某选区选民在议会中获得利益代表的机会。

在我国,除军人代表采职业代表制外,其他一贯实行地域代表制。而选区的划分主要涉及实施直接选举的选区。

我国《选举法》规定,选举按地域划分。具体划分方法是,可以按居住状况划分,也可以按生产单位、工作单位划分。在农村选举县一级人民代表大会的代表,可按村民委员会划分选区,也可以几个村民委员会联合划分选区。城镇可按街道办事处划分若干选区,人口较少的居民委员会可与邻近的居民委员会联合划分选区。选区的规模按每选区1至3名代表划分。

选区按居住地划分或按生产、工作单位划分各有利弊。按居住地划分选区的优点是:选举与选民利益联系密切,因为基层政权需要解决的问题和相应的社会事务,主要在居住区域内解决;选民选举地位更为平等,同一居住区域内的居民是平等的,不像在单位有复杂的行政隶属关系。但按居住地划分选区也有问题,如选举组织工作难度大、选举费用高等。按生产、工作单位划分选区的优点是:选举工作组织方便易行;选举经费低且可由单位分担费用;选民对候选人了解更为容易。但缺点是:选区与选举单位利益关系不密切,特别在一些城市,生产和工作单位的选民不太关心当地人民代表大会的选举;按生产和工作单位划分选区容易造成选举中的不平等,选举易于行政化;由于按单位划分选区使选举与选民利益联系不密切,导致选民对代表的监督与罢免权也难以落实。从长远看,随着我国民主政治的不断发展,按居住状况划分选区将成为必然趋势。

(三)选民登记

选民登记,也称选举人名册制度,是由法定机关或组织对有选举权的选民进行登记注册,按照在册名单发放选举资格证明,选民持该资格证明参加投票选举的一种制度,是选举过程的第一道程序。选民登记是对选民资格的法律认可,标志着选举权从享有到行使的开始。从选举的发展史来看,选民登记经历了从严格限制到普遍广泛的过程。如何进行选民登记,各国的做法不尽相同,但大致可分为本人登记与非本人登记。本人登记是指每个选举区域都设有选民登记的部门,在选举前的公告时间内,接受选民亲自登记,把全部具备资格的选民,列入名册。这种方法的缺点是会导致有些选民对选民登记感到厌烦而放弃选举权。非本人登记的办法是指选民名单的编列,由登记机关做出,不需本人登记,而由选区工作人员作逐户查访,将合格选民编入名册。

我国选民登记的方法,在1953年的《选举法》中并没有明确规定,1953年《中央选举委员会关于基层选举工作的指示》中的规定属于本人登记。1979年《选举法》及1982年修改后的《选举法》也未规定选民登记的具体做法,只原则规定选民登记按选区进行。为解决选民登记工作量大的问题,1986年修改《选举法》时简化了选民登记的手续,规定了"一次登记、长期有效"的制度。近年来许多地方实际的做法依然采用重新登记的办法。1995年修改的《选举法》作出选民可以凭身份证领取选票的规定。

依《选举法》的规定,选民登记按选区进行。(1)凡年满18周岁未被剥夺政治权利的公民均应列入选民名单,选民名单是具有法律效力的文件,经登记确认的选民资格长期有效;(2)对因患精神病不能行使选举权的公民,经确认后不列入选民名单;(3)每次选举前对上次选民登记后年满18周岁的、被剥夺政治权利期满后恢复政治权利的选民,予以登记;(4)对选民经登记后迁出原选区的,列入新迁入选区的选民名单;(5)对死亡的和依照法律被剥夺政治权利的人,将其从选民名单上除名。

选民名单应在选举日的20日以前公布,实行凭选民证参加投票选举的,并应当给选民发选民证。对公布的选民名单如有不同意见,可以向选举委员会提出申诉。选举委员会对申诉意见,应在3日内作出处理决定。申诉人如果对处理决定不服,可以在选举日的5日以前向人民法院起诉,人民法院应在选举日以前作出判决,该判决为最后决定。

在实践中,选民登记制度存在以下问题:(1)在我国,一般视选民的参选为神圣职责,同时为了实现高参选率,常常把选民登记变成"登记选民",即由选举组织机构保证所有选民参加选举。这种做法有悖自由选举原则。(2)我国现有的选民登记方法在制度设计和操作技术上都相当不成熟。虽然规定"一次登记,长期有效",但从历次选举情况看,大多数地方都会对选民全部重新登记,并颁发新的选民证。至于1995年《选举法》关于选民可以凭身份证领取选票的规定,则几乎从未实践过。(3)随着户籍制度和迁徙制度的变更,原有的选民登记制度也面临许多新的挑战。比如,要保障中国"流动人口"的选举权,首先亟待解决的就是流动人口的选民登记技术问题。①

(四)代表候选人的提名和正式确定

这是选举程序中极为重要的一环,因为如果候选人提名和确定程序不民主,就会架空选举。

我国选举法规定,全国和地方各级人民代表大会代表的候选人,按照选区或选举单位提名产生。它又可分为三个步骤:

1. 推荐代表候选人

我国《选举法》规定了享有推荐代表候选人权利的推荐人:(1)在直接选举中,人大代表候选人由各选区的选民和各政党、各人民团体提名推荐。(2)在间接选举中,人大代表候选人由各政党、各人民团体和代表联名推荐。

在被推举人的范围上,《选举法》作了一些确认和限定。(1)规定县级以上地方各级人大在选举上一级人大代表时,代表候选人不限于本级人民代表大会的代表。(2)候选人人数按差额选举原则提名。(3)2010年在《选举法》第29条增加一款,作为第3款:"各政党、各人民团体联合或者单独推荐的代表候选人的人数,每一选民或者代表参加联名推荐的代表候选人的人数,均不得超过本选区或者选举单位应选代表的名额。"这是对提名推荐代表候选人依法进行限额。根据全国人大法工委的解释,这一规定的目的是为了更好地保

---

① 此类问题的讨论可参见焦洪昌:《选举权的法律保障》,北京大学出版社2005年版,第85—91页;胡盛仪、陈小京、田穗生:《中外选举制度比较研究》,商务印书馆2000年版;史卫民、雷兢璇:《直接选举:制度与过程》,中国社会科学出版社1999年版;史卫民、刘智主编:《规范选举》,中国社会科学出版社2003年版。有学者认为,根据《选举法》中华人民共和国公民是有选择登记选区的权利的,只要出具放弃在所在单位或户籍地的登记权的证明,就可以在自己已经居住半年以上的居住地进行选民登记。所以他们鼓励那些没有迁移户籍的外地流动人口,为避免在居住地的诉求"被代表",应该积极主动到居住地进行选民登记。有诉求、有要求代言的选民登记,也将大大提高选民参选的积极性。

证选民或者代表联名提出候选人权利的实现。①（4）《选举法》第 6 条第 1 款规定："全国人民代表大会和地方各级人民代表大会的代表应当具有广泛的代表性,应当有适当数量的基层代表,特别是工人、农民和知识分子代表;应当有适当数量的妇女代表,并逐步提高妇女代表的比例。"（5）《选举法》第 47 条规定："公民不得同时担任两个以上无隶属关系的行政区域的人民代表大会代表。"这条规定也可以视为对候选人推荐权的一种限制。从实行平等选举权的角度看,这种限制具有合理性。

《选举法》还规定了推荐人以及被推荐人的一些注意事项,规定提名、酝酿代表候选人的时间不得少于两天。推荐者应向选举委员会或者人民代表大会的主席团介绍候选人的情况。《选举法》2010 年修订后规定接受推荐的代表候选人应当向选举委员会或者大会主席团如实提供个人身份、简历等基本情况。提供的基本情况不实的,选举委员会或者大会主席团应当向选民或者代表通报。

这一阶段还有以下几个关注点:

第一,在候选人人数按差额选举原则提名上,《选举法》第 30 条规定:全国和地方各级人民代表大会代表候选人的人数,应多于应选代表的名额。由选民直接选举的代表候选人的人数,应多于应选代表名额的三分之一至一倍;由地方各级人大选举上一级人民代表大会代表候选人的人数,应多于应选名额的五分之一至二分之一。《选举法》还对组成人大的代表的基数作了规定,比如该法第 11 条规定,乡、民族乡、镇的代表名额基数为 40 名,每 1500 人可以增加 1 名代表,但代表总名额不得超过 160 名;人口不足 2000 人的,代表总名额可以少于 40 名。这些规定会直接影响选区的划分和候选人人数的确定。

---

① 全国人大法工委副主任在接受《新京报》记者专访时,就新选举法增加条款限额提名推荐人大代表候选人,进一步给予了解释:"1979 年修订选举法为了扩大选举民主,引入了差额选举制度。但后来施行中发现,政党或人民团体联合提名候选人,有时一下把候选人数量提足到差额数,致使选民或者代表联名推荐的候选人难以进入候选人名单,为了解决这个问题,作出了这个修改。比如一个选区应选代表 3 人,候选人为 5 人方可组织选举,政党或人民团体联合提名的候选人不能超过 3 人,剩下的 2 名候选人就只能由选民或者代表联名提出,这可以更好地保证选民或者代表联名提出候选人权利的实现。"

第二,候选人提名方式有两种:一种是各政党和人民团体的提名,通称"组织提名";另一种是选民10人以上联名推荐候选人,通称"10人联名"。有学者早在20世纪80年代中期就曾提出建议[①]:候选人的提名,应以选民提出为主;对于选民自荐当候选人的,应给予法律上的认可,使其与政党、人民团体及选民联名提出的候选人一同列入代表候选人名单。1995年修改的《选举法》对代表候选人的提名方式未作修改,选民自荐充当代表候选人尚未得到法律上的承认。但2010年修改的《选举法》对提名推荐代表候选人的限额规定,似乎为选民联名推荐以及独立候选人的自荐提供了一定的空间。

目前,北京市、天津市、上海市以及广东省在《选举实施细则》中对组织提名的候选人有明确限制,并确定了两类提名方式的比例关系。这是对提名权进行制衡的一种尝试。

第三,候选人名单的确定过程。《选举法》第31条规定,由选民直接选举的人大代表候选人由各选区选民和各政党、各人民团体提名推荐,由选举委员会汇总,在选举日的15日以前公布,并交各该选区的选民小组讨论、协商,确定正式代表候选人名单,并在选举日的7日以前公布。

从推选第一轮候选人到产生正式候选人,中间有一个协商确定的过程,这一环节有些问题值得思考。比如,怎样"酝酿、讨论、协商"?以怎样的机制来保证选民参与这一过程,并确保参与的有效性?怎样保证最后的正式候选人是根据多数选民的意见确定的?如何实现选民对候选人的充分知情?

第四,选举实践中存在的候选人构成比例和参选指标、预留指标问题。

目前,在我国存在以人大代表的出身来界定人大代表构成比例的普遍观点,并以此来衡量人大作为人民代议机构的代表民意程度之高低。

---

① 详见康芳明:《关于县乡直接选举的几个问题》,载赵宝煦主编:《民主政治与地方人大——调查与思考之一》,陕西人民出版社1990年版,第272—284页。转引自焦洪昌:《选举权的法律保障》,北京大学出版社2005年版。

2. 正式候选人的确定和预选制度的恢复

根据现行《选举法》的规定,候选人人数不超过关于差额选举的界定范围时,正式代表候选人名单及代表候选人的基本情况应当在选举日的7日以前公布。而在2010年修改以前,《选举法》只是规定了选举日前5日公布正式候选人名单。

在选举时,由于存在多种候选人的提名方式,被提名的候选人总量可能超过《选举法》所规定的最大差额比例。因而,如何在众多的候选人中确定正式的候选人,就成为选举制度设计中的一个重要问题。现行《选举法》第31条第2款规定:"……如果所提候选人的人数超过本法第30条规定的最高差额比例,进行预选,根据预选时得票多少的顺序,按照本级人民代表大会的选举办法根据本法确定的具体差额比例,确定正式代表候选人名单,进行投票选举。"

预选制度在1979年的《选举法》中就有规定。1983年3月5日通过的《全国人民代表大会常务委员会关于县级以下人民代表大会代表直接选举的若干规定》中,第10条对预选又作了补充规定:"每一选民(3人以上附议)推荐的代表候选人的名额,不得超过本选区应选代表的名额。选民和各政党、各人民团体推荐的代表候选人都应当列入代表候选人名单,选举委员会不得调换或者增减。正式代表候选人名单,经过预选确定的,按得票多少的顺序排列。"1986年对《选举法》进行第二次修改时,取消了预选规定。主要是考虑在直接选举中有的地方集中选民困难,统一规定预选,会大大增加选举的工作量,操作起来比较困难。1995年的《选举法》恢复了预选制度。预选制度是作为选举程序中的"后备"而非"必备"程序而存在的。由于《选举法》对预选制度的规定过于简单,各地的《选举实施细则》对此立法和实践都有很大差异。如1995年修订的《广东省各级人民代表大会选举实施细则》第26条规定:"如果提名的代表候选人较多,可以采用举手或者投票的方式表达意见,根据较多数选民的意见,确定正式代表候选人名单。"2016年修改的《北京市区、县、乡、民族乡、镇人民代表大会代表选举实施细则》第40条规定:"选举委员会将代表候选人名单交各该选区的选民小组讨论、协商,确定正式代表候选人名单,如果所提候选人的人数超过本实施细则第42条规定的最高差额比例,由选举委员会交各该选区的选民小组讨论、协商,也可以先由选区工作组召集选民小组推选或者几个选民小组联合推选的选民代表进行民主协商后,再将协商意见交选民小组进行讨论、协商,根据较多数选民的意见,确定正式代表候选人名单;对正式代表候选人不能形成较为一致意见的,进行预选,根据预选时得票多少的顺序,确定正式代表候选人名单。正式代表候选人名单及代表候选人的基本情况应当在选举日的7日以前公布。"

预选的适用条件是什么?谁可以提出预选,即预选的程序如何启动?预选的参加者如何确定?预选时间如何限定?投票如何安排?这些问题,都有待于进一步规范。

3. 介绍代表候选人

代议制民主选举的目的就是人民去聘用"有最高智慧和道德来追求社会公益的人"(麦迪逊语)来管理国家事务。那么公众如何获知候选人是可以信赖且能够代表选民利益的能干的代表呢?这就有赖于选民和候选人的沟通和交流,有赖于选民是否享有足够的信息。西方国家是通过竞选的选举制度来完成这种交流的。在西方,各候选人都要经过漫长的竞选过程,到最终选举之前,关心选举的选民对各候选人的政治立场、观点和其他资讯(候选人的才能、人品、家庭学业背景、人生观等)已经相当了解,因而可以作出适当选择。所以,对候选人的认知可以说是选举中至关重要的一环。

中华人民共和国成立初期,我国曾有高层领导人也主张人大代表推行竞选制,但到1957年极"左"思潮泛滥,竞选被当作资产阶级的东西受到批判。直至今日,竞选原则未在我国选举法中确立。但对竞选制度在中国施行的民间思考没有中断过。尤其近年来学界对如何完善候选人介绍的方法,在选举中引进竞争机制,提高候选人的参选意识和选举人的选举积极性的讨论越来越多。

候选人介绍是我国选举制度中架构选民和候选人交流的选举方法。1979年的选举法就对此有所规定。

1979年《选举法》第30条规定:"各党派、团体和选民,都可以用各种形式宣传代表候选人。"1982年修改为:"选举委员会应当向选民介绍代表候选人的情况。推荐代表候选人的党派、团体或者选民可以在选民小组会议上介绍所推荐的代表候选人的情况。但是在选举日必须停止对代表候选人的介绍。"2004年《选举法》第33条规定:"选举委员会或者人民代表大会主席团应当向选民或者代表介绍代表候选人的情况。推荐代表候选人的政党、人民团体和选民、代表可以在选民小组或代表小组会议上介绍所推荐的代表候选人的情况。选举委员会可以组织代表候选人与选民见面,回答选民的问题。但是,在选举日必须停止对代表候选人的介绍。"在介绍候选人时,"选举委员会可以组织代表候选人与选民见面,回答选民的问题"。尽管只是"可以见面"而不是"必须见面",但也是中国选举法在竞选问题上难得的一个进步了。2010年《选举法》将第33条修改为:"选举委员会根据选民的要求,应当组织代表候选人与选民见面,由代表候选人介绍本人的情况,回答选民的问题。"此前,对代表候选人的介绍主要是个人简历、政治面貌、学历等基本情况,选民对候选人缺乏深入了解,只能盲目投票。这次修改,有助于增加选民的一定的知情权,也提高了透明度。

在选举实践中,全国已有近三分之二的省、自治区、直辖市在《选举实施细则》中列入组织代表候选人与选民见面的内容,如北京市2005年修订的《北京市区、县、乡、民族乡、镇人民代表大会代表选举实施细则》第39条规定:"选举委员会可以组织代表候选人与选民见面,回答选民的问题。"天津市2006年修订的《天津市区、县级以下人民代表大会代表选举实施细则》中第42条规定:"各选区应当组织正式代表候选人与选民见面,回答选民的问题。"内蒙古自治区2005年修订的《内蒙古自治区各级人民代表大会选举实施细则》第38条规定:"选举委员会可以组织代表候选人与选民见面,回答选民的问题。"但在县级人大代表选举中,真正大规模组织代表候选人与选民见面的只有北京市和天津市。[①]

4. 代表候选人的除名

2015年对《选举法》新增加的一项内容是关于对代表候选人的除名规定的。其第34条规定:公民参加各级人民代表大会代表的选

---

① 转引自焦洪昌:《选举权的法律保障》,北京大学出版社2005年版,第98页。

举,不得直接或者间接接受境外机构、组织、个人提供的与选举有关的任何形式的资助。违反前款规定的,不列入代表候选人名单;已经列入代表候选人名单的,从名单中除名;已经当选的,其当选无效。

(五) 投票和选举结果的确认

组织投票与确定代表当选是选举的最后阶段,对选举具有决定性作用。

我国《选举法》规定,在选民直接选举人大代表时,组织投票主要有两种形式:一是各选区设选举投票站;二是召开选举大会投票。根据《选举法》第10条的规定,主持选举投票是选举委员会的职责。实践中,为解决那些不能到投票站或不能参加选民大会的人的投票问题,设流动票箱,上门接受投票,这对提高投票率、保证选民的选举权利是必要的。2010年《选举法》的修改就设定了流动票箱的制度。但流动票箱依赖于程序的依托,否则容易出现漏洞,成为弊端。

直接选举人民代表大会代表时,选民应根据选举委员会的规定,凭身份证或选民证领取选票。投票一律采取无记名方式,投票站应提供适当场所,保证选民秘密填写选票。选举人对于代表候选人可以投赞成票,可以投反对票,可以另选其他任何选民,也可弃权。如果选民在选举期间外出,经选举委员会同意,可以书面委托其他选民代为投票,每一选民接受的委托不得超过3人。委托投票的具体条件是:委托投票必须事先征得选举委员会同意;被委托人必须是有选举权的公民,并且必须忠实遵从委托人意志;委托形式必须是书面的。

在进行投票前,要由选民或者代表推选出监票人员和计票人员。为了保障选举结果的公正可信,2010年的《选举法》增加规定:"代表候选人的近亲属不得担任监票人、计票人。"

投票结束后,由监票人员、计票人员和选举委员会或者人大主席团的人员将投票人数和票数进行核对,作出记录,并由监票人签字,进行选举结果的确认程序:(1) 确认选举是否有效。《选举法》第43条规定每次选举所投的票数,多于投票人数的无效,等于或者少于投票人数的有效。每一选票所选的人数,多于规定应选代表人数的作废,等于或者少于规定应选代表人数的有效。(2)代表候选人当选的确定。在选民直接选举人民代表大会代表时,选区全体选民的过半数参加投票,选举有效。代表候选人获得参加投票的选民过半数的选票时,始得当选。县级以上的地方各级人民代表大会在选举上一级人民代表大会代表时,代表候选人获得全体代表过半数的选票时,始得当选。(3)宣布选举结果。《选举法》第45条规定,选举结果由选举委员会或者人民代表大会主席团根据本法确定是否有效,并予以宣布。当选代表名单由选举委员会或者人民代表大会主席团予以公布。(4)选举过程是否有效的再确认。2015年对《选举法》进行修改,要求代表资格审查委员会审查选举过程,对代表当选是否有效提出意见。《选举法》第46条规定,代表资格审查委员会依法对当选代表是否符合宪法、法律规定的代表的基本条件,选举是否符合法律规定的程序,以及是否存在破坏选举和其他当选无效的违法行为进行审查,提出代表当选是否有效的意见,向本级人民代表大会常务委员会或者乡、民族乡、镇的人民代表大会主席团报告。县级以上的各级人民代表大会常务委员会或者乡、民族乡、镇的人民代表大会主席团根据代表资格审查委员会提出的报告,确认代表的资格或者确定代表的当选无效,在每届人民代表大会第一次会议前公布代表名单。

(六)代表的辞职和补选

1. 辞职

《选举法》第54条规定,全国人民代表大会代表,省、自治区、直辖市、设区的市、自治州的人民代表大会代表,可以向选举他的人民代表大会的常务委员会书面提出辞职。常务委员会接受辞职,须经常务委员会组成人员的过半数通过。接受辞职的决议,须报送上一级人民代表大会常务委员会备案、公告。县级的人民代表大会代表可以向本级人民代表大会常务委员会书面提出辞职,乡级的人民代表大会代表可以向本级人民代表大会书面提出辞职。县级的人民代表大会常务委员会接受辞职,须经常务委员会组成人员的过半数通过。乡级的人民代表大会接受辞职,须经人民代表大会过半数的代表通过。接受辞职的,应当予以公告。

第55条对人大常委会委员、专门委员会委员的辞职作出规定:县级以上的各级人民代表大会常务委员会组成人员,县级以上的各级人民代表大会的专门委员会成员,辞去代表职务的请求被接受的,其常务委员会组成人员、专门委员会成员的职务相应终止,由常务委员会予以公告。乡、民族乡、镇的人民代表大会主席、副主席,辞去代表职务的请求被接受的,其主席、副主席的职务相应终止,由主席团予以公告。

2. 补选

当出现代表在任期内调任,其代表资格自行终止或者代表提出辞职等情况时,就产生代表缺额必须另行补选的问题。我国《选举法》第56条规定,代表在任期内,因故出缺,由原选区或者原选举单位补选。地方各级人民代表大会代表在任期内调离或者迁出本行政区域的,其代表资格自行终止,缺额另行补选。县级以上的地方各级人民代表大会闭会期间,可以由本级人民代表大会常务委员会补选上一级人民代表大会代表。补选出缺的代表时,代表候选人的名额可以多于应选代表的名额,也可以同应选代表的名额相等。补选的具体办法,由省、自治区、直辖市的人民代表大会常务委员会规定。

2015年修改后的《选举法》要求对补选产生的代表,依照选举法第46条的规定进行代表资格审查。

**四、我国选举权的保障和救济制度**

选举权的保障是个很宽广的概念,它主要包括实现选举权的制度保障和选举权运用后果的法律救济。前文谈及的选举原则、规则和程序的法律设计都是制度上的保障。《选举法》第35条特别规定:全国人民代表大会和地方各级人民代表大会代表的选举,应当严格依照法定程序进行,并接受监督。任何组织或者个人都不得以任何方式干预选民或者代表自由行使选举权。

此外我国还特别规定了实现公民选举权的物质保障制度。《选举法》第7条规定,全国人民代表大会和地方各级人民代表大会的选举经费,列入财政预算,由国库开支。由国家提供选举中所需的一切物质设施和选举经费是否是民主国家的合理制度设计,本身是值得商榷的。当然,这里最重要的一个考量指标是将纳税人的资金用以支持的这场选举是否真正体现了民意。2010年的《选举法》修改中,特别强调由国库支出的选举经费必须列入财政预算。这种规定,不仅规范选举经费的设定,而且也应该将选举经费的使用加以监督和审计,这无疑会成为保障民主选举,防止选举过程中权力滥用的重要环节。

以下主要谈及我国选举权的救济制度及其完善。

所谓的选举权的救济是指因为选举事宜发生纠纷或冲突使选举权受到侵害,从而寻求法律途径对选举权及其行使予以维护和补救。(1)选举权的救济从本质上讲是一种权利,即当实体的选举权受到侵害时从法律上获得自行解决或请求司法机关及其他机关给予解决的权利。(2)选举权救济的产生或起点必须是以原有的实体的选举权受到侵害为基础。也就是说,没有纠纷和冲突就不会产生选举权救济;选举权救济以冲突或纠纷的解决得以恢复或实现。一般来说,选举权的救济在形式上存在选举罢免、选举监察和选举诉讼三种途径。

(一)我国的选举罢免制度

罢免权是选民或者选民代表机关就法定事由对人民选举产生的人民代表或者国家公职人员提出罢免其人民代表资格或者职务的权利。罢免权是选举权的延伸,也是公民监督权的重要手段,是公民政治权利的重要组成内容。《选举法》第48条规定,全国和地方各级人民代表大会的代表,受选民和原选举单位的监督。选民或者选举单位都有权罢免自己选出的代表。

我国《选举法》第十章第48—53条规定了对人民代表的监督和罢免。根据《选举法》,对人民代表的罢免程序大致可以分为:(1)罢免的提起。《选举法》第49条规定,对于县级的人民代表大会代表,原选区选民50人以上联名,对于乡级的人民代表大会代表,原选区选民30人以上联名,可以向县级的人民代表大会常务委员会书面提出罢免要求。第50条规定,县级以上的地方各级人民代表大会举行会议的时候,主席团或者十分之一以上代表联名,可以提出对由该级人民代表大会选出的上一级人民代表大会代表的罢免案。在人民代表大会闭会期间,县级以上的地方各级人民代表大会常务委员会主任会议或者常务委员会五分之一以上组成人员联名,可以向常务委员会提出对由该级人民代表大会选出的上一级人民代表大会代表的罢免案。罢免要求应当写明罢免理由。(2)罢免案的审查。第49条规定,县级的人民代表大会常务委员会应当将罢免要求和被提出罢免的代表的书面申辩意见印发原选区选民。被提出罢免的代表有权在选民会议上提出申辩意见,也可以书面提出申辩意见。第50条规定,县级以上的地方各级人民代表大会举行会议的时候,被提出罢免的代表有权在主席团会议和大会全体会议上提出申辩意见,或者书面提出申辩意见,由主席团印发会议。罢免案经会议审议后,由主席团提请全体会议表决。县级以上的地方各级人民代表大会常务委员会举行会议的时候,被提出罢免的代表有权在主任会议和常务委员会全体会议上提出申辩意见,或者书面提出申辩意见,由主任会议印发会议。(3)罢免案的表决。第49条规定,表决罢免要求,由县级的人民代表大会常务委员会派有关负责人员主持。第50条规定,罢免案经会议审议后,由主任会议提请全体会议表决。第51条规定,罢免代表采用无记名的表决方式。第52条规定,罢免县级和乡级的人民代表大会代表,须经原选区过半数的选民通过。罢免由县级以上的地方各级人民代表大会选出的代表,须经各该级人民代表大会过半数的代表通过;在代表大会闭会期间,须经常务委员会组成人员的过半数通过。(4)罢免案的公布和备案。第52、53条规定,罢免的决议,须报送上一级人民代表大会常务委员会备案、公告。县级以上的各级人民代表大会常务委员会组成人员、县级以上的各级人民代表大会专门委员会成员的代表职务被罢免的,其常务委员会组成人员或者专门委员会成员的职务相应撤销,由主席团或者常务委员会予以公告。乡、民族乡、镇的人民代表大会主席、副主席的代表职务被罢免的,其主席、副主席的职务相应撤销,由主席团予以公告。

目前,我国选举罢免制度的困境是:(1)现有的《选举法》规定的罢免程序过于原则笼统,不具有操作性。法律没有规定提起罢免事由的范围、没有界定罢免审议的步骤、没有规定常委会审查案件的期限、缺乏关于罢免表决程序的期限的规定,等等。(2) 法律也没有界定罢免范围,没有规定审议机关的权限,对罢免的后果以及效力都缺乏明确规定。这些内容的缺乏,难以实现罢免权作为具有威慑力的监督手段来防止权力滥用。(3) 如何解决代表当选后的独立性(能够公正地从整个社会的公共利益而不是地区或集团的利益独立行使职权)与人民对代表进行监督之间的矛盾。(4) 在罢免程序上,如何保障被罢免代表的权利也是值得关注的问题。

(二) 我国的选举监察制度

选举监察制度是在选举过程中特定的国家机关对违法选举行为进行监督、纠正的制度。它对于及时发现和制止违法行为、实现真正的自由民主具有重要的意义。在推崇权力制衡和竞选制的法治国家,一般存在着比较发达的选举监察制度。目前我国法律对选举监察未予以专门规定。

我国《选举法》对选举活动规定了一些监督措施,比如前面提及的对选民资格的监督;对选举人、候选人和选举工作人员行为的监督;在选举过程中对选举环节的检查,如清点参加选举的人数、选票发出与收回数、有效选票与无效选票数量、候选人的得票数等。另外,《选举法》规定了承担选举监察职能的机构,即县级以上的各级人大常委会和各级选举委员会。2015年还特别加强了代表资格审查委员会对代表资格的审查。而2012年的"衡阳市人大代表贿选案件"和2013年的"辽宁省人大代表贿选案件"[1]显示出现有的选举监察机制的失效与缺陷。因此,建立有效的选举监察机制具有急迫性。而有效的监督特别依赖一个独立的、中立的选举监督委员会的设计。

---

[1] 2012年12月至2013年1月,衡阳市在差额选举湖南省人大代表的过程中,76名当选的省人大代表中有56人涉嫌行贿,有518名衡阳市人大代表和68名大会工作人员收受钱财,涉案金额达人民币1.1亿余元。在2013年的辽宁省全国人大代表选举中,该省当选的102名全国人大代表中有45人涉嫌拉票贿选,涉嫌受贿者有523名省人大代表。这两起人大代表贿选案是令人瞠目的政治寻租案件,直接挑战我国的政治体制。它首先直接对我国选举制度程序设计的合理性提出了挑战。这两起贿选案件需要我们考虑如何完善我国的选举监察制度以避免和应对类似"贿选"现象。

另外还需要完善责任追究机制以及选举诉讼制度等。

(三)我国的选举诉讼制度

按照我国《选举法》第28条、第57条的规定及《民事诉讼法》第177条、《刑法》第256条的规定,我国现行的选举诉讼主要涉及选民资格案件和妨害选举案件两种。前者是以民事案件按民事诉讼程序予以裁决,后者是以刑事案件按刑事诉讼程序予以裁决。

1. 关于民事诉讼上的选民资格案件,《选举法》第28条规定:"对于公布的选民名单有不同意见的,可以在选民名单公布之日起5日内向选举委员会提出申诉。选举委员会对申诉意见,应在3日内作出处理决定。申诉人如果对处理决定不服,可以在选举日的5日以前向人民法院起诉,人民法院应在选举日以前作出判决。人民法院的判决为最后决定。"也就是说对选民名单有不同意见,若不服选举委员会对选民资格的申诉所作的处理决定,可以按我国民事诉讼法规定的特别程序,向人民法院提出诉讼。《民事诉讼法》第十五章"特别程序"对选民资格案件的审理有较为具体的规定。

2. 刑事诉讼上的破坏选举案件

我国《选举法》以专章规定,对选举中有下列行为之一,破坏选举,违反治安管理规定的,依法给予治安管理处罚;构成犯罪的,依法追究刑事责任,这些行为是:(1)以金钱或者其他财物贿赂选民或者代表,妨害选民和代表自由行使选举权和被选举权的;(2)以暴力、威胁、欺骗或者其他非法手段妨害选民和代表自由行使选举权和被选举权的;(3)伪造选举文件、虚报选举票数或者有其他违法行为的;(4)对于控告、检举选举中违法行为的人,或者对于提出要求罢免代表的人进行压制、报复的。国家工作人员有前述行为的,还应当依法给予行政处分。国家工作人员滥用职权对控告人、申诉人、批评人实行报复陷害的,可以根据《中华人民共和国刑法》第254条施以刑罚。

显然,以上两种类型的诉讼无法完全解决层出不穷的选举纠纷问题。例如:不平等、不公开和随意划分选区;不让符合法律规定的选民参加登记;不按多数选民的意见确定正式候选人;打击进行选举宣传的候选人;以大量委托投票的方式和不公开计票的方式舞弊;选举委员会不处理选举争议;选民登记中错登、漏登、重登以及漏发选民证等问题;选区划分代表名额分配产生的纠纷;选民超过限度接受他人委托投票问题;计票失误等,法律均未规定相应的诉讼救济。尤其是有关选举无效之诉、当选无效之诉及与罢免案有关的诉讼,是各国司法实践中最普遍的选举诉讼类型,而为我国选举制度所欠缺。此外,对于过失侵犯选民民主权利的行为,法律也并没有明确的规定,当然这些问题也没有纳入法院的受案范围。这不适应我国选举实践中人们对选举权越来越重视以及选举争议越来越多的新趋势。

# 第七章 公民基本权利的一般原理

## 第一节 公民基本权利的相关概念

### 一、公民

(一) 公民的概念及内涵

现代宪法中的公民通常指的是具有某个国家国籍的自然人。

公民是宪法学中的一个复杂概念,对它的解释通常与某种特定的政治身份相联系。它首先出现于西方,有特定的历史来源。通常而言,公民是与古希腊的"公民社会"联系在一起的。在古希腊的政治社会中,"公民"具有两层含义。一是指具有参与和管理政治生活的人应具有的一种资格或身份。譬如,性别、年龄、财产、出身等要求。二是指与这种身份密切关联的权力,如参加"公民大会"、制定法律、担任官职等。有的西方学者把古希腊的这种政治形态称作"公民社会"。公民社会的意义在于,人第一次真正从自己的"私人领域"中分离出来,以主体的角色参与到"公共领域"。或者说,因为有了这么多人的直接参与,一个真正的"公共领域"——政治生活才得以形成。公民的出现意味着一个普通人可以真正成为"公共领域"的主角。

在近代以后的现代宪制中,公民概念的语义和意义较之西方的"古典时代"有了很大的拓展,但它仍具有古希腊的血统。对此应从三个方面来把握:

1. 平等。在这一点上,近代的公民要比希腊时代的公民在人数及其构成等方面都更为广泛一些。公民与"臣民""小民"概念不同,前者指的是法律意义上的平等的人。或者说,公民是抽掉了人的智力、财产、出身等具体差别而在政治生活中真正取得了平等地位的人。它意味着公共生活具有大家共享性。

2. 自由,包括意志自由和行为自由。一方面,公民意味着是一些意志自由的人，没有意志自由，人便无法对政治生活进行判断。意志自由是人参与政治生活的先决条件。另一方面，意志自由也意味着人是按照自己的判断和决断来参与政治生活的，他有权决定参与的方式以及参与的程度。当然，这并不是说，公民的自由是不受宪法和法律约束的。自由是公民的身份特征，它本身就包含了公民对宪法和法律的自我意识以及自我认同的含义。公民的自律与公民的自由身份是一致的。

3. 自主。公民是政治生活中的主角，没有他的参与，也就没有国家和政府的统治。宪制下的政治生活是由公民发动的，通过他的活动，国家和政府才能运转起来。公民首先是个统治者，然后才成为被统治者的。这是西方启蒙思想家的一个重要观点。

总之，宪制的形成有许多复杂的因素，但是平等、自由、自主的公民的诞生肯定是西方宪制的先决条件。一个真正的、成熟的公民概念在逻辑上应该是先在民主的政治生活中孕育成长，然后才进到宪法中来的，而不是相反。

(二) 公民、国民、国籍

在一些宪法文本中，是把"公民"与"国民"作为同义语使用的，都是指具有该国国籍的自然人，例如德国、日本。在现代中国，也曾经在宪法文件中使用"国民"语词。比如，《中国人民政治协商会议共同纲领》中在描述义务主体时使用了"国民"，该语词与今天意义的"公民"范围相同。从1953年《中华人民共和国全国人民代表大会和地方各级人民代表大会选举法》开始，又用"公民"取代了"国民"的用法。1982年宪法对"公民"作了明确的规定："凡具有中华人民共和国国籍的人都是中华人民共和国的公民。"

国籍是指人属于某个国家的一种法律上的身份。在中国的现行宪法文本中，国籍是确定公民资格的唯一条件。现代世界各国一般都把国籍作为本国公民资格的法律条件。它意味着个人与国家的一种固定的法律关系，是国家对其行使权力和进行保护的法律依据。拥有国籍一般被看作是不可剥夺的权利。

国籍的取得通常有两种方式：一种是因出生而取得，叫作原始国籍或出生国籍；一种是因加入而取得，叫作继有国籍。

对于因出生而取得国籍,各国的规定也不一样。主要有三种:一是血统主义,即确定一个人的国籍以他出生时父母的国籍为准,不管其出生地为何国;二是出生地主义,即确定一个人的国籍以他的出生地所属的国家为依据,而不问他的父母属于何种国籍;三是血统主义与出生地主义相结合,有的采用以血统主义为主,出生地主义为辅,有的则是相反。现今大多数国家采取的是两者相结合的原则。

根据我国1980年《国籍法》,中国国籍的取得方式采用的是出生地主义与血统主义相结合的方式。就是说,父母双方或一方为中国公民的,本人出生在中国的,具有中国国籍;父母双方或一方为中国公民,本人出生在外国的,具有中国国籍;父母双方或一方为中国公民并居住在外国,本人出生时具有外国国籍的,则不具有中国国籍;父母无国籍或者国籍不明,居住在中国,本人出生在中国,具有中国国籍。

外国人或无国籍的人申请加入中国国籍,必须具备两个前提:申请人必须愿意遵守中国的宪法和法律;申请必须是出于本人的自愿。同时,申请还须符合法律规定的条件:(1) 申请人为中国公民的近亲属;(2) 申请人定居在中国;(3) 有其他正当理由的。经批准加入中国国籍的公民,不再保留外国国籍;中国公民自愿加入或取得外国国籍的,则自动丧失中国国籍。

(三) 公民与人民

在宪法学上要把这两个概念从学理上解释清楚是比较困难的。一般说来,公民概念是与特定的政治生活相联系的。它特指那些在政治生活中能够自我管理、取得自主地位并构成了政治生活主体的人。公民概念所对应的是那些没有取得公民身份或资格的人。如古希腊城邦时代的奴隶,早期美国的黑人,中国古代所有被推出权力门外的普通人,即通常讲的"小民"。随着社会的进步,公民已经褪去了等级、种族、财产、性别的标签,成为一个社会成员普遍的资格和身份。在立宪的国家,公民是宪制的主要参与者、享有者,是宪制的主体。

人民概念更复杂一些。它最早来自古希腊,后又为西方的基督教所接受。人民也是马克思主义学说的重要概念。大体来说,今天

人们主要是从以下两种意义上来理解"人民"的:

1. 作为全体公民集合体意义上的"人民"

在这个意义上,人民(people)被视为每一个单个公民的集合体,人民其实就是每一个单个公民的政治抽象和总和,并常常成为主权者的代称。就像龚祥瑞先生所说,"公民共同体(Civil Community)或人民(People),说的都是一个政治主体;依照'共和政体'的解释,这个政治主体构成'主权',并通过其代表掌握国家的统治权……每个公民都是这个'主权者'的一员。"①值得一提的是,人民并不只是一种观念上的抽象存在,"人民的出场"实际就是通过每一个公民个体在具体事务中积极的行动而完成的。每一个公民有权依靠手中的投票权实现对公共生活的参与或决定。所以,阿克曼也认为,"'人民'并不是超人的代名词,而是一个能有效地促进政治精英和人民大众有效互动的程序。"②

2. 作为政治革命意义上的"人民"

近代的法国大革命把"人民"这个概念推向了极致,主要指的是那些革命的发起者和参与者,而那些成为革命对象的人如贵族则是"人民"的反面——"敌人"。后来对此类革命抱有疑义的人也从人民概念中被剔除,划归到"敌人"中去了。人民的概念传入俄国之后,俄国的十月革命把人民的概念加以升华,泛指一切革命的参加者、拥护者,如工人、农民等。人民概念的对应词是"敌人"。这样,人民就主要作为一个政治性词汇使用,人民既是社会成员中的统治阶级的统称,也作为政治概念主要用来描述一种政治类型,如"人民主权""一切权力属于人民"的表达等,用以表明国家的性质、权力来源等。在后来的资本主义、社会主义两种制度的对抗中,"人民"概念就成为社会主义国家"真实反映社会各阶级在国家生活中的地位"的重要表征,并以此区别于资本主义的"全民民主"概念。从这个意义上,人民不是公民的全部而只是其中具有"革命性、进步性"的那一

---

① 龚祥瑞:《比较宪法与行政法》,法律出版社 2003 年版,第 129 页。
② 〔美〕布鲁斯·阿克曼:《我们人民:宪法变革的原动力》,孙文凯译,法律出版社 2003 年版,译者序第 7 页。

部分。

在中国的政治和法律话语中,对"人民"的理解基本承接了前述的第二种理解。人民是一个相对于敌人的集体的、政治的概念,是一个具有进步性的概念,人民也是一个变动的政策性范畴。比如在抗战时期,一切抗日的阶级、阶层、社会集团都属于人民范畴,而汉奸、亲日派才是敌人,这是以抗日为标准来划线的。在现在,"全体社会主义劳动者、社会主义事业的建设者、拥护社会主义的爱国者、拥护祖国统一和致力于中华民族伟大复兴的爱国者"都属于人民范畴,而"敌视和破坏我国社会主义制度的国内外的敌对势力和敌对分子"就是敌人。

## 二、人权

(一)人权的来源、概念及内涵

1. 人权的来源

关于人权的来源存在不同的理念分歧。西方国家的主流思想所秉持的是天赋人权观,他们认为人权是天赋的、与生俱来的和不可剥夺的。这种思想是西方自然法思想的产物,正因为人权是天赋的或上帝赋予的,所以世俗的立宪者只是在"发现、确认和保障人权",而不是"赋予"人权。在这种理论下,权利向国家权力的转变是由社会契约论来完成论证的,政府是人们权利让渡的结果,人们成立政府并委以管理社会之权,但人们并未交出所有的权利而是保留了基本的权利和自由。如果褪去天赋人权的神学色彩,人权的根本依据是人之所以为人所固有的基本价值和尊严。

天赋人权观虽然是西方主流的人权来源理论,但这一理论同样饱受质疑。天赋人权、社会契约毕竟只是基于"道德确信"的理论拟制。"这样一种基于道德确信而非制度事实的理论实际上只能证成人权的价值,不可能阐释人权的历史"[①]。马克思主义正是基于实证的态度考察了国家及权力形成和演进的历史,拒斥了权利天赋、社会

---

① 夏勇:《人权概念起源——权利的历史哲学》(修订版),中国政法大学出版社 2001 年版,原版导言。

契约这类富有神学色彩和想象建构的理论。在马克思主义人权观的语境下,人权并非天赋,它不是一个先在于历史的概念,而是类似于现代意义上的"宪法",是一个在一定社会历史条件下形成的产物。因此在不同的社会形态、历史与经济条件下,人权在具体的权利形式与内容上也存在着不同。天赋人权观虽然是西方最主要的人权来源理论,但却并不具备契合任何法律、文化环境的普适性。"它所作的价值证成在制度操作中,尤其是在西方自然法理论所依托的宗教、文化和社会背景的非西方的语境里,也每每发生问题。"①

西方的"人权"概念是在近代被引入中国的②,但由于缺乏自然法理论所依托的宗教、文化、社会背景,"人权"在中国经历了不小的话语重述或再造。在中国的传统中,"利"与"义"相对,"权利"本身就成为一个消极的、带有贬义的词汇。而"义务"则是褒义词,"与义务之意相近者,厥为'分'字。'分'之为言,位也;即言一人因其地位而各有本分为其限制,或为不当逾越之界限。如'名分'、'职分'、'本分'、'应分'。"③简言之,西方人权观重视个人的主体性,强调个人人权之于社会、国家的先在性价值,而传统中国则更具有集体主义性格,强调个人之于他人和社会的责任。所以,源自于自然法思想并带有明显的宗教神学背景的"天赋人权"观难以被中国这一独特的系统所接受。同时,由于近代中国和西方相遇的方式并不太美好,我们是在落后挨打的背景下接受人权观念的。因此,"民主""自由"这些基本人权首先就不是针对自己的政府提出而是向侵略者提出的。在孙中山的《三民主义》里,自由是被这样解释的:"在中国,自由是指针对

---

① 夏勇:《人权概念起源——权利的历史哲学》(修订版),中国政法大学出版社2001年版,原版导言。

② 中文的"权利"一词,有学者认为是19世纪中期美国学者丁韪良和他的助手在翻译维顿的《万国律例》时选择了"权利"一词来对译英文的"rights",并说服朝廷接受了它。但此说也有分歧,民国学者燕树棠先生考证,中文的"权利"一词是日本法学家须田博士所著的《西洋公法论》中首先使用,所以"权利"的语词是从日本引入的。无论分歧如何,权利、人权都是外来词是确定无疑的。参见:夏勇:《人权概念起源——权利的历史哲学》(修订版),中国政法大学出版社2001年版,第262页;燕树棠:《公道·自由与法》,清华大学出版社2006年版,第70页。

③ 燕树棠:《公道·自由与法》,清华大学出版社2006年版,第70页。

列强专横的民族、国民的自由。"①也部分由于这些原因,中国在谈到人权问题的时候,其关注点不在于人权的来源问题,而是人权的实现问题。所以在中国主流的人权话语中,人权不是天赋的,而是斗争得来的。这一点在 1982 年宪法的序言中似乎也可以得到解释,宪法序言规定:"中国人民为国家独立、民族解放和民主自由进行了前仆后继的英勇奋斗。"

2. 人权的概念

"人权是我们时代的观念,是已经得到普遍接受的唯一的政治与道德观念。"②但是,这个时代的观念至今难以获得一致的界定,经常处于"一个名词,各自表述"的状态。这或许是因为"只有在权利的观念足够广泛、足够模糊、足够抽象到可以容纳各种现实的差异时,才可能达成对人权观念的共识"③。

林林总总的"人权"概念分歧,可能来自文化传统、宗教信念、意识形态、政治体制差异,也可能缘起于学者本身的学术认知,本处不加赘述。就整体来说,有两大观念分歧。一种是建立在传统西方自由主义立场上对人权的认识。这种观念认为,人权是人依据其自然属性而应当享有的价值和尊严。这一界定建立在"天赋人权"理论基础上,强调人权之于国家的"先在性",同时强调人权作为权利的"应然"属性。另一种类型,主张人权是人依照其自然属性和社会属性所应当享有的权利。这种观点承认人的基本价值,但同时也强调人权的社会属性,认为人权要受到社会经济发展水平、历史文化传统等社会属性的制约。

人权的权利内涵,尤其是它的实现程度的确由特定国家的历史条件、社会经济发展水平等因素决定。轻视人权实现的客观条件和

---

① 〔日〕沟口雄三:《作为方法的中国》,孙军悦译,生活·读书·新知三联书店 2011 年版,第 17 页。

② 〔美〕L.亨金:《权利的时代》,知识出版社 1997 年版,前言。当然,作者在书中也承认有的地方对人权观念的接受是虚伪的、名义上的,但是即便如此,虚伪的接受或名义上的接受也是有重大意义的。

③ 同上书,前言。但这不是路易斯·亨金教授的观点,而只是他提到的一种看法。相反,他认为人权观念要体现"共同的道德"、要"确定共同的价值观核心",不能完全各自表述。

环境必然导致人权的空洞无物。这正是马克思主义人权观区别于人权天赋观的显著特征。但马克思主义人权观同样关注人在现代政治文明中的价值,强调作为劳动者的人民所享有权利的真正实现。简言之,人权是依据人的本质性价值和尊严而在一定社会条件下获得实现的权利。

3. 人权的内涵

人权包含几层意思:其一,发现人自身的正当性(权利)是人类文明演进到一定阶段的产物,与特定的人类政治文明类型相关,人权的理念并不是为一切文明类型所具有。① 其二,在特定的文明类型中,人权的思想既可能导源于人的生物性的判断,也可能导源于对人的社会性认知,这两者恰恰是西方人权理论分野的主要依据。前者主张,人作为原子是植根于社会之外的,当他作为单个的原子根据某种程序(通常说是根据契约的形式)进入社会以后,他就携带着他与生俱来的正当性转变为一个社会成员。后者则认为,人天生是一个社会动物,人权来自个人对共同体的一种正当性要求,并且这种要求为多数成员所认可,即要求的平等性和共享性。但不管怎样说,人权的性质在本源上与国家无关,与国家的承认与否无关。当然,人权概念与国家性无涉并不意味着人权制度与国家无关。其三,与人的社会性相联系,人权不是一个单向度的概念,而是一组关系的概念,其主要对应物是国家的公共权力。正是在这一点上,人权概念与国家权力有着直接的联系。其四,从当代人权理论发展和人权实践来看,人权概念由导源于生命主体的人权概念向人格主体的人权概念进一步拓展。这说明,人权已不只是一个与生命体有关的概念,而且也包纳了"类个体"的基本权利。譬如,"法人"的人权出现则是其表征。

人权是现代文明社会的表征,也是人之所为人的身份特征。人的尊严、自由以及按己意过活是人的内在需求。诚如梁启超所言,

---

① 有学者认为,"人权有广义狭义之分,广义的人权是指有人类社会存在以来就有的……狭义的人权是近代意义上的人权。"(参见李步云主编:《宪法比较研究》,法律出版社1998年版,第426页)。我们认为,如果过于广义宽泛地界定语词,将陷入无边无际。语词的界定要满足语词本身的核心价值,本章对于人权的理解是建立在对人的价值尊严的承认和一定制度保障基础上的,是狭义意义上的人权。

"凡人之所为人者有二大要件,一曰生命,二曰权利。二者缺一,时乃非人。"人类的经验证明,对人权的保障都内含了对国家权力的某种诉求。

（二）人权与民主

一般而言,人权与民主是彼此相互支持或关联的。例如,1993年《维也纳宣言和行动纲领》主张民主与人权是"相互依赖且彼此强化"的关系。美国学者考文亦认为:"民主依赖于这样一个共同的约定,即它应该通过反复协商和相互妥协而缓慢推进,应该避免鲁莽草率的举措所导致的无法挽回的结果。"①这样,在理论上民主就可能成为建立在对个体尊重基础上反复协商、彼此妥协的结果。然而两者的关系相当复杂。民主可以是保障公民基本权利、维护人权的最好的政府形式,比如尊重个人尊严这样的价值可以是人权与民主的共同基础。但是人权与民主在实际的执行中,却各有不同的、甚至潜在竞争的理论基础。民主理论问的是谁应该有统治权,答案是"人民"。人权理论问的是统治者该如何做,答案是应该尊重每个个人的人权。民主是集体的概念,且民主政府也可能对人权造成威胁和侵犯。在现代社会的许多例子中,常会出现民选政府为追求市场经济发展而制定一系列政策的情形,而这样的政策不仅会破坏社会弱势阶层（特别是妇女）的经济与社会权利的维护,更会增加犯罪的产生,导致在公民与政治权利上设限。人权概念是设计用来限制政府的权力的,且就此而言,政府服从于人民控制,所以它具有民主的特性。但人权限制所有政府的合法权力,包括民主政府。结果人权通常借由宪法来维护,也就是说,宪制与人权对于政府权力的运作方式和一国的社会结构有着相同的要求。

（三）人权与民权

对于中国来说,"人权"是一个外来词。近代人权观念在中国的传播,主要有两个渠道。一是康有为、梁启超、黄遵宪、柳亚子等旅日华人的传播。日本人津田真道在翻译《泰西国法论》一书时率先使用

---

① 〔美〕爱德华·S.考文:《美国宪法的"高级法"背景》,强世功译,生活·读书·新知三联书店1996年版,序言。

了"人权"这一中文语词,所以也有研究者认为人权是由"日本法学家译造而后为中国人所接受与使用的"①。二是欧美传教士以及严复、容闳等留学英美的官费留学生的传播。有研究者考证,"中国人中最早表示接受民权及天赋人权思想的应是留学英国尔后居香港任律师的何启与胡礼垣"②。

然而,西方以个人主义为中心的人权观念,在近代中国遭遇了话语重塑,被演绎成中国式的"民权"观。"'民权'所代表的是一个'群'的范畴,而不是一个'个体'的概念,相反,人权与 liberty(自由)相关涉。它意味着个体作为社会的一个单元在国家、社会中应具有的价值和尊严……民权容易与民主主义、民族主义、国家主义结缘,而人权则与法治主义、自由主义、个人主义有着亲缘关系"。③ 五四运动以后,陈独秀等人开始从"尊重个体独立自主人格,勿为他人之附庸品"的意义上理解人权,这无疑是对中国传统的一种叛逆,但他们依然"赋予人权同样的民族主义意义,当他们告诉青年人说'内图个性之发展,外图贡献于群'时,他们并没有发现这里面所隐含的巨大矛盾"。④ 当然,人权到民权的话语再造,也是和中国政治文化的集体主义谱系以及近代中国落后挨打的历史场景分不开的。

## 三、基本权利

(一) 基本权利的界定

"基本权利"一词是我国现行宪法的用法,并非为所有国家的宪法所通用。在宪法学上,它大体上与其他国家"基本人权"的用法相当。

---

① 韩大元主编:《中国宪法学说史研究》(下),中国人民大学出版社 2012 年版,第 549 页。
② 何、胡二人在作于 1887 年至 1889 年间的《新政真诠》一书中有如下观点:"权者乃天之所为,非人之所立也。天既赋人以性命,则必界以顾性命之权;天既备人以百物,则必与以保其身家之权……各行其是,是谓自主。自主之权,赋之于天,君相无所加,编氓亦无所损;庸愚非不足,圣智亦非有余。人若非作恶犯科,则此权必无可夺之理。"(参见徐显明:《人权观念在中国的百年历程》,载中国人权网,http://www.humanrights.cn/cn/xsdt/xscg/t20070620_329444.htm,2013 年 4 月 4 日访问。)
③ 王人博:《宪政的中国之道》,山东人民出版社 2003 年版,第 73 页。
④ 同上书,第 94 页。

什么样的权利可以被视为"基本的"权利？可以从主观和客观两个方面予以解释。

从主观主义的角度来看，某些权利能够被称为基本权利是因为这些权利体现了道德的、伦理的、固有的核心价值和人类文明的一致追求。比如，生命权、自由权、财产权等权利就是基本权利。这样的观念基础就为实定法律规范对人类基本价值可能的克减或侵犯划定了一个底线。但以道德的、伦理的、宗教的观念来判断权利是否"基本"缺乏一个确定的标准，以至于《牛津法律大词典》把基本权利解释为："一个不精确的术语，一般用来表示国民基本自由或为政治理论家，尤其是美国和法国的政治理论家们所主张的自然权利。"[①]

从客观主义的角度看，某些权利之所以被称为基本权利是因为得到宪法、国际人权法等"基本法"的确认和保障。所谓基本权利就是被宪法、国际人权法所保障的权利，是所有权利中最重要、最根本、最基础、最具有普遍共识的权利。相对于较为主观、抽象、模糊的主观主义的立场，以宪法或相关宪法规范文件作为基本权利的判定标准，更具有客观性，因而也得到愈来愈多的学者认同。法国学者法沃赫就认为："基本权利，简单地说，就是指通过宪法规范和（或）欧盟法与国际法规范获得保障的权利和自由……凡是没有在宪法或国际法（或欧盟法）规范中获得承认的权利和自由都不是基本权利。"[②]

中国学者大多是从客观主义的立场来看待基本权利的，即宪法上规定的权利就是基本权利。因为客观主义的立场不仅在于为判断"权利是否基本"提供了一个客观标准，更在于客观主义的立场关注于人权的制度保障从而更具有实效性。

因此，基本权利指的是由宪法规定或实际存在的公民享有的"必不可少"[③]的权利。哪些权利属于宪法上的"必不可少"的权利，这主要由制宪者所定。从客观上说，不同的国家、不同的时代，必不可少

---

① 〔英〕戴维·M.沃克：《牛津法律词典》，光明日报出版社1989年版，第364页。
② Louis Favoreu, Patrick Gaïa, Richard Ghevontian, Jean-Louis Mestre, Otto Pfersmann, André Roux et Guy Scoffoni, Droit constitutionnel, Paris: Dalloz, 2008. p.788.
③ "必不可少"一词是借用王世杰、钱端升先生的用法（参见王世杰、钱端升：《比较宪法》，中国政法大学出版社1997年版，第57页）。

的权利种类是不一样的。有的国家在某个阶段主要把政治权利看做是基本权利,有的国家则是把集体性的生存权、发展权作为基本性的权利。另外,有的国家主要是通过宪法文本的形式确认基本权利,有的国家则通过其他方式尊重和保障基本人权。

(二) 基本权利与国家权力

人的基本权利(人权)是宪制的价值基础,限制国家权力则是宪制的重心。宪制把人的基本权利与国家权力密切地联系起来。基本权利并不只是一些单向度的概念,也是一组关系概念。它被理解为与国家公共权力的一种关系,所以国家权力在"逆向"上与人权有着直接的联系。在这个层面,宪制表达的是人们试图解决国家的公共权力与基本权利真实存在的相关性问题。宪制与民主不同,二者的差异点集中体现在如何最佳地保护人的基本权利不受公共权力的侵犯:民主是积极鼓励公民参与的制度,认为"政治参与"权是最基本的权利;而宪制主要是一种防御性的制度,它尊重政治参与的权利,认为"不受干扰"权更为根本。宪制通过限权政府以及权力的合理配置,使基本权利的存在以及人对它的享有成为可能。换句话说,宪制通过对国家公共权力可能滥用的监督和遏制从而保障公民的基本权利。

国家权力与基本权利的关系表明,国家和政府的存在是为了人的权利,人的基本权利的不可取消性构成了国家和政府权威的尺度,宪制代表的是人类理性选择后的答案。

(三) 基本权利与人权

虽然在现代宪法的文本中,"基本权利"和"人权"概念有时互用,但在严格意义上其含义是不同的。其区别与联系主要包括以下方面:

1. 从时间序列上,先有人权后有基本权利。人权既然是一种先于国家而存在的权利,它不依赖于宪法,宪法是否确认人权并不影响人权的实际存在。宪法的制定者在宪法文本中不断添加基本权利的行为只是一个对人权不断"发现"并实现宪法保障的过程。基本权利就成为一部分人权被法律化的一种结果。

2. 从权利的状态来说,基本权利来自宪法的确认,是一个宪法性概念,它体现为权利的"法然"状态。人权一般被认为是一种"应然"权利,指人作为人应该享有的那些权利。也就是说,宪法上没有规定的那些权利并不意味着人们不享有,而只是可能暂时还不具备宪法保护的条件或还没有被规定而已。

3. 从权利的范围来说,人权的范围大于基本权利。由前一区别可知,人权的范围一般大于基本权利,宪法规定的"基本权利"是人权的一部分,不等于人权的全部。

4. 从性质上来说,人权是一种道德权利,基本权利是一种法律权利。人权作为整体性概念表现为相对抽象的价值体系;而基本权利体现为人权抽象价值的具体化、法律化。人权因其内在道德性而具有恒久不变的内在价值,然而这些观念价值需要法律的实在化,这是基本权利的使命。

我国 2004 年修宪后将"国家尊重和保障人权"写进宪法,作为《宪法》第二章"公民的基本权利和义务"第 33 条的第 3 款。这样,就在"公民的基本权利和义务"的篇章下出现了"人权"的语词,宪法文本中"人权"的范围是大于、等于或是小于"基本权利"就成为一个问题。有学者认为,人权条款位于第二章,并被置于公民基本权利条款之首,就在一定意义上表明了我国宪法条款中人权与公民基本权利具有同样的含义。但也有学者运用结构解释的方法,认为从《宪法》第 33 条第 3 款和第 4 款的关系来看,第 3 款规定了人权,而第 4 款规定了公民的宪法权利①。如果人权和公民的宪法权利即基本权利重合的话,则第 3 款并没有实际的意义,因为其内容已经被第 4 款所涵盖……修宪者不可能为了重复宪法上已有的规定而引入新的宪法条款。从这个角度而言,人权的范围应当包括、但不限于基本权利。因此,按照通常对"人权"和"基本权利"关系的理解,宪法中人权的范围应该是大于基本权利的,这样也可以为未来丰富宪法基本权利的内容提供一个开放的窗口。

---

① 《宪法》第 33 条第 4 款规定为:"任何公民享有宪法和法律规定的权利,同时必须履行宪法和法律规定的义务"。

## 第二节　公民基本权利的主体和类型划分

### 一、基本权利主体

一切基本权利的内容最终都指向一定的权利主体,换言之,确定了基本权利主体才能确定基本权利的适用对象。此外,内容上再广泛的权利,如果没有同样广泛的权利主体承接,那么权利也就失却了它的意义。所以,基本权利主体理论是基本权利研究的基础。

(一) 公民

公民是基本权利最通常、最一般的主体。人先于国家而存在,人是国家行为的目的,人权本身是作为对公共权力的警惕和防御而提出来的,那么宪法上的基本权利首先保障的当然是作为个体的公民。美国学者斯坦纳认为,"人权基本上是个人的。它们代表了对不同的利益的要求,这些利益被认为对于个人的良好生活、尊严和发展是基本的,而且,这些权利反映了对正义、公平和正派的一种常识。总而言之,权利观念即是'个人重要'",所以他也将人权公约中的"人民自决的集体权利称为'对于普遍概念的一个例外'。"[①]

公民作为基本权利主体,关注的并不仅仅是强调"个体"之于国家的宪法意义,更在于"公民"是否指向了一个足够宽泛的范围。在早期的各国宪法中,"公民"经常并不及于一国的所有成员,而是一个比较狭窄的范畴,妇女、有色人种、奴隶曾被排除在公民之外。在现代意义上,"公民"指的是排除了肤色、民族、性别、政治态度等考虑的社会的全部成员。我们所说的公民作为基本权利最一般的主体,就是从这个意义上看待的。

我国自 1954 年宪法开始,使用"公民"一词作为基本权利的主

---

① 〔美〕亨利·J. 斯坦纳:《年轻的权利》,这是斯坦纳教授为路易斯·亨金《权利的时代》作的书评。载〔美〕L. 亨金:《权利的时代》,吴玉章、李林译,知识出版社 1997 年版,第 266 页。

体,并得到以后几部宪法的沿用。①

(二)法人或非法人团体

从基本权利保护的原初意义看,权利保护是指向"个人"的。但人天生是社会的动物,人与人之间通过各种联合组建经济、政治和社会组织已经成为惯常的现象,这也是结社自由权、经济自由权等宪法权利保障的结果。作为"人与人的联合体"的法人或非法人团体成为基本权利主体业已得到一些国家宪法的正式确认。如德国《基本法》就明确规定:"基本权利亦适用于国内法人,但以依其性质得适用者为限"。美国《宪法》对此没有明确的说明,且在早期的法院判决中是认为宪法基本权利主体并不及于公司,但随着时间的推移,公司的基本权利主体资格不仅被确认,其享有权利的范围还不断扩展。

法人或其他公民团体作为基本权利主体毕竟不同于公民这一一般主体,并不享有公民的全部权利和自由,需要加以分别。在享有权利的范围上,法人不能享有性质上只有公民个体才能享有的权利和自由,如人身自由、生命权、信仰自由权等,但可以享有其他的诸如平等权、诉权、财产权、经济权等权利和自由。在主体资格上,也必须对法人本身进行区分。不是所有法人都可以成为基本权利的主体。公法人,如国家机关,因为它是基本权利限制的对象,一般不能成为基本权利的主体。

我国宪法中没有法人概念而称之为"社会团体、企事业组织"。《宪法》第二章名称为"公民的基本权利和义务",由于"公民"这一汉语语词的限定性,也为基本权利主体扩展到法人制造了障碍。但也有学者认为,在人权入宪以后,这个难题得到化解。因为法人和自然人同为法律上的人格,按照人格平等的要求,可以通过解释"人权"而

---

① "公民"一词的语义在中国是一个变迁的概念。在民国时期,"公民"是一个较为狭义的概念,主要指向拥有选举资格的人群,所以王世杰、钱端升先生才会说"公民这个名词,系指享有参政权的人民而言"(王世杰、钱端升:《比较宪法》,中国政法大学出版社1997年版,第133页),而在民国时期制定的宪法或宪法性文件中大多使用"人民"一词指代基本权利主体,这种习惯一直延续到中华人民共和国成立之初。所以,《共同纲领》在涉及基本权利条款中使用的语词也是"人民",1953年的选举法也使用"公民"作为选举权的主体。将"公民"与"国民"大体等同并指向社会的全体成员是1954年宪法以后发生的改变。

将权利主体扩展到法人。

（三）外国人（无国籍人）

关于一国宪法规定的基本权利是否可以适用于外国人曾存在不小的争议，但在人权保护国际化的背景下，外国人开始被一些国家纳入国内法意义上的基本权利主体范畴。一般而言，外国人在人格尊严、财产保护、司法程序性保护等领域可以和本国公民一样获得基本权利的主体资格。但是，由于"人民主权"等原则的约束，外国人作为宪法基本权利的享有主体和本国公民还是有所区别的。这些对外国人的限制领域主要体现在：

1. 基于特定社会共同体的利益，在性质上与"人民主权"关联的选举权、担任公职等公共参与、公共决定的相关权利。

2. 基于权利责任对等的限制。因为外国人不承担一些基本义务，如服兵役，外国人可能在一些国家公共给付的领域不能享有和本国公民相同的权利保障，比如外国人一般不享受本国公民享有的社会保障权即是如此。

3. 基于国家安全的考虑设置的限制，如出入境管理。

从总体的趋势看，外国人权利处于不断扩大的过程中。比如，在参政权领域，各国一般不许可外国人、无国籍人作为权利主体，但并不是绝对的。在我国的香港、澳门地区，由于特殊的历史原因，特别行政区基本法许可外国人享有一定程度的参政权。再如，挪威已经许可居住 3 年以上的外国人获得地方选举权。所以，今天的宪法学理论对于外国人、无国籍人可以成为宪法基本权利的主体已经基本达成共识，所争议者无非是外国人、无国籍人在何种范围内享有、在何种程度上享有的问题。比如，在日本法院对"马克林事件"的判决中认为，"宪法第三章所列的各项基本权利，除了那些在性质上仅以日本国民为对象的以外，对于居留在日本的外国人也应该同等适用。"[1]

---

[1] "马克林事件"参见韩大元、莫纪宏主编：《外国宪法判例》，中国人民大学出版社 2005 年版，第 245—248 页。

我国宪法没有明确承认外国人的基本权利主体地位,但在《宪法》第 32 条中规定了"中华人民共和国保护在中国境内的外国人的合法权利和利益",这可以视为宪法对外国人基本权利主体地位的一定承认。还有学者认为,可以结合《宪法》第 33 条的人权条款进行体系化解释而承认其部分基本权利主体地位。

(四)潜在的"人":胎儿

胎儿是否能够成为宪法上的基本权利主体,包括胎儿在何种情形和程度上受到宪法基本权利的保护,是一个有更大争议的问题。在美国的"罗伊诉韦德案"中,联邦最高法院的判决认为,胎儿并不是完全的宪法意义上的"人",因而不能成为基本权利的主体。但是,这一判决遭遇宗教团体、保守势力的强烈反对。后来美国法院的相关判决亦有若干反复,说明这个问题在美国长期缺乏一个确定的共识。在德国,因为人格尊严被置于宪法秩序的顶端,宪法法院的判决总体上支持了"人性尊严于未出生的人类生命中即已存在"[①]的理解。

我国宪法没有对此作出明确规定。但是,《宪法》第 49 条规定,"婚姻、家庭、母亲和儿童受国家保护"。《宪法》第 48 条也有妇女权益保障的专条规定。宪法上作为基本权利主体同时存在"妇女""母亲"两个语词,那么宪法上的"母亲保护"就必然存在"妇女保护"所不能涵盖的特殊价值。这个特殊价值可以理解为包括孕妇腹中的胎儿。这样理解宪法上的"母亲",既有《母婴保护法》上的完整体现,也有继承法上关于为胎儿预留继承份额,刑法上孕妇不适用死刑的规定作为旁证。所以,把胎儿作为我国基本权利的主体具有一定的宪法解释空间。

## 二、基本权利(人权)的主要类型划分

基本权利的类型划分是复杂、多样的,只需建立一个标准就可以对基本权利进行类型划分,本处仅择其要者予以说明。当然,基本权利的分类不仅仅是一个技术上的手段,也在一定程度上反映分类者

---

[①] 翁岳生主编:《德国联邦宪法法院裁判选辑》(八),转引自胡锦光主编:《宪法学原理与案例教程》,中国人民大学出版社 2006 年版,第 257 页。

对基本权利本身的价值判断。

（一）按照基本权利的性质划分

基本权利的性质划分主要是以公民和国家的关系为基础来进行的。这种划分最具有经典意义的是德国学者耶利内克的划分，他认为公民面对国家有四种状态：被动的、消极的、积极的、能动的。第一种被动的状态，体现为对国家的给付，就是公民所要对国家承担的"义务"；第二种消极的状态，表现为公民免受国家支配的权利，体现公民的"自由权"；第三种积极的状态，表现为公民对国家的积极请求权，要求国家履行相应的责任，体现为公民的"受益权"；第四种能动的状态，是因为公民之于国家不仅有着被动的义务还有主体的地位，所以公民有权能动地参与国家管理，这就体现为公民的"参政权"。此外，英国学者柏林的两分法也有着重大影响力。他将基本权利分为积极的权利和消极的权利两类。所谓消极的权利就是公民要求国家消极不干预的权利，如个人自由、私生活的权利等；所谓积极的权利就是公民要求国家采取积极的行动予以保障的权利，如提供公共福利以实现社会保障权，建立学校以实现教育权等。日本学者芦部信喜按性质将基本权利分为自由权（freedom from state）、参政权（freedom to state）、社会权（freedom by state）。还有学者根据基本权利的性质将基本权利分为可以克减的权利和不可克减的权利。

我国学者受此影响也有类似划分方法。王世杰先生、钱端升先生对各国宪法基本权利的内容予以考察，进行了三种类型划分：第一类称为消极的基本权利，即人身自由、言论自由、信仰自由等个人自由，国家对这类自由具有消极的不侵犯的义务；第二类称为积极的权利，也称受益权，即受教育权、获得社会救济等权利，国家对这类权利负有积极履行的义务；第三类就是参政权，包括选举权、罢免权、复决权等。第三类权利与第一、二类权利是目的与手段的关系。[①] 龚祥瑞先生也是同意这样的三类划分的，所不同的是他认为这三类权利之间是"互为目的与手段"的内在联系。[②]

---

① 王世杰、钱端升：《比较宪法》，中国政法大学出版社 1997 年版，第 61 页。
② 龚祥瑞：《比较宪法与行政法》，法律出版社 2003 年版，第 139 页。

（二）按照时间序列的人权代际划分

法国学者首先提出的基于人权发展史的三代人权划分也对世界产生了巨大的影响，被许多人权学者所接受。

第一代人权指的是近代西方宪制运动早期提出的以自由权为中心的权利，包括人身自由权、精神自由权、财产权、生命权、政治权利等。这些权利以西方近代自由主义哲学观念为基础，强调个人自由的极端重要性，要求国家不得侵入公民个人的私人自治的领域，除一些迫不得已的事项外国家应该采取消极的不干预主义。

第二代人权是指由1874年瑞士宪法肇始，经由德国魏玛宪法及社会主义宪法发展，并在20世纪后被各国普遍接受的以"平等"为中心的经济、社会、文化权利。第二代人权主要是因为福利国家观念兴起，要求政府从消极的"守夜人"角色向积极的公共福利、社会保障提供者角色转换。要求国家采取必要手段和措施满足社会公平的要求，尽可能避免财富的过度分化，建立基本的社会保障制度，提供公共教育、医疗，使每一个人获得最低限度的尊严和生活保障，尤其体现对社会弱势群体的终极关怀。第二代人权赋予了政府更多的能动性。①

第三代人权是20世纪70年代以后发展起来的以发展权为代表的一些新兴人权。第三代人权最初是反对殖民主义，争取民族解放斗争的成果。发展权是针对发展中国家虽然政治上赢得了独立但是经济上并不独立的状况提出的，在世界一体化的背景下各国都应该得到充分的发展，发达国家有责任帮助发展中国家发展。不仅如此，

---

① 需要说明的是，公民权利、政治权利与经济、社会、文化权利这两代人权之间有时并不存在明确的界分。各国的保护方法也不尽相同。比如，人权公约中基于劳动者的团结权而确立的"加入工会的权利，在美国是作为结社自由的一方面来保护的"，作为经济权利的"自由职业选择权，在美国宪法中属于正当程序条款保护的自由权的一部分"。不仅如此，一些美国学者甚至不承认"经济—社会权利"的基本权利地位，这一方面是因为美国通过法院的宪法解释将大量的经济社会权利的内容吸收到传统的自由权中——特别是极富于包容性的"正当程序"条款中。另一方面，"美国的客观环境及其历史都是独一无二的"，所以美国权利的保护要求关注于实现个人自治，自由传统，在"一个有大量经济机会的富裕国家，以及能够满足个人控诉的司法救济"的国家，社会经济权利宪法保护的必要性大为降低。参见〔美〕路易斯·亨金、阿尔伯特·J.罗森塔尔编：《宪政与权利》，郑戈、赵晓力、强世功译，生活·读书·新知三联书店1996年版，导论，第11、12页。也可参见〔美〕卡斯·R.桑斯坦：《为什么美国宪法缺乏社会和经济权利保障？》，http://www.calaw.cn/article/default.asp？id=3619，2013年4月13日访问。

发展中国家的落后也和发达国家历史上的殖民入侵、掠夺是分不开的,所以发达国家对发展中国家具有连带责任。因此,发展权也称为"连带权"。发展权是发展中国家、被殖民国家向发达国家提出的,所以也被称为集体人权。但是,在这种意义上提出的发展权概念及集体人权观念存在较大争议。许多西方学者认为,人权理论的基石是建立在确立单个个体的尊严和价值以对抗来自国家和政府的威胁基础上的。强调集体人权势必湮没个体存立的基础,这样人权保障也就失却了意义。所以,他们认为"将国家定义为'人'权的主体是一个错误。《发展权利宣言》英文作准文本并没有谈及国家是受益者"。[1]

1986年联合国《发展权利宣言》第1条第1款将发展权表达为:"发展权利是一项不可剥夺的人权,由于这种权利,每个人和所有各国人民均有权参与、促进并享受经济、社会、文化和政治发展,在这种发展中,所有人权和基本自由都能获得充分实现。"但在第1条第2款、第5条等条款中也强调维护民族自决,反对殖民主义和种族歧视,反对干涉内政,维护主权独立等内容。这个表述显然是西方发达国家和发展中国家博弈、相互妥协的结果,其意义已经不再是单纯的欠发达国家向发达国家提出的一种要求。至此,发展权就已经包含两个立场下的理解:

1. 国际法意义上作为集体人权的发展权

在这个意义上,发展权被认为"主要目的是强调共同的国际责任,特别是工业化(已发达)国家对于欠工业化(发展中)国家的责任",所以,各国有义务"创造有利于实现发展权的国内和国际条件",要"单独地和集体地采取步骤,制定国际发展政策",推进"有效的国际合作"[2],实现世界各国、各地区的均衡发展。这对于后发现代化国家来说具有更直接的意义。

2. 国内法意义上作为个人人权的发展权

在个人人权的意义上,发展权是指"每一个国家必须通过在其领

---

[1] 国际人权法教程项目组编写:《国际人权法教程》(第一卷),中国政法大学出版社2002年版,第457页。

[2] 同上。

土范围内尊重、保护和实施所有的人权来确保发展条件的存在"[①]。也指"国家有权利和义务制定适当的国家发展政策,其目的是在全体人民和所有个人积极、自由和有意义地参与发展及其带来的利益的公平分配的基础上,不断改善全体人民和所有个人的福利"(《发展权利宣言》第 2 条)。这就意味着,每一个公民有权要求随着社会的发展而获得政治地位、经济生活的相应改善。国家要建立地区间的均衡发展机制,建立社会保障水平和经济发展水平的联动机制,国家要实现社会财富的公平分配机制等。我们认为,这个意义上的发展权才是真正国内宪法意义上的发展权,属于一国宪法基本权利的范畴。

以生命、自由、财产等权利为象征的第一代人权使人获得了自立与尊严;以教育、劳动、社会保障等社会权构成的第二代人权使平等变得更加成为一种可能;着眼于国际新秩序的发展权和对未来世界的责任的环境权为代表的第三代人权使人权的理想得以突破民族国家的狭窄视域。现今,"人权的着重点可以从自我保存转向自我表现进而至于个人自我发展的各种形式",各国也可以根据自身的情形确定人权实现的一些方法。无论如何,值得欣慰的是"人权得到更加普遍的承认,甚至是被那些看起来最不情愿实施它们的人所承认,这一事实是我们时代突出的特征之一"。[②]

(三) 按照基本权利内容为基础的分类

这是以特定的宪法文本或国际人权公约所规定的权利内容为基础并着眼于权利的适用领域进行的划分。我国较早的时期,学者基本是按照现行宪法的文本为根据进行分类的,出现了十分类法,也有四分类法、五分类法,后来也有学者参照联合国《经济、社会和文化权利国际公约》及《公民权利和政治权利国际公约》的文本并结合中国宪法内容将基本权利分为五大类型:公民权利、政治权利、经济权利、社会权利、文化权利。

---

① 国际人权法教程项目组编写:《国际人权法教程》(第一卷),中国政法大学出版社 2002 年版,第 458 页。
② 〔美〕卡尔·J. 弗里德里希:《超验正义——宪政的宗教之维》,周勇、王丽芝译,梁治平校,生活·读书·新知三联书店 1997 年版,第 111、112 页。

由于一些权利带有复合性质,比如劳动权,一般归入社会经济权利类型,但劳动权中被称为"劳动者的团结权"的组织参加工会的权利又带有结社自由权的政治权利属性。许多归类的方法往往取决于对某一权利主要属性的理解,很难做到绝对的周延,所以不可将各类基本权利之间作非此即彼的绝对理解。

## 第三节 公民基本权利的保障与限制

### 一、基本权利的保障

（一）政治保障的重要性

一方面,宪制是依据宪法而建立的政治制度,历史的经验教训表明,基本权利的充分保障必须以完备的宪制为前提。宪制预设了人——尤其是掌握公共权力的人——是不可靠的,通过对权力的制度化的监督和约束,防止权力滥用从而侵害公民权利。另一方面,宪制制度是宪法实施的结果。如果没有一个完备的宪制制度,宪法规定的基本权利再多,也只是无法兑现的空头支票。因此,保障基本权利"仅仅依靠宪法性法或法律性的立法行为是不够的,国家的义务是采取适当的,对实现人权确有必要的立法、司法或行政措施。尤为重要的是,国家颁布的法律应该是采取行动的法律,而不是纸面上的法律"[①]。

（二）基本权利保障的宪法模式

在基本权利保障模式领域最杰出的研究者当首推日本学者宫泽俊义,他在对德国魏玛宪法的规范分析的基础上推出绝对保障模式和相对保障模式两种类型。后来其学生芦部信喜教授又在此基础上提出介乎于绝对保障模式和相对保障模式之间的折中型保障模式。现今,这三种模式的划分已经成为宪法学界进行基本权利保障研究的重要基础。

---

[①] 联合国《公民权利与政治权利国际公约》1981年第3号一般意见书。引自国际人权法教程项目组编写:《国际人权法教程》(第一卷),中国政法大学出版社2002年版,第544页。

1. 绝对保障模式

绝对保障模式是指在宪法中强调基本权利的至上性,禁止立法机关以普通立法的方式对宪法上的基本权利加以限制或设定例外情形。例如美国宪法第一修正案规定:"国会不得制定关于下列事项的法律:确立国教或禁止信教自由;剥夺言论自由或出版自由;或剥夺人民和平集会和向政府请愿伸冤的权利。"这就意味着信仰自由、言论自由、和平集会自由等宪法基本权利处于绝对保护的地位,立法部门的立法行为受到宪法的严格规制,一旦国会的立法涉嫌对前述基本权利的行使构成剥夺或变相限制,就会遭遇严格的合宪性审查。这种对基本权利的绝对保障来源于宪法的直接规定,其实效也相当程度取决于公众对于宪法的普遍信仰程度。美国是实行这种模式的典型国家。

2. 相对保障模式

相对保障模式是指宪法授权立法机关以制定普通法的方式对抽象的宪法基本权利加以具体化并许可施加必要的限制。例如,我国《宪法》第 40 条规定:"中华人民共和国公民的通信自由和通信秘密受法律的保护。除因国家安全或者追查刑事犯罪的需要,由公安机关或者检察机关依照法律规定的程序对通信进行检查外,任何组织或者个人不得以任何理由侵犯公民的通信自由和通信秘密。""相对保障模式又表现为两种具体的方式。其一是宪法权利的具体内容和保障方法均由普通法律加以规定;其二是对宪法权利的限制须通过普通法律。"[1]这种模式使基本权利的实际保障更多地依赖于具体的法律而非宪法的文本。

3. 折中型保障模式

折中型保障模式是指兼具绝对保障模式和相对保障模式的特点,在宪法中既有基本权利绝对保障条款又有相对保障条款,或者虽然以普通立法保障基本权利为主但又建立对立法本身的合宪性审查机制的保障模式。

绝对保障模式固然有利于防止立法的恣意,但宪法的只言片语

---

[1] 林来梵:《从宪法规范到规范宪法:规范宪法学的一种前言》,法律出版社 2001 年版,第 95 页。

难免引发具体事件中的歧见,以至于美式保障模式的实际运行是建立在法院的宪法解释基础上的。换言之,这种模式避免了立法者的任意,却难以避免法官把自己的意志注入宪法。而相对保障模式太过依赖于法律,也同样可能构成对基本权利的威胁。因为,一则立法者可能背离宪法意旨而导致对基本权利的不当限制,二则立法者可能以不作为的方式拒绝立法而使宪法基本权利成为空中楼阁。所以,今天世界大多数国家的宪法对于基本权利的保障是折中式的,即对一些关乎人格尊严、生命等"不可克减"的人权实行绝对保障,对一些经常取决于社会经济发展水平的权利,如社会保障权、受教育权等则实行相对保障模式。

有的学者也从另一个角度理解折中型保障模式。折中型是指既要依赖于立法机关完成基本权利的普通法律化,又要保持对立法机关的足够压力,防止立法者对基本权利的任意克减和限制。因而,一方面授权立法机关制定普通法律来保障基本权利,另一方面建立合宪性审查制度以制约立法机关,使合宪性审查机关成为最后的宪法基本权利守护者。如第二次世界大战后的德国即是如此。

除此以外,有的学者认为还存在一种"制度性保障模式",这种模式源自德国宪法学理论,它属于法规范通过对特定制度的保障而产生的对基本人权的间接、辅助性的保障,即历史上所形成的传统的制度,如私法领域的所有权制度、继承权制度、婚姻制度、地方自治制度、休假制度等,这些"客观的制度"的核心本质内容构成了对立法者的内在约束,也就实现了宪法基本权利连续性、补充性的保障。

(三) 公民基本权利保障的基本路径

1. 立法上的保障

这里的"立法"不仅指普通法律的立法,也包括立宪在内。所以,立法上的基本权利保障要求包括以下三个方面:

(1) 要求立宪者根据社会的发展及时将观念意义上的人权转化为实定法上的宪法基本权利。

基本权利的立法保障,首先表现在人权立法上,人权立法又最集中地体现在宪法对公民基本人权的规定当中。凡奉行立宪主义的国家,大多在其宪法(典)中设专章或概括式、或列举式地规定了公民所应享有、应予保护的基本人权。这些人权规定是其他部门法规定、保障具体人权以及进行人权推定的权威性来源和合法性基础。同时，这些人权条款本身也具有很强的判别力，从中可以表明国家对人权建设和保障的最基本态度，也可看出一国立宪时的人权理念，反映出该国人权体系的完善与否以及人权建设的进程。中华人民共和国成立以来的四部宪法，都对公民基本权利作出了规定。选举权、平等权、人身自由权、宗教信仰自由、人格尊严权、劳动权、受教育权、社会保障等各项权利被载入宪法，宪法保障的基本权利不断丰富和发展。

（2）要求立法机关及时将宪法上的基本权利通过普通立法来加以具体化，以促进基本权利的落实。

一方面，宪法上的基本权利相对抽象，亟需立法机关以普通法律的方式加以具体化。这样作为"高级法"的宪法权利才可能得到更好的落实。普通法律通过对特定基本权利主体范围、权利行使的边界、权利限制的手段和程序进行清晰界定使公民基本权利保障获得更具体充分的法律凭借。另一方面，立法机关享有的立法权，既是一种权力，也是一种责任，立法机关没有选择性立法的自由，不得以不作为的方式拒绝提供基本权利的法律保障。特别是在我国，由于宪法不具有司法上的直接适用效力，宪法上的基本权利如果没有普通法律的落实就难免沦为"画饼充饥"。时至今日，我国宪法上的一些基本权利还没有获得普通法律的立法保护，而是由行政机关以行政法规、规章等方式来规范的，立法机关应逐渐以法律的形式加以完善。

（3）要求立法机关在立法的过程中应遵循人权保障的基本精神，法律本身不得使宪法上的基本权利被不当克减。

立法者不是制宪者。在基本权利立法的过程中要严格遵循立宪意图，不能背离宪法基本权利保障的基本旨趣，从而使宪法上的权利保障条款变成法律上的权利限制规定。所以，立法机关有立法权但不能任意地立法。法律建立的对基本权利的保障手段是否充分、限制程序是否正当、限制事由是否过于抽象模糊、权利实现条件是否过于严苛等都要受到合宪性审查机制或宪法监督机制的严格审查和判断。

2. 行政控制

对于公民基本权利保障来说,行政机关是所有的国家机关中最具有威胁的。这一方面是因为行政机关无所不在,它从摇篮到墓地影响人们的全部生活,任何人都无从摆脱。另一方面是因为行政权本身的主动性的权力性质决定了行政机关在所有国家机关中最具有侵略性。因此,建立足够充分的行政控制是保障基本权利的极端重要的方面。这种控制包括但不限于以下方面:立法机关对委任立法的谨慎授权,不能将关涉公民基本权利的重大事项委托给行政部门;建立对行政权行使的过程控制,防止对基本权利的侵犯,比如建立行政听证程序、行政公开等制度;建立对公民基本权利受到伤害的纠正和救济机制,比如建立行政复议制度、行政诉讼制度等。

3. 司法上的保障

在现代政治文明中,立法、行政、司法的分野,说明了三者性质、角色和功能的差异。立法是民意的表达,其功能是在于确认、设定权利,或曰配置权利;行政代表行动,是民意的执行,其功能在于为权利的实现排除障碍,提供条件;司法是权利的救济,其功能在于使受到侵害的权利得以复位或得到补偿。立法可以在几个权利之间进行衡平取舍,行政可以在法定的权限内对权利进行自由裁量,而司法因其消极性、程序性、中立性、判断性、审查性、终极性[①]而对基本权利的

---

① 司法的消极性,或曰被动性,是法官只就案件进行审判,通过审判或诉讼对权利实行救济,而不是积极参与对权利的衡平,也不积极为权利的实现创造条件。就是说,没有案件和诉讼,法官不行动。它表明的是司法权的行为特征。司法的程序性是法官只按法律规定的程式进行工作,若超越了法律设定的程序,法官就是越权。程序性表明了法官的权限和界线。司法的中立性是一个合乎理性的司法权在国家的生活中应对政治问题保持中立的态度,法官除了服从宪法和法律以外,不受舆论、行政部门、其他社会组织的非法干扰,原则上也不对政治问题进行裁定。中立性表明了司法的权格定位。司法的判断性是法官通过在法律的规范与诉讼案件之间进行相似性的判断而展开工作。实际案件与法律规范之间的近似值越大,说明法官的判断就越精确,反之则不然。判断性表明了其行为模式。司法的审查性是在有的国家,法官在案件或诉讼中有权就该案所适用的法律进行合宪性审查,若发现该案件所适用的法律与宪法相抵触,那么所适用的法律实际上是无效的。这也表明了法官在维护宪法中的神圣地位,法官通过这种审查性的工作不仅对事实上被侵害了的人权实行救济,而且也对可能侵害人权的法律实施审查,使人权在宪法的意义上得到救济。审查性表明了其权能。司法的终极性是法官根据法律对案件的判断以及处理的结果是具有法律效力的,任何政党、组织以及权力机构都不能更改,对法官的决定必须不折不扣地执行。终极性表明了其效力。

威胁相对较小,成为人权的守护神和最后一道防线。司法权之所以对人权具有如此重要的意义,正是因为它具有与其他国家权力不同的特性,这些特性是人类通过长期的司法实践所寻得的成果,是人类普遍经验的呈现,同时也是一切现代政治文明必须具有的素质。

所以,在基本权利保障的诉求中,最为紧要的是对国家司法架构的指涉。基本权利的保障与司法之间有着最为直接的关联。因为正是依赖于独立、公平、公正的司法才使行政机关的侵略性得到遏制,才使个体的自由不致淹没在民主的大旗之下,受到伤害的基本权利才能获得救济和补偿。不仅如此,司法也是基本权利从文本走向生活的主要途径,正是通过司法对具体案件的审理将"纸上的权利"具体化为现实的利益,基本权利才借由一个个的案件而被人们真切感知,人们对宪法的信仰才得以建立。

4. 合宪性审查制度

现代政治依照权力性质,将国家权力划分为立法、行政和司法三类,并确定了它们分工合作或分立制衡的关系,这虽然在一定程度上防范了国家权力对基本权利的侵犯,但并不能解决全部的问题。

在西方国家权力分立与制衡的宪制下,依然可能存在立法机关"多数人暴政"、司法机关枉法裁判、行政权力扩张,从而威胁个体、少数群体的自由与权利的现象。因而,建立一个超越三权的、独立的、足够专业和权威的"宪法守护者"就成为一项紧迫的任务。合宪性审查制度就成为限制国家权力、保障公民权利的最有效的手段。越来越多的国家通过成立专门的宪法法院或宪法委员会来实现对公民基本权利的最终保障。这些宪法审查机关通过审查立法行为,审查行政机关及其官员的行为,审查普通法院的判决来防止他们对基本权利的不当限制,对防止权力的滥用发挥着越来越重要的作用。

基于人民代表大会制度这一根本政治制度的国情,我国并没有成立专门的合宪性审查机关,而是依赖人民代表大会实施合宪性的审查。2018年宪法修正案正式将原法律委员会更名为"宪法和法律委员会",并由其承担"推动宪法实施、开展宪法解释、推进合宪性审查、加强宪法监督"等职责。在不断强化树立宪法权威、推动宪法实施的当下,我国合宪性审查制度的探索和发展也在不断深化,这对于防范国家权力的滥用,加强公民基本权利的保障具有极为深刻的意义。

## 二、公民基本权利的限制

公民基本权利的限制就是通过宪法和法律的规定,对公民基本权利的内容、范围以及权利的实现途径予以一定的规制。这是由基本权利本身的相对性、社会性决定的。

本质意义上,基本权利限制的问题大多可以被基本权利保障的问题所吸收。因为,关注公民基本权利限制的事由、追问基本权利限制的正当性目的,以及对"限制的限制"的设计本质上是为了实现对基本权利的保障。一如郭道晖先生所说,"限制与保障两者须分主次,保障是主要的,限制是次要的。限制也是为了保障,限制和保障是辩证的统一"[①]。从另一个角度来说,对特定公民权利的限制实际上也就是对其他公民以及公共利益的保障。相对于前述的基本权利的直接保障来说,基本权利限制问题是从反向完成对基本权利的保障。

(一)公民基本权利限制的观念基础

1. 权利的相对性——对他人的尊重

权利应当得到保护,是因为权利具有道德上、法律上正当合理的价值,如果权利的行使超越了必要限度,其正当性、合理性也就不存在了。所以,"自由一向被认为受到对他人权利尊重的限制"[②]。就像人们常说的,"你的权利止于我的鼻尖"。基本权利要受到内在的限制,就像言论自由自始就受到不得侮辱诽谤他人、须尊重他人隐私的限制。任何权利的行使都有着天然的内在界限,这是权利的性质决定的。

2. 权利的社会性——对公共的责任

公共利益是限制个人基本权利的最惯常的理由,因为公共利益

---

[①] 郭道晖:《法的时代挑战》,湖南人民出版社2003年版,第351页。
[②] 〔美〕卡尔·J.弗里德里希:《超验正义——宪政的宗教之维》,周勇、王丽芝译,梁治平校,生活·读书·新知三联书店1997年版,第103页。

代表更多数人群的利益,在价值上更为优位。在许多情况下,维护公共利益经常也惠及权利被限制的特定个体。同时,不同事项中的公共利益受益的对象还是一个不特定的、变化的多数。所以,公共利益并不总是对立于个人而存在。一个公民可能在特定的事项中为了公共利益而权利受限,但他完全可能在另一事项中因别人的权利受限而受益,所以每一个人都必须承担一定的公共责任。《世界人权宣言》第 29 条规定,"人人对社会负有义务,因为只有在社会中他的个性才可能得到自由和充分的发展"。日本《宪法》第 12 条也规定:"本宪法所保障的国民自由和权利,国民须以不断的努力保持之。此种自由和权利,国民不得滥用,并应经常负为公共福利而被利用的责任。"

3. 权利的冲突性——对利益的衡量

社会主体的多元必然导致利益诉求的多元,资源的相对稀缺也使所有的利益不可能都获得满足,权利之间的冲突也就在所难免。这种冲突可能是公民之间权利与权利的冲突,比如,一个孕妇享有身体的自由,有权选择堕胎,但这项权利就会和胎儿的潜在生命权发生冲突;冲突也可能是公民权利与公共权力之间的冲突,正当行使的公共权力本身蕴含着社会的、集体的利益,这种利益就可能对特定公民的权利行使构成必要约束,这也是资源利用最大化的需要。和谐的社会秩序不仅需要对权利的切实保障,还需要对权利施加必要的限制。人不是纯粹自我、孤立的存在,一个健康有序的社会是建立在多元利益的平衡基础上的。于是,在权力冲突的背景下,不同的权利诉求就必然面临利益衡量,而衡量的结果往往是彼此的妥协、相互的限制。

4. 权利的自利性——对人性的判断

东西方对于人性的基本判断是存在分歧的。但因为趋利避害乃人之本性,无论在哲学意义上最原初的人性是善还是恶,都不可能在事实层面上绝对否认社会化的人存在自私、利己、堕落的种种可能。所以,大卫·休谟才会提出他著名的"无赖原则",即任何的制度预设都必须建立在对人的恶的足够警惕基础上,虽然休谟的观念主要是指向那些掌握公共权力的人,但也同样适用于普通公民。欲望的无止境、利益的最大化追求等人的主观恶性都可能引发权利滥用的风险。于是,权利应该受到限制就是题中之义了。

(二) 基本权利限制的法律形式

对基本权利限制的法律形式包括两个方面,即宪法的限制和法律的限制。当然,除了这种法律意义上的限制外,基本权利还受到来自社会道德、传统观念等因素的限制,这些属于法哲学、法社会学范畴的限制本处不加赘述。

1. 宪法的限制

宪法限制也称宪法保留,指一国宪法在公民基本权利的条款中,不仅提供明确的保障性规定,也同时作出某些限制性规定。如菲律宾《宪法》第3条规定,"通讯秘密不受侵犯,但根据法院的合法命令,或出于维护公共安全和秩序的需要而另有规定者不在此限。"再如,我国《宪法》第36条规定:"中华人民共和国公民有宗教信仰自由……任何人不得利用宗教进行破坏社会秩序、损害公民身体健康、妨碍国家教育制度的活动。宗教团体和宗教事务不受外国势力的支配。"宪法的限制一般是基于权利本身的内在约束和国家公共利益、社会价值的整体考量而作出的限制性规定,这种限制对行政的执法和司法的裁判具有明确的价值导向性,同时也往往排斥立法机关在宪法规定的限制之外添加其他的限制。

宪法的限制方式也可以进一步分为两种,即概括式的限制和区分式限制。概括式指以总括式的条款对所有基本权利进行原则上的限制。如我国《宪法》第51条,"中华人民共和国公民在行使自由和权利的时候,不得损害国家的、社会的、集体的利益和其他公民的合法的自由和权利",即属于此类。概括式条款通常构成对全部基本权利的限制。区分式,有的学者称为分层式限制,是指针对不同的基本权利条款,宪法分别作出不同的限制性规定。如,我国《宪法》第36条关于宗教活动不得"破坏社会秩序,损害公民身体健康,妨碍国家教育活动"的限制性规定即属于此类。在一国的宪法中,经常既有概括式限制的条款,也有区分式限制的条款。

2. 法律的限制

法律的限制指宪法中未对某一基本权利进行直接限制,而授权立法机关以立法的方式进行的限制。如德国《基本法》第 8 条规定"露天集会之权利得以立法或根据法律限制之"。

法律的限制具有两层含义。一是,法律的限制是一个将宪法许可的限制明细化的过程。由立法机关依据宪法的精神,通过制定普通法规范的方式,在法律中对宪法基本权利的行使作出若干具体性、程序性的限制规定,使权利的边界更为清晰,使公民对权利的行使有更为确当的把握。如我国《宪法》第 35 条规定了公民有集会游行示威的自由,1989 年我国通过了《集会游行示威法》对权利的行使进行了若干的限制,包括集会游行示威应当和平地进行,不得携带武器、管制刀具和爆炸物,不得使用暴力或者煽动使用暴力(第 5 条);举行集会游行示威,必须依照本法规定向主管机关提出申请并获得许可(第 7 条)等等。二是,明确只有法律才可以限制基本权利。这是权利限制理论中"法律保留原则"的核心内容,它主要是基于对立法的相对信任、对行政的侵略性的警惕而防御行政部门以行政规章、命令等形式限制公民权利。

所谓法律保留就是指对公民权利的限制只能由立法机关以制定法律的方式进行限制。此处的立法机关原则上限定为国家的最高立法机关,"法律"也就应作严格的狭义解释,行政法规、命令、地方性法规都不是法律。这个原则已被若干世界人权公约及许多国家的宪法所确认。《世界人权宣言》第 29 条规定:"人人在行使他的权利和自由时,只受法律所确定的限制,确定此种限制的唯一目的在于保证对旁人的权利和自由给予应有的承认和尊重,并在一个民主的社会中适应道德、公共秩序和普遍福利的正当需要。"

法律保留原则之下又可能存在两种做法。一种是简单法律保留,也称一般法律保留,即宪法对某项基本权利限制简单授权给"法律",而对"法律"本身如何去限制基本权利并未明文约束。宪法相关条款经常表述为,"依照法律规定""在法律规定的范围内""禁止非法"等。如我国《宪法》第 37 条规定,"中华人民共和国公民的人身自由不受侵犯……禁止非法拘禁和以其他方法非法剥夺或者限制公民的人身自由,禁止非法搜查公民的身体。"本处禁止的"非法""非法剥夺或者限制"也就意味着许可立法机关以法律的方式来限制公民的人身自由。另一种是特别法律保留,也称个别法律保留,即虽然宪法授权法律可以对基本权利进行限制,但对法律本身在什么范围、基于什么目的,在什么情形下才可以限制进行了事先的宪法规制。如德国《基本法》第11条许可法律对居住迁徙自由进行限制,但宪法同时规定"此项权利唯在因缺乏充分生存基础而致公众遭受特别负担时,或为防止对联邦或各邦之存在或自由民主基本原则所构成之危险,或为防止疫疾、天然灾害或重大不幸事件,或为保护少年免受遗弃,或为预防犯罪而有必要时,始得依法律限制之。"在特别法律保留方式下,立法机关法律限制的自主空间较为狭窄,因为"民主的决定"并不在任何时候都是正当的,立法机关本身也是可疑的,宪法也需要对立法机关保持一定的警惕。

我国也确立了法律保留原则。宪法中关涉基本权利的条款有若干类似于"依照法律规定的程序""依照法律规定"等法律保留观念的语词。我国《立法法》第8条也规定了,下列事项只能制定法律:(1)国家主权的事项;(2)各级人民代表大会、人民政府、人民法院和人民检察院的产生、组织和职权;(3)民族区域自治制度、特别行政区制度、基层群众自治制度;(4)犯罪和刑罚;(5)对公民政治权利的剥夺、限制人身自由的强制措施和处罚;(6)税种的设立、税率的确定和税收征收管理等税收基本制度;(7)对非国有财产的征收、征用;(8)民事基本制度;(9)基本经济制度以及财政、海关、金融和外贸的基本制度;(10)诉讼和仲裁制度;(11)必须由全国人民代表大会及其常务委员会制定法律的其他事项。

(三)对基本权利限制的限制

任何公共权力都可能构成对基本权利的威胁,即便是人民选举代表组成的立法机关也不例外。因此,宪法在许可公共部门可以对基本权利进行限制的同时,必须提供必要的控制措施。就是说,公共部门对公民基本权利进行限制时并不是不受约束的,它本身也应该受到限制。这些对限制的限制包括以下几个原则:

1. 明确性原则

宪法为实现自身的稳定和包容,难免在文本中出现一些概括性、原则性的条款,然而,这些条款又因其太过模糊抽象,就极易在执行过程中产生歧义,从而为国家机关恣意扩张自己的权力提供正当性理由,这是一对难以消解的矛盾。为解决这一矛盾,在对基本权利进行限制的时候应该从两个方面着手。

(1) 对宪法模糊条款的严格狭义解释

"公共利益"是限制基本权利的惯常理由,基本权利应该受到公共利益的限制也是确定无疑的。但是"公共利益"本身概念的高度模糊抽象使对"公共利益"的确当认定成为重大的宪法难题。比如,《公民权利和政治权利国际公约》第 21 条规定:"和平集会的权利应被承认。对此项权利的行使不得加以限制,除去按照法律以及在民主社会中为维护国家安全或公共安全、公共秩序,保护公共卫生或道德或他人的权利和自由的需要而加的限制。"如果,对上述的民主秩序、公共道德、公共卫生、国家安全、公共秩序、他人权利和自由等限制理由作宽泛的理解,那么,任何和平集会都可能被公共当局轻易地禁止。就像有学者说的,"有鉴于民主的不同概念,显然,'公共秩序'、普遍福利(更不要说'道德')这类术语在其内涵上是如此含混不清,以至于使统治者能把他们想要施加的任何限制都合理化。"[①]

如果缺乏一个有效的控制,公共利益就可能成为为政者挥舞的大棒,沦为打压少数群体,侵犯个人合法权益的工具。所以,必须对宪法、法律所列举的限制理由作严格的狭义解释。一般的狭义理解是:如果不加限制"必然"(而非可能)造成公共利益的较为"重大"的影响,才可以对基本权利进行限制。

(2) 法律应避免模糊条款

在对基本权利进行限制的法律用语中,应该尽可能详尽列明基本权利限制的若干情形、限制的法律程序、限制的主要手段等,而不能使用过于模棱两可的语词。没有明细化的保障,基本权利就会有执行中遭遇任意的处置的风险。

2. 比例原则

比例原则原是行政法上的基本原则,因其对公权力行使的普遍

---

① 〔美〕卡尔·J. 弗里德里希:《超验正义——宪政的宗教之维》,周勇、王丽芝译,梁治平校,生活·读书·新知三联书店 1997 年版,第 103 页。

约束价值,也被纳入宪法学研究的视野。在基本权利限制问题上,比例原则是指为实现公共利益而限制公民的基本权利时,应兼顾公共利益的实现和保护相对人的权益,其目的和手段之间要作出均衡选择。通说认为比例原则包括以下三项子原则:

(1) 适当性原则。也称为妥当性原则、适合性原则,是指公共当局采取的措施必须能够或至少有助于实现公共利益目的。或者说,所采取的限制手段能够被证明有助于达成公共利益的目标,那么,限制的措施才被认为是适当的。

(2) 必要性原则。又称为最少伤害原则、不可替代性原则。公共利益也没有绝对的正当性要求公民作出无限度的牺牲,这一原则意味着逻辑上的三个层次。首先,"真正"的公共利益客观存在。其次,能够证明限制某一基本权利成为保护公共利益"迫不得已"的选择。最后,在能够实现公共利益目的的若干可选措施中,所采取的是对基本权利限制最少、伤害最轻的一种。

(3) 狭义比例原则。这项原则也经常被称为"相对称性原则",即要求"一种干预的类型和强度为达到某一目的所绝对必要"。[①] 从根本上来说,只有特定的公共利益在价值上不低于特定私人的损害后果的时候,限制才是正当的。"对于个人而言,其所享有的权利之所以要受到限制,是因为存在着与这一价值同等重要的或较之更高的价值,没有这样的价值或价值冲突存在,那么限制权利本身就是不合理、非道德的。"[②]

3. 本质保护原则

个人并不受国家无限制的支配,是故,承认公民基本权利得为国家所限制的前提是为限制本身设定一个"不得侵犯的核心领域",这个核心领域就是人权保护的最本质的内容。其关涉主要包括两个方面:一是,某些权利在全部基本权利体系中具有本质性地位,如人格尊严、生命权等,不得被法律设定限制。二是,一项基本权利虽然可

---

① 国际人权法教程项目组:《国际人权法教程》(第一卷),中国政法大学出版社2002年版,第265页。
② 舒国滢:《权利的法哲学思考》,载《政法论坛》1995年第3期。

以被限制,但其中本质性的构成部分不得被侵越。如国家在紧急状态下,可以对基本权利进行必要限制,但"不得包含纯粹基于种族、肤色、性别、语言、宗教或社会出身的理由的歧视"。① 或者说,人不能因其出身、性别、信仰等差异而处于不利地位就成为权利本质保护的方面。这项原则在德国已经获得宪法上的直接规定,德国《基本法》第 19 条第 2 款规定,"无论何种情况,均不得侵害基本权之本质内容"。本质内容保护的原则也意味着我们"可能不得不服从于人民代表所确定的公共利益,至少要服从于那些非服从不可的公共利益。但是个人自主权、自由权或豁免权的某些内容和范围,具有特别的重要性,也只服从于那些非服从不可的公共利益"。② 本质保护原则意在为权利的限制设定一个禁区。

## 第四节 人权的发展及我国宪法基本权利的变迁

### 一、人权在各国宪法与国际法中的发展

现代意义上的宪制发端于英国,英国没有为世界留下一部系统的宪法典,但英国的《自由大宪章》(1215 年)、《权利请愿书》(1628 年)、《人身保护法》(1679 年)、《权利法案》(1689 年)等宪法性文件都表达了对人权尊重的持续追求。

1776 年的美国《独立宣言》宣称:"人人生而平等,他们都从他们的'造物主'那里被赋予了某些不可转让的权利,其中包括生命权、自由权和追求幸福的权利。"这段话经常被人引用,但是因为其凝重雅致,使得它免遭因为过度熟稔而滋生的轻视和由于过分滥用而滋生的厌恶。

1789 年法国也发表了《人权和公民权宣言》(简称《人权宣言》):"在权利方面,人们生来是而且始终是自由平等的。""任何政治联盟

---

① 联合国《公民权利和政治权利国际公约》第 4 条。
② 〔美〕路易斯·亨金、阿尔伯特·J.罗森塔尔编:《宪政与权利》,郑戈、赵晓力、强世功译,生活·读书·新知三联书店 1996 年版,导论,第 6 页。

的目的,都是保护人的不可剥夺的自然权利。这些权利是:自由、财产、安全和对压迫的抵抗。"

第二次世界大战以后,人权的理念和思想得到普及和发展。《联合国宪章》载明:"决心要保全后世以免再遭我们这一代人类两度身历的惨不堪言的战祸,重申对于基本人权、人格尊严和价值以及男女平等权利和大小国家平等权利的信念。"1948年,联合国大会通过了《世界人权宣言》,重申"人皆生而自由,在尊严及权利上均各平等"。1966年,联合国通过了《公民权利和政治权利国际公约》《经济、社会和文化权利国际公约》,1977年又通过了关于人权新概念的决议案。

今天,承认人权并保障人权已经越来越成为世界的共识,不仅如此,人权内容愈加丰富,人权保障的领域不断扩展,人权的国际化程度不断加深。

早期各国宪法保障人权,仅限于防御来自国家或政府对个人的侵犯,但如今"企业、工会、政党一类团体已普遍存在,而且它作为一种'社会性权力'吞噬了个人的存在的话,就不再可能把人权保障限定为公权力与国民之间的关系了"①。于是,有的国家的宪法将人权防御的对象也指向了一些强大的公共组织、公司等实体,这样人权保障所管控的领域就得到扩展。

在人权保障的内容上,各国通过修改宪法或扩张解释宪法文本,使一些新兴人权如知情权、隐私权、环境权等不断纳入宪法保护的视野。

与此同时,人们越来越认识到,人权仅仅停留在纸上是远远不够的,关键在于权利的落实。无论是在立法、执行还是司法中,人权保障体系的建构越来越成为人权关注的重点。

另一个不容忽视的方面是人权的国际化程度不断加深。也许人权的普遍性与特殊性的分歧还客观存在,也许人权的政治性与非政治性的讨论还在继续,但在世界人权对话更加频繁的背景下,共识在增加。"国际人权法并不创造在国内法之下的权利,但它为国内人权

---

① 〔日〕杉原泰雄:《宪法的历史——比较宪法学新论》,吕昶、渠涛译,社会科学文献出版社2000年版,第189页。

保护立法的创制施加压力,并保证它的实施",就像《维也纳宣言和行动纲领》所强调的那样,"一切人权均为普遍、不可分割、相互依存、相互联系。国际社会必须站在同样地位上、用同样重视的眼光、以公平、平等的态度全面看待人权。固然,民族特性和地域特征的意义,以及不同的历史、文化和宗教背景都必须要考虑,但是各个国家,不论其政治、经济和文化体系如何,都有义务促进和保护一切人权和基本自由。"[①]

## 二、新中国公民基本权利的宪法文本变迁

中华人民共和国成立初期制定的《共同纲领》中,没有专列"基本权利义务",也没有使用"公民"一词,当涉及权利的内容时使用的是"人民"一词,当涉及义务时用的是"国民"一词。其基本权利有:选举权、被选举权和控告权;言论、思想、出版、集会、结社、通讯、人身、居住、迁徙、宗教信仰以及游行示威的自由和权利;工人、农民、小资产阶级和民族资产阶级的经济利益和私有财产受国家保护的权利;妇女在政治、经济、文化教育、社会生活等方面享有与男子平等的权利;各民族有平等的权利和义务,有发展其语言文字、保持或改革其风俗习惯及宗教信仰的自由,等等。其基本义务有:保卫祖国;遵守法律;遵守劳动纪律;爱护公共财物;应征公役、兵役和缴纳赋税。

1954年《宪法》在《共同纲领》的基础上有了新的变化。《宪法》以专门一章规定了公民的基本权利和义务,并确立了公民法律上平等的原则,即中国公民不分民族、性别、职业、社会出身、宗教信仰、教育程度、财产状况、居住期限,在国家政治生活、经济生活、社会生活、文化生活等方面享有平等的权利。《宪法》还规定了一系列的自由和权利。如公民人身不受侵犯;住宅不受侵犯;通信秘密受法律保护;居住和迁徙自由;享有劳动权、休息权;劳动者在年老、疾病和丧失劳动能力时有获得物质帮助的权利;因国家机关工作人员侵犯公民权利而受到损失的人,有取得赔偿的权利;《宪法》还规定了公民有受教

---

[①] 《维也纳宣言和行动纲领序一》,中国人权网,http://www.humanrights-china.org/cn/rqfg/gjwj/t20061017_163784.htm,2013年4月4日访问。

育的权利,有进行科学研究、文学创作和其他文化活动的自由。对于公民的基本义务,《宪法》增加了遵守公共秩序、尊重社会公德的规定。

1975年《宪法》缩减了基本权利的内容,把有关条文从原《宪法》的15条减为2条。《宪法》取消了公民法律上平等的原则;取消了进行科学研究、文学创作和其他文化活动的自由;取消了因国家机关工作人员侵犯公民权利而受到损失的人有取得赔偿的权利;取消了公民各项民主权利和自由的物质保障。《宪法》还取消了遵守劳动纪律、遵守公共秩序、尊重社会公德、爱护和保卫公共财产、依法纳税等义务。

1978年《宪法》基本上恢复了1954年《宪法》的有关内容,并增设了一些条款。

1982年《宪法》对有关内容作了较大的调整,主要表现为:

第一,将公民的基本权利和义务一章由原来的第三章改置于国家机构之前、总纲之后的第二章。

第二,基本权利的内容和条款有所增加。

第三,强调了权利的相对性。如宪法规定公民在行使权利时不得损害国家、社会和集体的利益,不得损害其他公民的合法的自由和权利。

### 三、"人权入宪"与"权利大写"的时代

1997年10月,中国政府签署了《经济、社会和文化权利国际公约》。1998年10月,中国政府又签署了《公民权利和政治权利国际公约》。2001年2月,全国人民代表大会常务委员会批准中国政府加入《经济、社会和文化权利国际公约》。[①] 至今,中国已经加入了数十个国际人权公约,中国已经渐次从批判人权理论、强调中国国情特

---

① 2001年2月28日,第九届全国人大第二十次会议决定批准该公约,同时对第8条第1款(甲)项声明保留。该项内容规定:"本公约缔约各国承担保证人人有权组织工会和参加他所选择的工会,以促进和保护他的经济和社会利益;这个权利只受有关工会的规章的限制。对这一权利的行使不得加以除法律所规定的及在民主社会中为了国家安全或公共秩序的利益或为保护他人的权利和自由所需要的限制以外的任何限制。"

殊论,转变到渐次接受国际人权的普遍准则,体现了中国人权观念和实践的进步。

2004年,在现行《宪法》的第四次修改过程中,"人权"概念正式引进宪法,"国家尊重和保护人权"最终被明确地写入宪法,成为构成中国宪法及其制度理念的基石。有学者用"超越"一词来评价2004年"人权入宪"的历史意义,认为"人权概念的引入具有一种颠覆性的效果",因为"它同时超越了法律结构和政治结构,仅仅以人的名义要求最基本的权利与自由,以及一切合乎尊严的对待。这种超越……提供了人们重新认识和确定个体与国家关系的图式,在此图式里,个体的正当性获得优先确定,国家的正当性通过确认和促进个体的正当性而实现连接……人权不是要取消国家结构,恰相反,人权是一种社会关系的展开,它的实现需要借助国家的政治和法律结构,它所确立的只是个体请求权的终极正当性以及国家政治与法律结构运行的伦理边界。"[①]尽管中国依旧残留着家族集体主义及威权主义的文化传统,尽管国际上还在进行主权与人权、生存权和发展权、集体权和个体权的争论,但中国最终将人权保护确定为宪法原则,将保护个人的尊严与自主(autonomy)、促进人的全面发展设定为政府所追求的价值目标和国家义务,这本身就说明国家接受了人权价值,它为中国宪法的理念与实践注入了新的内涵和意义。同时,也使得宪法中有关公民权利的规定获得了更加权威的价值支撑和理论依据注解。由此,人权入宪的意义至少应该包括如下方面:

(一)人权入宪意味着"尊重和保护人权"成为一项宪法原则,并为基本权利的未来扩展提供观念基础

人权入宪意味着尊重和保护人权已经成为国家理念,它将成为一项宪法的基本原则从而指导未来立宪、行宪的全部过程。人权,既是理想,又是现实。正如《世界人权宣言》所言的人权内容,与其说是在指涉现实世界中人的生活状况,毋宁说它表达了一种超越人类现

---

[①] 田飞龙:《政治的概念与宪法的概念——从施米特政治学的两个基本判断切入》,参见北大法宝: http://www. pkulaw. cn/fulltext form. aspx? Db = art&Gid = 89e245d05675c0640bb5597a77cc69eebdfb,法宝引证码:CLI. A. 048511。

状的理想境界。人权所关切的,不仅是个人当下出处什么境况,更是人应该活在怎样的环境下。现行宪法即是如此。它所规定的人权原则及具体内容,既揭示了个人有尊严地生活的最起码条件,也可被视为一种社会实践的自我实现预言(self fulfilling prophecy);既为宪法和法律所严格保护与适用,又为我们社会的理想部分提供了发展所必要的空间与机会。

(二)人权入宪意味着对公民—国家关系的重新体认

在我国宪法中,明确规定了国家的奋斗目标,即"把我国建设成为富强民主文明和谐美丽的社会主义国家","富强、民主、文明、和谐、美丽"是国家现阶段发展的主题词。同时,随着"国家尊重和保护人权"原则载入宪法,个人权利的行使和自由发展作为个人目标也得到了宪法的保障和支持。换言之,我国宪法对国家目标和个人目标的设定和实现都作出了庄严承诺。国家的存在最终是为了个人的自由与权利。国家不是一个抽象的概念,是由一个一个的个体组成的,只有个人得到充分和自由的发展,国家方能实现它的存在和目标。

此外,宪法语境中的公民权利是一个经验化的概念。例如宪法借助国籍规定框定了公民范围的边界,通过具体的条款规定了公民的基本权利。公民的权利规定了国家的政治制度,权利的行使则推动了现实制度的运行。相比公民权利,人权则是附带了伦理色彩的概念,它并非基于实然法的规定而是依据人的尊严价值证成自己。人权的入宪,是以人权深化了对公民权利的理解。承认经验化的公民权利之上还有一个理念化的人权观,进而将人权概念引入宪法,这实际上是为中国宪法原有的权利观加上了一层普遍化的权利哲学。

(三)人权入宪有助于实现对权力的控制

公民的基本权利或者人权概念主要关心的是权力的滥用,这与宪制制度的设计和关注是不谋而合的。即便奉行多数原则的政党政治,也不能超越政府部门之间的相互制衡原则。权力制衡的目的是为了防止权力滥用,始终警惕权力滥用的目的是为了保全个人权利。虽然,人权入宪并不必然能够"把权力关进笼子",但至少它提供了思想的渊源。

(四)人权入宪意味着对人权的普遍性在一定意义上的接受

"人权入宪"是对宪法自身的一次重要改造,同时也是中国对本国人民和世界各国作出的最为正式的承诺。人权构成了现代民主国家的合法性尺度,构成了文明社会的基础。中国政府和中国社会已经承认和接纳普遍化的人权观念,它从法政制度到社会生活的方方面面都开始融入世界主流。这是一种不容置疑、但也是艰难获致的社会进步,用一个词来概括,这是一种"突破"。它的意义,不在于说我们这个社会人权状况得到了怎样的改变,而是说构成我们这个社会的基础发生了改变。我们这个社会生活共同体已经跨过了一个文明尺度的刻度。当然,需要再次强调的一点是,中国宪制并没有简单地照搬西方模式,权利的大写必须遵循中国的语法。

我国现行《宪法》经过五次修改,各项公民权利不断被增加、巩固,现代文明社会所公认的基本人权(以《联合国人权宪章》为标准)都被涵盖在内。但我们应该注意到:人权,不仅仅包含各项可以付诸实践的具体权利,更是一种载附了尊严、平等、自由等诸多价值的观念体系和道德要求。不妨说,人权就是"人道"与"权利"的结合;人权本身,可分解为技术层面的各项权利和价值层面的若干理念(idea)。由此,我们考察一国宪法,不仅要关注各项公民权利的规定和实现程度,也要注重人权作为一套价值体系整体上被国家、被政府、被社会成员所接受的程度。显而易见,只有尊重和保障人权的精神真正为国家和全社会所接受,个人的权利与自由才能最终在法律及社会生活领域得以展开、实现。

# 第八章 我国公民的基本权利和义务

## 第一节 平 等 权

### 一、平等权的历史渊源

法律面前的平等问题是一个历史概念。从法的词源看,在我国,"法"字的古文写作"灋",《说文解字》曰:"平之如水,从水(氵);触不直者去之,从去。"这里即含有公平裁判,平等适用的含义。

封建社会存在着公开的等级特权,但仍有一些思想家提出了适用法律平等的思想。如"刑无等级,法不阿贵""刑过不避大臣,赏善不遗匹夫""王子犯法与庶民同罪"。但这时的平等适用法律并不是每个社会成员所享有的法律权利。近现代意义上作为基本权利的平等权起源于17、18世纪资产阶级反封建的斗争之中。自然法学派的代表人物卢梭、洛克等人提出了法律面前人人平等的口号,声称人生来即是自由、平等的,每个人的权利都是天赋的,相同而无差别的。这种自由、平等的思想对于反对封建的特权、专制制度起了重大作用,成为资产阶级胜利后制定法律的理论基础。

1789年,法国《人权宣言》首先以法律的形式肯定了公民权利平等的原则,宣布自由、平等是天赋的、神圣不可剥夺的权利。法国《人权宣言》第6条明确规定:"法律是公共意志的表现。全体公民都有权亲自或经由其代表去参与法律的制定。法律对于所有的人无论是实施保护或处罚都是一样的。在法律面前,所有的公民都是平等的,故他们都能平等地按其能力担任一切官职、公共职位和职务,除德行和才能上的差别外,不得有其他任何差别。"由此可见,资产阶级赋予法律平等问题以崭新的含义,它第一次将平等与公民及公民的权利联系在一起,肯定了公民在法律形式上的平等权利,并成为资产阶级法律制度的基本原则。

第二次世界大战以来,平等权与平等原则被越来越多的国家所接受。各国普遍将平等权作为公民的基本权利规定于宪法、法律之中。平等权从原则的、抽象的规定具体为实际的权利,平等的范围也在不断扩大。早期资产阶级的宪法、宪法性文件都只是抽象地提出了人人生而平等的问题,而20世纪以来的宪法则就平等权的内容予以详细的列举。如德国《基本法》第3条规定:在法律面前人人平等;男女享有平等权利;任何人不得因性别、种族、语言、籍贯、血统、宗教或政治意见之不同而受歧视或享有特权。美、英等国则制定了男女平等和种族平等的宪法、法律。随着人权保护的国际化趋势,国际社会亦将平等权的保护作为国际社会共同的责任,如1948年联合国《世界人权宣言》对平等权问题作了相关规定。

在我国,1949年中华人民共和国成立之初,起临时宪法作用的《共同纲领》曾规定了男女平等和民族平等。1954年,中华人民共和国第一部宪法明确规定了"公民在法律上一律平等"。1975年与1978年宪法取消了这一规定。1978年中国共产党第十一届三中全会公报重申:"要保证人民在自己的法律面前人人平等,不允许任何人有超于法律之上的特权。"1982年宪法恢复了公民平等权的内容,明确规定:"中华人民共和国公民在法律面前一律平等。"公民的平等权重新成了公民应有的宪法权利。

**二、公民平等权的含义与特征**

我国《宪法》关于平等权的规定主要有:(1)第33条第2款规定:"中华人民共和国公民在法律面前一律平等。"(2)第33条第4款规定:"任何公民享有宪法和法律规定的权利,同时必须履行宪法和法律规定的义务。"(3)第5条第5款规定:"任何组织或者个人都不得有超越宪法和法律的特权。"(4)第4条第1款中规定:"中华人民共和国各民族一律平等","禁止对任何民族的歧视和压迫"。(5)第48条第1款规定:"中华人民共和国妇女在政治的、经济的、文化的、社会的和家庭的生活等各方面享有同男子平等的权利。"第2款规定:"国家保护妇女的权利和利益,实行男女同工同酬,培养和选拔妇女干部。"(6)第36条第2款中规定:"不得歧视信仰宗教的公民和不信仰宗教的公民。"

根据宪法的规定,我国公民的平等权应包括如下含义:(1) 我国公民不分民族、种族、性别、职业、家庭出身、宗教信仰、教育程度、社会地位、财产状况等因素,一律平等地享有宪法和法律规定的权利和自由,平等地履行宪法和法律规定的义务;(2) 国家对一切公民的合法权益依法平等地予以保护,对任何公民的违法犯罪行为,平等地予以追究和制裁;(3) 国家不允许任何组织和个人有超越宪法和法律的特权,无论什么人都要严格遵守宪法和法律。其基本特征有:

1. 平等权的主体是全体公民,它意味着全体公民法律地位的平等。

2. 平等权是公民的基本权利,是国家的基本义务。公民有权利要求国家给予平等保护,国家有义务无差别地保护每一个公民的平等地位。国家既不能剥夺公民的平等权,也不能允许其他组织和个人侵害公民的平等权。

3. 平等权意味着公民平等地享有权利,平等地履行义务。国家平等地保护公民的法定权利,平等地要求公民履行法定义务。平等与特权不能并存,平等也不允许歧视现象存在。

4. 平等权是贯穿于公民其他权利中的一项权利。它通过其他权利,如男女平等、种族平等或政治权利平等、经济权利平等的具体化而实现。

5. 平等权既是我国公民的一项基本权利,也是我国宪法的基本原则。保护公民的平等权是宪法的基本要求。

### 三、平等权的范围

平等权是指公民在立法、司法和守法上的平等,还是仅指公民在司法、守法上的平等而不包括立法平等,这是法学界存有争议的问题。

立法的平等是指所有公民平等地享有直接或间接地参与立法活动的权利,经过立法程序制定的法律应充分体现公民的平等权利。司法的平等是指国家对所有公民的合法权益都依法予以平等保护,对违法行为依法予以平等处罚。守法平等是指所有公民平等依法享有权利和履行义务,既无超越法律的特权,也不受法律以外的歧视。

法学界主张平等权仅是公民在司法、守法范围内的平等,不应包括立法平等的范围之主张被概括为"法律适用平等说"[①]。其主要理由为:法律是人民意志的反映,人民和敌人在法律上要区分开来,而人民内部亦不可能完全平等,如在人民代表大会中工人与农民的不同比例。因此,立法不可能平等。1952年,毛泽东同志曾讲过,我们在立法上要讲阶级不平等,在司法上要讲阶级平等。1952年,中华人民共和国第一部选举法制定时,周恩来同志也讲过,在选举法中,工人、农民的比例不等,工人要占优势,这是立法上的不平等,但法律一经制定,司法上必须统一执行,毫无例外。我国现行《宪法》将公民的平等权规定为"在法律面前一律平等",与1954年《宪法》规定"在法律上一律平等"相比,就是进一步明确了公民的平等权是指法律已经制定以后的平等司法和平等守法。另一种主张认为平等权不仅限于公民在法律适用上的平等,还应包括公民在法律内容上也享有平等的权利,立法不能违反平等原则。这种主张被称为"法律内容平等说"[②]。其主要理由为:立法平等是司法、守法平等的先决条件,没有立法上的平等,就不可能实现完全意义上的平等,而法律的内容如果不平等,则司法与守法越平等,只能导致最终的越不平等。在现阶段,"法律内容平等说"对于全国推进依法治国更具现实意义。《中共中央关于全面推进依法治国若干重大问题的决定》强调"平等是社会主义法律的基本属性",由此需要把平等贯彻到科学立法、严格执法、公正司法、全民守法的全过程,保障公民平等权的实现。

**四、平等权的相对性**

平等权不是一个绝对的概念,而是一个具体的、相对的概念。平等本身也处于一个发展过程之中。在封建社会,由于封建地主的封建特权和劳动者对地主的人身依附关系,存在着公开的从形式到实

---

[①] 林来梵:《从宪法规范到规范宪法——规范宪法学的一种前言》,法律出版社2001年版,第112页。

[②] 同上。

质的不平等。在资本主义社会,劳动者与资产者在法律面前是自由的,没有人身依附关系。劳动者作为劳动力的持有者,资产者作为资本的持有者,在进行等价交换的过程中,双方的法律地位是平等的。这在一定程度上实现了一定意义的形式上的平等。近代各国宪法规定的平等权就是以保障这种形式意义的平等权为出发点的。这种形式意义上的平等权是一种"机会的平等",即相对的平等。相对的平等是建立在承认人们之间具有合理的差别,如"不同等的个人天赋"等"天然特权"基础之上的。但自第二次世界大战以来,随着各国宪法中社会经济权利的发展、社会保障与社会福利制度的建立,平等权的相对性有了一定程度的修正。

### 五、平等权的司法审查

"实质平等"概念是相对于"形式平等"而提出的,是对"形式平等"必要的校正和补充。"实质平等"意味着根据公民个人的不同情况,给予"合理的差别对待"。此处的问题是,何种程度上的差别对待是合理的,是否存在具体的审查模式?

尽管各国在司法实践中建立了多种关于平等权的司法审查基准,但是一般都遵循以下必要的审查步骤:(1)寻找可比较之对象,并据以确定存在差别对待;(2)判断该差别对待是否合理,即该差别对待是否基于法律规定的"阻却事由",以及该差别对待是否符合比例原则;(3)在审查过程中,也需要考量国家和社会的现实需求,使司法裁决契合现实发展。

我国目前对于平等权并未建立起一套严格的审查模式。一般而言,在涉及平等权案件时,多采用比例原则或者利益衡量原则进行判断。

## 第二节 政治权利

### 一、政治权利的概念和范围

政治权利亦称为参政权。它是指依照宪法规定,公民参加政治生活的民主权利以及在政治上表达个人见解和意愿的自由权。政治权利的范围在现代多数国家,主要包括选举(选举和被选举)权、罢免权、创制权和复决权诸项内容。

政治权利的范围在我国宪法中没有明确的界定。通常主要有两种界定方式:一种为学理界定;一种是我国现行刑法对政治权利范围的界定。学理的界定范围主要指我国《宪法》第34条规定的我国公民的选举权和被选举权以及第35条规定的我国公民有言论、出版、集会、结社、游行和示威的自由。刑法对政治权利范围的界定是我国现行《刑法》第54条规定的:"剥夺政治权利是剥夺下列权利:(一)选举权和被选举权;(二)言论、出版、集会、结社、游行、示威自由的权利;(三)担任国家机关职务的权利;(四)担任国有公司、企业、事业单位和人民团体领导职务的权利。"根据《刑法》规定,对危害国家安全以及严重破坏社会秩序的犯罪可适用剥夺政治权利。

**二、选举权与被选举权**

选举权是指公民享有选举国家权力(立法)机关的代表和其他国家公职人员的权利。被选举权是指公民享有被选举为国家权力(立法)机关代表或其他国家公职人员的权利。

我国《宪法》第34条规定:"中华人民共和国年满18周岁的公民,不分民族、种族、性别、职业、家庭出身、宗教信仰、教育程度、财产状况、居住期限,都有选举权和被选举权;但是依照法律被剥夺政治权利的人除外。"

宪法学上关于选举权是公民的权利还是公民的职务,主要有三种学说。一为固有权利说。该说起源于卢梭的人民主权论,认为国家主权属于全体人民,因此人民有权行使选举权利。这种选举权为人民与生俱来的权利,无须国家宪法或法律赋予,国家宪法或法律也不得随意剥夺。该说对于17、18世纪反对封建的选举制度,废除不平等的选举制度(选举权只属于贵族、僧侣等级),起到了积极的作用。二为社会职务说。该说认为,选举权为国家赋予公民的权利,而国家之所以赋予公民此项权利,是为了全社会的利益。因此,公民的选举权是一种社会职务。该说起源于18世纪末19世纪初。依据该学说,国家可以强制公民参加投票。三为二元说。该说认为选举权既是公民的一项职务,亦是公民的一种权利,是国家法律赋予的权利,是一项附有职务性的权利。我国宪法学界关于我国公民的选举权之性质,主要认为是我国宪法和法律赋予公民的一项政治权利。

公民享有选举代表和其他公职人员的权利,并对代表和其他公职人员实行监督,对不称职者有权予以罢免。我国《宪法》第77条规定:"全国人民代表大会代表受原选举单位的监督。原选举单位有权依照法律规定的程序罢免本单位选出的代表。"第102条第2款规定:"地方各级人民代表大会代表的选举单位和选民有权依照法律规定的程序罢免由他们选出的代表。"我国《选举法》对公民行使罢免权的程序亦作了具体规定,从法律上保障了我国公民罢免权的实现。

### 三、言论自由

言论自由是指公民享有宪法赋予的通过口头、书面及电影、戏剧、音乐、广播、电视等方式发表自己意见的权利。它是公民政治自由中最重要的一项权利,其他自由都是言论自由的具体化和扩大。言论自由有广义和狭义之分。狭义的言论自由是公民在公共场所发表意见或讨论问题的权利。广义的言论自由则包括出版自由、学术自由、新闻自由等。言论自由在宪法理论上被称为"意见自由"或"表达自由"。

言论自由作为近现代宪法上一项重要的公民权利,是资产阶级革命的产物。在封建专制时代,言论自由的思想也曾出现,但那时的言论自由不是被看作一项民主权利,而是"人君"的恩赐物。因此,在奴隶制社会和封建制社会,禁锢思想、言论专制是其真正的特征。在中国古代,有过"焚书坑儒"与"文字狱";在西方,苏格拉底因其学说"腐蚀"雅典青年而被判处死刑,布鲁诺则因其学说被视为异端而被烧死。言论自由作为一项权利,是17、18世纪资产阶级反对封建专制的胜利成果。在中世纪的欧洲,宗教教义统治一切,窒息着人们的思想,人们逐渐产生了精神自由的要求。16、17世纪人文主义思想兴起,人们对科学真理的探索与宗教教义的思想统治发生了冲突。因而,最早的言论自由即表现为宗教问题上的言论自由,并进而逐步演变为政治上的自由,被视为同人身自由、财产自由一样不可剥夺的天赋人权。资产阶级取得政权后,将言论自由作为公民的一项基本权利写入了宪法。1776年美国《弗吉尼亚州宪法》最早规定了保障人民的言论出版自由。1789年法国《人权宣言》宣布:"自由传达思想和意见是人类最宝贵的权利之一,因此,每个公民都有言论、著述和出版的自由。"自此,保障言论自由成为所有立宪国家的重要准则之一。

中华人民共和国成立以来,从《共同纲领》到以后的1954年宪法、1975年宪法、1978年宪法、1982年宪法,都将言论自由作为公民的一项权利写入其中。1966年,联合国《公民权利和政治权利国际公约》规定:"人人有发表意见而不受干预之权利。"言论自由已发展为国际社会普遍的基本准则。

言论自由作为公民的基本权利,其核心是指国家的任何立法与行政活动都不得剥夺公民的言论自由,否则就是违宪行为。美国宪法第一条修正案规定,国会不得制定任何剥夺言论自由的法律。然而,任何自由都不是绝对的,都要有一定的限制。"言论自由本身就意味着政府对于言论的不加干涉,但这并非绝对的,即使在广泛承认这一自由的国家,在下列情况下也必须对言论自由作最小限度的限制:(1)保护个人不受诽谤或对权利的其他分割;(2)维护社会的道德水准;(3)当国内发生暴力或骚扰行为时维护社会治安的需要;(4)当外敌入侵时为捍卫安全的需要。"[①]我国《宪法》第51条明确规定:"中华人民共和国公民在行使自由和权利的时候,不得损害国家的、社会的、集体的利益和其他公民的合法的自由和权利。"根据我国法律的规定,公民在行使言论自由权利时,必须受到如下限制:(1)不得用言论进行危害国家的安全的宣传和煽动;(2)不得用言论进行诬告、陷害其他公民的活动;(3)不得用言论侮辱、诽谤、诋毁其他公民的人格尊严;(4)淫秽、色情、暴力等言论受到限制。

对于言论自由的限制范围、限制方式,许多国家都制定了专门的法律加以调整,如新闻自由法、出版法、诽谤法、广播法等。宪法学将

---

① 《世界大百科辞典》,中国大百科全书出版社1981年版,第83页。

各国不同的法律限制方式分为预防制和追惩制两种：

第一，预防制（事前限制）。在这种制度下，凡演说、出版等言论均需在表达以前受国家机关（主要是军警机关）的干预和检查，所以亦称为"警治制度"。

第二，追惩制（事后制裁）。在这种制度下，言论与出版不受事前检查，而是表达者一旦违法后按法定程序受制裁。这种制度也称为法治制度。英美等多数国家都实行这种制度。

中华人民共和国成立以来，我们在《共同纲领》与四部宪法中都明确规定言论自由是公民的基本权利，但是在实际生活中，仍不断出现侵犯公民言论自由权利和滥用言论自由权利的现象。对言论自由的限度、限制方式、原则、具体保障等一系列问题，仍没有做到完全法律化、制度化。因此，保障公民言论自由就必须及时制定有关的法律，如新闻法、出版法等，使这项重要的公民基本权利能够具体化、法律化，得到切实的保障。

## 四、出版自由

出版自由是言论自由的扩充表现，是广义的言论自由之一。它主要是指公民有在宪法和法律规定的范围内，通过出版物表达自己的意见和思想的权利。它的主要媒介物是书籍、报纸、传单、广播、电视等，出版自由一般地说是较为系统的、成书面形式的意见。

在英美国家，出版自由的观念是根深蒂固的。早在1695年，英国就取消了出版领取许可执照的制度。在美国，宪法第一条修正案明确规定，国会不得制定法律来剥夺出版自由。但是，这种自由也并非毫无限制。英美等国对出版自由一般采取追惩制。对出版自由限制的条件、原因，各国在不同的时期有不同的规定与做法。

我国从《共同纲领》到历部宪法，都有专门的条文确认公民出版自由的权利。在我国，已拥有成千上万家报纸、杂志、电台、电视台、通讯社、出版社等，使公民出版自由的权利得到了一定程度的保障。但是，同时强调加强对出版物的管理，规定出版刊物必须到有关部门办理登记手续，得到批准方可印刷发行。1952年，政务院公布了《管理书刊出版业印刷业发行业暂行条例》和《期刊登记暂行办法》；1980

年,国务院又批转了国家出版事业管理局、公安部、财政部、司法部、教育部、外交部、轻工部、中国人民银行等八个单位的一份报告,重申了期刊登记制度和其他管理办法。

我国《民法通则》和《著作权法》对保护公民的著作权作了具体规定。同时,为了切实从法律上保障公民的出版自由,制止非法出版活动,惩办非法出版的犯罪分子,国家制定了一系列的法律和规定。国务院于2001年颁布行政法规《出版管理条例》《音像制品管理条例》;原国家新闻出版广电总局、工业和信息化部于2016年颁行部门规章《网络出版服务管理规定》。在认定非法出版物方面,我国《刑法》规定了制作、复制、出版、贩卖、传播淫秽物品牟利罪,为他人提供书号出版淫秽书刊罪;国务院1985年发布了《关于严禁淫秽物品的规定》,1987年发布了《关于严厉打击非法出版活动的通知》;1987年最高人民法院和最高人民检察院联合发布了《关于依法严惩非法出版犯罪活动的通知》,国家新闻出版署1988年发布了《关于认定淫秽及色情出版物的暂行规定》。这些文件划分了非法出版与出版自由的界限,为公民行使出版自由提供了一些法律依据。

总之,出版自由是公民的一项基本权利,国家应当逐步制定出版法、新闻法及其他法规、条例,使公民和国家都有法可依,从而使公民的这一权利真正得到充分实现。

**五、集会、游行、示威自由**

集会、游行、示威是公民的政治权利。各国宪法大都赋予公民以集会、游行、示威的自由。1966年联合国大会通过的《经济、社会和文化权利国际公约》也明文规定:"和平集会的权利应被承认。对此项权利的行使不得加以限制,除去按照法律以及在民主社会中为维护国家安全或公共安全、公共秩序,保护公共卫生或道德或他人的权利和自由的需要而加以限制。"我国从1954年以来,四部宪法都明确规定中华人民共和国公民有集会、游行、示威的自由。1989年10月第七届全国人民代表大会常务委员会第十次会议通过了《中华人民共和国集会游行示威法》,对我国公民的集会、游行、示威自由作了全面规定。

根据该法规定,集会是指聚集于露天公共场所,发表意见、表示意愿的活动。游行是指在公共道路、露天公共场所列队行进、表达共同意愿的活动。示威是指在露天公共场所或者公共道路上以集会、游行、静坐等方式,表达要求、抗议或者支持、声援等共同意思的活动。

　　由此可见,这里所指的集会、游行、示威具有如下特征:

　　第一,集会、游行、示威是由公民所举行的活动。国家或者根据国家决定举行的庆祝、纪念等活动和国家机关、政党、社会团体、企业事业组织依照法律、章程举行的集会,不属于《集会游行示威法》的调整范围。

　　第二,集会、游行、示威是在露天公共场所举行的活动。

　　第三,集会、游行、示威是为了表达某种公共意愿,具有较强的政治性。一般的群体性娱乐活动、体育活动,不属于集会、游行、示威的范畴。

　　公民享有集会、游行、示威的自由权利是现代民主制度的要求,国家应为公民充分行使这种权利提供必要的条件和保障。《中华人民共和国集会游行示威法》在总则中明确规定了公民行使集会、游行、示威的权利,各级人民政府应当依照该法规定予以保障。

　　同时,集会、游行、示威是一种较为激烈的表达意志的方式,在客观上往往会给社会造成一定的消极影响,所以各国法律对集会、游行、示威自由权利给予一定的限制。目前,世界各国的限制方式主要有三种:(1)申报制,即仅须在集会、游行、示威前向有关机关报告,无须经其批准;(2)批准制,即集会、游行、示威须取得有关机关许可方能举行;(3)追惩制,即在集会、游行、示威前不受任何国家机关的干涉,只在集会、游行、示威中有违法行为时,才依法予以惩罚。我国采用批准制,举行集会、游行、示威,必须依照法律规定向主管机关提出申请并获得许可。

　　**六、结社自由**

　　公民的结社自由是指公民为了一定的宗旨而依照法律规定的手续组织某种社会团体的自由。结社可分为以营利为目的的结社和不以营利为目的的结社。以营利为目的的结社如公司等,通常由民法、商法、公司法等予以调整。不以营利为目的的结社又可分为政治性结社和非政治性结社。政治性结社如组织政党和社会政治团体等,非政治性结社如组织宗教、学术、文化艺术、慈善行业、娱乐团体等。世界各国法律对不同的结社有着不同的法律规定。

结社自由是社会生活和民主生活不可缺少的部分,是社会生活走向民主化的标志。在我国,近年来,各种学术讨论会、研究会不断召开,大量的社团如雨后春笋般涌现,结社热情日益高涨。这表明我国的民主生活正在逐步完善,这对社会主义民主政治的建立、完善起着重大作用。

为一定目的而成立的各种社团在我国的存在和发展有其历史必然性。以公有制为基础的社会主义制度的确立,虽然消除了社会成员间在利益上剧烈对抗和冲突的经济基础,实现了根本利益的一致,但还存在着城乡、工农、脑体及职业、收入、爱好、习惯、民族与文化心理诸方面的差别。因此,各种不同社团的存在是客观必然的。国家在制定政策时要充分考虑各个不同社会群体的具体利益,听取不同社会群体的意见、愿望和要求,社团作为不同群体的代言人正是适应此需要而产生的。

社团在国家和广大人民群众之间起着中介作用,他们积极地向国家反映所代表的群众的呼声和要求,并将国家的政策传达到群众之中。社团是人民行使当家做主、管理国家和社会事务权利的一个重要渠道和形式,同时社团还能够解决国家一时无力顾及的许多社会事务与社会公益事业。社团在促进国家政治民主、搞活经济、培养人才等方面都起着重要的作用。

1989年10月,国务院发布了《社会团体登记管理条例》,规定国家保护社会团体依照其登记的章程进行活动,其他任何个人和组织不得非法干涉,对社团的成立登记、监督管理等基本问题作了具体规定,为公民行使结社自由提供了具体的法律依据。

### 七、国际公约与政治权利

目前中国加入或签署了多个国际人权公约,其中关于政治权利的重要公约包括《世界人权宣言》和《公民权利和政治权利国际公约》（已经签署，尚未批准）。这些公约中规定的政治权利与我国宪法规定的公民政治权利高度重合，比如《世界人权宣言》第19—21条分别规定了表达自由、集会结社自由和参政权。国际公约的相关规定，可为促进中国政治权利的发展和落实提供参照。在中国政府2018年向联合国提交的《国家人权报告》中也提出："我们将健全人民当家做主制度体系，扩大人民有序政治参与，保证人民依法实行民主选举、民主协商、民主决策、民主管理、民主监督。维护国家法制统一、尊严、权威，加强人权法治保障，保证人民依法享有广泛权利和自由。"①

## 第三节　宗教信仰自由

### 一、宗教信仰自由的含义

宗教信仰自由是指每个公民既有信仰宗教的自由，也有不信仰宗教的自由；有信仰这种宗教的自由，也有信仰那种宗教的自由；在同一宗教里面，有信仰这个教派的自由，也有信仰那个教派的自由；有过去信而现在不信的自由，也有过去不信现在信的自由；有参加宗教仪式或活动的自由，也有不参加仪式或活动的自由。

宗教信仰自由作为公民的一项基本权利，包括以下三方面的内容：

1. 信仰的自由。即公民有决定信仰宗教或不信仰宗教的自由，国家不得强制公民信仰宗教或信仰某种宗教，国家不得鼓励公民信仰宗教或某种宗教，国家亦不得禁止公民信仰宗教或某种宗教。

2. 礼拜的自由。公民有参加礼拜、祷告和其他宗教典礼或仪式的自由，国家不得强迫公民参加某种宗教仪式或禁止、限制公民参加某种宗教仪式。

3. 组成宗教社团的自由。公民有设立某种宗教社团并参加某

---

① 《中国向联合国提交的〈国家人权报告〉》，载《人民日报》2018年10月19日第14版。

种宗教社团、社团活动或不参加某种宗教社团、社团活动的自由。国家既不限制、也不得强制或鼓励公民参加某种宗教社团或宗教社团活动。

## 二、保护宗教信仰自由的意义

宗教信仰自由是欧洲15、16世纪反对宗教压迫斗争的胜利成果,是言论、出版等自由之先驱。在中世纪的欧洲,教会统治支配着一切。人们的信仰、思想受教会的禁锢与支配,教会的权力受到国家的支持,并超过了国家权力。人们的精神生活和信仰问题只能服从罗马教会的意志,言论、学说如与天主教教义不同者,即视为异端邪说,受到严厉处罚。最早提出的反对专制、神权的信仰自由、思想自由从宗教的束缚中解放出来,并成为资产阶级革命后制定的宪法的重要内容。保护宗教信仰自由在许多国家宪法中都有规定。

我国1954年《宪法》规定:"中华人民共和国公民有宗教信仰的自由。"1982年《宪法》又进一步具体而详细地对我国公民的宗教信仰自由的有关问题作了明确规定,以保护我国公民的宗教信仰自由。

宗教是一种唯心主义的思想意识形态,它同马克思主义的唯物论、无神论是相对立的。在剥削阶级社会里,宗教被作为麻痹和控制人民群众的精神手段。那么,为什么我国宪法还要保护宗教信仰的自由呢?

1. 宗教是人类社会一定历史阶段的必然现象,有它产生、发展和消亡的过程。宗教信仰、宗教感情及同这种信仰和感情相适应的宗教仪式和宗教组织,都是社会的、历史的产物。在阶级对抗社会中,宗教得以存在和发展的社会根源在于人们对剥削制度巨大压力的恐惧,在于人们的贫困和愚昧,在于统治阶级对宗教的利用。在社会主义条件下,剥削制度已被消灭,宗教存在的社会根源已基本被消除。但是,意识的发展总是落后于社会存在,旧社会遗留下来的旧思想、旧习惯不能在短期内彻底消除,社会生产的极大发展和文化、科学、技术的高度发达还没有完全实现,宗教存在的认识根源还没有消除。因此,宗教的存在还有其客观基础。

2. 宗教具有民族性、群众性。我国是一个多种宗教并存的国家,佛教已有2000年左右的历史,道教有1700多年的历史,伊斯兰教有1300多年的历史,天主教与基督教则主要是鸦片战争以后发展起来的。佛教、道教没有严格的入教仪式,信教人数难以统计。信奉伊斯兰教的总人口为1700多万。信奉天主教和基督教的人数分别为350万和450万。宗教问题在少数民族地区常常和民族问题交织在一起。因此,宗教问题要慎重对待。

3. 宗教信仰属于思想领域的问题。因此,"我们不能用行政命令去消灭宗教,不能强制人们不信教,不能强制人们放弃唯心主义,也不能强制人们相信马克思主义"①。

4. 宗教具有国际性。从全世界看,信仰宗教的有30亿人以上,占世界总人口的1/2左右。我们必须注意这一事实。通过宗教,可以促进友好往来,加强国际团结。

5. 在现阶段的中国,信教与不信教的公民在政治、经济利益上是一致的。信教群众同不信教群众的差异是思想、信仰上的差异,在社会主义制度下,宗教已经没有阶级压迫的色彩,信教与不信教的公民在政治、经济上的共同点是都热爱祖国,拥护中国共产党的领导。他们的根本目标都是建设社会主义现代化的强国。因此,维护信仰自由,有助于团结一切可以团结的力量,同心同德,共同完成国家的根本任务。

基于上述原因,我国宪法肯定并保护公民的宗教信仰自由。中国共产党第十九次全国代表大会报告明确指出,全面贯彻党的宗教工作基本方针,坚持宗教的中国化方向,积极引导宗教与社会主义社会相适应。

### 三、我国公民的宗教信仰自由及其保障

在我国,宗教信仰自由是公民个人的权利,信与不信宗教由公民个人选择,任何国家机关、社会团体和个人都不得强制公民信仰宗教或不信仰宗教,不得歧视信仰宗教的公民和不信仰宗教的公民。

国家保护正常的宗教活动。宗教活动应当是公开的、有组织的

---

① 《毛泽东选集》(第5卷),人民出版社1977年版,第368页。

活动。在我国,全国性爱国宗教组织共有8个,即中国佛教协会、中国道教协会、中国伊斯兰教协会、中国天主教爱国会、中国天主教教务委员会、中国爱国主教团、中国基督教爱国运动委员会和中国基督教协会。此外还有若干宗教性社会团体和地方宗教组织。这些组织代表宗教教徒的合法权益,组织和带领宗教教徒办好正常的宗教活动,办好教务。

正常的宗教活动应当在宗教场所进行,如拜佛、讲经、烧香、弥撒等应在宗教场所进行,由宗教组织和宗教教徒自理,受法律保护。宗教活动不得妨碍社会秩序、生产秩序和工作秩序,不得干预国家行政、司法、学校教育和社会公共教育。此外,应将正常的宗教活动同封建迷信活动区别开来,对于一切反动会道门和神汉、巫婆的迷信活动,一律严加取缔。同时应将正常的宗教活动同利用宗教进行的违法犯罪活动区别开来,对刑事犯罪分子依法惩处。

在宗教对外友好关系方面,我们应当坚持自传、自教、自治原则,积极发展宗教方面的国际友好往来,抵制外国宗教中敌对势力的渗透,抵制外国宗教的控制,拒绝任何外国社会和宗教界人士干预我国宗教事务,不允许外国宗教组织用任何方式来我国传教,也不允许偷运和散发宗教宣传材料,坚持独立自主,自办教会。《中华人民共和国境内外国人宗教活动管理规定》规定:"尊重在中国境内的外国人的宗教信仰自由,保护外国人在宗教方面同中国宗教界进行的友好往来和文化学术交流活动。"

我国宪法对公民的宗教信仰自由及其保障作了规定。《刑法》《民法通则》《选举法》《兵役法》《义务教育法》等三十余件法律、法规,都对保护宗教信仰自由和信教公民的平等权利作了明确、具体的规定。政府还设有宗教工作部门,负责宗教信仰自由政策的贯彻执行,使公民真正地享有宗教信仰自由的权利。

**四、宗教信仰自由的界限**

我国宪法保障公民的宗教信仰自由,但是宗教信仰自由与其他基本权利一样,也要受到限制和规范。一般而言,宗教信仰自由可分为内外两个面向:内在面向的宗教信仰自由不应受到任何限制,即公民在思想与精神上选择宗教信仰是绝对自由的;外在面向的宗教信仰自由应当受到限制,即表现为参加宗教活动、宗教仪式、进行宗教礼拜等应当受到限制。

我国《宪法》规定的宗教信仰自由的宪法限制包括:(1) 任何人不得利用宗教进行破坏社会秩序的活动;(2) 任何人不得利用宗教进行损害公民身体健康的活动;(3) 任何人不得利用宗教进行妨碍国家教育制度的活动;(4) 宗教团体和宗教事务不受外国势力的支配。在国务院《宗教事务条例》(2017 年修订)中对宗教事务提出了更具体的限制,包括禁止在寺观教堂外修建大型露天宗教造像,禁止在宗教院校以外的学校及其他教育机构传教、举行宗教活动、成立宗教组织、设立宗教活动场所,禁止投资、承包经营宗教活动场所或者大型露天宗教造像,禁止以宗教名义进行商业宣传等。

## 第四节 人身权利

### 一、人身权利的含义

人身权利是公民一切权利的基础。若公民的人身权利得不到保障,其他权利都无法行使。公民的人身权利是指公民的人身自由和与人身有关的其他权利和自由受法律保护,不得非法侵犯的权利。其范围包括:公民的人身自由不受侵犯;公民的人格尊严受法律保护;公民的住宅不受侵犯;公民的通信自由和通信秘密受法律保护。保护公民人身权利是宪法最古老的内容之一,被誉为人类最早的宪法性文件的 1215 年英国《自由大宪章》重要条款之一即为保护人身自由权利。保护公民人身权利也是现代各国宪法普遍具有的条款。

### 二、我国公民的人身权利及其法律保护

(一) 公民的人身自由不受侵犯

公民的人身和行动不受任何非法限制。我国历部宪法都确认了公民人身自由不受侵犯。现行《宪法》第 37 条明确规定:"中华人民共和国公民的人身自由不受侵犯。任何公民,非经人民检察院批准

或者决定或者人民法院决定,并由公安机关执行,不受逮捕。禁止非法拘禁和以其他方法非法剥夺或者限制公民的人身自由。禁止非法搜查公民的身体。"

(二)公民的人格尊严受法律保护

人格尊严是指与人身有密切联系的名誉、姓名、肖像等不容侵犯的权利,它是公民作为权利主体维护其尊严的重要方面。人格尊严的法律确认表现为作为人应具有人格权,它是公民参加社会活动应具有的资格,表明人类文明的进步。人格尊严的基本特点是:(1)人格尊严是权利主体获得宪法地位的基础,集中反映了宪法所维护的人权价值;(2)人格尊严是人格权的基础,具体包括名誉权、姓名权、肖像权与人身权,是以人的价值为核心的权利体系;(3)人格尊严与私生活权的保护有着密切的联系,对私生活权的保护目的是为了尊重公民的人格,使公民享有私生活领域的权利与自由。

我国《宪法》在对中华人民共和国成立以来宪治发展经验进行总结的基础上,对人格尊严的保障给予了高度重视。《宪法》第38条规定:"中华人民共和国公民的人格尊严不受侵犯。禁止用任何方法对公民进行侮辱、诽谤和诬告陷害。"这一条实际上是对人格尊严的宪法保障,其内容具体包括:(1)人格尊严不可侵犯权是宪法规定的公民基本权利,是宪法关系存在的基础;(2)公民的人格尊严不受侮辱,即不得利用暴力或其他方法公然贬低他人人格,破坏他人的名誉;(3)不得诽谤他人,即不得捏造虚构的事实,损害他人的人格;(4)不得对他人诬告陷害,即为达到陷害他人的目的,捏造事实向有关机关虚假告发。公民的人格尊严的宪法保障,具体通过民法、刑法等部门法得到实现。如《刑法》等246条第1款规定:"以暴力或者其他方法公然侮辱他人或者捏造事实诽谤他人,情节严重的,处3年以下有期徒刑、拘役、管制或者剥夺政治权利。"

从我国宪法和法律的规定看,人格尊严的基本内容包括:(1)公民享有姓名权。公民有权决定、使用和依照法律规定改变自己的姓名,禁止他人干涉、盗用、假冒。对公民姓名权的侵犯就是对公民人格尊严的侵犯。(2)公民享有肖像权。肖像是人的形象的客观记录,是公民人身的派生物。根据《民法通则》第100条的规定,公民享有肖像权,未经本人同意,不得以营利为目的使用公民的肖像。(3) 公民享有名誉权。名誉权是公民人格权的重要组成部分,是公民要求社会和他人对自己的人格尊严给予尊重的权利。(4) 公民享有荣誉权。荣誉权是指公民对社会给予的褒扬享有的不可侵犯的权利,如因对社会的贡献而得到的荣誉称号、奖章、奖品、奖金等。荣誉权一般不具有经济价值,它更多地具有精神价值,是精神文明发展中社会对特定人的贡献给予的肯定。公民、法人享有荣誉权,禁止非法剥夺公民、法人的荣誉称号。

(三) 公民的住宅不受非法侵犯

住宅是公民生活、学习的处所,其住宅是否受到保障直接关系到公民其他权利的实现。住宅安全权是指公民居住、生活的场所不受非法侵入和搜查。我国《宪法》第39条规定:"中华人民共和国公民的住宅不受侵犯。禁止非法搜查或者非法侵入公民的住宅。"公民的住宅不受非法侵犯这一概念通常包括如下内容:任何公民的住宅不得被非法侵入;任何公民的住宅不得被随意搜查;任何公民的住宅不得被随意查封。公民享有住宅安全权是公民参与社会生活,享有人身自由权的重要条件。我国刑法对于非法侵入或搜查公民住宅的刑事犯罪予以严惩。

(四) 公民的通信自由和通信秘密受法律保护

通信自由是指公民有根据自己的意愿自由进行通信而不受他人干涉的自由。通信秘密是指公民通信的内容受国家法律保护,任何人不得非法私拆、毁弃、偷阅他人的信件。公民的通信包括书信、电话、电报等进行通信的各种手段。它涉及公民的个人生活、思想活动、社会交流等切身利益。因此,保障公民通信自由和通信秘密不受非法侵犯,是公民一项不可缺少的基本自由。我国历部宪法都肯定了公民的这一自由权利。现行《宪法》第40条规定:"中华人民共和国公民的通信自由和通信秘密受法律的保护。除因国家安全或者追查刑事犯罪的需要,由公安机关或者检察机关依照法律规定的程序对通信进行检查外,任何组织或者个人不得以任何理由侵犯公民的通信自由和通信秘密。"我国的刑法、刑事诉讼法、邮政法在保障公民通信自由和通信秘密方面,都作了相应的规定。

### 三、公民人身权利限制的条件

公民人身权利受宪法和法律保护,国家机关不得随意侵犯公民的人身权利,国家还应要求并确保其他组织和个人亦应遵守宪法和法律,不使公民的人身权利受到非法侵犯。国家机关只有在符合下列三项条件下,才能限制公民的人身权利:

第一,作出限制行为的机关必须是合法的国家机关。对公民人身权利的限制必须是由宪法和法律规定的国家司法机关与公安机关才有权进行。逮捕、拘留、拘禁、搜查公民的身体,对公民住宅的搜查、查封,对公民通信的检查,只能由国家司法机关和公安机关进行,其他任何组织、个人都不得侵犯公民的人身自由。

第二,必须具有法律规定的原因。对公民人身权利的限制必须有法律规定的根据,对公民人身的逮捕、搜查等强制性措施的使用,对公民住宅的搜查、查封,是由于公民的现行犯罪或为了搜集犯罪证据而进行的,对公民通信的检查则是"因国家安全或者追查刑事犯罪的需要",否则任何组织与个人都不得以任何理由侵犯公民的人身权利。

第三,必须遵循合法的程序。对公民人身权利的限制须严格依照宪法、刑法、刑事诉讼法、治安管理处罚法、邮政法等有关法律规定的程序进行。

上述三条件必须同时具备,缺一不可,否则就是对公民人身权利的侵犯,就是非法行为,要受到法律的禁止、制裁。

### 四、人身权利的宪法保障

公民的人身权利受到宪法和法律的保障,但是二者的保障范围各有侧重。宪法保护公民免受来自公权力的非法侵害,而法律则意在防止一般违法犯罪行为侵害公民人身权利。因此,单纯着眼于完善法律、建立完备的刑事程序,并不足以保障公民人身权利,而首先应当建立和完善宪法性保障机制。

在保障人身自由方面,需要遵循以下原则:(1)法律保留原则,即根据我国《立法法》的规定,"限制人身自由的强制措施和处罚"属于"绝对法律保留"的范畴,只能由法律规定;(2)明确性原则,即对于人身权利的限制措施必须内容明确、界限清晰,特别是反对"口袋罪";(3)比例原则,即限制人身权利的强制措施需要符合适当性原则、必要性原则和狭义比例原则。

此外,人身权利的程序性保障也至关重要,包括从宪法程序保障、建立有效的合宪性审查机制及保障审判独立。目前,在人身权利保障方面,宪法已经设定了简单的程序性规定,比如关于逮捕的主体和程序限制,但是这些程序过于粗放。宪法应明确在公民人身权利受到侵害时,有权要求尽快得到公正审判,有权获得律师的帮助或者得到法律援助。建立合宪性审查机制意味着,享有合宪性审查权的机关有权对于侵犯人身权利的法律、行政法规、地方性法规、规章等规范性法律文件进行审查,防止立法侵害公民的人身权利。保障审判独立意在强化法院的权威,使司法成为保护公民人身权利的有效机制。

## 第五节 监 督 权

### 一、监督权的宪法规定和基本特征

我国《宪法》第41条规定:"中华人民共和国公民对于任何国家机关和国家工作人员,有提出批评和建议的权利;对于任何国家机关和国家工作人员的违法失职行为,有向有关国家机关提出申诉、控告或者检举的权利……由于国家机关和国家工作人员侵犯公民权利而受到损失的人,有依照法律规定取得赔偿的权利。"这是宪法赋予公民对国家机关及其工作人员的监督权,是公民的基本权利之一。监督权的基本特征为:

第一,监督权体现了人民主权的宪法原则。在我国,人民是国家的主人,人民有权通过各种形式行使管理国家的权力。公民监督权的行使,可以保证国家机关及其工作人员运用国家权力的合法性;同时,可以促进国家机关及其工作人员克服官僚主义和不正之风,全心全意为人民服务。

第二,监督权的对象是国家机关及其工作人员行使国家权力过程中的活动,即国家机关及其工作人员履行宪法和法律赋予的职权的活动。

第三,监督权对国家机关及其工作人员具有约束力。我国《宪法》第41条第2款规定:"对于公民的申诉、控告或者检举,有关国家机关必须查清事实,负责处理。任何人不得压制和打击报复。"

第四,监督权具有多种形式,有利于公民根据不同情况行使权利。

## 二、监督权的内容

监督权的内容具体包括如下各项:

### (一)批评建议权

批评权是公民对于国家机关及其工作人员的缺点和错误,有权提出要求其克服改正的意见。建议权则是指公民对国家机关的工作,有权提出自己的主张和建议。

### (二)申诉权

申诉权是指公民对国家机关作出的决定不服,可向有关国家机关提出请求,要求重新处理的权利。申诉分为诉讼上的申诉和非诉讼的申诉两类。诉讼上的申诉主要是指当事人或其他公民对人民法院已经发生法律效力的刑事诉讼、民事诉讼、行政诉讼等判决或裁定不服,认为确有错误,依法向人民法院或人民检察院提出申请要求重新审查处理的行为。对于诉讼上的申诉,我国刑事诉讼法、行政诉讼法、民事诉讼法和人民法院组织法对此都作了详细规定。非诉讼的申诉主要是指公民对行政机关作出的决定不服,向其上级机关提出申请,要求重新处理的行为。

### (三)控告检举权

控告权是指公民对违法失职的国家机关及其工作人员的侵权行为提出指控,请求有关机关对违法失职者给予制裁的权利。检举权则是公民对国家机关工作人员违法失职行为向有关机关进行检举的权利。

（四）取得赔偿权

取得赔偿权是指国家机关和国家机关工作人员违法行使职权侵犯公民的合法权益造成损害时，受害人有取得国家赔偿的权利。1994年5月全国人民代表大会常务委员会制定通过了《中华人民共和国国家赔偿法》(2010年、2012年修正)，对公民取得赔偿的范围、程序、赔偿方式和计算标准等项内容作了规定。按照《国家赔偿法》，我国公民取得赔偿分为两种情况：一是行政赔偿，一是刑事赔偿。行政赔偿的范围包括行政机关及其工作人员在行使行政职权时侵犯公民人身权和财产权的情形。刑事赔偿的范围则包括行使侦查、检察、审判、监狱管理职权的机关及其工作人员在行使职权时侵犯公民人身权和财产权的情形。这种赔偿制度的建立，将进一步增强国家机关工作人员执法、司法的严肃性，增强国家机关及其工作人员为人民、为社会负责的责任感，是保障公民合法权益的重要法律制度。

### 三、媒体监督及其限制

在当下社会中，公共媒体对于公权力的监督是强大而有效的，甚至被称为"第四权"，意指媒体成为传统立法权、行政权、司法权之外的第四种权力。客观上，由于媒体具有强大的信息搜集能力、专业的人员机构设置、发达的资讯传播途径，所以对于公权力的监督无疑更加高效和深入。我国将舆论监督与党内监督、法律监督、群众监督并列作为基本监督形式，在一些重大的公共事件讨论中，媒体对于公权力形成了有效的制约，保障了公民的基本权利。

我国媒体监督并不能等同于公民监督权或言论自由的集合，也不应简单类比西方宪法中的"新闻自由"。事实上，由于媒体自身强大的力量，以及其在主导舆论时发挥的关键作用，媒体应该受到一定的宪法规制。比如在我国《突发事件应对法》中对于编造或传播虚假信息，以及明知是虚假信息而传播的，规定了行政处罚的措施。

## 第六节　社会经济权利

### 一、社会经济权利的概念与特征

社会经济权利是指公民依照宪法所享有的经济物质利益方面的权利。它是公民参加国家政治生活,实现其他权利的物质保障。对公民的社会经济权利加以详细规定,是从1919年德国《魏玛宪法》开始的。第二次世界大战以来,各国宪法都规定有保护公民社会经济权利之条款。其主要特征有:

第一,社会经济权利是公民的一项积极权利。国家应采取积极的干预方式,为公民享有此项权利提供充分的物质条件,特别是应给予社会弱者以较大关注。因这种权利是公民获受于国家的利益,所以亦称作受益权。

第二,社会经济权利是一种复合概念。社会经济权利是由经济的自由权与经济社会生活的权利共同构成的。

第三,社会经济权利体现宪法正义。该权利通过调整社会经济生活,保障公民物质生活需求,并建立社会保障体系,以实现社会公正。

第四,社会经济权利的内容、范围及其保障随国家经济发展水平的发展而发展。不同的国家,有着不同的范围及其保障体系,而不同的国家在不同的历史时期,其保障范围亦有所不同。随着人类社会的不断发展,社会经济权利的内容呈现出不断扩大之趋势。

在我国,根据宪法之规定,公民的社会经济权利主要包括:劳动权、劳动者的休息权、财产权、退休人员的生活保障权和物质帮助权。

### 二、劳动权

劳动权是指一切有劳动能力的公民,有获得工作和取得劳动报酬的权利。劳动权是公民赖以生存的基础,是行使其他权利的物质上的前提。我国《宪法》第42条第1款规定:"中华人民共和国公民有劳动的权利和义务。"劳动权的基本特征是:

第一,劳动权的平等性。凡是具有劳动能力的公民,都有权平等地参加社会劳动,享有平等的就业机会。

第二,参加社会劳动的公民有权根据所提供的劳动数量和质量获得相应的报酬。劳动权的行使与报酬是相适应的。

第三,劳动权具有双重性。劳动权既是权利,又是义务。宪法规定,劳动是一切有劳动能力的公民的光荣职责。公民有权根据自己的能力参加社会劳动,取得相应报酬,同时也有义务参加社会劳动。这种权利与义务的一致性反映了我国社会主义制度下劳动的性质。

根据我国宪法和劳动法的规定,劳动权主要包括劳动就业权和取得报酬权。

劳动就业权是劳动权的核心内容,是公民行使劳动权的前提。我国《劳动法》第12条规定:"劳动者就业,不因民族、种族、性别、宗教信仰不同而受歧视。"《就业促进法》第62条规定:"违反本法规定,实施就业歧视的,劳动者可以向人民法院提起诉讼。"创造更多的就业机会、降低失业率、促进再就业,是各级政府的一项重要任务。我国《宪法》第42条第2款规定:"国家通过各种途径,创造劳动就业条件,加强劳动保护,改善劳动条件,并在发展生产的基础上,提高劳动报酬和福利待遇。"

劳动报酬是公民付出一定劳动后所获得的物质补偿。我国《劳动法》第46条规定:"工资分配应当遵循按劳分配原则,实行同工同酬。工资水平在经济发展的基础上逐步提高。国家对工资总量实行宏观调控。"为了保障劳动者的劳动报酬权,我国实行最低工资保障制度。根据《劳动法》的规定,最低工资的具体标准由省、自治区、直辖市人民政府规定,用工单位支付劳动者的工资不得低于当地的最低工资标准。《劳动法》同时规定,工资应当以货币形式按月支付给劳动者本人,不得克扣或者无故拖欠劳动者的工资。

### 三、休息权

休息权是指劳动者休息和休养的权利,它是劳动者获得生存的必要条件。休息权作为劳动者享有的基本权利,与劳动权形成完整的统一体,没有休息权,劳动权无法得到实现。休息权的基本特征是：

第一，休息权是实现劳动权的必要条件。劳动者在付出一定的劳动以后，需要消除疲劳，恢复必要的劳动能力，休息权本身是劳动权存在和发展的基础。

第二，休息权是劳动者享受文化生活、自我提高的重要权利。休息权不仅为劳动者提供充分地恢复体力的机会，而且为劳动者参加各种文化与社会活动、提高文化素质提供机会。因此，休息权是劳动者自我发展所不可缺少的条件。

第三，休息权是一种法定权利，在享有休息权期间，用人单位不得以任何理由侵犯该权利。劳动者有权自行安排自己的活动，用工单位不得扣除应支付的工资。比如，《职工带薪年休假条例》规定："机关、团体、企业、事业单位、民办非企业单位、有雇工的个体工商户等单位的职工连续工作1年以上的，享受带薪年休假。单位应当保证职工享受年休假。职工在年休假期间享受与正常工作期间相同的工资收入。"

休息权是我国宪法规定的公民的基本权利之一。我国《宪法》第43条第1款规定："中华人民共和国劳动者有休息的权利。"同时规定，国家发展劳动者休息和休假的设施，规定职工的工作时间和休假制度。根据有关规定，我国实行职工每日工作8小时，平均每周工作40小时。目前，我国劳动者的休息日主要有：公休假日、法定休假节日、年休假、探亲假等。此外，在工作日应给予劳动者一定的间歇时间作为休息和用餐的时间。

**四、财产权**

保护财产权历来为宪法之重要内容之一。17、18世纪，自然法学派将财产与生命、自由并举，视为人权之三大基石。早期的宪法及宪法文件都将财产权规定为不应受限制的绝对权利。如1789年《人权宣言》第17条之规定："财产为神圣不可侵犯的权利。"但19、20世纪以来，财产被视为一种"社会职务"[①]。财产权的行使应有助于增

---

① 王世杰、钱端升：《比较宪法》，中国政法大学出版社1997年版，第122页。

加社会财富,有助于公共利益。各国宪法一方面规定保护公民财产自由,另一方面则规定公民财产权的行使不得妨害公共利益。

我国《宪法》第 13 条曾规定:"国家保护公民的合法的收入、储蓄、房屋和其他合法财产的所有权。国家依照法律保护公民的私有财产的继承权。"这一规定确认了我国宪法规定的财产权的基本内容是:公民合法财产的所有权和私有财产的继承权。所以,我国法律所保障的个人财产所有权主要是生活资料和生产资料。与宪法的规定相适应,我国《民法通则》第 75 条对公民个人合法财产的范围作了具体规定,即"公民的个人财产,包括公民的合法收入、房屋、储蓄、生活用品、文物、图书资料、林木、牲畜和法律允许公民所有的生产资料以及其他合法财产"。但随着社会的不断发展,尤其是个体经济和私营经济等非公有制经济的迅速发展,我国公民财产权的范围不断扩大,宪法的这一规定已不合时宜,2004 年第十届全国人大第二次会议对宪法进行修改时,将第 13 条修改为:"公民的合法的私有财产不受侵犯。""国家依照法律规定保护公民的私有财产权和继承权。""国家为了公共利益的需要,可以依照法律规定对公民的私有财产实行征收或者征用并给予补偿。"

依照我国法律的规定,保护公民的合法财产权主要有三种方式:一是刑事制裁侵犯公民合法财产所有权的犯罪行为,并可在刑事诉讼中附带提起民事诉讼;二是通过民事诉讼,以确定产权、返还原物、排除妨碍、赔偿损失等;三是通过行政诉讼,对因国家机关及其工作人员的行为造成侵权的损害给予赔偿。

**五、退休人员的生活保障权**

我国《宪法》第 44 条规定:"国家依照法律规定实行企业事业组织的职工和国家机关工作人员的退休制度。退休人员的生活受到国家和社会的保障。"国家实行离退休制度,对离退休职工和国家机关工作人员的生活应妥善安排。

目前,我国已颁布了一系列法律、法规,对退休的年龄、条件和退休后的工资待遇、生活待遇作了详细规定。1958 年国务院发布了《关于工人、职员退休处理的暂行规定》,1978 年第五届全国人民代表大会常务委员会第二次会议批准了《国务院关于工人退休、退职的暂行办法》,1979年原卫生部、财政部、国家劳动总局联合发布了《关于集体卫生人员实行退职退休有关问题的通知》,1980年第五届全国人民代表大会常务委员会第十六次会议批准了《国务院关于老干部离职休养的暂行规定》,这些规定使我国宪法规定的退休制度得到了具体的贯彻落实。

### 六、物质帮助权

物质帮助权是公民享有的获得物质帮助的权利,指公民在特定情况下,不能以自己的劳动获得物质生活资料,或以获得的劳动报酬不能完全满足自己的生活需要时,享有由国家和社会给予金钱或实物帮助的权利。我国现行《宪法》第45条第1款中规定:"中华人民共和国公民在年老、疾病或者丧失劳动能力的情况下,有从国家和社会获得物质帮助的权利。"为保障公民切实享有获得物质帮助权,国家采取了以下具体措施:

第一,发展社会保险、社会救济和医疗卫生事业。

第二,保障残废军人的生活,抚恤烈士家属,优待军人家属。

第三,对盲、聋、哑和其他有残疾的公民帮助安排他们的劳动、生活和教育。我国专门制定了《残疾人权益保护法》,对残疾人的劳动就业权的特殊保障、政治权利的特殊保障、受教育权的特殊保障、人格权的特殊尊重等作了具体规定。

第四,对无依无靠的残老孤幼,由政府收容救济,农村集体组织还实行"五保户"制度等。

公民物质帮助权的最终实现有赖于国家建立完善的社会保障制度。2004年第十届全国人大第二次会议对宪法进行修改时,增加了"国家建立健全同经济发展水平相适应的社会保障制度"的规定。这就使建立健全社会保障制度成为国家在宪法上的义务。随着社会保障制度的建立与发展,公民的物质帮助权将得到进一步的实现。

### 七、社会经济权利的实现

相对于"消极权利"的实现,包括社会经济权利在内的"积极权利"无疑需要国家履行更多的职能来达成。有学者提出了"权利实现的差序格局",意指积极权利的实现是一个渐进的过程,"主要取决于两方面的因素,一是国家的政治理念是否愿意承担此项责任,二是国家的经济资源是否能够承担此项责任"。[①] 我国2004年对宪法进行修改时,也在规定社会保障制度的同时,附加了"同经济发展水平相适应"的限制性定语。

在很长时间内,社会经济权利作为国家的"立法指标、纲领方针",并不具有可诉性。但是随着社会经济权利成为一项法律权利,关于其权利内涵也逐步取得共识,并且社会经济权利的"消极权利面向"也逐步为人们所接受,由此社会经济权利或将逐步实现可诉。[②]

概括而言,社会经济权利的实现根本上有赖于国家经济发展水平,主要依靠立法和行政的手段逐步推进,而通过司法保障的途径也应逐步得到重视。

## 第七节 文化教育权利

### 一、文化教育权利的概念与基本特征

文化教育权利是公民按照宪法规定,在文化与教育领域享有的权利与自由。其基本特征是:

1. 文化教育权利是一种综合性的权利体系,主要由文化权利与教育权利组成,是国家发展文化与教育事业的基础。

2. 文化教育权利在基本权利体系中处于基础地位。文化教育权利的发展程度,直接影响着公民的政治权利、经济权利等基本权利的实现程度,因而是保障公民宪法地位不可忽视的因素。

3. 文化教育权利是主观权利与客观价值秩序的统一。权利主体有权请求国家积极创造条件,为公民实现文化教育权利提供各种条件与设施。

---

① 郝铁川:《权利实现的差序格局》,载《中国社会科学》2002年第5期。
② 龚向和:《论社会、经济权利的可诉性——国际法与宪法视角透析》,载《环球法律评论》2008年第3期。

文化教育权利作为公民的基本权利,主要包括有关教育方面的权利和有关文化活动方面的权利。教育方面的权利主要表现为受教育权,文化活动方面的权利主要表现为科学研究的自由、文艺创作的自由和从事其他文化活动的自由。

## 二、受教育权

受教育权是公民在教育领域享有的重要权利,是公民接受文化、科学等教育训练的权利。从广义上讲,受教育权包括每个人按照其能力平等地接受教育的权利,同时也包括要求国家提供受教育机会的请求权。从狭义上讲,受教育权是指公民享有的平等的接受教育的权利。受教育权的基本特征是:

1. 受教育权是自由权与社会权的统一,其中社会权反映了教育权的实质内容。受教育权的自由权性质要求有能力的公民均等地享有教育权,而受教育权的社会权性质要求国家为那些有能力但因经济等问题不能享有教育权的公民提供条件与环境。

2. 受教育权是通过对公民的能力开发,以实现文化国家的重要手段。

3. 受教育权具有双重性,即受教育既是公民的一项权利,同时也是公民的一项义务。国家一方面为公民享有受教育权提供各种机会,另一方面有权要求公民履行相应的义务。

根据宪法和有关法律的规定,公民受教育权的基本内容包括:

1. 按照能力受教育的权利。公民按照自己所具有的能力,接受相应的教育。国家可以采取必要的考试制度,使有一定能力的公民享受相应的教育。

2. 享受教育机会的平等。每个公民在宪法和法律规定的范围内,享有平等的受教育权,不应受除能力之外的性别、宗教、社会身份等因素的影响。特别是,在入学方面国家应贯彻平等原则,并及时地向社会提供教育设施。

3. 受教育权通过不同阶段和不同形式得到实现。在我国的公民受教育权保障体系中,直接与教育功能相联系的形式主要有:幼儿教育、初等教育和初级中等教育、普通高等教育、成人教育等。初等教育和初级中等教育属于义务教育。我国《义务教育法》规定：国家、社会、学校和家长必须使适龄的子女或者被监护人按时入学，接受国家规定期限的义务教育；适龄儿童、少年因疾病或者特殊情况，需要延缓入学或免予入学，应由其父母或其他监护人提出申请，经当地人民政府批准；禁止任何组织和个人招用应接受义务教育的适龄儿童、少年就业。

### 三、文化权利

根据我国宪法的规定，公民的文化权利包括三个方面的内容，即从事科学研究的权利、文艺创作的权利与从事其他文化活动的权利。

1. 从事科学研究的权利

公民从事科学研究的权利受宪法和法律保护。科学研究的范围包括自然科学技术、社会科学及人文科学研究。科学研究是对未知领域的探讨，是探求真理的过程。从事科学研究作为公民的基本权利，其内容包括：公民有自由地对科学领域的各种问题进行探讨的权利，不允许任何机关、团体和个人的非法干涉；公民有权通过各种形式发表自己的研究成果，国家有义务提供必要的物质条件与具体设施；国家积极创造条件，鼓励和奖励科研人员，保护科研成员创造的科研成果。就其科学研究的价值而言，自然科学技术、社会科学和人文科学具有同等价值，应给予平等保护。

2. 文艺创作的权利

根据宪法的规定，公民有权自由地从事文艺创作活动，并发表成果。文艺创作是一种创造性劳动，应允许公民自由地选择创作内容和创作形式，按照不同的风格进行文艺创作。

3. 从事其他文化活动的权利

此处的其他文化活动，主要指观赏文化艺术珍品，欣赏文艺作品，利用图书馆、文化馆、出版社从事文化活动等。这些活动对于丰富公民的文化生活，提高公民的文化素质具有重要意义。为了实现公民的文化权利，国家应积极创造条件，提供必要的设施与物质保障。

## 第八节 特定主体权利的保护

### 一、妇女的权利保护

由于历史和现实的原因,妇女经常成为歧视对象,不能与男子享有平等的地位。20世纪以来,各国宪法都对妇女的平等权利予以特别重视,通过立法和司法活动,提高妇女的地位,保障妇女在各方面享有与男子同等的权利。联合国也颁布了大量与妇女权利有关的条约、公约、决议、宣言等文件,如《妇女政治权利公约》(1994年)、《消除对妇女一切形式歧视公约》(1979年)等。我国《宪法》第48条第1款规定:"妇女在政治的、经济的、文化的、社会的和家庭的生活等各方面享有与男子平等的权利。"同时国家还制定了《中华人民共和国妇女权益保障法》,对全面保障妇女的权益作出了立法规定。

保护妇女的权利和利益主要包括如下方面:

1. 在政治权利方面

妇女享有同男子平等的选举权和被选举权,并享有宪法和法律规定的其他各项政治权利。妇女参与政治生活的机会日益增多,并取得了积极成果。

2. 社会经济权利方面

妇女在广泛的经济生活中享有与男子同等的同工同酬权、平等就业权、特殊劳动保护权以及生育权等。妇女与男子享有同等的劳动权利,有相同的就业机会,并且实行男女同工同酬制度。同时,由于妇女生理上的特殊情况,在享有劳动权方面需要强调特殊保护,如女职工在怀孕期、产期、哺乳期应保证其基本工资和劳动合同的持续有效等。《中华人民共和国劳动法》在总则中明确规定妇女享有与男子平等的就业权利,在录用职工时,除国家规定的不适合妇女的工种或者岗位外,不得以性别为由拒绝录用妇女或者提高对妇女的录用标准。妇女与男子享有同等的受教育权利。妇女能否行使权利,在很大程度上取决于受教育权的实现。《中华人民共和国妇女权益保障法》有三条专门规定了有关妇女教育权益的内容,规定了保障妇女受教育权的多种具体措施。

3. 妇女在家庭生活中平等权利的保护

根据我国法律规定,实行婚姻自由、一夫一妻、男女平等的婚姻制度;禁止包办、买卖婚姻和其他干涉婚姻自由的行为;夫妻在家庭中地位平等;夫妻双方都有参加生产、工作、学习和社会生活的自由;夫妻对共同所有的财产有平等的处理权。

### 二、儿童、老人的权利保护

我国《宪法》第 49 条规定:"婚姻、家庭、母亲和儿童受国家的保护";"禁止虐待老人、妇女和儿童"。这些规定,不仅是国家立法的依据,也是公民在家庭生活中应当遵守的法律准则和道德规范。但在现实生活中,虐待老人、儿童的行为时有发生,这不仅是违反宪法和法律的行为,也是违背社会伦理道德的行为。因此,要很好地贯彻宪法的这些规定,树立和发扬社会主义的道德风尚。在社会和家庭生活中,要大力发扬人道主义精神,尊重人、关心人,特别要注意保护儿童、尊敬老人,发扬我国"尊老爱幼"的传统美德。

### 三、华侨、归侨和侨眷的权利保护

我国《宪法》第 50 条规定:"中华人民共和国保护华侨的正当的权利和利益,保护归侨和侨眷的合法的权利和利益。"华侨是指侨居国外的中华人民共和国公民。归侨是指曾居于国外的我国公民,现已回到祖国定居。侨眷是指华侨在国内的眷属。对华侨的保护,适用国内法保护和外交保护两种方式,以外交保护为主。对归侨、侨眷权利的保护,《归侨侨眷权益保护法》作了具体规定。权利保护的范围包括:归侨、侨眷享有宪法和法律规定的公民权利;在全国和地方人民代表大会代表中有适当名额的归侨代表;华侨、归侨、侨眷的私有房屋的所有权受法律保护;国家保护侨汇收入;华侨、归侨、侨眷的通信自由受法律保护;华侨、归侨、侨眷有权出境定居等。

### 四、我国境内外国人权利的保护

我国《宪法》第 32 条第 1 款规定:"中华人民共和国保护在中

国境内的外国人的合法权利和利益,在中国境内的外国人必须遵守中华人民共和国的法律。"在中国境内的外国人不属于我国公民,不能享有中国公民享有的基本权利。但根据国际惯例和人权保护国际化的趋势,不少国家在实践中逐渐放宽外国人享有权利的范围,确认外国人在该国享有的某些基本权利如外国人的人身权利、财产权、诉讼权等受宪法和法律保护。保护外国人在我国境内的合法权益,有利于加强各国人民的交往与合作,有利于实现对外开放政策。

我国《宪法》第32条第2款规定:"中华人民共和国对于因为政治原因要求避难的外国人,可以给予受庇护的权利。"庇护权是指一国公民因为政治原因请求另一国准予其进入该国居留,或已进入该国请求准予在该国居留,经该国政府批准,享有受庇护的权利。享有庇护权的外国人在所在国的保护下,不被引渡或者驱逐。受庇护的外国人应当遵守居留国的法律,并享有外国侨民的待遇。

## 第九节　我国公民的基本义务

### 一、维护国家统一和民族团结

我国《宪法》第52条规定:"中华人民共和国公民有维护国家统一和全国各民族团结的义务。"国家的统一和各民族的团结,是中国革命和建设事业取得胜利的基本保证,也是实现公民基本权利的重要保证,宪法序言和总纲都一再强调维护民族团结的重要性和必要性。《宪法》总纲明确规定:"禁止破坏民族团结和制造民族分裂的行为。"《宪法》第52条规定实际是序言和总纲规定的有关原则的延伸和具体化,这是我国各民族的公民都必须遵守的共同准则。

### 二、遵守宪法和法律

我国《宪法》第53条规定了公民遵守法纪和尊重社会公德的义务,包含以下六个方面的内容:

1. 公民必须遵守宪法和法律,这是公民必须守法的总的原则规定。

2. 公民必须保守国家秘密。国家秘密是指在国家活动中,不应公布和向外透露的一切秘密文件、秘密资料、秘密情报和秘密情况。保守国家秘密就是要严格保护国家秘密不被泄露,防止国内外敌对分子刺探、偷盗国家机密,防止各种人员泄露、遗失国家机密,这是每个公民的法律义务。国家秘密的基本范围包括:军事和外交秘密,经济机密,交通、邮电、科学技术、文化教育卫生等事业的秘密以及检察、审判等方面的秘密。1988年我国颁布了《中华人民共和国保守国家秘密法》,我国《刑法》也规定了对泄露国家机密的犯罪行为予以制裁的原则和刑罚。

3. 公民必须爱护公共财产。公共财产主要是指一切国家财产和集体财产。爱护公共财产包括两个方面的内容:其一是在平时,任何公民都必须珍惜和保护国家的和集体的财产;其二是当公共财产遭受破坏或面临其他危害的时候,任何公民都应保护、捍卫公共财产的安全,每个公民都有责任同一切破坏公共财产的行为进行斗争。

4. 公民必须遵守劳动纪律。劳动纪律是指在社会共同劳动中,所有劳动者必须共同遵守的劳动规章制度,它是保证劳动者的安全、保证产品质量和数量、保证生产和工作顺利进行所不可少的重要手段之一。社会主义的劳动纪律主要靠劳动者自觉遵守,同时依靠纪律教育和思想教育工作。违反劳动纪律者也要受到必要的纪律处分。

5. 公民必须遵守公共秩序。遵守公共秩序是指遵守法律、纪律以及优良的社会习惯等行为准则。公共秩序包括公共场所的活动秩序、交通秩序、社会管理秩序、工作秩序、居民生活秩序等。违反和破坏公共秩序的行为可分为违反公共秩序的一般错误行为、轻微违法行为以及破坏公共秩序的犯罪行为等几类。我国刑法规定了"危害公共安全罪""妨碍社会管理秩序罪""破坏社会主义经济秩序罪"等罪名以及相应的刑罚措施。

6. 公民必须尊重社会公德。尊重社会公德是指公民必须遵从和尊重社会主义公共生活的各项道德准则。社会公德是一种道德规范,它的落实一般不是靠国家的强制力量,而是靠社会的舆论、信念、习惯、传统和教育以及人们对正义、真理的信仰。

### 三、维护祖国安全、荣誉和利益

我国《宪法》第54条规定:"中华人民共和国公民有维护祖国的安全、荣誉和利益的义务,不得有危害祖国的安全、荣誉和利益的行为。"

祖国安全是指:(1)国家领土、主权不受侵犯;(2)国家各项机密得以保守,社会秩序不被破坏。

祖国的荣誉是指:(1)国家的尊严不受侵犯;(2)国家的信誉不受破坏;(3)国家的荣誉不受玷污;(4)国家的名誉不受侮辱。

祖国的利益包括的范围很广,对外主要是指全民族的政治、经济、文化、荣誉等方面的权利与利益;对内主要是相对于个人利益、集体利益而言的国家利益。

祖国的安全、荣誉和利益是我国人民的安全、荣誉和利益的集中体现。维护祖国的安全、荣誉和利益是全体公民的神圣义务,任何公民不得以任何方式侵犯、危及、损害国家的安全、荣誉和利益。我们在坚持对外开放政策的同时,必须继续在全国人民中进行维护国家荣誉和民族尊严的教育,进行深入的爱国主义和国际主义教育,提高民族自尊心和自信心,既要反对闭关自守、盲目排外,又要反对崇洋媚外、迷信西方的思想。

### 四、依法服兵役和参加民兵组织

我国《宪法》第55条规定:"保卫祖国、抵抗侵略是中华人民共和国每一个公民的神圣职责。依照法律服兵役和参加民兵组织是中华人民共和国公民的光荣义务。"我国第一部《兵役法》于1955年由第一届全国人民代表大会第二次会议通过。1984年5月31日第六届全国人民代表大会第二次会议通过并自1984年10月1日施行的《兵役法》是在1955年《兵役法》的基础上制定的,它规定我国实行以义务兵役制为主体的义务兵与志愿兵相结合、民兵与预备役相结合的兵役制度。

我国新《兵役法》把宪法规定的这项义务加以具体化。总的要求是：我国公民不分民族、种族、职业、家庭出身、宗教信仰和教育程度，凡年满18周岁的，都有义务依法服兵役。根据不同情况，又作了下列具体规定：(1) 不得服兵役。依法被剥夺政治权利的人没有服兵役的资格。(2) 不征集服兵役。应征公民因被羁押正在受侦查、起诉、审判或者被判处徒刑、拘役、管制、正在服刑等情况，国家不征集他们服兵役。(3) 免服兵役。公民因身体条件不适合服兵役的，可以免除他们服现役和预备役的义务。(4) 缓征。缓征有两种情况：一是应征公民是维持其家庭生活的唯一劳动力，可以缓征；二是正在全日制学校就学的学生可以缓征，但毕业后，凡符合服现役条件的，仍可征集服现役。可见，公民服兵役是一项义务，也是光荣的职责。

我国公民履行服兵役义务的形式主要有四种：一是参加人民解放军和武装警察部队，这是服现役；二是参加民兵组织和经过预备役登记的，这是服预备役；三是高等院校和高中的学生，按国家规定参加军事训练；四是人民群众对义务兵家属承担一定的优抚费和对参加军训的民兵及其他预备役人员承担一部分误工补贴，这虽然不是直接服兵役，但从保卫祖国人人有责的角度来说，也是公民应尽的义务。

**五、依法纳税**

我国《宪法》规定"公民有依照法律纳税的义务"。税收是指国家依照法律规定，向纳税单位或个人无偿征收实物或货币。作为国家财政收入的一种形式，其特点是具有强制性和无偿性。税收是我国国家预算收入的重要组成部分，也是调节生产、流通、分配和消费的一个重要经济杠杆。运用税收这个经济杠杆，充分发挥它的调节作用，对于促进国民经济的调整和改组，促进经济发展，有着十分重要的意义。我国的税收是用于发展社会、巩固国防、不断提高人民的物质生活和文化生活水平的，它反映了取之于民、用之于民的社会主义分配和再分配关系。因此，依照法律纳税是我国公民的一项基本义务。

除了以上专门规定的五种义务外,我国公民的基本义务还包括在基本权利条文中规定的四种义务:劳动的权利和义务;受教育的权利和义务;夫妻双方有实行计划生育的义务;父母有抚养教育未成年子女的义务,成年子女有赡养扶助父母的义务。所以,我国公民的基本义务共有九种。

# 第九章 国家机构(上)

## 第一节 国家机构概述

### 一、国家机构的概念及我国国家机关的组成

"国家机构"一词第一次是在1936年6月12日苏联《真理报》上刊登的"苏维埃社会主义共和国联盟宪法(根本法)草案"中作为第二章的标题出现的,随后成为当时以苏联为代表的社会主义国家宪法学的惯用术语。新中国成立之初,受苏联社会主义意识形态的影响,这一术语在我国的宪法学和政治学中也沿袭使用。其概念为国家的统治者为实现统治职能,按照自己的意愿和组织原则建立起来的,包括立法、行政、司法等全部国家机关的总和。西方尤其是英美法系国家的宪法学和政治学中少见这一术语,与之含义相近的术语为"政府机关"(governmental organs)或"政府"(government)。而在社会主义中国,"政府机关"或"政府"常常仅指"国家机构"的一部分即国家行政机关。究中西歧义原因,应该归结于因中外宪治思想、宪治文化、法律制度导致的法律语境差异。

西方思想家历史上对"政府机关"(governmental organs)或"政府"(government),即中国宪法学和政治学常指的、本教材沿用的"国家机构"的形成原因有多种不同见解:以亚里士多德为代表的自然观认为源于人类因国家产生和社会生活产生维护秩序的需要;以卢梭为代表的社会契约观认为源于人们为了保护生命、自由和财产通过缔结契约所组建;以摩尔根为代表的近现代人类学认为源于社会分工,是公共事务从社会活动中独立出来并制度化的结果;而马克思主义则以阶级的观点认为源于原始社会末期氏族部落公共组织转变为奴隶主阶级统治,阶级和国家产生而导致。上述观点虽然有所不同,但国家的产生是国家机构的前提,或者说国家机构的起源与国

家的产生密切相关是这些思想家的共识。

中国在几千年"朕即国家"的封建社会,国家机构的设置以皇帝的意旨来确定,自秦未变,代代相传,成为民众习以为常的政治传统。因之养成的惯性思维模式使建树立帜、系统科学探讨国家机构起源的学说乏善可陈。

近代英国资产阶级革命催生英国乃至各国宪法,在全球民主逐渐取代独裁,法治逐渐战胜人治之后,国家机构的设置和组织一般是由宪法及法律规定。但在一国国内处于武装革命、战争、分裂或动乱的情况下,国家机构的设置和组织也会出现某一政党或某一团体、某一联盟甚至某个人物决定的现象。如近现代史上出现的巴黎公社、我国"文化大革命"期间的革命委员会的设置等。

由于各国政治制度、立宪精神及基本国情有别,现代各国国家机构设置和组织皆不尽相同。但从宏观而言,按管辖区域范围划分,国家机构基本上分为中央国家机关和地方国家机关两大部分。组织原则上西方国家普遍为三权分立,将整个国家机构分成相互独立的立法、行政、司法三部分权力,把通过立法产生权力的任务交给立法部门,把依照法律规定管理国家的行政权力交给行政部门,把监督法律执行的权力交给司法部门。各自独立,相互制衡。社会主义国家多为议行合一,即马克思在考察巴黎公社革命经验中提出的,列宁在苏维埃政权实践中总结的"把立法的职能和执行法律的职能在选出的人民代表身上结合起来"。① 此外,在一些民族主义的国家和君主制的国家,国家机构的设立和组织又根据本国的传统和现实状况各有差别。

我国现行的国家机构也分为中央国家机关和地方国家机关两大部分。作为以马克思列宁主义为指导思想的执政党,中国共产党在中华人民共和国成立初期选择组成国家机构的原则自然是议行合一,在组成结构上很大程度学习和借鉴了苏联的国家机构模式。"欧美资产阶级故意把他们专政的政府分为立法、行政与司法三个机体,使之互相矛盾,互相制约,以便于他们操纵政权。——我们的制度是

---

① 《列宁选集》(第三卷),人民出版社1972年版,第309页。

议行合一的。"①中国共产党十一届三中全会之后,随着中国社会的与时俱进,尤其是随着改革开放带来市场经济的发展,我国的国家机构的组织原则在思想、理念上发生了积极的变化,要求进一步完善人民代表大会制度、加强权力制约、司法改革的呼声与日俱增。对国家机关特别是对行政部门加强制约,加强对所有国家机关活动的监督越来越成为时代发展的需求和动力,成为国家机构制度变革的必然走向。根据我国现行宪法和法律的规定,从我国国家机构组织活动的实践来看,目前我国国家机构的组织既不是三权分立,也不是纯粹的巴黎公社及苏维埃政权意义上的议行合一,而是在中华人民共和国成立之初的社会主义制度逐渐演变为中国特色社会主义制度的过程中孕育、锻造、不断改良,依然以马克思列宁主义国家机构理论为基石,具有中国特色的国家机构制度。其现有的特点是宪法明确昭示、实践已明确印证的中国共产党为国家唯一和不可取代的执政党,中国共产党的意志决定国家机构组织及活动的根本方向,党和国家机构步调完全一致,形式上全部国家权力集中于人民代表大会,在人民代表大会领导和监督下行政、监察、司法、军事国家机关相对独立,相互分工,相互配合,共同组成实质为高度集中统一的国家机构体系。

我国现行的国家机构包括中央国家机关和地方国家机关两大部分:中央国家机关包括全国人民代表大会及其常务委员会、中华人民共和国主席、国务院、中央军事委员会、国家监察委员会、最高人民法院和最高人民检察院;地方国家机关包括省、自治区、直辖市范围内的各级地方人民代表大会及其常委会、地方人民政府、地方监察委员会、地方人民法院和地方人民检察院。此外,香港、澳门特别行政区作为地方性行政区域,实行不同于内地的社会制度,按三权分立的原则,设立了以行政为主导的地方国家机关。本章和下一章将对中央国家机关与地方国家机关分别进行阐述。此外,为编排的合理性,最高人民法院和最高人民检察院作为中央国家司法机关,本书将另有阐述。

---

① 《董必武文选》,人民出版社1985年版,第246页—247页。

## 二、中央国家机关与地方国家机关的关系

中央国家机关与地方国家机关的关系主要表现为两者在权力配置上的划分。由于各国的历史传统、民族关系、领土结构、政治及文化的要求等各不相同，中央国家机关与地方国家机关在权力配置上的划分形形色色，不尽一致。但总体上在联邦制国家，其地方政府是以省、邦、州等成员单位组成的。按联邦制国家构建理论，地方成员单位与联邦之间的关系是地方成员单位将自己的权力让与联邦中央的关系，让与权力的多少由联邦宪法明确规定。而在单一制国家，中央政府享有全国各地的统一主权，地方国家机关由中央政府根据统治及管理的需要统一设置，地方需对中央负责。基于这种原理，我国《宪法》第 3 条第 4 款规定："中央和地方的国家机构职权的划分，遵循在中央的统一领导下，充分发挥地方的主动性、积极性的原则。"宪法所确定的这一原则，清晰地表明了我国地方国家机关与中央国家机关之间是一种隶属关系。这种关系具体表现为：

第一，关涉全国性的重要国家事务的决定权和管理权由中央行使，保证中央的统一领导。涉及全国性的重要国家事务，是指涉及国家统一、安全、荣誉、利益的事务；涉及国家整个民族团结、文明、进步、和谐和发展的事务；涉及国家政治、经济、文化、社会的稳定、繁荣、发展的事务。总之，只要是涉及国家总体利益的事务，就应由中央来决策和管理，并统一领导、统筹安排，这是单一制国家行使主权的体现。

第二，关涉地方性的国家事务由地方国家机关决定，充分发挥地方的主动性和积极性。我国地方国家机关的权力来自中央授权，这种授权表现为通过宪法和法律对中央国家机关和地方国家机关之间进行必要的职权划分。因此，作为地方国家机关，有权在宪法和法律规定的范围内，对属于本行政区域内的地方性国家事务，如经济、文化、教育、公共事业等方面的建设和发展行使决定权和管理权。这种以中央统一领导为前提的对地方国家机关职权的确认，既有利于保障地方国家机关的权威性，发挥地方国家机关在各项工作中的应有作用，也有利于地方国家机关根据其行政区域的具体条件和实际情

况,制定出适合于本地经济、文化、社会发展的规划和政策,促进各地区、各民族共同发展、共同繁荣。

第三,中央与地方以集权和分权划分为核心,具有良好的互动关系。中央和地方在国家和社会生活中都具有极其广泛和深入的互动,尤其在和谐发展的大趋势下,中央和地方在不同领域都显现了彼此的依存和共生关系。中央更加注重宏观调控,地方越来越多地在遵循中央统一领导下,实现因地制宜。当然,无论中央和地方的关系如何调整,都必须遵守宪法和法律,坚持法治原则,真正实现国家权力运行的法制化。

### 三、我国国家机关组织和活动的基本原则

国家机关的组织和活动原则是指设计国家机构体系,组织国家机关活动中应遵循的最基本原则。与西方三权分立、权力制衡、按需设置等原则不同,根据我国的现实国情及现行宪法、法律的规定,我国国家机关的组织活动的原则尽管众说纷纭,但从客观实践来看,坚持中国共产党领导、民主集中制、社会主义法治为其最主要的三项基本原则。

(一)坚持中国共产党的领导

坚持中国共产党的领导是我国国家机关的组织和活动的首要原则。之所以为首要原则,是中国共产党在国家的地位、国家的性质、现实的国情所决定,也是宪法的明确规定和国家机关现状的客观写照。

1949年10月1日中华人民共和国的成立,使领导和组织中国革命的中国共产党成为中国的执政党。无论是《共同纲领》、1954年宪法、1975年宪法、1978年宪法,还是现行宪法和宪法修正案都肯定了中国共产党的执政党地位,我国其他政党、各团体和社会组织也都公开地承认和拥护中国共产党的执政党地位。国家机关作为主要的执政工具,其组织和活动中自然必须坚持中国共产党的领导。

我国国家机关的组织和活动中坚持中国共产党的领导在宪法上的具体内容为:现行宪法在序言中陈述了中华人民共和国的建立是由于中国共产党的领导,"中国新民主主义革命的胜利和社会主义事

业的成就,是中国共产党领导中国各族人民……战胜许多艰难险阻而取得的。"还把坚持中国共产党的领导作为宪法确定的四项基本原则的首要原则。2018年3月11日,第十三届全国人大第一次会议又一次通过宪法修正案,在《宪法》第一章"总纲"第1条第2款"社会主义制度是中华人民共和国的根本制度"后增写一句,内容为:"中国共产党领导是中国特色社会主义最本质的特征。"主要考虑的就是:"中国共产党是执政党,是国家的最高政治领导力量。中国共产党领导是中国特色社会主义最本质的特征,是中国特色社会主义制度的最大优势。宪法从社会主义制度的本质属性角度对坚持和加强党的全面领导进行规定,有利于在全体人民中强化党的领导意识,有效把党的领导落实到国家工作全过程和各方面,确保党和国家事业始终沿着正确方向前进。"①宪法序言、宪法条文中的这些表述明确昭示了中国共产党作为执政党的合法性,肯定了中国共产党对包括国家各机关以及全国人民的全面、不可动摇的领导地位,从国家根本大法的高度确立了各级国家机关组织活动中必须不折不扣地坚持中国共产党领导的原则,为各级国家机关组织活动必须服从中国共产党的绝对领导提供了宪法依据。

  历史和现实的实践中,我国国家机关的组织和活动也一贯坚持了中国共产党的领导。早在1949年11月,中共中央就发出《关于在中央人民政府内建立中国共产党党组织的决定》。根据现行的《中国共产党党章》第46条的规定,在最高国家权力机关全国人大及其他中央和地方国家机关都成立了党组,发挥着领导核心作用。中共中央在2014年初修订颁布的《党政领导干部选拔任用工作条例》也肯定了党管干部的原则,要求各级党委及其组织人事部门对各级干部的任用严格把关,规定全国人大常委会、国务院、最高人民法院(不含正职)、最高人民检察院(不含正职)的领导成员和内设机构的领导成员、县级以上各级地方人大常委会、政府、人民法院、人民检察院及其工作部门或者机关内设机构的领导成员,以及上列工作部门内设机

---

① 摘自2018年3月5日全国人大常委会副委员长王晨同志关于《中华人民共和国宪法修正案(草案)》的说明。

构的领导成员要由相应党组织推荐人选。在每届全国人民代表大会召开，国家机关领导人换届前，中国共产党中央委员会都会以建议的方式提出国家的大政方针，向全国人大主席团提出国家机关领导人候选人名单；在每届县级以上各级地方人大召开，地方国家机关领导人换届前，地方各级党委向地方各级人大提出相应地方国家机关领导人员名单，已经成为我国政治生活和国家机关组织过程中的惯例。同时，从中央到地方各级国家机关的组成人员来看，历届的国家主席、全国人大常委会委员长、国务院总理、中央军委主席、首任国家监察委员会主任均为中国共产党中央委员会的领导人；历届的最高人民法院院长、最高人民检察院检察长大多数均为中国共产党中央委员会成员；历届的国务院各部部长、各委员会主任绝大多数也为中国共产党中央委员会成员，历届的各省、自治区、直辖市及市、县乃至乡、镇各级国家机关的主要负责人绝大多数为中国共产党党员，我国各级国家机关80％的公务员和超过95％的领导干部是共产党员，确保了各级各类国家机关的组织和活动在中国共产党领导下，按其意志进行。

（二）民主集中制

民主集中制是依照马列主义原理在社会主义国家机构组织中普遍适用的基本原则，也是中华人民共和国成立以来国家机关组织活动中始终坚持的基本原则。其含义是在民主基础上的集中，在集中指导下的民主。民主集中制与民主密切相关联，但并不等同或者说至少并不完全等同于民主。因为在民主集中制里，民主是集中的基础和前提，而侧重点在集中。如毛泽东在《关于正确处理人民内部矛盾问题》中所说明的，它是"集中指导下的民主"。此外，民主集中制作为在人民内部实行民主的一种制度，表现形式是以人民代表大会来"代民做主"和"为民做主"，而非直接意义上的"人民亲自自主"。其实质依然是一种由上到下的间接民主，也就是民主的集中。

民主集中制被作为我国现行国家机关的组织活动原则，其原因是中国共产党人以马克思列宁主义为指导，把民主集中制作为党的组织活动原则，夺取政权成为执政党后，自然而然地把这种行之有效的组织、管理政党的制度移植到中国共产党领导下的国家机关中。

再就是由于社会主义国家机关要对一个人口众多、民族众多、经济发展曾长期相对落后、幅员辽阔的国家进行管理,在倡导各类国家机关充分发挥自己的独立性、民主性、积极性的同时,又必须要求各个国家机关的意志不得分歧,必须高度统一到执政党的意志上来,才能使中国共产党对国家的领导得以实现。这也是"统一意志"作为我国意识形态政治术语被长期传承的缘由之一。

从宪法上看,我国国家机构的组织和活动实行民主集中制原则主要表现为:《共同纲领》及后来的四部宪法都明确规定了以它作为国家机构组织活动的原则。如现行《宪法》第3条规定:"中华人民共和国的国家机构实行民主集中制的原则。"

依实践而言,我国国家机构的组织程序是先产生国家权力机关,再由国家权力机关组织产生行政、监察、司法、军事等其他国家机关。而国家权力机关人民代表大会组织的模式是人民按照现行的选举制度,通过直接选举产生县级以下的人民代表大会,再依照间接选举的方式产生县级以上的人民代表大会,最终产生最高国家权力机关全国人民代表大会。按照马克思主义的观点,无论是直接选举还是间接选举都可视为是社会主义国家机构组织中的民主过程,通过这些民主过程产生的各级人民代表大会则可被视为民主走向集中的体现。同时,全国人大在全部国家机关中作为最高国家权力机关,代表全国人民,高度统一和集中掌握全部国家权力,不仅享有最高立法权、国家重大事项的最高决定权,还有权产生其他中央国家机关,有权将行政权、监察权、司法权和军事领导权分别委托其他国家机关行使并监督它们的工作。这种国家权力的高度集中性、统一性正是体现了民主集中制是我国现行国家机关的组织和活动原则。

(三)社会主义法治

社会主义法治与西方国家提倡的法治性质上有所不同。中国共产党人认为,社会主义法治是指广大人民群众在党的领导下,依照宪法和法律规定,管理国家、社会事务,管理经济文化及其他事业,保证国家各项工作都依法进行,逐步实现社会主义民主的制度化、法律化,使这种制度和法律不因领导人的改变而改变,不因领导人看法和注意力的改变而改变。

与坚持中国共产党的领导、民主集中制这两项自新中国成立以来国家机构组织和活动中一直坚持的原则相比,社会主义法治原则的确立走过了艰难坎坷的历程。1954年宪法颁布后,国家机构的组织开始走向制度化。但由于随后的反"右"运动、"大跃进"及"文化大革命",中国的法律制度建设几乎夭折。直到改革开放后,社会主义的法律制度建设才重新启动,并逐渐由社会主义法制转变为社会主义法治。直到1999年3月第九届全国人大第二次会议根据中国共产党中央委员会提出的《关于修改宪法部分内容的建议》,将社会主义法治的原则写进宪法,自此它才成为由国家根本大法确认的我国国家机关组织活动的基本原则之一。

　　我国国家机构的组织活动贯彻社会主义法治原则表现在:《宪法》第5条规定:"中华人民共和国实行依法治国,建设社会主义法治国家。"《宪法》第三章"国家机构"明确地列出了中央和地方国家权力机关人民代表大会及其他国家机关的组成规范,无论是中央还是地方的人大及其他国家机关的组建都必须符合这些规范。除宪法外,全国人民代表大会制定和颁布了一系列如《中华人民共和国全国人民代表大会组织法》《中华人民共和国国务院组织法》等与国家机构组织有关的基本法律,使全部国家机关的组织活动有法可依。此外,现行宪法和法律关于国家机构组织活动的内容中也都体现了社会主义法治的精神。如《宪法》序言中对宪法是国家的根本法,具有最高法律效力的表述;对各级国家机关领导人任职期限的限制;国家机构组织法中对各级国家机关内的所有政党和社会团体的成员在以国家机关的名义进行活动时,必须摆正宪法、法律与政党和社会团体的行动纲领及政策的关系;要以宪法和法律规范政党、社团组织及成员的行为,保证在立法、行政、监察、司法及其他活动中,维护宪法尊严,保证宪法实施,依宪治国的要求。

　　必须看到,社会主义法治已经成为我国国家机关组织活动的基本原则之一,法治天下、法治政府作为民主制度的保障已经成为现代政治的时代大潮,激流奔涌,势不可挡,是我国国家机关组织活动必须遵循的一项基本原则,是我国国家机关组织活动改革、完善的必然发展方向。

应当说明,有的学者认为我国国家机关组织活动还包括其他原则,如为人民服务原则、精兵简政原则、责任制原则等。但这类原则只体现了国家机关组织活动的某一方面,例如为人民服务反映的是国家机关的服务于人民的活动理念,精兵简政是针对国家行政机关臃肿而采取的对策,对国家权力机关人民代表大会和现阶段人员不足的司法机关显然不能适用。因此,这些原则不应视为全部国家机关组织活动的基本原则。否则,基本原则就失去了全面贯穿于我国各级各类国家机关组织活动中的根本属性。

**四、我国中央国家机关体制的历史发展**

我国中央国家机关体制是随着我国国情的变化而不断变化发展的。中华人民共和国成立以来,大致经历了以下几个历史阶段:

(一) 中华人民共和国成立至1954年宪法颁布之前的中央国家机关体制

中华人民共和国成立初期,由于召开普选的全国人民代表大会的条件还不成熟,因此由中国人民政治协商会议第一次全体会议代行全国人民代表大会的职权。第一届全国政协第一次全体会议通过了起临时宪法作用的《中国人民政治协商会议共同纲领》,制定了《中华人民共和国中央人民政府组织法》。

根据《中央人民政府组织法》的规定,在中国人民政治协商会议第一次全体会议闭会后,经会议选举的中央人民政府委员会为最高国家权力机关,是中央人民政府的领导机构,也是中华人民共和国成立初期的集体国家元首。它对内领导国家政权,行使国家立法权,组织政务院、人民革命军事委员会、最高人民法院和最高人民检察署,决定国家重大问题;对外代表中华人民共和国。中央人民政府委员会由中央人民政府主席、副主席若干人以及委员若干人和秘书长组成。中央人民政府主席召集和主持中央人民政府委员会会议,领导中央人民政府的工作,副主席和秘书长协助主席执行职务。

根据《中央人民政府组织法》的规定,政务院是国家政务的最高执行机关。政务院由总理一人、副总理若干人、政务委员若干人和秘书长一人组成。政务院下设4个委员会和30个部、委、院、署、行,负责领导和监督地方各级人民政府的工作。人民革命军事委员会是国家军事的最高统辖机关。人民革命军事委员会由主席、副主席若干人和委员若干人组成,统一管辖并指挥中国人民解放军和其他人民武装力量。最高人民法院是全国最高审判机关,负责领导和监督全国各级审判机关的审判工作。最高人民检察署是国家最高检察机关,领导地方各级人民检察署和专门人民检察署的工作。1952年还增设了国家计划委员会,作为中央人民政府委员会的直属机构。

此外,中华人民共和国成立初期由于地区差异及交通、通讯落后诸多因素,考虑实际工作的需要,在中央和省之间设立了既为中央人民政府领导和监督地方政府工作的派出机关,又为最高一级地方政权机关的大行政区一级的国家机构。东北、华北称人民政府委员会;华东、西北、中南、西南称军政委员会。1952年底,中央人民政府委员会决定将大区人民政府委员会(或军政委员会)改为行政委员会,只作为中央在地方的代表机关,不再具有最高一级地方政权机关的性质。到1954年6月,中央人民政府委员会根据国家情况的变化,撤销了大区一级行政机构。

(二) 1954年宪法颁布之后至"文化大革命"开始前的中央国家机关体制

随着政权的巩固,在第一次基层普选和陆续召开地方各级人民代表大会的基础上,1954年9月15日召开了第一届全国人大第一次会议。9月20日通过了第一部《中华人民共和国宪法》和《全国人民代表大会组织法》《国务院组织法》《地方各级人民代表大会和地方各级人民政府组织法》《人民法院组织法》《人民检察院组织法》,标志着我国中央国家机关的组织和活动进入了一个新的历史发展阶段。

根据1954年宪法和上述法律的规定,国家机关的组成和主要职能如下:

全国人大是最高国家权力机关,是行使国家立法权的唯一机关。它由省、自治区、直辖市、军队和华侨选出的代表组成,每届任期4年。全国人大由全国人大常委会召集,每年举行会议一次,并可按照宪法规定的条件召开临时会议。除立法外,它具有对中央有关国家机关领导人的任免权、国家重大事务的决定权和最高监督权等。全国人大下设民族委员会、法案委员会、预算委员会、代表资格审查委员会。

全国人大常委会为全国人大的常设机关,由全国人大选举的委员长一人、副委员长若干人、秘书长一人、委员若干人组成,任期4年。它同中华人民共和国主席结合行使国家元首职权,主持全国人大的选举,召集全国人大会议,有权解释法律,制定法令,监督其他中央国家机关的工作,任免除必须由全国人大选举和决定以外的国家机关其他组成人员,决定宣布战争状态等国家重大事务。

中华人民共和国主席由全国人大选举产生,同全国人大常委会结合行使国家元首职权。对外代表中华人民共和国,接受外国使节,统率全国武装力量,担任国防委员会主席,在必须时可以召开最高国务会议并担任最高国务会议主席。中华人民共和国副主席协助主席工作,受主席委托可以代行主席的部分职权。在主席缺位时,继任主席职位。

国务院即中央人民政府,是最高国家权力机关的执行机关和最高国家行政机关。它对全国人大及其常委会负责并报告工作,有权向全国人大及其常委会提出议案,并对全国行使最高行政管理权。国务院由总理一人、副总理若干人、各部部长、各委员会主任、秘书长组成,下设部、委及主办各项专业业务的直属机构。总理领导国务院的工作,主持国务院会议,副总理协助总理工作。

最高人民法院是最高国家审判机关,有权监督地方各级人民法院和专门人民法院的审判工作。最高人民检察院是最高国家检察机关,对地方各级检察机关实行垂直领导,行使最高检察权。最高人民法院和最高人民检察院都要对全国人大及其常委会负责并报告工作。

(三) 从"文化大革命"开始至1982年宪法颁布之前的中央国家机关体制

1966年5月,爆发了席卷全国的"文化大革命"。中共中央文化革命领导小组和中共中央军委办事组实际取代了大部分国家机关的职权。全国人大长期没有召集和举行会议,仅仅保留着一个名义。作为其常设机构的全国人大常委会及其负责人,只是在报刊、广播中偶尔出现。1968年,由康生主持并亲自审定的《关于三届全国人大常委会委员政治情况的报告》中,把115名全国人大常委会委员中的60人诬陷为"特务""叛徒""走资派""三反分子"或"有严重问题的人"。一段时间里,全国人大常委会机关竟被实行军管,机关从人民大会堂中迁出。时任国家主席刘少奇未经法定程序被剥夺职权,迫害致死。此后,国家主席长期空缺。国务院的职权被严重削弱,最高人民法院受到不断冲击和破坏,最高人民检察院名存实亡,整个中央国家机关建设陷入全面危机。

"文化大革命"后期,根据毛泽东的意见,1975年1月13日至17日,第四届全国人大第一次会议召开。会议通过了1975年宪法。这部宪法以肯定"文化大革命"为基点,在关于中央国家机关建设的内容方面与1954年宪法相比主要有下列改变:第一,规定全国人大是中国共产党领导下的最高国家权力机关,将任期由四年改为五年,削弱了全国人大及其常委会的职权;第二,取消了中华人民共和国主席的建制,国家元首由全国人大常委会集体行使;取消了国防委员会的设置,最高国务会议也不复存在;第三,取消了总理主持国务院工作的规定,取消了国务院秘书长的设置,国务院下属部、委合并或撤销,国务院职权被削弱;第四,撤销了最高人民检察院,导致仅由全国人大及其常委会、国务院、最高人民法院组成的中央国家机关极不健全。

1976年10月,"四人帮"被粉碎,我国政治生活逐渐走向正常。1978年2月26日至3月5日召开的第五届全国人大第一次会议,对1975年宪法进行了修改,通过1978年宪法。但这部宪法除了重新设置最高人民检察院和补充了其他中央国家机关的一些职权外,与1975年宪法关于中央国家机关的规定相比,内容并没有什么大的变化。尤其是仍然没有设置国家主席。因此,1978年宪法颁布后的中央国家机关组织体系仍不健全。1978年12月中国共产党第十一届三中全会召开之后,我国进入了一个新的历史发展时期。1981年11月第五届全国人大第四次会议的政府工作报告中提出国务院根据中共中央的建议,进行机构改革。1982年1月,邓小平在中共中央政治局会议上提出"精简机构是一场革命"。同年3月,第五届全国人大常委会第二十二次会议通过《关于国务院机构改革问题的报告》,决定减少副总理,设国务委员;由国务院总理、副总理、国务委员和秘书长组成国务院常务会议。至 4 月底,国务院原有 52 个部委削减为 41 个部委。

(四)现行宪法颁布至今的中央国家机关体制

1982 年 12 月,第五届全国人大第五次会议通过了现行宪法。这部宪法与 1978 年宪法相比,在中央国家机关的建设方面作出了较大的变动。主要内容有:加强和改进了人民代表大会制度,恢复了国家主席的建制,设立了中央军事委员会领导全国武装力量,中央行政机关实行首长负责制等。这些变动为健全中央国家机关组织体系,维护中央政权的稳固,确保国家机器的正常运行起到一定的积极作用。

1988 年 3 月,第七届全国人大第一次会议上通过的《政府工作报告》把切实搞好政府机构改革作为新一届政府工作目标,着眼于转变职能,改革的重点是同经济体制改革关系极为密切的经济管理部门。

经历了 1992 年春天邓小平南方谈话之后,1993 年 3 月第八届全国人大第一次会议通过了国务院机构改革方案。根据这次会议《政府工作报告》的精神,1998 年至 1999 年期间,国务院系统进行了以建立与社会主义市场经济相适应的政府行政体制为目标的机构改革。至 1999 年底,国务院下属部委由 40 个削减为 29 个,工作人员分流减少近半。

2003 年、2008 年、2013 年我国又进行了三次规模较大的政府机构改革。几次政府机构改革的实践,积累了一些宝贵的经验:坚持以适应社会主义市场经济体制为改革目标,把转变政府职能作为机构改革的关键;坚持精简、统一、效能的原则,把精兵简政和优化政府组织结构作为机构改革的重要任务;坚持机构改革与干部人事制度改革相结合,优化干部队伍结构;坚持统一领导,分级负责,分步实施,从实际出发,因地制宜地进行改革。当然也有一些教训。最大的教训在于忽视了政府的社会管理与公共服务职能。

2018 年 3 月 11 日,第十三届全国人大第一次会议通过了《中华人民共和国宪法修正案》。在国家机构一章中,专门增写监察委员会一节。这是对我国政治体制、政治权力、政治关系的重大调整,是对国家监督制度的顶层设计,为加强党对反腐败工作的统一领导,建立集中统一、权威高效的国家监察体系,实现对所有行使公权力的公职人员监察全覆盖,奠定了坚实的宪法基础,意义重大,影响深远。

2018年3月17日,第十三届全国人大第一次会议又通过了《国务院机构改革方案》,再一次启动了国务院机构改革。新一轮国务院机构改革着眼于转变政府职能,坚持资源配置以市场为导向,围绕推动高质量发展,建设现代化经济体系,加强和完善政府经济调节、市场监管、社会管理、公共服务、生态环境保护职能,结合新的时代条件和实践要求,着力推进重点领域和关键环节的机构职能优化和调整,构建起职责明确、依法行政的政府治理体系,提高政府执行力,建设人民满意的服务型政府。按照该改革方案,新组建或重新组建自然资源部、生态环境部、农业农村部、文化和旅游部、国家卫生健康委员会、退役军人事务部、应急管理部、科学技术部、司法部、水利部、审计署;不再保留监察部、国土资源部、环境保护部、农业部、文化部、国家卫生和计划生育委员会。改革后,国务院正部级机构减少8个,副部级机构减少7个。除国务院办公厅外,国务院设置组成部门共26个。

## 第二节 最高国家权力机关及其常设机关

### 一、全国人民代表大会

(一) 全国人民代表大会的性质和地位

我国《宪法》规定,全国人民代表大会是最高国家权力机关,是行使国家立法权的机关。这一规定表明了全国人大的性质和它在整个国家机关体系中所处的核心位置。纵向而言,全国人大是由全国人民在普选基础上产生的代表组成,代表全国人民的意志和利益,行使国家立法权和决定国家的一切重大问题,在整个国家范围内行使最高国家权力,在国家权力体系中地位最高。全国人大通过的宪法、法律和形成的决议,任何政党、任何组织和个人必须服从和遵守。

横向观之,在中央一级国家机关中,其他中央国家机关都依附和从属于它,均由它产生,对它负责,受它监督。总之,没有任何其他国家机关能有超越其上或有与其平等的权力,没有高于其或与其并列的地位。

(二) 全国人民代表大会的组成、任期和责任制

《宪法》第59条第1款曾规定:"全国人民代表大会由省、自治区、直辖市和军队的代表组成。各少数民族都应有适当名额的代表。"根据香港、澳门回归祖国后的实际情况,2004年3月14日第十届全国人大第二次会议通过的《中华人民共和国宪法修正案》将该款修改为"全国人民代表大会由省、自治区、直辖市、特别行政区和军队选出的代表组成。各少数民族都应当有适当名额的代表。"因此,全国人大由省、自治区、直辖市的人民代表大会、中国人民解放军、香港、澳门特别行政区及台湾同胞选出的代表组成。各省、自治区、直辖市的人民代表名额由全国人大常委会根据情况确定,特别行政区全国人大代表选举办法另由法律规定。代表名额历届不等,现行宪法规定不超过3000人。全国人大代表由各行各业的人士组成,各少数民族都应有适当名额的代表。妇女代表和少数民族代表都占相当的比例。第十三届全国人大代表人数为2980名。少数民族代表438名,占代表总数的14.70%,全国55个少数民族都有本民族的代表;归侨代表39名;连任代表769名,占代表总数的25.81%;妇女代表742名,占代表总数的24.90%,与十二届相比,提高了1.5个百分点;一线工人、农民代表468名(其中有45名农民工代表),占代表总数的15.70%,提高了2.28个百分点;专业技术人员代表613名,占代表总数的20.57%,提高了0.15个百分点;党政领导干部代表1011名,占代表总数的33.93%,降低了0.95个百分点。

根据现行宪法的规定,全国人大每届任期5年。这是因为我国社会发展和国民经济计划长期以来是每5年为一周期,把全国人大的任期与发展国民经济的五年计划周期一致起来,便于提交大会审议和监督执行。此外,宪法规定每届全国人大任期届满的两个月以前,全国人大常委会必须完成下届全国人大代表的选举。如果遇到不能进行选举的非常情况,由全国人大常委会以全体委员的三分之

二以上的多数通过,全国人大会议可以推迟选举,延长本届全国人大的任期。但在非常情况结束后一年内,全国人大常委会必须完成下届全国人大代表的选举。这些规定保证了在全国人大任期届满时能顺利换届。

全国人民代表大会实行集体负责制。集体负责制是我国各级人民代表大会的责任制,指包括领导在内的人大全体成员在作出决策时以共识决定,采取集体讨论,一人一票,权利平等,按照少数服从多数原则,投票作出决定,所有成员集体承担后果责任的制度。人大之所以实行集体负责制,是因为"人大和政府的任务不同,因此,它们的工作制度、方法也就不同","人大代表、常委会委员的权力是很大的。——但是,人大的这种权力是由集体来行使、来作决定的。——包括委员长在内,无论哪个法律和议案,都不是个人说了就可以决定的。"[①]

(三) 全国人民代表大会的职权

《宪法》第62条规定了全国人大的十六项职权,这十六项职权可以归纳为如下六个方面:

第一,制定、修改宪法,监督宪法实施。全国人大是最高国家权力机关,是代表全国人民行使国家立法权的机关,因此享有制宪权。现行宪法也规定,宪法的修改由全国人民代表大会常务委员会或者五分之一以上的全国人民代表大会代表提议,并由全国人民代表大会全体代表的三分之二以上的多数通过。全国人大于1988年、1993年、1999年、2004年、2018年五次对宪法的若干条文进行了修改。全国人大监督宪法的实施主要表现在:一是对各项法律、行政法规、地方性法规以及各种规章是否符合宪法的原则和条文规定,进行审查监督;二是对其他一切国家机关、武装力量、各政党和各社会团体、各企事业组织以及所有公民的行为是否违宪进行监督。但这一权力的实施在具体实践中存在不少缺陷,尚待完善。

第二,制定和修改基本法律。全国人大有权制定涉及整个国家生活中某一方面具有根本性的和全局性关系的法律,即我国的基本

---

① 摘自彭真1984年1月24日在全国人大常委会在京委员座谈会上的讲话。

法律。这类法律包括刑法、刑事诉讼法、民法、民事诉讼法、全国人大组织法、国务院组织法、地方各级人大和地方各级人民政府组织法、人民法院组织法、人民检察院组织法、选举法、民族区域自治法、有关设立特别行政区管理制度的法律,等等。全国人大是行使基本法律制定权和修改权的唯一主体,其他任何国家机关包括它的常设机关全国人大常委会都无此项权力。

第三,选举、决定和罢免中央国家机关的领导人。全国人大有权组织选举全国人大常委会委员长、副委员长、秘书长和委员;选举中华人民共和国主席、副主席、中央军事委员会主席、国家监察委员会主任、最高人民法院院长、最高人民检察院检察长;有权根据国家主席的提名决定国务院总理的人选;根据总理的提名决定副总理、国务委员、各部部长、各委员会主任、审计长和秘书长的人选;根据中央军事委员会主席的提名决定中央军事委员会副主席和委员的人选。全国人大还有权依照法定程序对于以上人员予以罢免。罢免案必须由全国人大主席团或者三个以上的代表团或者十分之一以上的代表提出,由主席团交各代表团审议后提请全体会议表决;或者由主席团提议经大会全体会议决定,组织调查委员会,再由全国人大全体会议根据调查委员会的报告审议,经全体代表的过半数同意即获得通过。

第四,决定国家重大问题。全国人大有权审查和批准国民经济和社会发展计划以及计划执行情况的报告;审查和批准国家预算和预算执行情况的报告;批准省、自治区和直辖市的建置;决定特别行政区的设立及其制度;决定战争与和平等国家重大事项。

第五,最高监督权。全国人大有权监督由其产生的其他国家机关的工作。主要表现在:全国人大常委会作为全国人大的常设机关,要对它负责并报告工作,全国人大可以改变或者撤销全国人大常委会不适当的决定;国务院、最高人民法院、最高人民检察院要向全国人大负责并报告工作;国家监察委员会主任、中央军事委员会主席也要对全国人大负责。

第六,其他应当由它行使的职权。我国宪法规定,全国人大有权行使"应当由最高国家权力机关行使的其他职权"。由于国家生活复杂多变,新的重大问题可能会不断出现,而这些重大问题只有全国人民代表大会有权处理。因此，宪法规定的本项职权就为全国人大处理这些新问题提供了宪法依据。

（四）全国人民代表大会会议

1. 会议制度

全国人大进行工作的基本形式是举行会议，通过会议和全体会议的决议行使职权。宪法规定，全国人民代表大会会议每年举行一次，由全国人民代表大会常务委员会召集。如果全国人民代表大会常务委员会认为有必要，或者有五分之一以上的代表提议，可以召开全国人民代表大会临时会议。宪法没有明确规定全国人大每年例会的具体时间，但根据《全国人民代表大会议事规则》的规定，例会应于每年的第一季度举行，会期一般半个月左右。会议公开，必要时经主席团和各代表团团长会议决定，可以举行秘密会议。

除全国人大代表出席会议外，全国人大会议的列席人员大致有三类：一是"法定列席人员"，包括国务院组成人员、中央军委组成人员、国家监察委员会主任、最高人民法院院长、最高人民检察院检察长；二是"惯例列席人员"，即按照1959年起形成的惯例，全体全国政协委员均为列席人员，参加会议；三是"其他列席人员"，即由全国人大常委会决定允许列席会议的其他机关、社会团体负责人以及各国驻华使节等。

全国人大的会议形式包括预备会议、主席团会议、全体会议、代表团会议和小组会议。每届全国人大第一次会议的预备会议，由上届全国人大常委会主持。目的是保证即将召开的全国人大会议的顺利进行，任务是讨论大会的议程，选举大会主席团和秘书长以及决定其他必须解决的事项。主席团是一个临时性机构，其任务有：一是主持本次大会；二是提出中央国家机关领导人的人选和确定正式候选人名单；三是组织代表团审议各项议案；四是处理各代表团和代表在会议期间提出的议案、罢免案、质询案；五是草拟大会审议通过的决议草案；六是决定选举及通过议案的表决方式。主席团第一次会议推选主席团常务主席若干人、主席团成员若干人分别担任每次大会全体会议的执行主席。主席团第一次会议由全国人大常委会委员长召集，随后会议由主席团常务主席主持。

全国人大全体会议是全体代表参加的会议,须有三分之二以上的代表出席始能举行。代表按照选举单位组成代表团。各代表团在每次全国人大会议举行前,要讨论全国人大常委会提交的关于会议的准备事项;在全国人大会议期间,各代表团可举行全体会议、代表小组会议审议大会的各项议案和有关报告,并可以由代表团团长或者由代表团推选的代表在大会主席团会议上或者大会全体会议上代表本代表团对审议的议案发表意见。

全国人大全体会议设立新闻发言人,负责发布会议新闻并解答国内外记者的提问。

2. 工作程序

全国人大会议主要是通过议案以及选举和罢免国家领导人。其程序为:第一,提出议案。可以向全国人大会议提出议案的有:全国人大主席团、全国人大常委会、全国人大各专门委员会、国务院、中央军委、国家监察委员会、最高人民法院、最高人民检察院以及一个代表团或者30名以上的代表联名;宪法修正案,只有全国人大常委会或五分之一以上的全国人大代表联名才有权提出;如有罢免案,则按宪法规定的特别程序进行。第二,审议议案。对国家机关提出的议案,由主席团决定交各代表团审议,或者交有关的专门委员会审议,提出报告,再由主席团审议决定提交大会表决;而对各代表团和代表提出的议案,则由主席团决定是否列入大会议程,或者先交有关的专门委员会审议,提出是否列入大会议程的意见,再决定是否列入大会议程。第三,表决议案。议案经审议后,由主席团决定提交大会表决,并由主席团决定表决方式。除宪法修正案需全体会议代表三分之二以上的多数通过外,其他法律和议案由全体代表过半数赞成即获通过。第四,公布法律、决议。法律议案通过后即成为法律,由中华人民共和国主席以发布命令的形式加以公布;选举结果及重要议案,由全国人大主席团以公告公布或由国家主席以命令形式公布。

## 二、全国人民代表大会常务委员会

(一)全国人民代表大会常务委员会的性质和地位

全国人大常委会是全国人大的常设机关,是全国人大闭会期间经常行使国家权力的机关,是国家最高权力机关的组成部分,也是行使国家立法权的机关。其地位表现在两个方面:一方面,它与全国人大是隶属关系,由全国人大选举产生,对其负责,受其监督。在全国人大每次召开会议时,它要向全国人大作自上次全国人大会议以来的工作报告。全国人大会议对它的报告要作出决议。全国人大有权改变或者撤销全国人大常委会作出的不适当的决定,有权罢免全国人大常委会的组成人员。另一方面,在全国人大闭会期间,全国人大常委会行使全国人大的部分职能,对最高国家行政机关、监察机关、审判机关、检察机关进行监督,而这些机关要对它负责并报告工作。

全国人大设立常委会的主要原因是全国人大代表数量较大,且不是专职,每年一般仅出席一次例会,在闭会期间难以实际行使最高国家权力。因此,在全国人大中再选举产生一个小型的、人员有较强的稳定性、能代表全国人大行使最高国家权力的常委会显然符合现实国情。

(二)全国人民代表大会常务委员会的组成和任期

全国人大常委会由每届全国人大第一次会议从当届全国人大代表中选举产生的委员长、副委员长若干人、秘书长和委员若干人组成。我国现行宪法和法律未具体规定全国人大常委会组成人员的名额,每届的具体名额和选举方式通常根据每届全国人大第一次会议通过的选举决定确定。近几届为150人左右,第十届为159人,第十一届为161人,第十二届为161人,第十三届159人。委员长、副委员长、秘书长一直为等额选举。委员在第七届全国人大之前为等额选举,自第七届全国人大开始为差额选举,差额比例呈逐届提高趋势:第十届全国人大常委会委员选举差额比例为5%,第十一届全国人大常委会委员选举差额比例为7%,第十二届全国人大常委会委员选举差额比例为8%;第十三届提名候选人172名,应选159名,差额13名,差额比例为8.17%。比上届差额比例又有提高。为确保民族平等,在全国人大常委会的组成人员中,都有适当名额的少数民族代表。全国人大常委会的组成人员不得担任国家行政机关、审判机关和检察机关的职务。

全国人大常委会的任期与全国人大相同,即5年。但全国人大常委会与全国人大在任期结束的时间上略有不同。上届全国人大的任期在下届全国人大第一次会议开始时即告结束,而上届全国人大常委会为保证全国人大换届时的工作衔接,要负责召集下一届全国人大第一次会议,因此需在下届全国人大常委会产生后才能结束。

我国宪法规定,全国人大常委会委员长、副委员长连续任职不得超过两届。常委会其他组成人员的任期则不受限制。

(三) 全国人民代表大会常务委员会的职权

现行宪法扩大了全国人大常委会职权,进一步加强了全国人大常委会的地位。根据《宪法》第67条的规定,全国人大常委会的职权主要包括:

第一,根据宪法规定的范围行使立法权。立法权是宪法和法律赋予全国人大常委会最主要的职权,也是全国人大常委会最主要的日常工作。新时期全国人大常委会的立法目标是建立和完善社会主义市场经济法律体系。全国人大常委会立法权的内涵包括两项:一是全国人大常委会有权制定、修改和补充除应当由全国人大制定的基本法律以外的其他法律。二是在全国人大闭会期间,在不与基本法律的基本原则相抵触的前提下,全国人大常委会也有权对全国人大制定的基本法律进行部分修改和补充。

第二,宪法和法律解释权。宪法除规定全国人大常委会有权解释宪法外,还规定它有权解释法律,既包括自己制定的法律,也包括由全国人大制定的法律。宪法之所以这样规定,是因为全国人大虽然是立宪和主要的立法机关,但每年只举行十多天例会,不便于及时承担解释宪法和法律的职责。把这项职权赋予全国人大常委会行使,便于问题的及时解决。

第十届全国人大常委会第四十次委员长会议于2005年12月16日上午完成了对《行政法规、地方性法规、自治条例和单行条例、经济特区法规备案审查工作程序》(简称《法规备案审查工作程序》)的修订,并通过了《司法解释备案审查工作程序》。鉴于全国人大常委会已在法制工作委员会增设了法规备案审查机构,修订后的《法规备案审查工作程序》规定,国务院、中央军事委员会、最高人民法院、最高人民检察院和各省、自治区、直辖市的人大常委会认为法规同宪法或者法律相抵触,向全国人大常委会书面提出审查要求的,常委会办公厅有关部门接收登记后,报秘书长批转有关专门委员会会同法制委员会进行审查。上述机关以外的其他国家机关和社会团体、企业事业组织以及公民认为法规同宪法或者法律相抵触,向全国人大常委会书面提出审查建议的,由法制工作委员会负责接收、登记,并进行研究;必要时,报秘书长批准后,送有关专门委员会进行审查。修订后的《法规备案审查工作程序》还规定,专门委员会认为备案的法规同宪法或者法律相抵触的,可以主动进行审查,会同法制工作委员会提出书面审查意见;法制工作委员会认为备案的法规同宪法或者法律相抵触,需要主动进行审查的,可以提出书面建议,报秘书长同意后,送有关专门委员会进行审查。关于同宪法或者法律相抵触的法规的纠正问题,修订后的《法规备案审查工作程序》规定了三个步骤:一是与制定机关进行沟通协商;二是通过有关专门委员会提出书面审查意见,要求制定机关纠正;三是经过上述工作,制定机关仍不纠正的,通过常委会审议决定,撤销同宪法或法律相抵触的法规。

为了维护国家法制的统一,第十届全国人大常委会第四十次委员长会议还通过了《司法解释备案审查工作程序》。《司法解释备案审查工作程序》规定,最高人民法院、最高人民检察院制定的司法解释,应当自公布之日起30日内报送全国人大常委会备案。国务院等国家机关和社会团体、企业事业组织以及公民认为司法解释同宪法或者法律相抵触的,均可向全国人大常委会书面提出审查要求或审查建议。

此外,《司法解释备案审查工作程序》还就有关司法解释的报送和接收、审查工作的分工负责、被动审查和主动审查、同宪法或者法律相抵触的司法解释的纠正程序等作出了具体规定。

第三,监督权。全国人大常委会的这项权力体现在两方面:一是有权监督宪法的实施,有权监督国务院、中央军事委员会、国家监察委员会、最高人民法院和最高人民检察院的工作。监督的主要形式是听取这些国家机关的工作汇报,开展执法大检查,进行个案监督、质询等。二是有权审查行政法规、地方性法规的合宪性和合法性。全国人大常委会有权撤销国务院制定的同宪法、法律相抵触的行政法规、决定和命令;有权撤销省、自治区、直辖市的国家权力机关制定的同宪法、法律和行政法规相抵触的地方性法规和决议。

第四,重大事项决定权。全国人大常委会的这项权力主要体现为:(1)在全国人大闭会期间,有权审查和批准国民经济和社会发展计划以及国家预算在执行过程中所必须作的部分调整方案;(2)在全国人大闭会期间,有权决定批准或废除同外国缔结的条约和重要协定;(3)决定驻外全权代表的任免;(4)规定军人和外交人员的衔级制度和其他专门衔级制度;(5)规定和决定授予国家的勋章和荣誉称号;(6)决定特赦;(7)在全国人大闭会期间,如果遇到国家遭受武装侵犯或者必须履行国家间共同防止侵略的条约的情况,有权决定宣布战争状态;(8)决定全国总动员和局部总动员;(9)决定全国或者个别省、自治区和直辖市进入紧急状态;(10)在全国人大闭会期间,有权根据国务院总理提出的议案,决定国务院各部委的设立、撤销或者合并等。

第五,人事任免权。在全国人大闭会期间,全国人大常委会有权任免以下国家机关人员:(1)根据国务院总理的提名,决定部长、委员会主任、审计长、秘书长的人选;(2)根据中央军事委员会主席的提名,决定中央军事委员会其他组成人员的人选;(3)根据国家监察委员会主任的提名,任免国家监察委员会副主任、委员。(4)根据最高人民法院院长的提名,任免最高人民法院副院长、审判员、审判委员会委员和军事法院院长;(5)根据最高人民检察院检察长的提请,任免最高人民检察院副检察长、检察员、检察委员会委员和军事检察院检察长,并且批准省、自治区、直辖市的人民检察院检察长的任免。(6)在全国人大闭会期间,由委员长会议提名,可以补充任命专门委员会个别副主任委员和部分委员,任免专门委员会顾问;(7)由委员长提请,任免全国人大常委会副秘书长;(8)由委员长提请,任免全国人大常委会工作委员会主任、副主任。

第六,全国人大授予的其他职权。

(四)全国人民代表大会常务委员会会议

1. 会议制度

全国人大常委会会议是全国人大常委会行使职权的主要形式。

会议有两种：

一是全国人大常委会全体会议，一般每两个月举行一次，通常在双月下旬召开，会期一般为一周左右，由委员长召集并主持，也可由委员长委托副委员长主持。全国人大常委会全体会议列席人员有五类：一是国务院、中央军事委员会、国家监察委员会、最高人民法院、最高人民检察院的负责人；二是全国人大各专门委员会中不是全国人大常委会委员的副主任委员、委员、顾问；三是各省、自治区、直辖市的人大常委会可派主任和副主任一人；四是从第六届全国人大常委会第二十一次会议开始，邀请列席的与全国人大常委会审议的议题有关的全国人大代表；五是其他有关部门负责人。

此外，自第七届全国人大常委会第二次会议起，全国人大常委会全体会议设立了旁听和新闻发布制度，利于国内国际了解会议情况。

二是委员长会议，由委员长、副委员长、秘书长组成，任务是处理全国人大常委会重要的日常工作，但委员长会议不能代替全国人大常委会行使职权。

2. 工作程序

根据《全国人民代表大会组织法》和《全国人民代表大会常务委员会议事规则》的规定，全国人大常委会议事规则在举行会议、审议及通过法律案和其他议案、选举和罢免各级领导人时，均须遵守以下四个程序：第一，提出议案。全国人大常委会会议期间，全国人大各专门委员会、国务院、中央军事委员会、最高人民法院、最高人民检察院，以及常委会组成人员10人以上联名，可以向常委会提出属于常委会职权范围内的议案。第二，审议议案。国家机关提出的议案，由委员长会议决定提请常委会会议审议，或者先交有关专门委员会审议，提出报告，再提请常委会会议审议；常委会组成人员提出的议案，由委员长会议决定提请常委会会议审查，或者先交有关的专门委员会审议，提出报告，再决定是否提请常委会会议审议。对列入议程的议案，提出议案的机关、有关专门委员会和常委会的有关工作部门应提供有关资料，在听取议案说明后再分组审议，并交有关专门委员会进行审议。审议法律草案还要交法律委员会统一审议，由法律委员会向下次或以后的常委会会议提出审议结果的报告，并将其他有关专门委员会的审议意见印发常委会,由常委会再次进行审议。换言之,法律草案要经过两次常委会会议的审议才能付诸表决。第三,通过议案。议案经审议后,由常委会会议表决通过。常委会的决议由常委会以全体委员的过半数通过。第四,决定公布。

此外,在全国人大常委会会议期间,常委会组成人员10人以上可以联名向常委会书面提出对国务院、最高人民法院、最高人民检察院和国务院各部、各委员会的质询案。由委员长会议决定交受质询部门书面答复,或者由受质询机关的负责人在常委会会议上或者有关的专门委员会会议上口头答复。在专门委员会会议上答复的,专门委员会应当向常委会或者委员长会议提出报告。专门委员会审议质询案的时候,提出质询案的常委会组成人员可以出席会议,发表意见。

随着人民代表大会制度的不断发展和完善,全国人大常委会的议事制度和程序也在相应发展。针对人大常委有时会在最高权力机关会议上发言"超时"或"跑题",以及全国人大常委会提请审议任免案时没有任免理由说明等情况,全国人大常委会于2009年4月24日通过了《全国人民代表大会常务委员会议事规则》修正案,规定:常务委员会组成人员在全体会议、联组会议和分组会议上发言,应当围绕会议确定的议题进行。"在全体会议上的发言,不超过10分钟;在联组会议和分组会议上,第一次发言不超过15分钟,第二次对同一问题的发言不超过10分钟。"事先提出要求,经会议主持人同意的,可以延长发言时间。同时规定"全国人民代表大会各专门委员会主任委员、副主任委员、委员、常务委员会副秘书长、工作委员会主任、副主任,有关部门负责人,列席会议。"还规定:"任免案应当附有拟任免人员的基本情况和任免理由;必要的时候,有关负责人应当到会回答询问。"

(五)全国人民代表大会常务委员会的工作机构

全国人大常委会的办事机构由办公厅、法制工作委员会和各专门委员会三大部分组成,在委员长会议和秘书长领导下工作。办公厅为综合服务性机构,下设秘书局、研究室、联络局、外事局、信访局、新闻局、人事局、机关事务管理局、机关党委等部门。法制工作委员会是专门负责立法的工作机构,下设办公室、立法规划室、刑法室、民法室、经济法室、国家法室、行政法室、社会法室、法规备案审查室、研究室等部门。为进一步加强宪法研究工作,2018年7月法制工作委员会增设"宪法室"。根据《立法法》第47条、第54条、第63条、第64条的规定,法制工作委员会主要承担以下任务:(1)负责编制立法规划和拟订年度立法计划。(2)研究拟订法律解释草案,由委员长会议决定列入常务委员会会议议程。(3)可以对有关具体问题的法律询问进行研究,予以答复,并报常务委员会备案。(4)可以组织对有关法律或者法律中的有关规定进行立法后评估。评估情况应当向常务委员会报告。各专门委员会一般设有一个办公室和若干个业务室。此外,全国人大常委会还设立两个专门的工作机构,一是代表资格审查委员会,负责全国人大代表资格的审查。该委员会的主任委员、副主任委员和委员的人选,由委员长会议在常委会组成人员中提名,并由常委会会议通过。二是香港特别行政区基本法委员会和澳门特别行政区基本法委员会,其职责是为常委会解释基本法提供必需的咨询意见,对修改基本法的议案进行事先研究并提出意见。根据需要,常务委员会还可以设立其他工作委员会。

### 三、全国人民代表大会各委员会

(一)专门委员会的性质和作用

全国人大各专门委员会是隶属于全国人大的辅助性、常设性内部工作机构,是从全国人大代表中选举产生、按照专业分工的组织。在全国人大闭会期间,它受全国人大常委会的领导。专门委员会的任务是研究、审议、拟订有关议案,向全国人大或全国人大常委会提供审议的意见或报告。各专门委员会不具有行使国家权力的职能,不能对社会和公民作出具有法律约束力的决定。虽然也作决议,但这种决议必须经过全国人大或者全国人大常委会审议通过之后,才具有国家权力机关决定的效力。由于各专门委员会的组成人员大都是该专业领域的专家、学者,专业水平一般很高,因此尽管提供的是咨询和参考性意见,但很多都能被全国人大及其常委会在立法过程中采纳,对保证全国人大及其常委会立法工作的质量起到重要作用。

(二) 各专门委员会的组成和职责

全国人大专门委员会可以分为常设性委员会和临时性委员会两大类。

1. 常设性专门委员会

常设性专门委员会即通常所称的专门委员会,目前共十个。1982年《宪法》第70条规定设立民族委员会、法律委员会、财政经济委员会、教育科学文化卫生委员会、外事委员会、华侨委员会;1988年第七届全国人大第一次会议增设内务司法委员会;1993年第八届全国人大第一次会议增设环境保护委员会;1998年第九届全国人大第一次会议增设农业与农村委员会。2018年第十三届全国人大第一次会议,增设"社会建设委员会";"内务司法委员会"更名为"监察和司法委员会",对其相应职责作出调整。同时,为弘扬宪法精神,增强宪法意识,维护宪法权威,加强宪法实施和监督,推进合宪性审查工作,将"法律委员会"更名为"宪法和法律委员会"。2018年6月22日第十三届全国人民代表大会常务委员会第三次会议通过《全国人民代表大会常务委员会关于全国人民代表大会宪法和法律委员会职责问题的决定》,明确宪法和法律委员会的职责为在继续承担统一审议法律草案等工作的基础上,增加推动宪法实施、开展宪法解释、推进合宪性审查、加强宪法监督、配合宪法宣传等工作职责。

各专门委员会由主任一人、副主任和委员若干人组成,由全国人大任命。在全国人大闭会期间,全国人大常委会可以补充任命专门委员会的个别副主任委员和部分委员。此外,全国人大常委会可根据需要为各专门委员会任命一定数量的非全国人大代表的专家作专门委员会的顾问。顾问可以是专职的,也可以是兼职的。他们有权列席各专门委员会会议,并发表意见,但无表决权。专门委员会每届任期与全国人大的任期相同,即5年。

专门委员会为完成其任务而进行下列具体工作:(1) 审议全国人大主席团或全国人大常委会交付的议案;(2) 向全国人大主席团或全国人大常委会提出属于全国人大或全国人大常委会职权范围内同本委员会有关的议案;(3) 审议全国人大交付的被认为同宪法、法律相抵触的国务院的行政法规、决定和命令,国务院各部委的命令、指示和规章,省、自治区、直辖市的人大及其常委会制定的地方性法规和决议,以及省、自治区、直辖市人民政府的决定、命令和规章,并提出报告;(4)审议全国人大主席团或全国人大常委会交付的质询案,听取受质询机关对质询案的答复,必要时向全国人大主席团或全国人大常委会提出报告;(5)对属于全国人大或全国人大常委会职权范围内同本委员会有关的问题,进行调查研究,提出建议。除上述共同工作之外,各常设委员会还承担与自身专业有关的特殊工作。如宪法和法律委员会统一审议向全国人大或全国人大常委会提出的法律草案;民族委员会审议自治区报请全国人大常委会批准的自治区自治条例和单行条例,向全国人大常委会提出报告;等等。

  各专门委员会开会决定问题的方式有两种:一是委员会全体会议;二是委员会主任办公会议。

  委员会全体会议主要讨论决定本委员会职责范围内的重大问题;研究讨论全国人大常委会或委员长会议交付的各项工作;听取国务院有关部门的工作汇报等。委员会全体会议由主任召集,需要作出决定的会议,到会人数必须是全体委员半数以上才能举行;委员会若属于交流情况,不作决定的会议,有三分之一以上委员出席即可。全体会议一般每月一次。如有必要随时可召集临时会议。

  委员会主任办公会议由主任和副主任组成,主要是研究处理委员会日常重要工作,包括:落实全国人大常委会或委员长会议交办的事项;确定委员会全体会议的议题;决定委员会的工作计划;等等。委员会主任办公会议一般每半个月举行一次。

  2. 临时性委员会

  临时性委员会也就是特定问题调查委员会。根据《宪法》第71条的规定,全国人大和全国人大常委会认为必要时,可以组织特定问题的调查委员会。特定问题调查委员会无一定任期,对特定问题的调查任务一经完成,该委员会即予撤销。

  特定问题调查委员会可由全国人大主席团、三个以上的代表团或十分之一以上的代表联名提出,再由全国人大主席团提请大会决定,即可成立。特定问题调查委员会组成人员由全国人大主席团在全国人大代表中提名,全国人大全体会议通过,设主任委员、副主任委员若干人和委员若干人。特定问题调查委员会可以公开聘请专家参加调查工作。全国人大常委会认为必要时，也可以组织特定问题调查委员会。

《宪法》第71条第2款规定："调查委员会进行调查的时候，一切有关的国家机关、社会团体和公民都有义务向它提供必要的材料。"

迄今为止，全国人大及其常委会尚未组织过特定问题调查委员会。

**四、全国人民代表大会代表**

（一）全国人民代表大会代表的地位

全国人大代表是最高国家权力机关组成人员，是人民委派到最高国家权力机关的使者，代表人民行使最高国家权力。

（二）全国人民代表大会代表的产生、任期及资格终止

全国人大代表制度采取的是地域代表制与职业代表制（军队）相结合，而以地域代表为主的代表制。各省、自治区、直辖市的人民代表大会选举产生各省、自治区、直辖市应选的全国人大代表；中国人民解放军按规定由军人代表大会选举产生出席全国人大的代表；香港、澳门特别行政区全国人大代表由香港、澳门特别行政区全国人大代表选举会议选举产生；台湾省应选全国人大代表由在各省、自治区、直辖市和中国人民解放军中的台湾省籍同胞派代表协商选举产生。

全国人大代表每届任期为5年，可连选连任。

全国人大代表因刑事案件被羁押正在受侦查、起诉、审判的，被依法判处管制、拘役或者有期徒刑而没有附加剥夺政治权利，正在服刑的，暂时停止代表职务。上述所列情形在代表任期内消失后，恢复其执行代表职务，但代表资格终止的除外。

全国人大代表因迁出或者调离本行政区域的、辞职被接受的、未经批准两次不出席全国人大会议的、被罢免的、丧失中国国籍的、依法被剥夺政治权利的，其代表资格立即终止。

全国人大代表资格终止，由全国人大代表资格审查委员会报当届全国人大常委会公布。

（三）全国人民代表大会代表的职权

参加全国人大会议是全国人大代表行使职权的主要方式。根据宪法和有关法律的规定,全国人大代表通过这种方式行使以下职权:(1) 出席全国人大会议;(2) 在全国人大会议期间,审议属于全国人大职权范围内的议案和报告;(3) 根据宪法和法律规定的程序向全国人大提出属于全国人大职权范围内的议案;(4) 选举、决定最高国家机关及下属机构领导人;(5) 依照法律规定的程序提出质询案或者提出询问;(6) 依法提出罢免案;(7) 全体代表1/10以上联名可以提议组织特定问题调查委员会;(8) 对宪法修正案及法律议案进行表决;(10) 对各方面的工作提出批评、意见或建议。

（四）全国人民代表大会代表在全国人民代表大会闭会期间行使职权的活动

在全国人大闭会期间,全国人大代表行使职权的活动主要有:(1) 全国人大代表可以组成代表小组开展与全国人大工作有关的活动,如调查研究等;(2) 可以集中统一视察,即根据全国人大常委会的安排对本级或下级其他国家机关和有关单位的工作进行视察,也可以持证分散视察,即持全国人大代表证就地进行视察;(3) 可以参加全国人大常委会或全国人大各专门委员会的执法检查;(4) 可以应邀列席全国人大常委会会议、全国人大各专门委员会会议及原选举单位的人大常委会会议;(5) 可以向全国人大常委会提出对国家各项工作的建议、批评和意见,由全国人大常委会办事机构转交相关部门办理并作出答复;(6) 参加其他与行使职权有关的活动。

（五）全国人民代表大会代表执行代表职务的保障

全国人大代表执行代表职务时,享有以下保障:

(1) 言论免责权。宪法规定,全国人大代表在全国人大各种会议上的发言和表决不受法律追究;在列席原选举单位的人大及其常委会各种会议上的发言,也不受法律追究。

(2) 人身特别保护权。全国人大代表在全国人大开会期间,没有经过全国人大会议主席团的许可;在全国人大闭会期间,没有经过全国人大常委会的许可,不受逮捕或者刑事审判。如果因为全国人大代表是现行犯而被拘留的,执行拘留的公安机关必须立即向全国人大会议主席团或者立即向全国人大常委会报告。同时,司法机关对全国人大代表采取法律规定的其他限制人身自由的措施,如司法拘留、行政拘留、监视居住等,也须经过全国人大会议主席团或全国人大常委会的许可。

(3)履行职务的时间和物质保障权。全国人大代表在履行职务时,所在单位根据实际需要应予以时间保障和工资、福利保障,国家给予适当补贴和物质上的便利。国家支出部分由中央财政开支。

(4)对阻碍全国人大代表执行代表职务的处置

对阻碍全国人大代表执行代表职务的行为,根据不同情况分别作出如下处置:有义务协助代表执行代表职务而拒绝履行义务的,相关单位应予批评教育,必要时给予行政处分;阻碍全国人大代表执行代表职务的,根据情节由所在单位或上级机关给予行政处分,或依《治安管理处罚法》规定处罚;以暴力、威胁方法阻碍代表执行职务的,依照《刑法》第277条规定,处3年以下的有期徒刑、拘役、管制或者罚金;国家机关工作人员对全国人大代表执行职务的行为进行打击报复陷害构成犯罪的,依照《刑法》第254条的规定,处2年以下有期徒刑或者拘役;情节严重的,处2年以上7年以下有期徒刑。

与大多数国家议员为专职议员,每个议员都有个人的工作班子及助手的情况不同,我国的全国人大代表绝大多数为兼职,个人在履行职务时并不配备工作班子和助手。随着社会的变革和形势的发展,在全国人大闭会期间全国人大代表履行职务时常常不尽如人意:一是对全国人大代表在全国人大闭会期间依法履行职务的活动缺乏周到的服务和有力保障;二是全国人大代表视察、调研活动的针对性、实效性不强;三是全国人大代表在以人大代表职务名义进行的活动中容易出现一些不够规范的问题。2005年5月,中共中央转发了《中共全国人大常委会党组关于进一步发挥全国人大代表作用,加强全国人大常委会制度建设的若干意见》,明确提出要在省、自治区、直辖市级人大设立全国人大代表联络处,以便为全国人大代表更好地依法履行职责,充分发挥人民代表的作用,提供制度、组织和经费保障。至2005年12月,全国各省、自治区、直辖市人大全部设立了全国人大代表联络处,为当地的全国人大代表开展活动、履行职务提供各种服务。

（六）全国人民代表大会代表的义务

根据宪法和法律的规定,全国人大代表必须履行如下相应义务：

(1) 模范地遵守宪法和法律,协助宪法和法律的实施。

(2) 保守国家秘密。

(3) 同原选举单位和群众保持密切联系,深入了解群众意愿,真实反映社情民情,忠实地为人民服务。

(4) 接受原选举单位和群众的监督。

## 第三节 国 家 元 首

### 一、中华人民共和国国家元首制度简述

（一）国家元首的概念

国家元首是一个国家对内对外的最高代表,是各国国家机构的重要组成部分。由于各国的历史和现实国情不同,国家元首制度也有差异。主要表现在国家元首的名称、产生方式、职权是虚是实、任期是长是短、由个人还是集体担任等方面不尽一致。然而,无论国家大小强弱,国家元首其尊严为国家的尊严,其所表达的意志为国家的意志,其所进行的活动为国家的活动,国家元首代表国家的地位不仅为国际法及世界各国政府所公认,也为各国公民所共识。

（二）中华人民共和国国家元首制度简述

中华人民共和国成立初期,根据当时的《中央人民政府组织法》第4条的规定,由代行全国人大职权的全国政协第一届全体会议选举产生的中央人民政府委员会"对外代表中华人民共和国,对内领导国家权力"。因此,当时法律上确立的国家元首是集体形式的中央人民政府委员会。同时,根据《中国人民政治协商会议共同纲领》和《中央人民政府组织法》的规定,中央人民政府主席主持中央人民政府委员会会议,领导中央人民政府的工作,并且在中央人民政府委员会闭会的时候领导政务院的工作。所以,在实践上当时的中央人民政府主席在国际交往中一直受到国家元首的礼遇,在国内的政治生活和

整个国家机构体系中处于实际首脑地位。

1954年,基于中华人民共和国成立初期中央国家机关建设的实践,第一部宪法设立了中华人民共和国主席,并明确规定:"中华人民共和国主席对外代表中华人民共和国。"同时,第一届全国人大常委会委员长刘少奇在《关于中华人民共和国宪法草案的报告》中又指出:"我国的国家主席同全国人民代表大会常务委员会结合起来,共同行使国家元首的职权。"

1966年5月至1969年11月12日,国家主席长期空缺。全国人大常委会委员52%以上被批判,全国人大常委会长期休会。1954年宪法规定的国家主席同全国人大常委会结合起来的国家元首制度名存实亡。

1970年3月8日,毛泽东在提出召开第四届全国人大和修改宪法意见时,提出不再设国家主席的主张;在随后与林彪集团的斗争中,又坚持自己不当国家主席也不设国家主席。1975年第四届全国人大通过的宪法,正式取消了国家主席的建制。全国人大常委会虽然保留存在,但其是否为国家元首未作任何规定或说明。1978年宪法由于是在党内"左"的指导思想没有进行全面清除的情况下制定的,仍然未设国家主席,但把1954年宪法规定由国家主席行使的部分职权,改由全国人大常委会委员长行使。这一时期我国国家元首制度的特点是既没有法律上的明确规定,在实践中也模糊不清。

1982年通过的现行宪法决定恢复国家主席的建制,并专列一节对国家主席的设置和职权作出了明确的规定。2004年3月14日第十届全国人大第二次会议通过的《中华人民共和国宪法修正案》将《宪法》第81条中"中华人民共和国主席代表中华人民共和国,接受外国使节"修改为"中华人民共和国主席代表中华人民共和国,进行国事活动,接受外国使节"。从宪法条文来看,我国的国家主席的职权类似西方国家的虚权元首。但由于现行宪法乃至宪法解释尚未对我国现在的国家元首制度作出明确说明,从宪制的角度而言,的确是中国宪法的一点遗憾。正是由于现行宪法及宪法解释对我国国家元首归属的模糊性,造成学术界对此意见也长期不一。主要观点有两种:一种认为我国的国家元首制度仍为国家主席同全国人大常委会结合起来的集体国家元首制;另一种认为,我国的国家元首是国家主席,属虚位的个体元首类型。但从我国国家主席发挥的作用、尤其是近些年来我国国家主席在国内和国际舞台上的活动实践来看,无论是中外民众、新闻舆论还是外国政府,都已把国家主席作为拥有相当的实际权力的中华人民共和国国家元首。

2018年3月11日,第十三届全国人大第一次会议通过的《中华人民共和国宪法修正案》第45条规定,《宪法》第79条第3款"中华人民共和国主席、副主席每届任期同全国人民代表大会每届任期相同,连续任职不得超过两届。"修改为:"中华人民共和国主席、副主席每届任期同全国人民代表大会每届任期相同。""做这样的修改,使党章对党的中央委员会总书记、党的中央军事委员会主席,宪法对中华人民共和国中央军事委员会主席,与国家主席的规定相一致,有利于维护党中央权威和集中统一领导,有利于加强和完善国家领导体制。"[①]

## 二、中华人民共和国国家主席的地位及任职资格

根据现行宪法的规定和实践,国家主席是中华人民共和国国家机构的重要组成部分,从属于最高国家权力机关全国人民代表大会。国家主席对外享受国家最高礼遇,代表国家,其行为被视为国家行为。

《宪法》第79条规定了国家主席的任职资格为:"有选举权和被选举权的年满45周岁的中华人民共和国公民可以被选为中华人民共和国主席、副主席。"

## 三、中华人民共和国主席的产生和任期

国家主席、副主席由全国人大选举产生。法定的具体程序为:先由全国人大会议主席团提出国家主席和副主席的候选人名单交各代表团酝酿协商,再由会议主席团根据多数代表的意见确定候选人名

---

① 摘自2018年3月5日全国人大常委会副委员长王晨同志关于《中华人民共和国宪法修正案(草案)》的说明。

单,最后由会议主席团把确定的候选人名单交付大会表决,由大会选举产生。实践中,国家主席、副主席候选人先由中共中央酝酿,在征求各民主党派、无党派人士及社会各界人士的意见后,向全国人大会议主席团推荐,由全国人大会议主席团正式提名。

国家主席、副主席的任期同全国人大每届任期相同,即5年。

国家主席缺位时,由副主席继任主席的职位;副主席缺位时,由全国人大补选;国家主席、副主席都缺位时,由全国人大补选。补选之前,由全国人大常委会委员长暂时代理国家主席的职位。

### 四、中华人民共和国主席的职权

根据宪法的规定,国家主席的具体职权主要有以下四个方面:

第一,公布法律,发布命令权。全国人大或全国人大常委会制定的法律,由国家主席以主席令的形式颁布施行。国家主席根据全国人大常委会的决定,发布特赦令、宣布进入紧急状态、发布动员令、宣布战争状态等。

第二,人事任免权。国家主席根据全国人大或全国人大常委会的决定,任免总理、副总理、国务委员、各部部长、各委员会主任、审计长、秘书长在内的国务院组成人员和驻外全权代表。

第三,外交权。国家主席代表国家,进行国事活动,接受外国使节;根据全国人大常委会的决定,宣布批准或废除同外国缔结的条约和重要协定。

第四,荣典权。国家主席根据全国人大常委会的决定,代表国家向对国家有重大贡献的人授予勋章和荣誉称号。

现行宪法没有明确规定国家副主席的职权,仅规定其协助国家主席工作。实践中,副主席可以受国家主席的委托,代行主席的一部分职权,如代替主席接受外国使节等。副主席受托行使国家主席职权时,具有与国家主席同等的法律地位,所处理的国务的法律效力与国家主席所处理的相同。

## 第四节 最高国家行政机关

### 一、国务院的性质及地位

根据我国宪法的规定,国务院是中央人民政府,是最高国家权力机关的执行机关,是最高国家行政机关。具体表现在:第一,国务院对外是中华人民共和国政府,对内是中央人民政府。第二,国务院从属于全国人大,由全国人大产生,受它监督,对它负责。全国人大闭会期间,受全国人大常委会监督并对其负责。全国人大及其常委会通过的法律和决议国务院要完全执行。第三,国务院在全国行政体系中处于最高地位,统领所属各部委及全国各级地方人民政府的行政工作,一切国家行政机关都必须服从它的决定和命令。

### 二、国务院的组成及任期

(一)国务院的组成

国务院由总理、副总理若干人、国务委员若干人、各部部长、各委员会主任、审计长、秘书长组成。国务院总理根据国家主席的提名,由全国人大决定;副总理、国务委员、各部部长、各委员会主任、审计长和秘书长根据总理的提名,由全国人大决定。在全国人大闭会期间,根据总理的提名,由全国人大常委会决定部长、委员会主任、审计长和秘书长的任免。

(二)国务院的任期

国务院的任期与全国人大任期相同,即 5 年。总理、副总理、国务委员连续任职不得超过两届。

### 三、国务院的领导体制

(一)历史沿革

中华人民共和国成立初期,根据 1949 年 9 月 27 日颁布的《中央人民政府组织法》设立了政务院。政务院由当时行使最高权力机关职权的中央人民政府委员会任命总理一人、副总理若干人、秘书长一人、政务委员若干人组成,以每周一次政务会议的形式实行集体讨论、集体决定和集体负责的集体领导制度。

1954年宪法正式确认国务院即中央人民政府,是最高国家权力机关的执行机关,由国务院总理、副总理若干人、各部部长、各委员会主任和秘书长组成,以国务院会议的形式实行部长会议制的集体领导体制。

1975年宪法未对国务院领导体制作出规定,实践中受中共中央的直接领导和指挥。1978年宪法对国务院组织形式的规定很不健全,对国务院领导体制的规定极不明确。

1982年宪法通过总结中华人民共和国成立以来最高国家行政机关建设的经验和教训,把1954年宪法之前的委员会制和1954年宪法规定的部长会议制结合起来,既设国务委员作为国务院的组成人员,又将全体部长和委员会主任都作为国务院的组成人员,明确规定实行总理负责制。

(二)总理负责制

总理负责制即行政首长负责制,是指国务院总理对其主持的国务院工作有完全的决定权并承担全部责任。具体内容为:(1)由总理提名组织国务院。总理有向最高国家权力机关提出任免国务院组成人员议案的权力。(2)总理领导国务院工作,副总理、国务委员协助总理工作,国务院其他组成人员都是在总理领导下工作,向总理负责。(3)总理主持召开常务会议和全体会议,总理拥有最后决定权,并对决定的后果承担全部责任。(4)国务院发布的决定、命令和行政法规,向全国人大及其常委会提出的议案,任免国务院有关人员的决定,都得由总理签署。

国务院实行总理负责制是由国务院的性质和任务决定的。国务院的性质是行政机关,任务是执行国家权力机关的决定。权力机关采取合议制的形式,实行少数服从多数的原则,保证民主。而行政机关是执行权力机关的决定,则需要高度的权力集中,才能高效、及时和果断地处理各种繁杂的事务和突发事件。如果行政机关也采取少数服从多数的原则,势必因开会、讨论、表决而延误时日,影响国务。因此,国务院实行总理负责制符合现代社会对中央政府高效率的要求。

（三）会议制度

根据《国务院组织法》的规定，国务院工作中的重大问题，须经国务院常务会议或者国务院全体会议讨论决定。国务院全体会议由总理、副总理、各部部长、各委员会主任、秘书长组成，每月举行一次，必要的时候由总理临时召集。国务院常务会议由总理、副总理、秘书长组成。

**四、国务院的职权**

根据我国宪法的规定，国务院有如下几个方面的职权：

第一，执行宪法和法律，执行全国人大及其常委会的决定。

第二，根据宪法和法律制定行政法规和行政措施，发布行政决定和命令；依照法律规定决定省、自治区、直辖市的范围内部分地区进入紧急状态。

第三，提出议案权，即向全国人大及其常委会会议提出议案的权力。议案内容主要涉及五个方面：(1) 国民经济和社会发展计划以及计划执行情况；(2) 国家预算和预算的执行情况；(3) 必须由全国人大常委会批准和废除的同外国缔结的条约和重要协定；(4) 国务院组成人员中必须由全国人大或全国人大常委会决定的人选；(5) 在国务院职权范围内的其他必须由全国人大或全国人大常委会审议和决定的事项。

第四，对所属部、委和地方各级行政机关的领导权及管理权。国务院有权规定各部和各委员会的职责；规定中央和省、自治区、直辖市的国家行政机关职权的具体划分；统一领导各部、委和全国地方各级国家行政机关的工作；有权改变或者撤销各部、委发布的不适当的命令、指示和规章；有权改变或者撤销地方各级国家行政机关的不适当的决定和命令。

第五，组织、领导和管理全国各项行政工作。国务院负责编制和执行国民经济和社会发展计划及国家预算；批准省、自治区、直辖市的划分，批准自治州、县、自治县、市的建制和区域划分；决定省、自治区、直辖市的范围内部分地区戒严；审定行政编制，依法任免、培训、考核和奖惩行政人员；负责组织、领导和管理国家经济、城乡建设、教科文卫、体育、计划生育、民政、公安、司法行政、国防建设、民族事务、对外事务、侨务等行政事务。

第六，全国人大及其常委会授予的其他职权。

**五、国务院下设机构**

按照 2018 年 3 月 17 日第十三届全国人大第一次会议通过的《国务院机构改革方案》，国务院下设机构进行了调整，国务院机构现设置如下：

（一）国务院办公厅

国务院办公厅是协助国务院领导处理国务院日常工作的机构，由秘书长主持工作，并设副秘书长若干人协助秘书长工作。秘书长受总理领导。

（二）国务院组成部门

国务院组成部门包括外交部、国防部、国家发展和改革委员会、教育部、科学技术部、工业和信息化部、国家民族事务委员会、公安部、国家安全部、民政部、司法部、财政部、人力资源和社会保障部、自然资源部、生态环境部、住房和城乡建设部、交通运输部、水利部、农业农村部、商务部、文化和旅游部、国家卫生健康委员会、退役军人事务部、应急管理部、中国人民银行、审计署。

（三）国务院直属特设机构

国务院直属特设机构是国务院国有资产监督管理委员会，为国务院直属正部级特设机构。国务院授权国有资产监督管理委员会代表国家履行出资人职责。国有资产监督管理委员会的监管范围是中央所属企业（不含金融类企业）的国有资产。

（四）国务院直属机构

国务院直属机构包括海关总署、国家市场监督管理总局、国家体育总局、国家国际发展合作署、国务院参事室、国家税务总局、国家广播电视总局、国家统计局、国家医疗保障局、国家机关事务管理局。

国家市场监督管理总局对外保留国家认证认可监督管理委员会、国家标准化管理委员会牌子。国家新闻出版署（国家版权局）在中央宣传部加挂牌子，由中央宣传部承担相关职责。国家宗教事务局在中央统战部加挂牌子,由中央统战部承担相关职责。

(五)国务院办事机构

国务院办事机构有国务院港澳事务办公室、国务院研究室。

此外,国务院侨务办公室在中央统战部加挂牌子,由中央统战部承担相关职责。国务院台湾事务办公室与中共中央台湾工作办公室、国家互联网信息办公室与中央网络安全和信息化委员会办公室,一个机构两块牌子,列入中共中央直属机构序列。国务院新闻办公室在中央宣传部加挂牌子。

(六)国务院直属事业单位

国务院直属事业单位包括新华通讯社、中国社会科学院、国务院发展研究中心、中国气象局、中国证券监督管理委员会、中国科学院、中国工程院、中央广播电视总台、中国银行保险监督管理委员会。此外,将中央党校和国家行政学院的职责整合,组建新的中央党校(国家行政学院),实行一个机构两块牌子。

国务院部委管理的国家局包括国家信访局(由国务院办公厅管理)、国家能源局(由国家发展和改革委员会管理)、国家烟草专卖局(由工业和信息化部管理)、国家林业和草原局(由自然资源部管理)、中国民用航空局(由交通运输部管理)、国家文物局(由文化和旅游部管理)、国家煤矿安全监察局(由应急管理部管理)、国家药品监督管理局(由国家市场监督管理总局管理)、国家粮食和物资储备局(由国家发展和改革委员会管理)、国家国防科技工业局(由工业和信息化部管理)、国家移民管理局(由公安部管理)、国家铁路局(由交通运输部管理)、国家邮政局(由交通运输部管理)、国家中医药管理局(由国家卫生健康委员会管理)、国家外汇管理局(由中国人民银行管理)、国家知识产权局(由国家市场监督管理总局管理)。

国家移民管理局加挂中华人民共和国出入境管理局牌子。国家林业和草原局加挂国家公园管理局牌子。国家公务员局在中央组织部加挂牌子,由中央组织部承担相关职责。国家档案局与中央档案馆、国家保密局与中央保密委员会办公室、国家密码管理局与中央密码工作领导小组办公室均为一个机构两块牌子,列入中共中央直属机关的下属机构序列。

### （七）国务院议事协调机构

国务院议事协调机构是国务院行政机构根据职能划分的一个部门，承担跨国务院行政机构的重要业务工作的组织协调任务。包括国务院推进职能转变协调小组（具体工作由国家发展和改革委员会、人力资源和社会保障部、财政部等部委承担）、国家禁毒委员会（具体工作由公安部承担）、国务院扶贫开发领导小组（单设办事机构）等。

## 第五节 最高国家军事机关

### 一、中央军事委员会的性质和地位

我国《宪法》规定："中华人民共和国中央军事委员会领导全国武装力量。"该规定表明，中央军事委员会是最高国家军事领导机关，有权领导和指挥全国武装力量。

### 二、中央军事委员会的组成和任期

我国宪法规定，中央军事委员会由主席、副主席若干人、委员若干人组成。主席由全国人大选举产生。全国人大根据中央军事委员会主席的提名，决定中央军事委员会其他组成人员人选。在全国人大闭会期间，全国人大常委会根据中央军事委员会主席的提名，决定中央军事委员会其他组成人员的人选。全国人大有权罢免中央军事委员会主席和其他组成人员。

中央军事委员会每届任期同全国人民代表大会每届任期相同，即为5年。但现行宪法没有对包括中央军事委员会主席在内的中央军事委员会组成人员的任届作出限制。从法理上看，包括中央军事委员会主席在内的中央军事委员会组成人员可无限期连选连任。

### 三、中央军事委员会的职责和领导体制

我国宪法没有明确规定中央军事委员会的职责，但根据宪法对中央军事委员会性质、地位及对我国武装力量任务的规定精神，中央军事委员会的主要职责应为领导和指挥全国武装力量，完成巩固国

防、抵抗侵略、保卫祖国、保卫人民的和平劳动、参加国家建设事业和努力为人民服务的神圣使命。具体职能包括：(1) 统一指挥全国武装力量；(2) 决定军事战略和武装力量的作战方针；(3) 领导和管理中国人民解放军的建设；(4) 提出国防建设和武装力量建设方面的法律议案；(5) 根据宪法和法律，制定军事法规，发布决定和命令；(6) 决定中国人民解放军的体制和编制，规定军委职能部门、战区、军种等单位的任务和职责；(7) 依照法律、军事法规的规定，任免、培训、考核和奖惩武装力量成员；(8) 批准武装力量的武器装备体制和武器装备发展规划、计划，协同国务院领导和管理国防科研生产；(9) 会同国务院管理国防经费和国防资产。

近年来，国防和军队的改革日益深入，按照"军委管总、战区主战、军种主建"的原则，强化了中央军事委员会的集中统一领导，先后调整军委总部体制，实行军委多部门制，组建陆军领导机构，健全军兵种领导管理体制，重新调整划设战区，组建战区联合作战指挥机构，健全军委联合作战指挥机构，加强对人民武装警察部队的集中统一领导等，着力构建军委—战区—部队的作战指挥体系和军委—军种—部队的领导管理体系。目前，中央军事委员会职能部门包括：七个部（厅）（办公厅、联合参谋部、政治工作部、后勤保障部、装备发展部、训练管理部、国防动员部）；三个委员会（纪律检查委员会、政法委员会、科学技术委员会）；五个直属机构（战略规划办公室、改革和编制办公室、国际军事合作办公室、审计署、机关事务管理总局）。中央军事委员会建制领导五大战区联合作战指挥机构（东部战区、南部战区、西部战区、北部战区、中部战区）。中央军事委员会建制领导中国人民解放军五大军兵种（包括陆军、海军、空军、火箭军、战略支援部队）以及中国人民武装警察部队。此外，中央军事委员会建制领导院校三所（军事科学院、国防大学、国防科技大学）。

我国宪法规定，中央军事委员会实行主席负责制，即主席拥有对中央军事委员会职权范围内的所有事项作出最后决策的权力，并对全国人大和全国人大常委会负责。宪法对中央军事委员会主席负责制规定的主要内容可归纳为三点：一是提名组织权，即根据中央军事委员会主席的提名，决定中央军事委员会其他组成人员的人选；二是决定权,即中央军事委员会主席有发布中央军事委员会命令权及其他事项最终的决定权;三是负责权,即中央军事委员会主席个人对全国人大和全国人大常委会负责,而不是全体中央军事委员会成员集体对全国人大和全国人大常委会负责。

2017年11月,中央军事委员会印发《关于全面深入贯彻军委主席负责制的意见》。指出中央军委实行主席负责制,是党和国家军事领导制度长期发展的重大成果,凝结着我们党建军治军的宝贵经验和优良传统。全面深入贯彻军委主席负责制,关系人民军队建设根本方向,关系新时代强国强军事业的发展,关系党和国家的长治久安,关系中国特色社会主义的前途命运。强调从政治上、思想上、组织上、制度上、作风上为贯彻军委主席负责制提供坚强保证,确保全军绝对忠诚、绝对纯洁、绝对可靠。《意见》还对全军各级全面深入贯彻军委主席负责制提出了具体要求。

关于中央军事委员会主席对全国人大和全国人大常委会负责的内容和方式,宪法未作规定,全国人大常委会也未作过宪法解释说明。

**四、国家军事领导体制的中国特色**

中国共产党是中国人民解放军的缔造者和领导者,党指挥枪是中国共产党人始终坚持的原则。《中国共产党党章》明确规定:"中国共产党坚持对人民解放军和其他人民武装力量的领导,加强人民解放军的建设,切实保证人民解放军履行新世纪新阶段军队历史使命,充分发挥人民解放军在巩固国防、保卫祖国和参加社会主义现代化建设中的作用。"

为了确保中国共产党对军队的领导,自1925年1月中国共产党第四次全国代表大会设立中央军事部之后,经历了中央军事委员会到中央革命军事委员会、再到长期设立了中国共产党中央军事委员会的演变。中华人民共和国成立之后,中国人民解放军在坚持党的领导,坚持作为党指挥的军队的同时,也成为国家的军事武装。为保证党的领导和国家机构设置的相互协调,体现军队应为国家机器的宪治精神,中华人民共和国成立初期,《中国人民政治协商会议共同纲领》确定领导全国武装力量的国家机关是中央人民政府人民革命军事委员会,规定"人民解放军和人民公安部队,受中央人民政府人民革命军事委员会统帅"。1954年宪法规定,中华人民共和国主席统帅全国武装力量,担任国防委员会主席。毛泽东先后担任中央人民政府人民革命军事委员会主席及国家主席的同时,又是中国共产党中央委员会主席,中央人民政府人民革命军事委员会的组成人员以老一辈无产阶级革命家和军事领导人为主,党指挥枪这一原则在军队纳入国家制约的形式下依然继续坚持。1975年宪法和1978年宪法受极"左"思潮影响,混淆政党和国家机关的职能,规定由中国共产党中央委员会统帅武装力量,但党指挥枪的原则没有变动。现行宪法为修正1975年宪法和1978年宪法军事领导体制在政党职能和国家机关职能问题上模糊不清的状况,在继续保持中国共产党中央军事委员会存在的前提下,采取新设中华人民共和国中央军事委员会的办法,使党领导军队的问题通过宪法规定的最高国家军事机关来实现,使以中国人民解放军为主的全国武装力量既坚持了党的领导,又符合武装力量是国家机器一部分的宪治要求。同时,中国共产党中央委员会向全国人大主席团推荐中国共产党中央军事委员会主席为中华人民共和国中央军事委员会主席候选人,再由全国人大主席团正式提名经全国人大会议通过,成为中华人民共和国中央军事委员会主席。其他中国共产党中央军事委员会组成人员由既为中国共产党中央军事委员会主席又为中华人民共和国中央军事委员会主席者提名,经全国人大会议通过,在全国人大闭会期间经全国人大常委会决定,成为中华人民共和国中央军事委员会组成人员,使中国共产党中央军事委员会和中华人民共和国中央军事委员会统一起来。实践活动中,中华人民共和国中央军事委员会与中国共产党中央军事委员会不是合署办公,而是同一机构两块牌子。在行使职能时,对武装力量发布的命令一般仅使用中国共产党中央军事委员会的名义,或以中央军委作为统称。与中华人民共和国国务院联合发布命令是使用中华人民共和国中央军事委员会的名义。这形成了与世界上大多数国家军队国家化相区别、具有中国特色的国家军事领导体制。

# 第十章　国家机构(下)

## 第一节　地方各级人民代表大会和地方各级人民政府

### 一、地方各级人民代表大会

(一)性质和地位

地方各级人民代表大会是指我国省、自治区、直辖市、县、市、市辖区、乡、民族乡、镇的人民代表大会,它们同全国人民代表大会一起构成我国国家权力机关体系。《宪法》第96条第1款规定:"地方各级人民代表大会是地方国家权力机关。"这表明,地方各级人民代表大会作为地方国家权力机关,在本行政区域内处于首要地位,代表本行政区域的人民行使管理国家事务的权力。地方各级国家行政机关、监察机关、审判机关和检察机关都由它选举产生,向它负责,受它监督。地方各级人民代表大会之间、全国人民代表大会与地方各级人民代表大会之间不是领导与被领导的关系,而是监督关系。

(二)组成和任期

地方各级人民代表大会由直接选举或间接选举产生的人民代表组成。省、自治区、直辖市、设区的市和自治州的人民代表大会代表由下一级人民代表大会选举产生,即间接选举产生;县、自治县、不设区的市、市辖区、乡、民族乡、镇的人民代表大会代表由选民直接选举产生。按照选举法的规定,省、自治区、直辖市的人大代表名额由全国人民代表大会常务委员会确定;设区的市、自治州和县级的人大代表名额由省、自治区、直辖市的人民代表大会常务委员会确定,并报全国人民代表大会常务委员会备案;乡、镇人民代表大会代表的名额,由县级人民代表大会常务委员会确定,并报上一级人大常委会备案。修改后的《全国人民代表大会和地方各级人民代表大会选举法》也对地方各级人民代表大会的代表人数作了具体规定。

地方各级人民代表大会的任期,依照2004年3月第十届全国人民代表大会第二次会议通过的宪法修正案第三十条的规定,地方各级人民代表大会每届任期5年。如此修改,使得我国地方各级人民代表大会的任期一致,既有利于由人民代表大会选举产生的领导班子在任期内保持相对稳定,又有利于协调地方的经济社会发展规划和人事安排。

(三)主要职权

根据宪法和法律的规定,地方各级人民代表大会的职权,可概括为以下几个方面:

1. 地方性法规制定权。地方性法规是指依照宪法和法律的规定由地方国家权力机关依法定职权和程序制定并颁布的规定、实施细则、办法等规范性文件的总称。根据《宪法》《地方各级人民代表大会和地方各级人民政府组织法》以及《立法法》的规定,省、自治区、直辖市的人民代表大会和它们的常务委员会根据本行政区域的具体情况和实际需要,在不同宪法、法律、行政法规相抵触的前提下,可以制定地方性法规,报全国人民代表大会常务委员会备案;设区的市的人民代表大会和它们的常务委员会,在不同宪法、法律、行政法规和本省、自治区的地方性法规相抵触的前提下,可以依照法律规定制定地方性法规,报本省、自治区人民代表大会常务委员会批准后施行。省、自治区的人民代表大会常务委员会对报请批准的地方性法规,应当对其合法性进行审查,同宪法、法律、行政法规和本省、自治区的地方性法规不抵触的,应当在4个月内予以批准。民族自治地方的人民代表大会有权依照当地民族的政治、经济和文化的特点,制定自治条例和单行条例。自治区的自治条例和单行条例,报全国人民代表大会常务委员会批准后生效。自治州、自治县的自治条例和单行条例,报省、自治区、直辖市的人民代表大会常务委员会批准后生效。

2. 重大事务决定权。根据宪法的规定,我国地方各级人大有权讨论和决定本行政区域内的政治、经济、教育、文化、科学、卫生、环境和资源保护、民政、民族工作等重大事项;有权审查批准本行政区域内的国民经济和社会发展计划、预算及其执行情况的报告;有权依照法律规定的权限通过和发布决议。

3. 人事任免权。地方各级人民代表大会分别选举并且有权罢免本级人民政府的省长和副省长、市长和副市长、县长和副县长、区长和副区长、乡长和副乡长、镇长和副镇长。县级以上的地方各级人民代表大会选举并且有权罢免本级监察委员会主任、本级人民法院院长和本级人民检察院检察长。选出或者罢免人民检察院检察长,须报上级人民检察院检察长提请该级人民代表大会常务委员会批准。

4. 监督权。根据宪法的规定,我国地方各级人民代表大会有权监督其他地方国家机关的工作。如,地方各级人大有权撤销本级人民政府不适当的决定和命令;县级以上地方各级人大有权听取和审查本级人民代表大会常务委员会、本级人民政府、人民法院和人民检察院的工作报告;县级以上地方各级人民代表大会举行会议的时候,主席团、常务委员会或者十分之一以上代表联名,可以提出对本级人大常委会组成人员、人民政府组成人员、人民法院院长、人民检察院检察长的罢免案;地方各级人民代表大会举行会议的时候,代表10人以上联名可以书面提出对本级人民政府和它所属的各工作部门以及人民法院、人民检察院的质询案等。

地方各级监察委员会对本级人民代表大会及其常务委员会和上一级监察委员会负责,并接受人大的监督。

5. 其他职权。地方各级人民代表大会有责任保护社会主义公共财产,保护公民私人所有的合法财产;有权维护社会秩序,保障公民的人身权利、民主权利和其他权利;保护各种经济组织的合法权益;保障少数民族的权利,保障妇女的各项合法权益。

(四)地方各级人民代表大会的会议制度和工作程序

1. 会议制度

地方各级人民代表大会的主要工作方式是召开会议。会议每年至少举行一次。经过五分之一以上代表提议,可以召集本级人民代表大会的临时会议。县级以上的地方各级人大会议由本级人大常委会召集,并由会议主席团主持会议;乡、民族乡、镇的人民代表大会举行会议时,选举主席团主持会议,并负责召集下一次的本级人大会议。县级以上的地方各级人民政府领导人员列席本级人大会议;县级以上其他有关机关、团体负责人经本级人大常委会决定,可以列席本级人大会议。

2. 工作程序

(1) 提出议案程序:地方各级人大举行会议时,主席团、常务委员会、人大各专门委员会、本级人民政府可以向本级人大提出职权范围内的议案,由主席团决定提交人民代表大会审议。县级以上地方各级人大代表10人以上联名,乡、民族乡、镇的人民代表大会代表5人以上联名可以向本级人大提出属于本级人大职权范围内的议案。议案以全体代表的过半数通过。

(2) 选举程序:地方各级人大常委会组成人员、人民政府领导人员、监察委员会主任、人民法院院长、人民检察院检察长的人选,分别由各级人民代表大会选举产生。

(3) 质询程序:地方各级人大举行会议时,代表10人以上联名可以书面提出对本级人民政府及其各工作部门以及人民法院、人民检察院的质询案。质询案由主席团决定交由受质询机关,由这些机关在主席团会议、人大全体会议或者有关的专门委员会会议上口头答复,或者由受质询机关书面答复。

(4) 罢免程序:县级以上地方各级人大举行会议时,主席团、常务委员会或者十分之一以上代表联名,可以提出对本级人大常委会组成人员、人民政府领导人员、监察委员会主任、人民法院院长、人民检察院检察长的罢免案,由主席团提请大会审议。乡、民族乡、镇的人民代表大会举行会议时,主席团或者五分之一以上代表联名,可以提出对人大主席团主席、副主席、乡长、副乡长、镇长、副镇长的罢免案,由主席团提请大会审议。

3. 地方各级人大的专门委员会和调查委员会

(1) 专门委员会

根据宪法和法律的规定,省、自治区、直辖市、设区的市和自治州的人民代表大会根据需要,可以设法制委员会、财政经济委员会、教育科学文化卫生委员会等专门委员会。各专门委员会在本级人民代表大会及其常务委员会的领导下,研究、审议和拟定有关议案;对属于本级人民代表大会及其常务委员会职权范围内同本委员会有关的问题,进行研究并提出建议和议案。

(2) 调查委员会

县级以上地方各级人大及其常委会还可以组织对特定问题的调查委员会。主席团或者十分之一以上的代表书面联名,可以向本级人大提议组织关于特定问题的调查委员会,由主席团提请全体会议决定。人民代表大会根据调查委员会的报告可以作出相应的决议。

(五)地方各级人大代表

地方各级人民代表大会代表,代表人民的利益和意志,依照宪法和法律赋予本级人民代表大会的各项职权,参加行使国家权力。

1. 代表的主要权利

(1) 出席本级人民代表大会会议,参加审议各项议案、报告和其他议题,发表意见。有权获得依法执行代表职务所需的信息和各项保障。

(2) 提出议案:县级以上地方各级人大代表10人以上联名,乡、民族乡、镇的人大代表5人以上联名,可以向本级人大提出属于本级人大职权范围内的议案;有权依法联名向本级人民政府及其所属各工作部门以及人民法院、人民检察院提出质询案和罢免案。

(3) 提出批评、建议和意见:县级以上地方各级人大代表有权对本级人大或者常务委员会的工作提出批评、建议和意见。

(4) 人身特别保护权:县级以上地方各级人大代表非经本级人大会议主席团许可,在大会闭会期间,非经本级人大常委会许可,不受逮捕或者刑事审判。如果因为是现行犯被拘留,执行拘留的公安机关应当立即向该级人大会议主席团或者人大常委会报告。

(5) 言论免责权:地方各级人大代表、人大常委会组成人员,在人大会议或者常务委员会会议上的发言和表决,不受法律追究。

(6) 物质保障权:地方各级人大代表在出席人大会议执行代表职务时,可以享受必要的物质上的便利或者补贴。

2. 代表的主要义务

地方各级人大代表应当和原选举单位或选民保持密切联系,接受原选举单位或选民的监督,宣传法律和政策,协助本级人民政府推行工作,向本级人大及其常务委员会、人民政府反映群众的建议、意见和要求。县、乡两级的人大代表分工联系选民,有代表3人以上的居民地区或生产单位可以组织代表小组,协助本级人民政府推行工作。

人民代表大会制度是我国坚持人民主权原则和人民当家做主原则的一项基本政治制度。改革开放后,我国每一届党的代表大会关于国家政治体制改革的报告中都强调要坚持和不断完善人民代表大会制度,所取得的成绩也是有目共睹的:一是改进和完善选举制度。二是健全地方人民代表大会组织体系。三是建立健全地方立法制度。四是推动人大监督工作的创新、规范和发展。五是保障代表依法履职。[①] 根据四十余年来我国走过的改革道路和经验,地方人大制度的改革,今后仍需要特别着重以下方面的工作:强化地方人大代表产生的民主性;不断提升地方人大工作的开放性;完善地方人大工作的民主程序;加强人大及其常委会的自身建设,更好地发挥国家权力机关的职能作用。

### 二、县级以上地方各级人大常委会

(一) 县级以上地方各级人大常委会的性质、地位、组成和任期

县级以上地方各级人大常务委员会是本级人民代表大会的常设机关,是在本级人大闭会期间经常行使地方国家权力的机关,它从属于同级人民代表大会,向同级人民代表大会负责并报告工作。

根据宪法和法律的规定,省、自治区、直辖市、自治州、设区的市的人大常委会由主任1人、副主任若干人和委员若干人组成,并设秘书长1人;县、自治县、不设区的市、市辖区的人大常委会由主任1人、副主任若干人和委员若干人组成。县级以上人大常委会的组成人员不得担任国家行政机关、监察机关、审判机关和检察机关的职务,如果需要担任上述职务则应当先辞去常务委员会的职务。

各级地方人大常委会每届任期与本级人民代表大会每届任期相同,均为5年。

---

① 王兆国:《在纪念地方人大设立常委会30周年座谈会上的讲话》。

（二）县级以上地方各级人大常委会的职权

根据宪法和法律的规定，县级以上地方各级人大常委会的职权主要有以下几个方面：

1. 地方性法规制定权。根据《宪法》《立法法》及《地方各级人民代表大会和地方各级人民政府组织法》的规定，省、自治区、直辖市的人民代表大会常务委员会在本级人民代表大会闭会期间，根据本市的具体情况和实际需要，在不与宪法、法律、行政法规相抵触的前提下，可以制定和颁布地方性法规，报全国人民代表大会常务委员会备案。设区的市的人民代表大会常务委员会，在不与宪法、法律、行政法规和本省、自治区的地方性法规相抵触的前提下，可以依照法律规定制定地方性法规，报本省、自治区人民代表大会常务委员会批准后施行。

2. 重大事务决定权。县级以上的地方各级人民代表大会常务委员会讨论、决定本行政区域内各方面工作的重大事项。如，讨论和决定本行政区域的政治、经济、教育、科学、文化、卫生、环境和资源保护、民政、民族等工作中的重大事项；有权根据本级人民政府的建议，决定对本行政区域内的国民经济和社会发展计划以及地方财政预算的部分变更。

3. 监督权。县级以上地方各级人大常委会监督本级人民政府、监察委员会、人民法院和人民检察院的工作；撤销本级人民政府的不适当的决定和命令；撤销下一级人民代表大会的不适当的决议；依照法律规定的权限决定国家机关工作人员的任免；在本级人民代表大会闭会期间，罢免和补选上一级人民代表大会的个别代表。

4. 人事任免权。在本级人民代表大会闭会期间，决定本级人民政府副职领导人员的个别任免；在本级行政正职领导人、监察委员会主任、人民法院院长、人民检察院检察长因故不能担任职务的时候，从本级人民政府、监察委员会、人民法院、人民检察院副职领导人员中决定代理的人选。决定代理检察长的人选须报上一级人民检察院和人民代表大会常务委员会备案。

此外，人大常委会还有权决定对本级人民政府秘书长、厅长、局长等的任免，并报上一级人民政府备案；有权任免监察委员会副主任、委员;任免人民法院副院长、庭长、副庭长、审判委员会委员、审判员;任免人民检察院副检察长、检察委员会委员、检察员;批准下一级人民检察院检察长的任免。

5. 其他职权。县级以上地方各级人大常委会有权领导或者主持本级人民代表大会代表的选举,召集本级人民代表大会会议;在本级人民代表大会闭会期间,补选上一级人民代表大会缺额的代表和罢免个别代表;决定授予地方的荣誉称号。

(三)会议制度与工作程序

县级以上地方各级人民代表大会常务委员会的工作方式主要是举行会议。常务委员会会议由主任召集,每两个月至少举行一次。省、自治区、直辖市、自治州、设区的市的人民代表大会常务委员会由主任、副主任和秘书长组成主任会议;县、自治县、不设区的市、市辖区由主任、副主任组成主任会议。主任会议的职责是处理常务委员会的日常重要工作。

本级人大常委会主任会议可以向常委会提出议案,由常委会会议审议。本级人民政府、各专门委员会可以向常务委员会提出议案,由主任会议决定提请常务委员会会议审议。县级人大常委会组成人员3人以上联名,省、自治区、直辖市、自治州、设区的市的人大常委会组成人员5人以上联名可以向本级人大常委会提出议案,由主任会议决定是否提请常务委员会会议审议。常务委员会的决议以全体组成人员的过半数通过。

三、地方各级人民政府

(一)性质和地位

我国《宪法》第105条规定:"地方各级人民政府是地方各级国家权力机关的执行机关,是地方各级国家行政机关。"这一规定是对我国地方各级人民政府在性质上的确认。地方各级人民政府作为国家权力机关的执行机关,从属于本级人民代表大会,由本级人民代表大会产生,对本级人民代表大会负责并报告工作。在人民代表大会闭会期间,对本级人民代表大会常务委员会负责并报告工作。作为地方国家行政机关,它必须向上一级国家行政机关负责并报告工作,执行上级国家行政机关的决定和命令。地方各级行政机关都必须接受和服从国务院的统一领导。

（二）组成和任期

省、自治区、直辖市、自治州、设区的市的人民政府分别由省长、副省长，自治区主席、副主席，市长、副市长，州长、副州长和秘书长、厅长、局长、委员会主任组成。县、自治县、不设区的市、市辖区的人民政府分别由县长、副县长，市长、副市长，区长、副区长和局长、科长组成。乡、民族乡的人民政府设乡长、副乡长，民族乡的乡长须由建立民族乡的少数民族公民担任。镇人民政府设镇长、副镇长。

地方各级人民政府每届任期与本级人民代表大会的每届任期相同，均为5年。

（三）主要职权

根据宪法和法律的规定，地方各级人民政府行使下列职权：

1. 省、自治区、直辖市和设区的市、自治州的人民政府，可以根据法律、行政法规和本省、自治区、直辖市的地方性法规，制定规章。报国务院和本级人大常委会备案。

地方政府规章可以就下列事项作出规定：一是为执行法律、行政法规、地方性法规的规定需要制定规章的事项；二是属于本行政区域的具体行政管理事项。

2. 执行本级人民代表大会或人大常委会的决议，执行上级国家行政机关的决定和命令，执行国民经济、社会发展计划和预算。

3. 规定行政措施，发布决定和命令。

4. 县级以上地方各级人民政府依照法律规定的权限，管理本行政区域内的经济、教育、科学、文化、卫生、体育事业、城乡建设事业和财政、民政、公安、民族事务、司法行政、计划生育等行政工作，发布决定和命令，任免、培训、考核和奖惩行政工作人员。

5. 领导所属各工作部门和下级人民政府的工作，办理上级国家行政机关交办的其他事项。县以上地方各级人民政府有权改变或者撤销所属各工作部门的不适当的命令、指示和下级人民政府的不适当的决定、命令。

6. 依照法律的规定设立审计机关，审计机关依法独立行使审计监督权。

7. 在本行政区域内,保护社会主义全民所有的财产和劳动群众集体所有的财产,保护公民私人所有的合法财产,维护社会秩序,保障公民的人身权利、民主权利和其他权利;保护各种经济组织的合法权益;保障少数民族的权利和尊重少数民族的风俗习惯。

8. 办理上级国家行政机关交办的其他工作事项。

(四) 领导制度和会议制度

根据宪法和法律的规定,地方各级人民政府实行首长负责制,即实行省长、市长、县长、区长、乡长、镇长负责制。行政首长分别主持地方各级人民政府的工作,对上级人民政府和本级人民代表大会及其常务委员会负责。

实行首长负责制是由行政工作的性质和行政管理的客观需要决定的。这一领导体制最重要的特点是行政首长对重大问题享有依法作出决策的权力。当然,行政首长的这种决策权也必须按照民主集中制的原则行使,在经过集体讨论和充分听取各方面的意见后才能最后决定。

县级以上地方各级人民政府的会议有全体会议和常务会议两种。全体会议由本级人民政府的全体组成人员参加;常务会议由行政首长和副职参加。省、自治区、直辖市、自治州、设区的市的人民政府常务会议还设有秘书长,秘书长参加会议。全体会议和常务会议均由首长负责召集和主持。

(五) 所属各工作部门及派出机关

县以上地方各级人民政府可以根据工作需要设立各种工作部门。这些工作部门分别称为厅、局、委员会、科等。乡级人民政府一般不设工作部门。

省、自治区、直辖市人民政府的工作部门的设立、增加、减少或者合并,由本级人民政府报请国务院批准;自治州、县、自治县、市、市辖区的人民政府工作部门的设立、增加或者合并,由本级人民政府报请上级人民政府批准。

县以上地方各级人民政府设立审计机关,对本级人民政府和政府各工作部门的财政收支、国家金融机构和企事业组织的财政收支进行审计监督。各级审计机关独立行使审计权，不受其他行政机关、社会团体和个人的干涉。地方审计机关实行双重领导体制，对本级人民政府和上一级审计机关负责。

根据地方人民政府组织法的规定，省、自治区人民政府在必要的时候，经国务院批准，可以设立若干派出机关。这种派出机关称为行政公署；县、自治县的人民政府在必要的时候，经省、自治区、直辖市的人民政府批准，可以设立若干区公所，作为它的派出机关；市辖区、不设区的市的人民政府，经上级人民政府批准，可以设立若干街道办事处，作为它的派出机关。派出机关不是一级国家政权机关，而是作为人民政府的代表在本辖区内执行上级国家机关的决议、指示和命令，监督、检查和指导下级人民政府的工作。

（六）地方国家机构的改革

长期以来，我国地方政府机构设置突出的问题是政出多门，职责不清，在工作中形成互相推诿、互相掣肘的现象。中国经济发展的需求与行政体制改革的滞后，阻碍了社会发展的速度。若这种状况得不到改变，不仅不利于地方政府职能的充分发挥，也会影响中央宏观调控的力度。

从2008年8月起，我国各地启动了新一轮的地方政府机构改革，每次改革都是力图降低行政成本，提高行政工作效率。2009年3月，时任国务院总理温家宝在全国人大政府工作报告中总结了上一年的行政体制改革成果，又进一步明确提出要"加快地方政府机构改革"的新要求。此后，各地陆续上报改革方案。这已是改革开放30年来地方政府机构的第五次改革，前四次分别于1983年、1994年、1999年和2003年实施。之后在2013年3月，第十二届全国人大第一次会议又审议了《国务院机构改革和职能转变方案》。伴随着中央推行大部制的政府机构改革，地方政府机构改革再次加快了步伐。

地方政府机构改革的核心就是加快推进政企分开，政资分开，政事分开，政府与市场中介组织分开，把不该由政府管理的事情转移出去，进一步下放管理权限，增强地方政府对社会管理与公共服务的能力，解决好垂直管理问题，切实突出地方不同层级政府履行职责的重点，使各级地方政府真正担负起社会管理与公共服务的职能。同时，机构改革要有前瞻性,要制定中期、长期改革规划与目标,要防止和避免"精简—膨胀—再精简—再膨胀"的恶性循环。

由于机构改革通常都会涉及权力和利益的调整分配,因而重要的是理顺利益关系。一个总的原则就是:满足需要,总体统筹,系统整合,制约协调,总揽分别。既要体现中央改革的全局性,又要体现地方政府的自身特色,着力从国家权力结构上予以推进。例如,2009年北京市启动的政府改革方案就是根据自身特点,以民生和民意作向导,调整优化涉及了19个部门,市政府共减少议事协调机构和临时机构27个,精简比例达32.5%。① 此外,一些地方政府在机构改革中创建了"海南模式""随州模式"②、中央与地方年轻干部"双向交流任职"等积极举措。

2018年初,我国中央与地方机构改革进入新的历史阶段。2月28日,中国共产党第十九届中央委员会第三次全体会议通过了《深化党和国家机构改革方案》。该方案指出,要统筹优化地方机构设置和职能配置,构建从中央到地方运行顺畅、充满活力、令行禁止的工作体系。科学设置中央和地方事权,理顺中央和地方职责关系,更好地发挥中央和地方两个积极性,中央加强宏观事务管理,地方在保证党中央令行禁止前提下管理好本地区事务。方案还提出了地方机构改革时间表,对改革执行不到位的情况将实行问责制。2018年5月11日,中央全面深化改革委员会第二次会议召开。会议审议通过了《关于地方机构改革有关问题的指导意见》,这意味着我国地方机构改革已全面启动。按照中央决定,深化地方机构改革,要着力完善维护党中央权威和集中统一领导的体制机制,省、市、县各级涉及党中央集中统一领导和国家法制统一、政令统一、市场统一的机构职能要基本对应。赋予省级及以下机构更多自主权,突出不同层级的职能特点,允许地方根据本地区经济社会发展实际,在规定限额内因地制宜设置机构和配置职能。统筹设置党政群机构,在省市县对职能相

---

① 见2009年2月25日《新京报》"北京机构改革调整 优化19部门",本报记者马力、左林、吴狄等。

② 见2008年8月29日《南方日报》"新一轮地方政府机构改革启动",编者按。

近的党政机关探索合并设立或合署办公,市县要加大党政机关合并设立或合署办公力度。借鉴经济发达镇的行政管理体制改革试点经验,适应街道、乡镇工作特点和便民服务需要,构建简约高效的基层管理体制。

## 第二节 民族自治地方的自治机关

中国共产党自成立起,就非常重视民族问题,明确提出了符合我国国情的民族区域自治的办法,作为解决中国民族问题的基本政策。1947年5月1日,党领导建立了我国第一个省一级的自治区——内蒙古自治区,为以后在其他民族地区实行民族区域自治指明了方向,积累了宝贵的经验。1949年《中国人民政治协商会议共同纲领》中明确规定:"各少数民族聚居的地区,实行民族区域自治,按照民族聚居的人口多少和区域大小,分别建立各种民族自治机关。"之后,民族区域自治又明确载入历次宪法,成为我国的一项重要政治制度。1982年宪法确立了平等、团结、互助的社会主义新型民族关系。平等是基础,团结是保证,互助是关键。2018年3月,在第五次宪法修改中,将《宪法》序言第十一自然段中"平等、团结、互助的社会主义民族关系已经确立,并将继续加强",修改为"平等团结互助和谐的社会主义民族关系已经确立,并将继续加强";将《宪法》第4条第1款中"国家保障各少数民族的合法的权利和利益,维护和发展各民族的平等、团结、互助关系",修改为:"国家保障各少数民族的合法的权利和利益,维护和发展各民族的平等团结互助和谐关系"。宪法的修改表明在新的历史时期,在坚持各民族平等、团结、互助关系的同时,强调民族和谐,既是中华民族的传统美德,也反映出新时代的社会主义核心价值观。

### 一、民族自治机关的性质、地位和设立

自治机关是实行区域自治的少数民族依法行使自治权的一级地方国家机关。依据我国《宪法》和《民族区域自治法》的规定,民族自治地方是指在我国行政区域内所设立的自治区、自治州和自治县。

民族自治地方的自治机关是指在自治区、自治州和自治县所设立的人民代表大会和人民政府。

实行民族区域自治,是解决我国民族问题的基本政策,宪法和法律确认了民族区域自治制度,规定了民族自治地方自治机关的法律地位。即民族自治机关既是国家一级地方政权机关,又是少数民族实行区域自治的机关,它既行使同级一般地方国家机关的职权,又行使民族自治权。各民族自治机关都实行民主集中制原则,自治地方的人民代表大会是自治地方的国家权力机关,自治地方的人民政府是国务院统一领导下的地方国家行政机关。

根据宪法的规定,我国民族自治区的建置由全国人大批准,自治州、自治县的建置由国务院批准。民族乡是相当于乡一级的少数民族聚居区,它不属于民族自治地方,不享有民族自治机关拥有的自治权。

根据《宪法》和《民族区域自治法》的规定,民族自治地方的人民法院和人民检察院不属于自治机关的范畴。这是因为国家审判权和国家检察权只能依照国家法律统一行使,其不具有任何自治权的特征。我国民族自治地方的人民法院、人民检察院和一般行政区域的各级人民法院、人民检察院一样,都要维护社会主义法制的统一和尊严。而司法机关独立行使职权这一原则和特征也决定了所有司法机关(包括民族自治地方的司法机关)在司法活动中必须以事实为根据,以法律为准绳,对任何公民的合法权益平等地予以保护,对任何公民的违法犯罪行为予以平等的法律制裁,不允许有凌驾于法律之上或超越法律之外的特权。

**二、民族自治机关的组成和任期**

自治机关作为一级地方国家政权机关,其在人员构成、组织形式、活动原则、任期等方面,与其他一般地方国家机关相比,既有大体相同之处,也有其特殊之处。

相同之处表现在:第一,各级民族自治地方的人民代表大会由通过间接选举或直接选举的方式产生的代表组成。各级人民代表大会常务委员会是人大闭会期间行使国家权力的机关。各级人民代表大会产生同级的人民政府、监察委员会、人民法院和人民检察院。各级人民政府是本级人民代表大会的执行机关,是民族自治地方的国家行政机关。各级人民政府、监察委员会、人民法院和人民检察院均向同级人民代表大会负责,受同级人民代表大会监督,"一府两院"还需向同级的人民代表大会报告工作。第二,各级民族自治机关都要贯彻实行民主集中制的组织与活动原则。第三,各级民族自治机关的每届任期为5年。

特殊之处表现在:第一,民族自治地方的人民代表大会由实行区域自治的民族以及居住在本区域内的其他民族公民按人口比例产生的代表组成。第二,民族自治地方的人民代表大会常务委员会中应当有实行区域自治的民族的公民担任主任或者副主任。第三,民族自治地方的人民政府的主席、州长、县长应当由实行区域自治的民族的公民担任。第四,民族自治地方的人民政府的其他组成人员以及自治机关所属工作部门的干部,要尽量配备实行区域自治的民族和其他少数民族的人员。

事实上,培养少数民族干部一直是中国政府民族政策中的一项极为重要的内容。要实行民族区域自治制度,要更好地维护民族团结,必须有一支人民信任、德才兼备的少数民族干部队伍,这已经被我国宪法和法律所确认。在中国现有的5个少数民族自治区、30个自治州、120个自治县中,其行政首长都由少数民族干部担任,即使不是民族自治地方,只要少数民族人口占有一定的比例,也会特别强调要尽量配备少数民族干部。只有如此,中国人民共同追求的中华民族伟大复兴事业才有保障。

### 三、民族自治机关的主要职权

民族自治权是民族区域自治制度的核心,是我国实现民族平等的重要保障。根据宪法、法律规定,我国各级民族自治机关,既是一级地方国家机关,又是一级民族自治地方的自治机关,即民族自治机关在其行使职权方面具有双重性:一方面它行使一般地方国家机关的职权,另一方面它还行使民族自治权。自治机关所享有的自治权的权限成为实行民族区域自治的关键所在。自1954年中华人民共和国第一部宪法确认了民族区域自治制度以来,我国的民族自治机关的权限不断地扩大和发展。依据现行《宪法》和《民族区域自治法》的规定,我国民族自治机关行使的自治权主要包括下列方面:

(一) 制定自治条例和单行条例

我国《宪法》第116条规定:"民族自治地方的人民代表大会有权依照当地民族的政治、经济和文化的特点,制定自治条例和单行条例。"《立法法》第75条规定:"民族自治地方的人民代表大会有权依照当地民族的政治、经济和文化的特点,制定自治条例和单行条例。自治区的自治条例和单行条例,报全国人民代表大会常务委员会批准后生效。自治州、自治县的自治条例和单行条例,报省、自治区、直辖市的人民代表大会常务委员会批准后生效。"自治条例是指由民族自治地方的人民代表大会依照《宪法》和《民族区域自治法》的规定制定的关于民族自治地方的自治机关的组织、活动原则、自治机关的自治权以及自治地方其他有关重大事项的综合性的规范性文件。单行条例是指民族自治地方的人民代表大会依照当地民族的政治、经济和文化特点制定的关于某一方面具体事项的规范性文件。制定自治条例和单行条例是民族自治机关的一项重要立法权。

(二) 对上级国家机关的决议、决定、命令和指示的变通执行和停止执行。

为照顾民族自治地方的特殊社会生活,切实维护自治地方的合法权益,《民族区域自治法》规定:上级国家机关的决议、决定、命令和指示,如有不适合民族自治地方实际情况的,自治机关可以报经该上级国家机关批准,变通执行或者停止执行。变通执行上级国家机关的决议、决定、命令和指示是行使自治权的一种形式,但需要符合权力行使的条件、主体、程序与方式。《立法法》第75条规定:"自治条例和单行条例可以依照当地民族的特点,对法律和行政法规的规定作出变通规定,但不得违背法律或者行政法规的基本原则,不得对宪法和民族区域自治法的规定以及其他有关法律、行政法规专门就民族自治地方所作的规定作出变通规定。"

(三) 自主管理地方财政

民族自治地方财政自治权是一项非常重要的权力,它是推动民族自治地方经济、政治、文化发展与进步的基础性力量。《宪法》第117条规定："民族自治地方的自治机关有管理地方财政的自治权。"民族自治地方的财政是国家财政的组成部分。凡是依照国家财政体制属于民族自治地方的财政收入，都应当由民族自治地方的自治机关自主地安排使用。民族自治地方财政收入和财政支出的项目，由国务院按照优待民族自治地方的原则规定。民族自治地方按国家财政体制的规定，财政收入多于财政支出的，定额上缴上级财政，上缴数额可以几年不变；收入不敷支出的，由上级财政补助。民族自治地方的自治机关在执行财政预算过程中，自主安排使用收入的超收和支出的结余资金。民族自治地方的自治机关可以制定对本地方的各项开支标准、定员、定额的补充规定和具体办法。

（四）自主安排和管理地方经济建设事业

《宪法》和《民族区域自治法》规定，民族自治地方的自治机关在国家计划的指导下，自主地安排和管理地方性的经济建设事业。可根据本地方的特点和需要，制定经济建设的方针、政策和计划；合理调整生产关系，改革经营管理体制；根据本地方的财力、物力和其他具体条件，自主地安排地方基本建设项目；在对外经济贸易活动、外汇留成等方面享受国家的优待；等等。

（五）自主管理本地方的教育、科学、文化、卫生、体育等事业

民族自治地方的自治机关根据国家的教育方针，依照法律规定决定本地方的教育规划、各级各类学校的设置、学制、办学形式、教学内容、教学用语和招生办法；自主地发展民族教育，培养各少数民族专业人才；自主地决定本地方的科学技术发展规划，普及科学技术知识；自主地发展具有民族形式和民族特点的民族文化事业；发展现代医药和民族传统医药；自主地发展体育事业，开展民族传统体育活动，并积极开展与其他地方的教育、科学技术、文化艺术、卫生、体育等方面的交流和协作。

（六）组织本地方的公安部队

民族自治地方的自治机关依照国家的军事制度和当地的实际需要，经国务院批准，可以组织本地方维护社会治安的公安部队。

（七）使用和发展当地通用的一种或几种语言文字

民族自治地方的自治机关在执行职务时,使用当地通用的一种或几种语言文字;同时使用几种语言文字执行职务的,可以以实行区域自治的民族的语言文字为主。

（八）培养民族干部和专业技术人才

根据《民族区域自治法》的规定,民族自治机关可采取各种措施培养当地的民族干部,以及各种专门技术人才,扶持民族自治地方发展民族传统事业和经济贸易,国家鼓励内地技术人员支援民族自治地方的建设。

总体而言,自1954年我国制定了《民族区域自治法》,实施六十多年来,在民族自治地方建立和民族自治权建设上,在加快民族立法、形成初步的民族法律体系上,在发展少数民族地区社会、经济、文化和培养少数民族干部上,都取得了显著的成绩。今后在切实保障落实民族自治权的过程中,在体现"民族区域自治"的精神方面,仍需进一步努力和完善。比如,扩大民族自治权的范围,充分尊重少数民族自治权,积极构建合理规范的中央和民族自治地方政府的关系,完善民族立法体制,提高民族自治地方立法质量,加快民族自治地方的经济发展,等等。

## 第三节　特别行政区的政权机关

特别行政区是指按照我国宪法规定,在中华人民共和国行政区范围内所设立的享有特殊法律地位,实行资本主义制度的一级地方行政区域。特别行政区是我国单一制国家结构形式下的独创。因此该行政区内所设立的政权机关与我国内地的政权机关的建置不相对应,而具有自己特定的形式,即特别行政区设置的政权机关包括行政长官、行政机关、立法机关和司法机关。香港和澳门两个特别行政区作为我国实施"一国两制"的地方行政区域,实行着与内地不同的特别的政治体制和法律制度。

### 一、特别行政区的政治体制

行政、立法和司法是一国政治体制中最基本、最重要的部分,三者的关系构成了国家政治体制的核心内容。依据特别行政区基本法的规定,我国香港和澳门两个特别行政区实行的是以行政为主导,行政与立法互相制约又互相配合,司法独立的政治体制。这种独特的政治体制,与英国对香港统治时期的政治体制不同。

(一)行政主导

行政主导体制就是以行政长官为权力核心,行政长官具有较高地位及广泛职权,并在特区的政治生活中起主要作用的政治体制。行政主导的政治体制是我国的一种全新的特别的地方政权形式,它不同于内地实行的人民代表大会制,也不同于美国的三权分立体制。

香港和澳门两个特别行政区实行行政主导的政治体制是多种因素共同作用的结果。1997年7月1日,我国恢复对香港行使主权,并依据宪法设立特别行政区。作为一级地方行政区,实行什么样的政治体制关系到特别行政区的根本利益,必须从特别行政区的法律地位和实际情况出发而建立。在起草《香港特别行政区基本法》时内地和香港的委员曾就立法主导或行政主导有过激烈争论。香港地小人多,经济文化发展程度较高,政治领袖很容易利用舆论操控政治。如果实行议会立法主导,则易导致议会多数党的经常变化与政府的经常倒阁,不利于保持特别行政区的政治秩序和经济发展。最终基本法确定行政主导原则,不仅因为行政主导符合《中英联合声明》的精神,更因为行政主导适合香港实际情况,有利于发挥行政效率,有利于特区社会稳定和经济繁荣与发展。

在行政主导的体制中,行政首脑成为政治权力的中心,行政权相对于立法权而言居于主导地位。虽然基本法中并无"行政主导"之词,但却是通过基本法对行政长官、行政机关和立法机关规定的职权及其相互关系的确认体现出来的。

1. 行政长官有较高的法律地位

特别行政区行政长官的地位高于立法、行政、司法机关,其代表特别行政区向中央负责,有权从特区整体利益出发,协调行政、立法、司法机关之间的关系,可以签署法案、预算案,提名并报请中央人民政府任命主要官员,任免行政会成员,代表特别行政区处理中央授权的对外事务,等等。

2. 行政长官是特别行政区政府的首长

行政长官领导特别行政区政府,决定政策发布,发布行政命令,决定政府官员是否向立法会作证或提供证据。

3. 行政长官在立法事务中有重要作用

(1) 行政长官有立法创议权:凡是涉及公共收支、政府体制、政府运作的议案,属于政府的专属提案,且政府提案后优先列入议会议程。

(2) 立法会通过的法案必须由行政长官签署、公布才能生效。

(3) 在法定条件下,行政长官可以拒绝签署立法会通过的法案,并可在3个月内将法案发回立法会重议。

(4) 行政长官有权解散立法会。

4. 行政长官在司法领域中的作用

行政长官享有对法官的任免权。同时法院审理案件涉及国防、外交等国家行为的事实问题时,应取得行政长官就该问题发出的证明文件。此外,行政长官享有特赦或减轻刑事罪犯刑罚的权力。

(二) 行政与立法既互相制衡又互相配合

1. 行政与立法的制衡

(1) 行政长官的相对否决权。行政长官对立法会通过的法律虽然没有绝对否决权,但行政长官若认为该项法律不符合本特区的整体利益,可以拒绝签署并在3个月内将原法案发回立法会重议。

(2) 解散立法会。对于行政长官发回重议的法案,如果经立法会以不少于全体议员三分之二的多数再通过,而行政长官拒绝签署,则行政长官可以解散立法会,重新组织选举。另外,如果立法会拒绝通过政府提出的财政预算案或其他的重要法案,行政长官也可以解散立法会。当然,行政长官行使解散权也受到一定限制:首先,行政长官应先进行协商,若经协商仍不能取得一致时,方可解散立法会;其次,行政长官在解散立法会之前,须征询行政会议的意见;再次,行政长官在其一届任期内,以解散立法会一次为限。

(3) 政府必须遵守立法会通过的法律并向立法会负责[①]:执行立法会通过并已生效的法律;定期向立法会作施政报告;负责答复立法会议员提出的质询;政府的征税和公共开支须经立法会批准。

(4) 行政长官任免终审法院院长、高等法院院长,事先须经立法会同意。

(5) 对行政长官不签署而发回重议的法案,立法会经全体议员三分之二多数再次通过原案时,除非解散立法会,行政长官必须签署。行政长官因两次拒绝签署法案而解散立法会,如果新选出的立法会仍以全体议员三分之二多数通过原案,行政长官如仍拒绝签署,那么行政长官应自动辞职。

(6) 弹劾行政长官。如立法会全体议员的四分之一联合动议,指控行政长官有严重违法或渎职行为而不辞职,经立法会通过可以对其进行调查,立法会可委托终审法院首席法官负责组成独立的调查委员会,并担任主席。调查委员会负责进行调查,并向立法会提出报告。如该调查委员会认为有足够证据构成上述指控,立法会以全体议员三分之二多数通过,可提出弹劾案,报请中央人民政府决定。

2. 立法与行政的互相配合

制约是手段,配合是目的。立法与行政不仅互相制约,也互相配合,这是区别于"三权分立与制衡"体制的显著特点。互相配合的主要机制是依托行政会议制度。在港澳特别行政区都设置有行政会议(行政会),它们是协助行政长官决策的机构,行政会议(行政会)成员的构成来自各方面,即由行政长官从行政机关的主要官员、立法会议员和社会人士中委任。行政长官的很多行动都要以听取行政会议(行政会)的意见为必经程序,否则无效。如果行政长官不听取行政

---

[①] 注意:此处基本法在表述政府对立法会负责时用的是"冒号"而非"逗号",说明政府对立法会负责的内容仅限于冒号后所写明的几个方面,而不及于其他。这种"负责"不同于内地政府对人大的负责。

会议(行政会)的多数意见,必须将具体理由记录在案。

(三)司法独立

特别行政区各级法院是行使审判权的司法机关。香港特别行政区法院的组织系统是:终审法院、高等法院、区域法院、裁判署法庭和其他专门法院。澳门特别行政区设立终审法院、中级法院、初级法院和行政法院。终审法院行使特别行政区终审权。香港特别行政区不设检察院。香港的检察官是特别行政区政府律政司刑事检控科的官员,属于行政部门。澳门特别行政区检察院自成体系,独立行使法律赋予的检察职权。

司法机关和司法活动是特别行政区政治体制的组成部分,对特别行政区的安定和发展有着重要作用。特别行政区的司法独立包含两个方面:一是司法机关独立于特别行政区的行政机关和立法机关之外,其活动不受任何干涉。法官履行审判职责的行为不受法律追究。法官虽由行政长官任命,但只有在无力履行职责或行为不检的情况下,行政长官才可能对其免职,且须根据相关审议庭的建议方可免职。二是司法机关独立于内地,不受内地任何部门包括各级司法机关的干预,甚至最高人民法院也不干预特别行政区的审判活动。我国《宪法》第132条关于"最高人民法院监督地方各级人民法院和专门人民法院的审判工作"的规定,对特别行政区并不适用。

二、特别行政区的政权机关

(一)行政长官

1. 行政长官的性质及法律地位

特别行政区的行政长官是特别行政区的首脑,代表特别行政区,对中央人民政府和特别行政区负责;同时,他又是特别行政区的行政首长,领导特别行政区政府,对立法会负责。可见,行政长官具有双重的法律身份。

特别行政区行政长官由当地通过选举或协商产生,由中央人民政府任命,其地位高于立法和司法机关的首脑,对特别行政区的行政管理事务享有决定权。

## 2. 行政长官的任职资格

根据《香港特别行政区基本法》第 44 条的规定，香港特别行政区行政长官由年满 40 周岁，在香港通常居住连续满 20 年并在外国无居留权的香港特别行政区永久性居民中的中国公民担任。根据《澳门特别行政区基本法》第 46 条的规定，澳门特别行政区行政长官由年满 40 周岁，在澳门通常居住连续满 20 年的澳门特别行政区永久性居民中的中国公民担任。《澳门特别行政区基本法》的该条规定与《香港特别行政区基本法》的规定相比，没有关于外国居留权的限制性规定，但为了使行政长官的任职与其法律地位相一致，《澳门特别行政区基本法》第 49 条又对行政长官的任职资格作了补充规定："行政长官在任职期内不得具有外国居留权。"

## 3. 行政长官的产生和任期

关于行政长官的产生办法，上述两部基本法都规定：通过选举或协商产生，由中央人民政府任命。根据《香港特别行政区基本法》第 45 条的规定，行政长官的产生办法，应根据香港特别行政区的实际情况和循序渐进的原则而规定，最终达到由一个有广泛代表性的提名委员会按民主程序提名后普选产生的目标；澳门特别行政区行政长官的产生办法与香港基本相同，但《澳门特别行政区基本法》没有关于"根据循序渐进的原则，最终达到由普选产生"的规定，而且其选举委员会和推选委员会的人数要比香港少。2017 年 3 月 26 日，林郑月娥在香港特别行政区第五任行政长官选举中当选。2019 年 12 月 20 日，澳门特别行政区第五任行政长官贺一诚宣誓就职。

香港特别行政区和澳门特别行政区的行政长官任期为 5 年，均可以连选连任一次。如果行政长官在任期完成之前因故离职，继任人应在 6 个月内产生。

## 4. 行政长官的主要职权

根据特别行政区基本法的规定，行政长官的职权概括起来主要如下：

（1）领导特别行政区政府；执行基本法和依照基本法适用于特别行政区的其他法律；签署立法会通过的法案；公布法律。此外，行政长官还应负责执行基本法所规定的香港和澳门的原有法律、特别行政区立法机关制定的法律以及适用于特别行政区的全国性法律。

(2) 决定特别行政区的政策和发布行政命令；签署立法会通过的财政预算案，并报中央人民政府备案；批准向立法会提出有关财政收支的动议；主持行政会议；处理请愿或申诉事项；根据国家和特别行政区的安全或重大公共利益的需要，决定政府官员是否向立法会或其所属委员会作证和提供证据。

(3) 提名并报请中央政府任命特别行政区主要官员，建议中央人民政府免除特别行政区主要官员的职务；委任行政会议成员或行政会委员。行政长官有权依法定程序任免各级法院法官，依照法定程序任免公职人员。澳门特别行政区行政长官还可依照法定程序任免各级法院院长和检察官；提名并报请中央人民政府任命检察长并建议中央人民政府免除检察长职务；委任部分立法会议员。

(4) 代表特别行政区政府处理中央授权的对外事务和其他事务；有权依法赦免或减轻罪犯的刑罚。

(二) 特别行政区的行政机关

1. 行政机关的性质和组成

特别行政区的行政机关即特别行政区政府，它对特别行政区的立法会负责，其首长为特别行政区行政长官。

根据《香港特别行政区基本法》第60条的规定，香港特别行政区政府设政务司、财政司、律政司和各局、处、署。司是政府的主要职能机构；局是有权拟订政策的部门；处是负责执行行政事务的部门；署则是有着特殊地位的具有独立性质的工作部门，如廉政公署、审计署，这两个机构的性质和作用不同于政府中的其他部门，它们不受政府部门的管辖和干涉，直接对行政长官负责。

《澳门特别行政区基本法》第62条规定，澳门特别行政区政府设司、局、厅、处，其各司、局、厅、处等的职能与香港特别行政区大体相同。

2. 行政机关主要官员的任职资格及任免

根据基本法的规定，香港特别行政区的主要官员必须由在香港通常居住连续满15年并在外国无居留权的香港特别行政区永久性居民中的中国公民担任。澳门特别行政区的主要官员由在澳门通常居住连续满15年的澳门特别行政区永久性居民中的中国公民担任。主要官员在任职期内必须宣誓效忠中华人民共和国。

香港和澳门特别行政区政府的主要官员均由行政长官提名并报请中央人民政府任命,其免职也由行政长官向中央人民政府提出建议。

3. 特别行政区政府的主要职权

根据《香港特别行政区基本法》第62条和《澳门特别行政区基本法》第64条的规定,特别行政区政府行使下列主要职权:(1)制定并执行政策;(2)管理各项行政事务;(3)办理基本法规定的中央人民政府授权的对外事务;(4)编制并提出财政预算、决算;(5)拟定并提出法案、议案、附属法规;(6)委派官员列席立法会会议,听取意见或者代表政府发言。

此外,特别行政区政府还依法管理境内属于国家所有的土地和自然资源;负责维持社会治安;自行制定货币金融政策并依法管理金融市场;经中央人民政府授权管理民用航空运输;经中央人民政府授权在境内签发特别行政区护照和其他旅游证件;对出入境实行管制。

(三) 特别行政区的立法会

1. 立法会的性质、地位、产生和任期

特别行政区立法会是特别行政区的立法机关,立法会"依照法定程序制定、修改和废除法律"。根据特别行政区基本法的规定,由立法会制定的法律需报全国人大常委会备案,备案不影响法律的生效。这一规定表明了特别行政区立法会真实地、完整地拥有高度的立法自治权。

根据特别行政区基本法的规定,香港特别行政区立法会由选举产生。产生办法根据特别行政区的实际情况和循序渐进的原则确定,最终达到全部议员由普选产生的目标。① 香港立法会议员的任

---

① 2010年8月,第十一届全国人民代表大会常务委员会第十六次会议关于批准《中华人民共和国香港特别行政区基本法附件一香港特别行政区行政长官的产生办法修正案》的决定中已明确:2017年香港特别行政区第五任行政长官的选举可以实行由普选产生的办法;在行政长官由普选产生以后,香港特别行政区立法会的选举可以实行全部议员由普选产生的办法。

期,第一届为2年,以后每届均为4年。

澳门特别行政区立法会的议员采用直接选举、间接选举和委任三种方式产生,并逐届增加直选议员的比例。第一届立法会任期至2001年10月15日,以后每届任期均为4年。

2. 立法会议员资格

根据《香港特别行政区基本法》第67条的规定,香港特别行政区立法会由在外国无居留权的香港特别行政区永久性居民中的中国公民组成,非中国籍的香港特别行政区永久性居民和在外国有居留权的香港特别行政区永久性居民也可以当选为立法会议员,但所占比例不得超过全体议员的20%。《澳门特别行政区基本法》第68条规定,澳门特别行政区立法会议员由澳门特别行政区永久性居民担任。

3. 立法会的主要职权

(1) 立法权。根据基本法的规定,特别行政区立法会有权依照基本法的规定和法定的程序制定、修改和废除法律。其制定的法律须由行政长官签署、公布,方有法律效力,并须报全国人大常委会备案。如果全国人大常委会认为特别行政区制定的法律不符合基本法关于中央管理的事务及中央和特别行政区的关系的条款时,在征询基本法委员会的意见后,可将法律发回。法律一经发回,立即失效。

(2) 财政权。特别行政区立法会有权根据政府的提案,审核、通过财政预算;有权批准税收和公共开支;有权审议政府提出的预算执行情况报告,批准由政府承担的债务。但立法会通过的财政预算案须由行政长官签署并由行政长官报送中央人民政府备案。

(3) 监督权。立法会有权听取行政长官的施政报告并进行辩论;对政府工作提出质询;就公共利益问题进行辩论。行政长官如有严重违法或渎职行为而不辞职的,立法会可以进行弹劾。

(4) 其他职权。立法会有权接受当地居民的申诉并进行处理;有权同意终审法院法官和高等法院首席法官的任免。

(四) 特别行政区的司法机关

《香港特别行政区基本法》和《澳门特别行政区基本法》均设专节规定司法机关。由于香港属普通法系地区,而澳门属大陆法系地区,因此,澳门的司法机关除法院外,检察机关也属于司法机关,而香港的司法机关只有法院,检察机关则作为行政机关的一部分。

1. 香港特别行政区的司法机关

《香港特别行政区基本法》第80条规定:"香港特别行政区各级法院是香港特别行政区的司法机关,行使香港特别行政区的审判权。"由于香港属普通法系地区,其司法机关只有法院,没有单独的检察机关,其检察职能是作为行政机关的一部分。在香港,主管刑事检察工作的部门属于律政司。特别行政区法院是特别行政区的审判机关,依法审理香港特别行政区的一切民事、刑事案件以及其他案件。

香港特别行政区设立终审法院、高等法院、区域法院、裁判署法庭和其他专门法庭。高等法院设上诉法庭和原诉法庭。根据《香港特别行政区基本法》第82条的规定,香港特别行政区的终审法院为最高法院,享有最终的司法裁判权。与《澳门特别行政区基本法》不同的是,《香港特别行政区基本法》规定:"终审法院可根据需要邀请其他普通法适用地区的法官参加审判。"通常,审理案件时由常任法官和1名非常任法官组成5人的合议庭。

《香港特别行政区基本法》对法官的任职资格和任免程序作出了规定。香港特别行政区法院的法官,根据当地法官和法律界及其他方面知名人士组成的独立委员会推荐,由行政长官任命;香港特别行政区的终审法院和高等法院的首席法官,必须由在外国无居留权的香港永久性居民中的中国公民担任。终审法院法官和高等法院首席法官的任免还须由行政长官征得立法会同意,并报全国人大常委会备案。香港特别行政区法院独立进行审判,不受任何干涉,司法人员履行审判职责的行为不受法律追究。

2. 澳门特别行政区的司法机关

根据基本法的规定,澳门特别行政区法院行使审判权,法院独立进行审判,只服从法律,不受任何干涉;法官履行审判职责的行为不受法律追究。

由于澳门属于大陆法系地区,其司法机关包括审判机关和检察机关。澳门特别行政区设初级法院、中级法院和终审法院三级,其终审法院是行使终审权的法院。同时,澳门特别行政区在普通法院之外还设立行政法院,专门管辖行政诉讼和税务诉讼的案件。

根据澳门司法体制的特点,《澳门特别行政区基本法》规定,澳门特别行政区各级法院的法官,根据当地法官和律师及其他方面知名人士组成的独立委员会推荐,由行政长官任命;澳门特别行政区各级法院的院长由行政长官从法官中选任。符合标准的外籍法官也可聘用。但终审法院的院长必须由澳门特别行政区永久性居民中的中国公民担任。澳门特别行政区检察院独立行使检察职能,不受任何干涉。检察长由澳门特别行政区永久性居民中的中国公民担任,由行政长官提名,中央人民政府任命。检察官经检察长提名,由行政长官任命。《澳门特别行政区基本法》第101条、第102条还规定,澳门法官和检察官必须宣誓拥护《澳门特别行政区基本法》,效忠特别行政区。终审法院院长、检察长就职时,还必须宣誓效忠中华人民共和国。

2016年11月7日,全国人大常委会根据《中华人民共和国宪法》第67条第4项和《中华人民共和国香港特别行政区基本法》第158条第1款的规定,对《中华人民共和国香港特别行政区基本法》作了第五次解释。《香港特别行政区基本法》第104条规定:"香港特别行政区行政长官、主要官员、行政会议成员、立法会议员、各级法院法官和其他司法人员在就职时必须依法宣誓拥护中华人民共和国香港特别行政区基本法,效忠中华人民共和国香港特别行政区。"全国人大常委会对该法律规定的相关公职人员"就职时必须依法宣誓"作出如下解释:(1)宣誓是该条所列公职人员就职的法定条件和必经程序。未进行合法有效宣誓或者拒绝宣誓,不得就任相应公职,不得行使相应职权和享受相应待遇。(2)宣誓必须符合法定的形式和内容要求。宣誓人必须真诚、庄重地进行宣誓,必须准确、完整、庄重地宣读包括"拥护中华人民共和国香港特别行政区基本法,效忠中华人民共和国香港特别行政区"内容的法定誓言。(3)宣誓人拒绝宣誓,即丧失就任该条所列相应公职的资格。宣誓人故意宣读与法定誓言不一致的誓言或者以任何不真诚、不庄重的方式宣誓,也属于拒绝宣誓,所作宣誓无效,宣誓人即丧失就任该条所列相应公职的资格。(4)宣誓必须在法律规定的监誓人面前进行。监誓人负有确保宣誓合法进行的责任,对符合本解释和香港特别行政区法律规定的宣誓,应确定为有效宣誓;对不符合本解释和香港特别行政区法律规定的宣誓,应确定为无效宣誓,并不得重新安排宣誓。

该解释进一步阐明:"《中华人民共和国香港特别行政区基本法》第104条所规定的宣誓,是该条所列公职人员对中华人民共和国及其香港特别行政区作出的法律承诺,具有法律约束力。宣誓人必须真诚信奉并严格遵守法定誓言。宣誓人作虚假宣誓或者在宣誓之后从事违反誓言行为的,依法承担法律责任。"全国人大常委会的上述解释,既是中央最高权力的行使,也表明了中央政府反对"港独"的坚定决心和意志,维护了基本法的权威和香港法治,顺应了包括香港同胞在内的全体中国人民的共同愿望。

### 三、特别行政区高度自治权与民族自治机关自治权之比较

我国地方国家机关在职权的确认和行使上,一个突出的特点是:民族自治地方和特别行政区都享有自治权。实行地方自治虽然已成为当代国家很普遍的原则和趋势,但因各国的不同历史、不同民族构成、不同的政治文化情况等,在中央统一的主权之下,地方国家机关享有不同程度和不同范围的自治权。我国为解决民族问题而实行民族区域自治制度,民族自治机关享有很大的自治权;我国为解决历史遗留问题而设立特别行政区,特别行政区享有高度的自治权。但是两种自治权却在自治程度和实施范围等方面有着极大的区别。

(一)两种自治权的相似之处

1. 自治权的设立:民族自治机关自治权与特别行政区高度自治权都由我国全国人大以法律确认和授权。我国《宪法》和《民族区域自治法》以及《香港特别行政区基本法》《澳门特别行政区基本法》是两种自治权设立的法律依据。

2. 自治权的属性:民族自治机关自治权与特别行政区高度自治权都是中华人民共和国国家权力的组成部分。在实行单一制的国家,地方国家机关的权力,都是来自中央授权,是派生性权力。

3. 自治权适用地域和行使者的属性:民族自治机关自治权和特别行政区高度自治权的适用地域,都是中华人民共和国领土的组成部分,是一级地方行政区域,因而它们无权脱离中央或宣布独立。自

治权的行使者——民族自治机关和特别行政区设立的政权机关,都属于我国的地方国家机关。

(二)两种自治权的重大差异

1. 自治权产生的基础不同。民族自治机关自治权的行使,是为了更好地解决我国的民族关系问题,为了反对民族分裂、保障各民族平等,让少数民族能够真正当家做主。且各民族自治地方是以少数民族聚居的情况,按照我国行政区划而分级设立,它们与国家政权机关的设置具有对应性。而特别行政区高度自治权的产生,则是为了解决我国历史遗留的问题,即针对我国台湾、香港和澳门的具体情况,为以和平的方式逐步完成祖国的统一大业,国家设立特别行政区,授予特别行政区高度自治权。特别行政区的设立与我国一般地方国家政权机关的设置不相对应,其直辖于中央人民政府。

2. 自治权行使地域的社会性质不同。民族自治机关自治权的行使是在我国内地范围内。内地实行社会主义制度,因此民族自治机关自治权行使时遵循的原则和所要体现的精神,也必然要求符合社会主义原则、人民主权原则、民主集中制原则等。特别行政区的高度自治权则是在我国特别行政区域内行使。特别行政区虽是我国一级地方行政区域,但特别行政区实行资本主义制度。因此,该自治权的行使,虽不具备西方国家"三权分立"的政治基础,但仍表现出在权力行使和运作过程中互相制衡的特点。

3. 自治权的自治程度不同。民族自治机关的自治权,其自治程度相比较我国一般地方国家机关而言,体现了较高较强的自治性,如自治区、自治州、自治县的人民代表大会及其常委会既享有制定地方性法规的职权,也享有制定自治条例和单行条例的职权。而一般地方国家机关,只有省级和设区的市的人民代表大会及其常委会有权制定地方性法规;民族自治机关若认为其上级国家机关的决议、决定、命令等不适合本民族自治地方实际情况的,可报经该上级国家机关批准,变通执行或停止执行,而一般地方国家机关则无此权力。特别行政区享有的自治权的自治程度相比较民族自治权来说,则属"高度自治权"。我国特别行政区基本法规定:特别行政区享有立法权、独立的司法权和终审权,以及行政管理权(如独立的金融权、财政权、货币发行权、贸易管理权、航空航运管理权、外事权等)。这种高度的自治权,完全独立于内地的地方国家机关。一个主权国家之内,同时并存两种性质不同的立法机关及终审法院,同时并存不同的金融、货币政策等,这在世界上也是独一无二的,可见民族自治机关自治权与特别行政区高度自治权是不能同日而语的。

## 第四节 监察委员会

2018年3月23日,中华人民共和国国家监察委员会揭牌。监察委员会的成立对加强我党对反腐败工作的集中统一领导,构建集中统一、权威高效的中国特色国家监察体制,实现对所有行使公权力的公职人员监察全覆盖具有重要意义。这是事关全局的重大政治改革,也是国家监察制度的顶层设计。国家监察委员会和地方各级监察委员会共同构成了我国全面反腐的工作机构体系。

**一、监察委员会的性质和地位**

我国《宪法》第123条规定:"中华人民共和国各级监察委员会是国家的监察机关。"第124条规定:"中华人民共和国设立国家监察委员会和地方各级监察委员会。"从性质上看,国家监察委员会和地方各级监察委员会都是国家的监察机关。国家监察委员会是最高监察机关,有权领导地方各级监察委员会。国家监察机关的设立是党中央全面从严治党,将国家监察体制改革纳入全面深化改革的总体部署。

2018年3月20日,第十三届全国人民代表大会第一次会议通过了《中华人民共和国监察法》(以下简称《监察法》)。按照《监察法》的规定:国家监察委员会由全国人民代表大会产生,负责全国监察工作;地方各级监察委员会由本级人民代表大会产生,负责本行政区域内的监察工作。国家监察委员会对全国人大及其常委会负责并接受其监督,地方各级监察委员会对本级人大及其常委会和上一级监察委员会负责,并接受其监督。这些规定充分反映了监察委员会的地位,即各级监察机关是我国国家机构的组成部分,它们由同级人民代表大会产生,对人大负责,受人大监督。在监察机关体系内部,地方各级监察机关还须对其上一级监察委员会负责。

### 二、监察委员会的组成、任期和领导体制

根据宪法和法律规定,国家监察委员会由主任、副主任若干人、委员若干人组成,主任由全国人民代表大会选举,副主任、委员由国家监察委员会主任提请全国人大常委会任免。国家监察委员会主任每届任期同全国人民代表大会每届任期相同,连续任职不得超过两届。

地方各级监察委员会的组成和人员产生方式,与国家监察委员会相同。地方各级监察委员会主任的任期规定也与国家监察委员会主任一致,每届任期都是5年,随本级人大换届而换届。需要注意的是,对地方各级监察委员会组成人员的连选连任没有限制性规定。

在领导体制上,国家监察委员会负责全国监察工作,县级以上地方各级监察委员会负责本行政区域内的监察工作。国家监察委员会领导地方各级监察委员会的工作;上级监察委员会领导下级监察委员会的工作。

### 三、监察委员会的监察范围

按照深化国家监察体制改革关于实现对所有行使公权力的公职人员监察全覆盖的要求,监察机关对下列公职人员和有关人员进行监察:(1)各级中国共产党机关、人民代表大会及其常务委员会机关、人民政府、监察委员会、人民法院、人民检察院、中国人民政治协商会议委员会机关、民主党派机关和工商业联合会机关的公务员,以及参照《中华人民共和国公务员法》管理的人员;(2)法律、法规授权或者受国家机关依法委托管理公共事务的组织中从事公务的人员;(3)国有企业管理人员;(4)公办的教育、科研、文化、医疗卫生、体育等单位中从事管理的人员;(5)基层群众性自治组织中从事管理的人员;(6)其他依法履行公职的人员。监察委员会根据法律规定,对相应的公职人员和有关人员进行监察。

### 四、监察委员会的职责与权限

监察机关的主要职能是调查职务违法和职务犯罪,开展廉政建设和反腐败工作,维护宪法和法律的尊严。《监察法》第11条规定了监察机关具有的监督、调查、处置的主要职责,使监察委员会履职尽责于法有据。监察委员会依法行使以下三项主要职责:

一是监督职责。监督是监察委员会的首要职责。监察委员会代表党和国家,依照宪法、监察法和有关法律法规,监督所有公职人员行使公权力的行为是否正确,确保权力不被滥用、确保权力在阳光下运行,把权力关进制度的笼子里。党内监督和国家监察都是中国特色治理体系的重要组成部分,一体两面,具有高度内在一致性。国家监察是对公权力最直接、最有效的监督,也是党内监督与国家监察的有机统一。

二是调查职责。调查公职人员涉嫌职务违法和职务犯罪,是监察委员会的一项经常性工作。它是监察委员会开展廉政建设和反腐败工作、维护宪法和法律尊严的一项重要措施。对公职人员涉嫌职务违法和职务犯罪的调查,突出地体现了监察委员会作为国家反腐败工作机构的定位,体现了监察工作的特色。调查的主要内容包括涉嫌贪污贿赂、滥用职权、玩忽职守、权力寻租、利益输送、徇私舞弊,以及浪费国家资财等职务违法和职务犯罪行为,基本涵盖了公职人员的腐败行为类型。

三是处置职责。主要包括四个方面:(1)对违法的公职人员依法作出政务处分决定。包括警告、记过、记大过、降级、撤职、开除等。(2)对履行职责不力、失职失责的领导人员进行问责。(3)对涉嫌职务犯罪的,将调查结果移送人民检察院依法审查、提起公诉。对被调查人涉嫌职务犯罪,监察机关经调查认为犯罪事实清楚,证据确实、充分的,制作起诉意见书,连同案卷材料、证据一并移送检察机关依法审查、提起公诉。(4)对监察对象所在单位提出监察建议。主要是针对监察对象所在单位廉政建设和履行职责存在的问题等提出建议。监察建议不同于一般的工作建议,它具有法律效力,被提出建议的有关单位无正当理由则必须履行监察建议要求其履行的义务,否则,就要承担相应的法律责任。

为保证监察机关有效履行监察职能,《监察法》第四章赋予了监察机关必要的权限。一是规定监察机关在调查职务违法和职务犯罪时,可以采取谈话、讯问、询问、查询、冻结、搜查、调取、查封、扣押、勘验检查、鉴定等措施。二是对被调查人可以有条件地采取留置措施。三是监察机关需要采取技术调查、通缉、限制出境措施的,经过严格的批准手续,按照规定交有关机关执行。在这些措施中,"留置"是我国独创的一项新的措施。监察机关既不是行政机关也不是司法机关,而是代表党和国家依法行使监督权。监察权限的设置适应了反腐败斗争的客观需要和运行规律。

在反腐败国际合作方面,国家监察委员会统筹协调与其他国家、地区、国际组织开展的反腐败国际交流、合作,加强在反腐败执法、引渡、司法协助、被判刑人员的移管、资产追回和信息交流等领域的国际合作;组织协调反腐败国际条约实施工作。国家监察委员会还负责对反腐败国际追逃追赃和防逃工作的组织协调,督促有关单位做好相关工作:(1)对于重大贪污贿赂、失职渎职等职务犯罪案件,被调查人逃匿到国(境)外,掌握证据比较确凿的,通过开展境外追逃合作,追捕归案;(2)向赃款赃物所在国请求查询、冻结、扣押、没收、追缴、返还涉案资产;(3)查询、监控涉嫌职务犯罪的公职人员及其相关人员进出国(境)和跨境资金流动情况,在调查案件过程中设置防逃程序。

### 五、监察委员会与其他国家机关的关系

(一)准确把握监察委员会的定位

《宪法》第123条规定,中华人民共和国各级监察委员会是国家的监察机关。这一规定明确了监察委员会的性质。各级监察委员会就是行使国家监察职能的专责机关,它与党的纪律检查委员会合署办公,实现党性和人民性的高度统一。其依法行使的监察权,不是行政监察、反贪反渎、预防腐败职能的简单叠加,而是在党直接领导下,代表党和国家对所有行使公权力的公职人员进行监督,既调查职务违法行为,又调查职务犯罪行为,其职能权限与司法机关、执法部门

明显不同。

(二)明确监察委员会与其他机关的配合与制约关系

《宪法》第127条规定:"监察委员会依照法律规定独立行使监察权,不受行政机关、社会团体和个人的干涉。监察机关办理职务违法和职务犯罪案件,应当与审判机关、检察机关、执法部门互相配合,互相制约。"审判机关是指我国各级人民法院;检察机关是指我国各级人民检察院;执法部门包括公安机关、国家安全机关、审计机关、行政执法机关等。监察机关履行监督、调查、处置职责,是依据法律授权履行职责,行政机关、社会团体和个人无权干涉。同时,有关单位和个人应当积极协助配合监察委员会行使监察权。对涉嫌职务犯罪的行为,监察委员会调查终结后移送检察机关依法审查、提起公诉,由人民法院负责审判;对监察机关移送的案件,检察机关经审查后认为需要补充核实的,应退回监察机关进行补充调查,必要时还可自行补充侦查。

### 六、我国监察体制的中国特色

在国家权力结构体系中明确监察权、建构监察制度,是我国国家治理的一项重要实践。与西方"三权分立"模式下的监察隶属于立法机关或行政机关完全不同,我国的监察机关是在中国共产党直接领导下,依照宪法和法律规定,对所有行使公权力的公职人员进行监察监督的专门国家机关。其由各级人民代表大会产生,对其负责,具有鲜明的时代性和中国特色:

(一)实现传统监察制度和国家政治现实相统一

深化国家监察体制改革,构建国家监察体系,这是根植于治理传统、立足于当今中国国情,健全党和国家监督体系的创制之举。我国从秦朝开始确立监察御史制度,这套政治制度运行了两千多年而未中断,是世界上其他国家或民族所不具备的独有传统。这种历史悠久的政治传统要继续发扬光大,必须符合我国的政治、经济、文化变革的现实,因时而改,适机择良。党的十八大以来,中国共产党人扬起坚持全面从严治党的旗帜,在加大反腐败力度的同时,完善党章党规,实现依规治党,取得历史性成就。在这种情况下,要更进一步深入反腐,迫切需要对传统的监察制度进行改革,适应新时代对监察制度的要求。新确立的监察制度完成了这一历史使命,光大了中国历史上传统的监察制度,对当今权力制约形式进行了新的探索,实现了传统监察制度和国家政治现实相统一。

(二)实现党内监督和国家监督相统一

党内监督是对全体党员尤其是对党员干部实行的监督,国家监察是对所有行使公权力的公职人员实行的监督。中国共产党是宪法确立的唯一执政党,我国各级国家机关中80%的公务员和超过95%的领导干部是共产党员,这就决定了党内监督和国家监察具有目标、活动、内容的高度一致性,也决定了实行党内监督和国家监察相统一的可行性。成立监察委员会,并与党的纪律检查机关合署办公,代表党和国家行使监督权和监察权,履行纪检、监察两项职责,加强对所有行使公权力的公职人员的监督,从而在我们党和国家形成巡视、派驻、监察三个全覆盖的统一的权力监督格局。形成发现问题、纠正偏差、惩治腐败的有效机制,这种把党内监督和国家监督两者有机统一起来的监督制度深化了国家监察体制改革,走出了一条与其他国家不同的监察道路,具有鲜明的中国特色。

(三)实现集中统一与权威高效相统一

监察委员会的设置着力构建集中统一、权威高效的国家监察体系。在监察职能上,全面覆盖所有行使公权力的公职人员,无论身份上是公务员还是参公管理人员,无论权力来源是法律授权还是国家机关委托,无论是在公办单位从事管理工作的人员还是基层群众组织中依法履行公职的人员,都要纳入监察对象。在监察内容上,不仅对公职人员的职务违法违纪问题进行监督检查,也对职务犯罪行为进行调查。在领导体制上,监察委员会在党委直接领导下,与党的纪律检查机关合署办公;上级监察委员会领导下级监察委员会的工作。在处置层次上,对于违纪违法的公职人员、负有责任的领导人员和单位,提出不同种类的处分决定、建议等。这些方面实现了对所有行使公权力的公职人员监察全覆盖,使党内规定与国家法律协调衔接,有助于构建统一指挥、全面覆盖的监督体系,把制度优势转化为治理效能,实现了国家监察集中统一与权威高效相统一。

## 第五节　国家审判机关和国家检察机关

### 一、人民法院

(一) 人民法院的性质和任务

我国《宪法》第128条规定,中华人民共和国人民法院是国家的审判机关,行使国家审判权。审判权是国家权力的重要组成部分,它只能通过人民法院依照法定程序和准确地适用法律来实现。因而,人民法院是国家的法定审判机关,其他一切组织和个人都无权进行审判,任何公民都有权拒绝人民法院以外的非法审判,同样也都无权拒绝人民法院依法进行的审判。

按照我国国家机构的职能分工,人民法院的主要任务是审判刑事案件、民事案件、经济案件和行政案件。通过审判活动惩办一切犯罪分子,解决民事纠纷、经济纠纷,保卫人民民主专政制度,维护社会主义法制和社会秩序,保卫社会主义全民所有制财产、劳动群众集体所有制财产,保护公民私人所有的合法财产,保护公民的人身权利、民主权利和其他权利,保障国家的社会主义建设事业顺利进行。人民法院还要通过它的全部活动,教育公民忠于社会主义祖国,自觉遵守宪法和法律。

(二) 人民法院的组成、任期和领导体制

1. 人民法院法官的选任

法官是依法行使国家审判权的人员,其重要职能就是忠实执行宪法和法律。2019年我国修订的《中华人民共和国法官法》对法官的遴选和条件等作了明确规定,例如,法官须具有良好的政治、业务素质和道德品行;具备普通高等学校法学类本科学历并获得学士及以上学位;或者普通高等学校非法学类本科及以上学历并获得法律硕士、法学硕士及以上学位;从事法律工作满五年;初任法官应当通过国家统一法律职业资格考试取得法律职业资格;人民法院的院长应当具有法学专业知识和法律职业经历。副院长、审判委员会委员应当从法官、检察官或者其他具备法官条件的人员中产生;人民法院可以根据审判工作需要,从律师或者法学教学、研究人员等从事法律职业的人员中公开选拔法官,等等。

我国法官的级别分为十二级。最高人民法院院长为首席大法官,二至十二级法官分为大法官、高级法官、法官。法官等级的确定,以法官所任职务、德才表现、业务水平、审判工作实绩和工作年限为依据。为了有效保证审理案件的质量和提高审判效率,实现司法的职业化、精英化,人民法院深化司法体制改革的重要内容之一就是实行法官员额制。最高人民法院发布的《中国法院的司法改革》白皮书指出,建立法官员额制,就是要通过严格考核,选拔最优秀的法官进入员额,并为他们配备法官助理、书记员等审判辅助人员,确保法院85%的人力资源配置到办案一线。截至2017年6月,我国法官员额制改革在全国法院已经全面落实。

2. 人民法院的组成、任期和领导体制

根据宪法和法律的规定,我国基层人民法院由院长1人、副院长和审判员若干人组成;中级人民法院、高级人民法院以及最高人民法院分别由院长1人、副院长、庭长、副庭长和审判员若干人组成。上述人民法院院长由同级人民代表大会选举和罢免;副院长、正副庭长、审判委员会委员、审判员由院长提请同级人民代表大会常务委员会任免。

省、自治区、直辖市的人民代表大会常务委员会根据主任会议的提名,决定在省、自治区内按地区设立的和在直辖市内设立的中级人民法院院长的任免。

各级人民法院的任期同本级人民代表大会的每届任期相同,均为5年。最高人民法院院长每届任期与全国人民代表大会相同,连续任职不得超过两届。

根据宪法规定,最高人民法院对全国人民代表大会和全国人民代表大会常务委员会负责。地方各级人民法院对产生它的同级国家权力机关负责,同时受上级人民法院的监督。

最高人民法院是我国的最高审判机关。最高人民法院监督地方各级人民法院和专门人民法院的审判工作。这表明在我国法院系统,上级人民法院监督下级人民法院的审判工作,它们之间是一种审判监督关系,其目的在于保证在审判中准确适用法律,提高办案的质量。

(三)人民法院的组织系统和审级制度

1. 人民法院的组织系统

我国人民法院大体上是以行政区划为基础而设置的。根据现行宪法和有关法律的规定,人民法院的组织系统由最高人民法院、地方各级人民法院和专门人民法院组成。地方各级人民法院包括:高级人民法院、中级人民法院和基层人民法院。专门人民法院主要包括军事法院和海事法院、知识产权法院、金融法院等。专门人民法院的设置、组织、职权和法官任免,由全国人民代表大会常务委员会规定。

基层人民法院包括:设在县、自治县、不设区的市和市辖区的人民法院。基层人民法院主要审理刑事、民事和经济类的第一审案件,但法律、法规另有规定的案件除外;此外它还指导人民调解委员会的工作。为了便于群众诉讼,基层人民法院还可根据需要设立若干人民法庭作为其派出机构。人民法庭的判决和裁定的法律效力与基层人民法院相同。人民法院根据审判工作需要,可以设必要的专业审判庭。法官员额较少的基层人民法院,可以设综合审判庭或者不设审判庭。

中级人民法院包括:省、自治区辖市的中级人民法院;在直辖市内设立的中级人民法院;自治州中级人民法院;在省、自治区内按地区设立的中级人民法院。中级人民法院审理的案件包括:法律规定由其管辖的第一审案件;基层人民法院报请审理的第一审案件;上级人民法院指定管辖的第一审案件;对基层人民法院判决和裁定的上诉、抗诉案件;按照审判监督程序提起的再审案件。

高级人民法院指设在省、自治区、直辖市的人民法院。高级人民法院审理下列案件:法律规定由其管辖的第一审案件;下级人民法院报请审理的第一审案件;最高人民法院指定管辖的第一审案件;对中级人民法院判决和裁定的上诉、抗诉案件;按照审判监督程序提起的再审案件;中级人民法院报请复核的死刑案件。

最高人民法院是我国的最高审判机关。最高人民法院审判的案件包括:法律规定由其管辖的和其认为应当由自己管辖的第一审案件;对高级人民法院判决和裁定的上诉、抗诉案件;按照全国人民代表大会常务委员会的规定提起的上诉、抗诉案件;按照审判监督程序提起的再审案件;高级人民法院报请核准的死刑案件。此外,最高人民法院可以对属于审判工作中具体应用法律的问题进行解释;可以发布指导性案例;可以设巡回法庭,审理最高人民法院依法确定的案件。巡回法庭是最高人民法院的组成部分。巡回法庭的判决和裁定即最高人民法院的判决和裁定。

专门人民法院指设在特定部门审理特定案件的人民法院。其特点是不按行政区划而设立,也不受理一般的刑事、民事、经济案件,它主要审理具有专业性、机密性的专门案件。比如,军事法院是专门审理有关军事部门在专门工作中发生的案件。

作为全面深化改革和全面依法治国的"重头戏",党的十八届三中全会、四中全会对司法体制改革进行了系统规划和周密部署,改革的新机制在新成立的法院、检察院得到充分验证;2014年底在北京、上海、广州相继成立了知识产权法院;在北京、上海建立了跨区划法院检察院;2017年8月中国首家互联网法院正式落户杭州;2018年8月上海金融法院揭牌成立;从2015年1月至2016年底,最高人民法院在全国共设立6个巡回法庭;2018年6月最高人民法院分别在深圳和西安成立了第一国际商事法庭和第二国际商事法庭。这一系列的司法体制改革措施,有利于明晰中央和地方的事权,确保司法权的统一性,也有利于净化司法环境,确保司法机关依法独立公正行使职权。

2. 人民法院的审级制度

依照法律规定,我国人民法院审判案件,实行两审终审制,即每一案件经过两级人民法院审理即告终结的制度。在我国,除最高人民法院审理一审案件的判决和裁定为终审的判决和裁定外,一般案件经过地方人民法院的一审判决和裁定后,当事人可以按照法律程序向上一级人民法院上诉;人民检察院可以按照法定程序向上一级人民法院抗诉。经上一级人民法院第二审作出的判决和裁定,就是终审判决和裁定,也即生效的判决和裁定。此外,法律还规定了审判监督程序,以便纠正已经发生法律效力的错误判决和裁定。如:上级人民法院对下级人民法院已发生法律效力的判决和裁定,如果发现确有错误,有权提审或者指令下级人民法院再审;上级人民检察院对下级人民法院已经发生法律效力的判决和裁定,如果发现确有错误,有权按照审判监督程序提出抗诉。

(四)人民法院的审判工作原则

1. 公民在适用法律上一律平等的原则

依照法律规定,人民法院审判案件,对我国任何公民不分民族、种族、性别、职业、社会出身、宗教信仰、教育程度、财产状况、居住期限,在适用法律上一律平等,不允许任何人有任何特权。

2. 依法独立审判原则

我国《宪法》第131条规定,人民法院依照法律规定独立行使审判权,不受行政机关、社会团体和个人的干涉。独立行使审判权是指在审理案件时,人民法院要坚持以事实为根据,以法律为准绳,严格依照法律规定的程序独立进行审判活动,以保障人民法院审判活动的严肃性和公正性。

我国的依法独立审判原则,与西方国家的司法独立相比,有其自身的特点。即人民法院独立行使审判权,并不意味着它可以不受任何领导和监督。第一,人民法院必须坚持中国共产党在政治上、思想上、组织上对它的领导。第二,人民法院的全部活动要对同级人民代表大会负责,并接受它的监督。第三,人民法院的审判活动还要受上级人民法院和人民检察院依法进行的审判监督。

3. 公开审判原则

宪法和法律规定,人民法院审理案件,除涉及国家机密、个人隐私和未成年人犯罪案件外,一律公开进行,公开审判。即对当事人和其他诉讼参与人公开,还向社会公开,允许群众旁听,允许新闻记者采访、报道等。公开审判原则,是我国审判工作民主化、法律化的体现,它可以增强审判人员的责任感,提高办案质量,也便于向人民群众进行法制宣传教育,使广大人民群众不断增强遵纪守法的意识。

4. 被告有权获得辩护的原则

被告人有权获得辩护是我国宪法和法律所确认的一项重要的诉讼原则。辩护权是指在诉讼过程中,被告人和他的辩护人,在法庭上有权依照法律规定,从事实和法律两个方面提出证明被告人无罪、罪轻,或要求免除、减轻刑事处罚。我国宪法和法律规定,在诉讼过程中,被告人自己可以行使辩护权,也可以委托律师为其辩护,还可以由人民团体或被告人所在单位推荐的或者经人民法院许可的其他公民为他辩护,或由被告人的近亲属、监护人为他辩护。人民法院认为必要时,还可指定辩护人为被告人辩护。辩护原则的实行,有利于保障被告人的合法权益,公正判决案件,防止错案的发生。

5. 各民族公民有使用本民族语言、文字进行诉讼的权利

这项原则的主要内容是:各民族公民都有用本民族语言文字进行诉讼的权利。人民法院对于不通晓当地通用的语言文字的当事人,应当为他们翻译。在少数民族聚居或者多民族杂居的地区,人民法院应当用当地通用的语言进行审判,用当地通用的文字发布判决书、布告和其他文件。该原则是保证各民族公民享有平等的诉讼权利,在诉讼过程中享有平等地位的法律依据。

6. 合议制原则

在我国,人民法院审判案件实行合议制。合议制的主要内容是:人民法院审判第一审案件,由审判员组成合议庭,或者由审判员和人民陪审员组成合议庭;人民法院审判上诉和抗诉的案件,由审判员组成合议庭;人民法院审理简单的民事案件或轻微的刑事案件,可以由审判员一人独审。合议庭由院长或者庭长指定审判员一人担任审判长。合议庭成员的权利平等。为了在审判工作中更充分地贯彻民主集中制原则,各级人民法院还设立审判委员会,讨论重大的或者疑难的案件和其他有关审判工作的问题。

7. 回避原则

为了保证案件得到公正处理,法律明确规定了人民法院审判工作实行回避原则,即当事人如果认为审判人员与本案有利害关系或者其他关系可能影响公正审判,有权请求审判人员回避。审判人员是否回避,由本院院长决定。院长的回避,由本院审判委员会决定。

## 二、人民检察院

(一) 人民检察院的性质、任务、组成和任期

1. 人民检察院的性质和任务

根据《宪法》第134条的规定,中华人民共和国人民检察院是国家的法律监督机关。法律监督是国家为维护宪法和法律统一实施而实行的一种专门监督,这种专门监督的权力,通称检察权。在我国,人民检察院是专门执行法律监督的国家机关,通过行使检察权对各级国家机关、国家机关工作人员和公民是否遵守宪法和法律实行监督,以保障宪法和法律正确、统一实施。

人民检察院的任务是:通过行使检察权,镇压一切叛国的、分裂国家的和其他危害国家安全的犯罪活动,打击危害国家安全的犯罪分子和其他犯罪分子,维护国家的统一,维护人民民主专政制度;维护社会主义法制和社会秩序、生产秩序、工作秩序、教学科研秩序和人民群众的生活秩序;保护社会主义全民所有制财产和劳动群众集体所有制财产,保护公民私人所有的合法财产;保护公民的人身权利、民主权利和其他权利不受侵犯,保卫社会主义现代化建设顺利进行。此外,人民检察院还要通过检察活动,教育公民忠于社会主义祖国,自觉地遵守宪法和法律,并积极地同违法行为作斗争。

2. 人民检察院的组成和任期

(1) 检察官的选任

检察官是依法行使国家检察权的人员,其重要职权就是忠实执行宪法和法律。2019年4月修订的《中华人民共和国检察官法》规定了对人民检察院检察官的选任条件,主要包括:具有良好的政治、业务素质和道德品行;具有正常履行职责的身体条件;具备普通高等学校法学类本科学历并获得学士及以上学位,或者普通高等学校非法学类本科及以上学历并获得法律硕士、法学硕士及以上学位;从事法律工作满五年;初任检察官应当通过国家统一法律职业资格考试取得法律职业资格等。《检察官法》还规定:初任检察官采用考试、考核的办法,按照德才兼备的标准,从具备检察官条件的人员中择优提出人选;人民检察院还可以根据检察工作的需要,从律师或者法学

教学、研究人员等从事法律职业的人员中公开选拔检察官。

(2) 人民检察院的组成和任期

根据《宪法》和2018年10月修订的《人民检察院组织法》的规定，各级人民检察院由检察长1人、副检察长和检察员若干人组成。最高人民检察院检察长由全国人民代表大会选举和罢免。最高人民检察院副检察长、检察委员会委员和检察员由最高人民检察院检察长提请全国人民代表大会常务委员会任免。

地方各级人民检察院检察长由本级人民代表大会选举和罢免，副检察长、检察委员会委员和检察员由检察长提请本级人民代表大会常务委员会任免。地方各级人民检察院检察长的任免，须报上一级人民检察院检察长提请本级人民代表大会常务委员会批准。省、自治区、直辖市人民检察院分院检察长、副检察长、检察委员会委员和检察员，由省、自治区、直辖市人民检察院检察长提请本级人民代表大会常务委员会任免。

检察官实行员额制。检察官员额根据案件数量、经济社会发展情况、人口数量和人民检察院层级等因素确定。最高人民检察院检察官员额由最高人民检察院商有关部门确定。地方各级人民检察院检察官员额，在省、自治区、直辖市内实行总量控制、动态管理。

各级人民检察院的任期与本级人民代表大会每届任期相同，均为5年。最高人民检察院检察长连续任职不得超过两届。

(二) 人民检察院的组织系统和领导体制

1. 人民检察院的组织系统

根据《宪法》和《人民检察院组织法》的规定，我国设立最高人民检察院、地方各级人民检察院和专门人民检察院。

地方各级人民检察院分为：省、自治区、直辖市人民检察院；省、自治区、直辖市人民检察院分院，自治州和省辖市人民检察院；县、市、自治县和市辖区人民检察院。

专门人民检察院包括军事检察院、铁路运输检察院等人民检察院。其设置、组织和职权等具体问题由全国人大常委会另行规定。

人民检察院根据检察工作需要，设必要的业务机构。检察官员额较少的设区的市级人民检察院和基层人民检察院，可以设综合业务机构。

2. 人民检察院的领导体制

根据《宪法》和《人民检察院组织法》的规定,我国人民检察院实行双重领导体制:

其一,从人民检察院与同级人民代表大会的关系看,最高人民检察院对全国人民代表大会和全国人民代表大会常务委员会负责并报告工作。地方各级人民检察院对本级人民代表大会和本级人民代表大会常务委员会负责并报告工作。

其二,从人民检察院上下级关系看,最高人民检察院领导地方各级人民检察院和专门人民检察院的工作,上级人民检察院领导下级人民检察院的工作,例如上级人民检察院检察长有权向本级人民代表大会常务委员会提请批准任免和建议撤换下级人民检察院检察长等。这种领导体制符合检察工作的性质和要求,有利于检察机关依法独立行使检察权。

人民检察院内部的领导关系是检察长统一领导检察院的工作。各级人民检察院设立检察委员会,在检察长的主持下,讨论、决定重大案件和其他重大问题。地方各级人民检察院的检察长不同意本院检察委员会多数人的意见,属于办理案件的,可以报请上一级人民检察院决定;属于重大事项的,可以报请上一级人民检察院或者本级人民代表大会常务委员会决定。

(三) 人民检察院的职权和工作原则

1. 人民检察院的职权

根据《人民检察院组织法》第20条的规定,人民检察院行使下列主要职权:(1) 依照法律规定对有关刑事案件行使侦查权;(2) 对刑事案件进行审查,批准或者决定是否逮捕犯罪嫌疑人;(3) 对刑事案件进行审查,决定是否提起公诉,对决定提起公诉的案件支持公诉;(4) 依照法律规定提起公益诉讼;(5) 对诉讼活动实行法律监督;(6) 对判决、裁定等生效法律文书的执行工作实行法律监督;(7) 对监狱、看守所的执法活动实行法律监督;(8) 法律规定的其他职权。

目前在我国随着社会主要矛盾的转化,人们对公平、正义、平安、生态等寄予更高期待。在全面依法治国和国家监察体制改革背景下，检察机关应主动适应职责变化和形势变化，例如要做精做细刑事检察监督，强化刑事审判监督；要深化优化民行检察监督，完善"民事诉讼监督、支持起诉、民事公益诉讼"三位一体的民事检察新格局；要强化规范检察公益诉讼，确保公益诉讼工作有数量、有质量，维护国家和社会公共利益。只有始终坚持宪法定位，提升监督能力，健全监督体系，才能使检察机关的法律监督工作持续迸发新活力。

2. 人民检察院与监察委员会在行使职权方面的关系

党的十八届四中全会提出要"完善检察监督权的法律制度"，那么，在监察体制改革背景下如何完善检察机关行使监督权的制度？这是事关检察事业发展的重大课题。党的十八届四中全会对全面依法治国的顶层设计表明，检察机关在国家机构中的宪法地位是国家法律监督机关。它与监察机关虽然都行使国家监督权，但却既有分工又有配合。第一，检察监督权、监察监督权都是由人大授权而享有的，它们必须服从于人大监督权，接受人大的监督。基于国家反腐的要求，由监察委员会负责职务犯罪侦查，检察机关审查起诉，之前检察院的侦查、起诉将不再同体运行，这使检察机关法律监督的地位和属性更加明确。第二，检察监督与监察监督分工合作。监察监督重在对公职人员的监督，即对人的监督；检察监督重在对司法行为和履职中发现的行政违法行为的监督，即对事的监督，并通过监督促进社会管理和社会治理能力的法治化。第三，检察监督与监察监督相互配合。监察委员会成立以后，我国形成了一个新的、更全面的监督体系。在这个体系中，监察委员会和检察院各司其职，从不同的角度和层面，以不同的方式实现对公权力的制约。监察委员会作为专门的反腐机构，对所有行使公权力的自然人行使监察监督权，通过约束权力行使者来实现制约公权力的目的。检察院则通过检察权的行使，直接对其他国家机关的行为进行法律监督。

3. 人民检察院的工作原则

（1）公民在适用法律上一律平等原则。《人民检察院组织法》规定，各级人民检察院行使检察权，任何公民在适用法律上一律平等，不允许有任何特权。人民检察院作为国家的法律监督机关，只有坚持任何公民在适用法律上的平等，才能依法、高效、公正地行使好检察权。

(2) 依法独立行使检察权的原则。人民检察院依法独立行使检察权,不受其他行政机关、社会团体和个人的干涉。依法独立行使检察权是人民检察院正确行使检察权的重要保证。根据我国的宪制,依法独立行使检察权还意味着人民检察院必须坚持党的领导,对本级权力机关负责,受其监督并受上一级人民检察院的领导。

(3) 实事求是,走群众路线,重证据、不轻信口供的原则。该原则要求人民检察院在工作中必须坚持以事实为根据,以法律为准绳,倾听群众意见,接受群众监督,调查研究,重证据,不轻信口供。各级人民检察院在履职中必须忠实于事实真相,忠实于法律,忠实于社会主义事业,全心全意为人民服务。

(4) 使用本民族语言文字进行诉讼的原则。该原则是民族平等的宪法原则在司法诉讼中的体现。人民检察院在办案过程中,对于不通晓当地通用语言文字的诉讼参与人,应当为他们提供翻译。在少数民族聚居或者多民族杂居的地区,人民检察院应当用当地通用的语言进行讯问,发布起诉书、布告和其他文件。

### 三、人民法院、人民检察院和公安机关的相互关系

在我国国家机构体系中,人民法院、人民检察院和公安机关是实现人民民主专政的重要国家机器。按照国家机关职能的分工,人民法院依法行使国家审判权;人民检察院依法行使国家检察权;公安机关负责国家和社会的治安管理工作。虽然它们分属不同性质的国家机关,承担不同的国家职能,但在保护人民利益、惩治犯罪行为,保障国家和社会安全、维护社会秩序等方面的任务却是共同的。《宪法》第140条规定:"人民法院、人民检察院和公安机关办理刑事案件,应当分工负责,互相配合,互相制约,以保证准确有效地执行法律。"根据宪法的规定,人民法院、人民检察院和公安机关在共同办理刑事案件时的相互关系表现在:

第一,分工负责。对于刑事案件的侦查、拘留、预审由公安机关负责;批准逮捕和检察(包括侦查)、提起公诉由人民检察院负责;审判由人民法院负责。

第二，互相配合。在分工负责的基础上，公、检、法三机关应通力合作，协调一致，共同完成打击犯罪、保护人民、维护国家法制统一的任务。

第三，互相制约。三机关要互相监督，防止错案的发生，保证准确有效地执行法律。互相制约表现在：

（1）公安机关和人民检察院之间：公安机关负责案件的侦查、预审、拘留，但无权决定逮捕犯罪嫌疑人，只能由检察院批准逮捕，再由公安机关执行逮捕；对公安机关移送检察院的案件，检察院若认为事实不清，证据不足，可退回公安机关补充侦查；人民检察院对公安机关的侦查活动的合法性行使法律监督权。公安机关对人民检察院的决定有不同意见，可以要求同级人民检察院复议，还可以要求上级人民检察院复核。

（2）人民检察院和人民法院之间：对于检察院起诉到法院的案件，人民法院如果认为所指控的犯罪事实不清、证据不足，或有其他违法行为的，可退回人民检察院补充侦查，还可以要求人民检察院撤诉；人民检察院对法院审判活动的合法性有权进行审判监督。人民检察院对本级人民法院和下级人民法院已经生效的判决和裁定认为确有错误时，可依照审判监督程序提出抗诉。

# 第十一章 基层群众性自治制度

## 第一节 基层群众性自治制度概述

### 一、基层群众性自治制度的概念

（一）基层群众性自治制度的概念

我国《宪法》第111条第1款第1句规定："城市和农村按居民居住地区设立的居民委员会或者村民委员会是基层群众性自治组织。"这一宪法规范确立了基层群众性自治制度，即处于基层的城市和农村居民群众通过居民委员会和村民委员会进行的、管理自己事务的制度。其中，城市居民自治是指城市居民通过居民委员会进行的、管理自己事务的制度，村民自治是指农村村民通过村民委员会进行的、管理自己事务的制度。

（二）基层群众性自治制度的特征

基层群众性自治制度具有如下特征：

第一，基层性。从层级上来看，基层群众性自治的主体为处于最基层的城市居民和农村村民，自治组织的职责，也立足于基层，办理社区内群众的公共事务。

第二，群众性。基层群众性自治组织是群众性组织。在人事上，这表现为居民委员会的组成人员由本居住区域的所有有选举权的居民或者各户推选的代表选举产生，村民委员会的成员则由有选举权的村民选举产生，即自治组织的成员来自群众、由群众选举产生，而不是由政府决定；在职权方面，群众性表现为居民委员会和村民委员会无权采用强制手段，而是主要通过说服教育的方式开展工作。而在与基层政权的关系上，群众性体现为居民委员会和村民委员会可以向基层人民政府反映居民或者村民的意见、要求和提出建议。

第三，自治性。在基层群众性自治制度之下，同一居住区域内的居民和村民通过居民委员会和村民委员会,自行决定有关公共事务和公益事业的处理。虽然居民委员会和村民委员会也协助基层人民政府开展工作,但其身份仍然是基层群众进行自治的组织,而不是基层人民政府的下属部门。

第四,直接性。《宪法》第111条在制度上保障基层群众进行自治,具有一定的直接民主因素。根据宪法的这一精神,《城市居民委员会组织法》第10条第2款规定,居民会议讨论决定涉及全体居民利益的重要问题,《村民委员会组织法》第23条、第24条规定了村民会议的一系列重要职权,这些规定保障基层群众实行自治,进行自我管理。

## 二、基层群众性自治制度的宪法和法律渊源

基层群众性自治制度的法律渊源包括宪法、法律、法规和规章,此外,其他规范性文件也发挥着一定的作用。

1. 宪法

在所有宪法规范中,《宪法》第111条构成了基层群众性自治制度的宪法依据,明确了基层群众性自治组织的宪法地位。除此以外,其他宪法条款也与基层群众性自治制度有一定联系。例如,对于居民委员会、村民委员会同基层政权之间的关系,应当考虑宪法对基层人民代表大会和人民政府作出的规定;就居民委员会和村民委员会的权限而言,鉴于基层群众性自治组织不得侵犯公民的基本权利,因此基本权利条款构成了基层群众性自治组织职权的消极条款;就居民委员会和村民委员会成员的选举而言,《宪法》第2条第1款关于一切权力属于人民的规定、《宪法》第24条关于选举权利的规定,无疑也是直接相关的。总之,许多宪法条文都在一定程度上规范了基层群众性自治制度。

鉴于宪法具有高度抽象性,不能全面地规范基层群众自治的所有问题,国家必须通过宪法之下的各种立法对其进行调整。这些立法是对宪法所确立的基层群众性自治制度的具体化。

2. 法律

有关基层群众性自治方面的法律,目前主要包括《城市居民委员

会组织法》和《村民委员会组织法》。它们规定了基层群众性自治组织的性质、法律地位、选举、工作程序以及其他相关问题。下文将详细介绍这两部法律的内容。

3. 行政法规和地方性法规

就基层群众性自治事宜,国务院有权制定行政法规,省、自治区、直辖市、较大市的人民代表大会及其常务委员会有权依据《宪法》和《立法法》的相关规定制定地方性法规。它们在位阶上仅次于法律。此外,《城市居民委员会组织法》第22条、《村民委员会组织法》第40条明确授权省、自治区、直辖市的人民代表大会常务委员会制定实施办法。

4. 部门规章和地方政府规章

在行政法规和地方性法规之下,国务院各部、各委员会和省、自治区、直辖市、较大市人民政府可以制定部门规章和地方政府规章调整基层群众性自治事宜。迄今为止,国务院各部、各委员会特别是民政部已经颁布了多个部门规章。

5. 关于其他规范性文件

法律渊源是在国家立法体制之下享有广义立法权的主体按照相应程序制定的规范。因此,基层群众性自治的法律渊源并不包括规章以下的其他规范性文件。在实践中,除了宪法、法律、法规和规章之外,在实践中还存在一些在位阶上低于规章的规范性文件,对基层群众性自治事宜进行规范。

## 第二节 村民自治

### 一、村民自治的确立及发展过程

我国现行《宪法》在第111条中将村民委员会规定为我国农村基层群众性自治组织,为村民自治制度提供了宪法依据。1983年10月,中共中央和国务院发布《关于实行政社分开建立乡政府的通知》,结束了实行多年的人民公社体制,这为全国农村实行村民自治创造了条件,之后开始在全国范围内建立村民委员会。到1987年颁布

《村民委员会组织法(试行)》的时候,全国农村基本上已经建立了村民委员会。从1988年开始,民政部发布多个通知,对村民委员会换届选举、村民自治示范活动、村委会建设、村务公开制度等进行规范。自20世纪90年代以来,农村开展了村民自治示范活动,并且取得较大成效,为村民自治积累了经验。在此基础上,全国人大常委会于1998年通过了《村民委员会组织法》,并于2010年、2018年对其进行了修订。这部法律是村民自治的核心法律依据。

**二、村民自治机关**

根据《村民委员会组织法》的规定,村民自治体的自治机关包括村民会议、村民代表会议、村民小组和村民委员会。

(一)村民会议

村民会议是村民自治体的权力机关,是村民直接行使自治权的组织形式。它由本村18周岁以上的村民组成,由村民委员会召集。有十分之一以上的村民或者三分之一以上的村民代表提议的,应当召集村民会议。召开村民会议应当有本村18周岁以上村民的过半数参加,或者有三分之二以上的户的代表参加,所作出的决定应经过到会人员的过半数通过。必要的时候,可以邀请驻在本村的企业、事业单位和群众组织派代表列席村民会议。

村民会议的职权主要包括如下几个方面:一是对村民委员会进行监督。具体而言,村民会议审议村民委员会的年度工作报告,评议村民委员会成员的工作,有权撤销或者变更村民委员会不适当的决定,有权撤销或者变更村民代表会议不适当的决定。村民会议可以授权村民代表会议审议村民委员会的年度工作报告,评议村民委员会成员的工作,撤销或者变更村民委员会不适当的决定。二是讨论和决定涉及村民利益的事项。这些事项包括:本村享受误工补贴的人员及补贴标准,从村集体经济所得收益的使用,本村公益事业的兴办和筹资筹劳方案及建设承包方案,土地承包经营方案,村集体经济项目的立项、承包方案,宅基地的使用方案,征地补偿费的使用、分配方案,以借贷、租赁或者其他方式处分村集体财产,村民会议认为应当由村民会议讨论决定的涉及村民利益的其他事项。村民会议可以授权村民代表会议讨论决定前述事项。三是制定和修改村民自治章程、村规民约,并报乡、民族乡、镇的人民政府备案。村民自治章程、村规民约以及村民会议或者村民代表会议的决定不得与宪法、法律、法规和国家的政策相抵触,不得有侵犯村民的人身权利、民主权利和合法财产权利的内容。四是对乡、民族乡、镇的人民政府提出的关于村民委员会的设立、撤销、范围调整事项,村民会议进行讨论。只有经村民会议讨论同意,有关乡镇人民政府的有关意见才可以报县级人民政府批准。

(二)村民代表会议

村民会议是村民自治体内的最高权力机关,是一种直接民主的组织形式,有利于村民直接行使其民主权利。然而,在人数较多或者居住分散的村,村民会议的召开面临现实困难。在这一背景之下,由自治实践过程中产生、得到立法认可的村民代表会议制度就具有很大的现实意义。根据这一制度,人数较多或者居住分散的村可以设立村民代表会议,讨论决定村民会议授权的事项。村民代表会议由村民委员会成员和村民代表组成,村民代表应当占村民代表会议组成人员的五分之四以上,妇女村民代表应当占村民代表会议组成人员的三分之一以上。村民代表由村民按每五户至十五户推选一人,或者由各村民小组推选若干人。村民代表的任期与村民委员会的任期相同。村民代表可以连选连任。村民代表应当向其推选户或者村民小组负责,接受村民监督。

村民代表会议由村民委员会召集。村民代表会议每季度召开一次。有五分之一以上的村民代表提议,就应当召集村民代表会议。村民代表会议有三分之二以上的组成人员参加方可召开,所作决定应当经到会人员的过半数同意。

(三)村民小组

村民委员会可以按照村民居住状况、集体土地所有权关系等标准,分设若干村民小组。村民小组是由居住相对集中的村民组成的集体,而不是村民委员会的下设机构。村民小组作为村民自治体的组成部分,和村民委员会之间并不存在领导和被领导的关系。①

村民小组的职能,主要体现在组织方面,即村民小组可以推选村民选举委员会成员和村民代表。召开村民小组会议,应当有本村民小组18周岁以上的村民人数的三分之二以上,或者本村民小组的三分之二以上的户的代表参加,所作决定应当经到会人员的过半数同意。村民小组组长由村民小组会议推选。村民小组组长任期与村民委员会的任期相同,可以连选连任。属于村民小组的集体所有的土地、企业和其他财产的经营管理以及公益事项的办理,由村民小组会议依照有关法律的规定讨论决定,所作决定及实施情况应当及时向本村民小组的村民公布。

(四)村民委员会

除了村民会议、村民代表会议和村民小组以外,村民委员会作为《宪法》第111条规定的自治组织,是村民自治体内部的重要自治机关。村民委员会是村民自我管理、自我教育、自我服务的基层群众性组织,实行民主选举、民主决策、民主管理、民主监督。

1. 设立和组织

村民委员会根据村民的居住状况、人口多少,按照便于群众自治,有利于经济发展和社会管理的原则设立。村民委员会的设立、撤销、范围调整,由乡、民族乡、镇的人民政府提出,经村民会议讨论同意,报县级人民政府批准。

村民委员会由主任、副主任和委员共3至7人组成。村民委员会成员中,应当有妇女成员,多民族村民居住的村应当有人数较少的民族的成员。村民委员会根据需要设人民调解、治安保卫、公共卫生与计划生育等委员会。村民委员会成员可以兼任下属委员会的成员。人口少的村的村民委员会可以不设下属委员会,由村民委员会成员分工负责人民调解、治安保卫、公共卫生与计划生育等工作。

2. 选举和罢免

村民委员会主任、副主任和委员,由村民直接选举产生。任何组

---

① 相反观点见崔智友:《中国村民自治的法学思考》,载《中国社会科学》2001年第3期。

织或者个人不得指定、委派或者撤换村民委员会成员。村民委员会每届任期3年,届满应当及时举行换届选举。村民委员会成员可以连选连任。村民委员会的选举,由村民选举委员会主持。村民选举委员会由主任和委员组成,由村民会议、村民代表会议或者各村民小组会议推选产生。

年满18周岁的村民,不分民族、种族、性别、职业、家庭出身、宗教信仰、教育程度、财产状况、居住期限,都有选举权和被选举权;但是,依照法律被剥夺政治权利的人除外。村民委员会选举前,应当对下列人员进行登记,列入参加选举的村民名单:(1)户籍在本村并且在本村居住的村民;(2)户籍在本村,不在本村居住,本人表示参加选举的村民;(3)户籍不在本村,在本村居住1年以上,本人申请参加选举,并且经村民会议或者村民代表会议同意参加选举的公民。已在户籍所在村或者居住村登记参加选举的村民,不得再参加其他地方村民委员会的选举。

登记参加选举的村民名单应当在选举日的20日前由村民选举委员会公布。对登记参加选举的村民名单有异议的,应当自名单公布之日起5日内向村民选举委员会申诉,村民选举委员会应当自收到申诉之日起3日内作出处理决定,并公布处理结果。

选举村民委员会,由登记参加选举的村民直接提名候选人。村民提名候选人,应当从全体村民利益出发,推荐奉公守法、品行良好、公道正派、热心公益、具有一定文化水平和工作能力的村民为候选人。候选人的名额应当多于应选名额。村民选举委员会应当组织候选人与村民见面,由候选人介绍履行职责的设想,回答村民提出的问题。选举村民委员会,有登记参加选举的村民过半数投票,选举有效;候选人获得参加投票的村民过半数的选票,始得当选。当选人数不足应选名额的,不足的名额另行选举。另行选举的,第一次投票未当选的人员得票多的为候选人,候选人以得票多的当选,但是所得票数不得少于已投选票总数的三分之一。选举实行无记名投票、公开计票的方法,选举结果应当当场公布。选举时,应当设立秘密写票处。登记参加选举的村民,选举期间外出不能参加投票的,可以书面委托本村有选举权的近亲属代为投票。村民选举委员会应当公布委托人和受委托人的名单。村民委员会成员出缺,可以由村民会议或者村民代表会议进行补选。补选的村民委员会成员的任期到本届村民委员会任期届满时止。村民委员会应当自新一届村民委员会产生之日起10日内完成工作移交。工作移交由村民选举委员会主持,由乡、民族乡、镇的人民政府监督。

以暴力、威胁、欺骗、贿赂、伪造选票、虚报选举票数等不正当手段当选村民委员会成员的,当选无效。对以暴力、威胁、欺骗、贿赂、伪造选票、虚报选举票数等不正当手段,妨害村民行使选举权、被选举权,破坏村民委员会选举的行为,村民有权向乡、民族乡、镇的人民代表大会和人民政府或者县级人民代表大会常务委员会和人民政府及其有关主管部门举报,由乡级或者县级人民政府负责调查并依法处理。

本村五分之一以上有选举权的村民或者三分之一以上的村民代表联名,可以提出罢免村民委员会成员的要求,并说明要求罢免的理由。被提出罢免的村民委员会成员有权提出申辩意见。罢免村民委员会成员,须有登记参加选举的村民过半数投票,并须经投票的村民过半数通过。此外,村民委员会成员丧失行为能力或者被判处刑罚的,其职务自行终止。

3. 职权

《宪法》第111条第2款和《村民委员会组织法》第2条第2款明确规定了村民自治的事务范围,即办理本村的公共事务和公益事业,调解民间纠纷,协助维护社会治安,向人民政府反映村民的意见、要求和提出建议。其中,对于"本村的公共事务和公益事业"的理解,存在不同观点。按照最为广泛的理解,任何涉及村民共同体的事务、涉及其公共利益的事业,都是村民群众"自己的事情",属于自治事务。然而,村民委员会并不属于政权组织,特别是不同于、不隶属于基层政权,它们之间的职权是相互独立的,否则就不能够理解为什么乡镇人民政府不得干预属于村民自治范围内的事项。因此,村民自治范围内的事项,不包括国家立法权、行政权和司法权管辖的事务。此外,公共事务和公益事业必须具有公共性。因此,村民个人的、与村民群众没有关系、不具有公共性的事务,也不属于村民自治事务的范围。① 除了办理自治事务以外,村民委员会还应当协助乡镇政府开展工作。

4. 与基层政权之间的关系

根据《宪法》第111条第1款的规定,村民委员会和基层人民政府之间的关系由法律规定。然而,这并不意味着立法者可以随意对两者之间的关系进行调整。相反,在规范村民委员会和乡镇人民政府之间的关系时,立法者应当在宪法设定的框架之内,将农村基层群众性自治制度予以具体化。无论如何,这方面的法律规范不得削弱和干预村民自治。从这个角度来看,《村民委员会组织法》第5条第1款规定乡、民族乡、镇的人民政府对村民委员会的工作给予指导、支持和帮助,同时禁止乡镇人民政府干预依法属于村民自治范围内的事项,并在该条第2款规定村民委员会协助基层人民政府开展工作,与《宪法》第111条的规定一脉相承。

尽管村民委员会和基层人民政府之间存在密切的关系,它们仍然是相互独立的主体。一方面,基层人民政府必须尊重村民自治的权限,不得对其进行干预;另一方面,村民自治制度并不使得村民自治体不与基层政府发生任何联系。相反,村民委员会具有协助乡镇人民政府开展工作的义务。双方在处理相互关系的时候,都应当严格遵守《宪法》第111条和《村民委员会组织法》第5条的规定,尤其是基层人民政府应当避免干预村民实行自治。在实践中,一些村在上级政府部门的要求之下,建立与政府机构相对应的组织,从而使得行政村成为基层政权的末梢,乡镇政府把很多行政事务交由村民委员会完成。这些做法并不符合宪法和《村民委员会组织法》的前述相关规定。

5. 与基层党组织的关系

《村民委员会组织法》第4条对村民委员会和中国共产党在农村的基层组织的关系给予了规范。按照该条规定,中国共产党在农村的基层组织,应按照《中国共产党章程》进行工作,发挥领导核心作用,领导和支持村民委员会行使职权;依照宪法和法律,支持和保障村民开展自治活动、直接行使民主权利。概括而言,基层党组织既要

---

① 崔智友:《中国村民自治的法学思考》,载《中国社会科学》2001年第3期。

发挥领导核心作用,又要支持和保障村民自治。综合这两个方面可以得出结论:基层党组织通过其领导,来支持和保障村民自治。因此,基层党组织应当积极动员、组织村民参与选举村民委员会成员、出席村民大会等自治活动。就属于村民自治范围内的事项,基层党组织可以提出意见和建议,以促进村民自治体内一致意见或者多数意见的形成,但是不宜直接作出决定,否则不仅越权,还会妨碍村民直接行使民主权利。

在实践中,村党支部书记的权威往往高于村委会主任。一些抽样调查显示,党支部书记往往担任过村委会主任职务,而村委会主任则往往担任过村委会委员或者村民小组长职务。在这个人事变化体制之下,村党支部书记无疑具有最高的地位。[①] 在这一背景之下,需要特别注意防止以村党支部书记为代表的基层党组织违反《村民委员会组织法》第4条的规定。

### 三、村民的自治权利

村民的自治权利包括选举权利、参与决策的权利和进行监督的权利。

1. 村民的选举、推选权利

年满18周岁的村民享有一系列选举和推选的权利:村民在村民委员会的选举中,享有选举权和被选举权;村民在村民会议、村民代表会议和村民小组会议中,推选产生村民选举委员会;村民按照每5户至15户推选一人,或者由各村民小组推选若干人,推选村民代表,组成村民代表会议;村民通过村民会议或者村民代表会议推选产生村务监督机构。

2. 村民的参与决策权

在村民自治中,村民不仅可以选举和竞选村民委员会成员,还可以通过村民会议、村民代表会议参与与其切身利益密切相关的重大事项的决策。

---

① 王雅林:《农村基层的权力结构及其运行机制》,载《中国社会科学》1998年第5期。

3. 村民对村民委员会进行监督的权利

村民具有对村民委员会进行监督的权利,这体现在如下几个方面:

首先,村民具有审议权和评议权。村民每年在村民会议上,审议村民委员会的工作报告,同时评议村民委员会成员的工作,有权撤销或者变更村民委员会不适当的决定,有权撤销或者变更村民代表会议不适当的决定。村民会议可以授权村民代表会议审议村民委员会的年度工作报告,评议村民委员会成员的工作,撤销或者变更村民委员会不适当的决定。

其次,村民有权对村务进行监督。早在 1994 年,民政部就把建立村务公开制度和村民监督机制界定为村民自治示范活动的目标和任务。现行《村民委员会组织法》总结了相关实践经验,作出了系统、明确的规范,在该法第 30 条规定了村务公开制度。具体而言,村民委员会应当及时公布下列事项,接受村民的监督:应当由村民会议、村民代表会议讨论决定的事项及其实施情况;国家计划生育政策的落实方案;政府拨付和接受社会捐赠的救灾救助、补贴补助等资金、物资的管理使用情况;村民委员会协助人民政府开展工作的情况;涉及本村村民利益,村民普遍关心的其他事项。一般事项至少每季度公布一次;集体财务往来较多的,财务收支情况应当每月公布一次;涉及村民利益的重大事项应当随时公布。村民委员会应当保证所公布事项的真实性,并接受村民的查询。村民委员会不及时公布应当公布的事项或者公布的事项不真实的,村民有权向乡、民族乡、镇的人民政府或者县级人民政府及其有关主管部门反映,有关人民政府或者主管部门应当负责调查核实,责令其依法公布;经查证确有违法行为的,有关人员应当依法承担责任。

## 第三节 城市居民自治

### 一、城市居民自治制度的确立

早在中华人民共和国成立之初,我国就开始了居民自治的一些实践。1954年,第一届全国人民代表大会第四次会议通过了《城市居民委员会组织条例》,正式将城市居民委员会定性为群众自治性居民组织,同时规定了居民委员会的主要任务和组织机构。该条例促进了居民自治的普遍开展。然而,1958年"大跃进"以后,居民自治受到极大的消极影响,居民委员会的工作基本停顿。特别是在"文化大革命"期间,城市居民自治制度遭到严重破坏。居民委员会或者被解散,或者被更名为"革命居民委员会"。"文化大革命"结束以后,居民自治制度才得以重建和发展。1979年,城市的革命居民委员会又改成居民委员会。1980年,全国人大常委会重新颁布1954年的《城市居民委员会组织条例》。1982年《宪法》在第111条正式确认了居民自治制度。1989年,全国人大常委会通过了《城市居民委员会组织法》(2018年12月29日修正),为居民自治提供了重要法律依据。

**二、居民自治的机关**

**(一) 居民会议**

由18周岁以上居民组成的居民会议是居民自治体的权力机关。居民会议在居民自治中享有广泛的职权:涉及全体居民利益的重要问题,居民委员会必须提请居民会议讨论决定;居民委员会向居民会议负责并报告工作;居民会议有权撤换和补选居民委员会成员;居民会议还有权讨论制定居民公约,该公约报不设区的市、市辖区的人民政府或者它的派出机关备案,由居民委员会监督执行,其内容不得与宪法、法律、法规和国家的政策相抵触。

就其运作程序而言,居民会议可以由全体18周岁以上的居民参加,或者由每户派代表参加,也可以由每个居民小组选举代表2至3人参加。召开居民会议的时候,必须有全体18周岁以上的居民、户的代表或者居民小组选举的代表的过半数出席,才能举行。会议的决定,由出席人的过半数通过。居民会议由居民委员会召集和主持。有五分之一以上的18周岁以上的居民、五分之一以上的户或者三分之一以上的居民小组提议,应当召集居民会议。

**(二) 居民小组**

居民委员会可以将全部居民划分为若干个居民小组,并由每个居民小组推选小组长。居民小组的职权包括推选代表 2 至 3 人,由其选举居民委员会成员;可以选举代表 2 至 3 人参加居民会议;有三分之一以上的居民小组提议的,应当召集居民会议。由此可见,居民小组也是居民行使民主权利的重要方式,其代表功能则为居民自治提供了便利。

(三) 居民委员会

在居民自治中,居民委员会发挥着重要的作用。从性质上来看,居民委员会是居民自我管理、自我教育、自我服务的基层群众性自治组织。

1. 设立和组织

居民委员会根据居民居住状况,以便于居民自治为原则,一般在 100 户到 700 户的范围内设立。其设立、撤销、规模调整,由不设区的市、市辖区的人民政府决定。居民委员会由主任、副主任和委员共 5 至 9 人组成,他们应当遵守宪法、法律、法规和国家的政策,办事公道,热心为居民服务。在多民族居住的地区,居民委员会中应当有人数较少的民族的成员。这一规定符合《宪法》第 4 条第 1 款第 1 句确立的民族平等原则。居民委员会成员由本居住地区全体有选举权的居民或者每户派代表选举产生。在居民要求的情况下,也可以由每个居民小组选举代表 2 至 3 人选举产生。居民委员会每届任期 3 年,其成员可以连选连任。

根据需要,居民委员会可以设立人民调解、治安保卫、公共卫生等委员会。居民委员会成员可以兼任下属的委员会的成员。居民人数较少的居民委员会可以不设下属的委员会,由居民委员会的成员分工负责有关工作。

2. 居民委员会与城市基层人民政府的关系

基层人民政府与居民委员会之间的关系为指导与被指导、支持和被支持、帮助和被帮助的关系。与此同时,居民委员会协助城市基层人民政府即不设区的市、市辖区的人民政府或其派出机关开展工作。

3. 居民委员会的任务、工作方法和经费

根据《宪法》第 111 条第 2 款的规定,居民委员会的任务是办理本居住地区的公共事务和公益事业,调解民间纠纷,协助维持社会治安,并且向人民政府反映群众的意见、要求和提出建议。《城市居民委员会组织法》第3条具体规定了居民委员会的任务。有关任务大体可以分为两类:一方面,居民委员会要完成居民自治方面的事务。办理本居住地区居民的公共事务和公益事业、调解民间纠纷等都属于此类。另一方面,居民委员会还应当协助人民政府或者其派出机构开展工作。社会治安、公共卫生、计划生育、优抚救济、青少年教育等多项工作往往要依赖于具有强制性的国家权力,鉴于居民委员会在联系群众方面具有得天独厚的优势,居民委员会应当依法协助人民政府或其派出机关开展相关工作。在完成上述任务的过程中,居民委员会对一些问题作出决定时应采取少数服从多数的原则,工作中应当采取民主的方法,不得强迫命令。

居民委员会办理本居住地区公益事业所需的费用,经居民会议讨论决定,可以根据自愿原则向居民筹集,也可以向本居住地区的受益单位筹集,但是必须经受益单位同意;收支账目应当及时公布,接受居民的监督。所需工作经费和来源,居民委员会成员的生活补贴费的范围、标准和来源,由不设区的市、市辖区的人民政府或者上级人民政府规定并拨付;经居民会议同意,可以从居民委员会的经济收入中给予适当补助。居民委员会的办公用房,由当地人民政府统筹解决。

### 三、居民的自治权利

在城市居民自治中,居民作为自治的主体,享有一系列权利。首先,居民享有竞选和选举居民委员会成员的权利。年满18周岁的居民,不分民族、种族、性别、职业、家庭出身、宗教信仰、教育程度、财产状况、居住期限,都享有选举权和被选举权,但是依法被剥夺政治权利的人除外。其次,居民享有参与决策权。居民主要通过居民会议这一方式,对涉及自身利益的重大问题,参与讨论和决定。最后,居民还享有通过居民会议对居民委员会进行监督的权利。在居民会议上,居民可以听取居民委员会的报告,如果对居民委员会成员的工作不满意,则可以撤换和补选居民委员会成员。

与村民在村民自治中享有的权利相比,居民的自治权利无疑在范围和深度上都有一定差距。例如,村民的监督权包括了审议权、评议权、罢免权以及在村务公开方面享有的权利,范围要大于居民享有的类似权利的范围。然而,这并不意味着居民自治就落后于村民自治,而是应当从农村和城市社区的结构性区别来进行分析。在农村土地的集体所有制之下,村民集体是土地所有者,这就使村民内部之间具有紧密的利益联系。相比之下,城市居民自治往往只是居住于同一区域、除此以外没有其他利害关系的公民进行的自治。因此,对城市居民在居民自治中赋予较少的自治权利,具有充分的合理性。